传说时代的南土文明：
屈家岭文化

单思伟 著

科学出版社

北京

内 容 简 介

屈家岭文化是长江中游地区史前时期代表性文化。文化层面上，屈家岭文化结束了以往多个文化系统林立的局面，实现了文化统一，并对外扩张，深刻影响了周边地区的文化格局。聚落与社会层面上，屈家岭文化时期遗址数量、密度和规模远超以往时期，大量兴建古城、人口空前膨胀、人群分化、农业经济发达、宗教意识进一步发展，表明屈家岭文化已达到较高的社会复杂化程度，是长江中游史前文明进程的高峰。

本书致力于构建屈家岭文化的时空框架和谱系结构，将屈家岭文化分为两期四段，七个地区类型。在广域文化背景下，以文化分期的尺度来揭示屈家岭文化的形成、发展、转化或瓦解的动态变迁过程，并将区域文化互动关系与模式融入文化变迁动因解释中，是对谱系研究内涵的有益延伸。

本书可供历史学、考古学等方面的专家学者和高等院校相关专业师生参考、阅读。

图书在版编目（CIP）数据

传说时代的南土文明：屈家岭文化/单思伟著. —北京：科学出版社，2022.12

ISBN 978-7-03-073824-0

Ⅰ. ①传… Ⅱ. ①单… Ⅲ. ①屈家岭文化–研究 Ⅳ. ①K871.134

中国版本图书馆CIP数据核字（2022）第221168号

责任编辑：王光明 / 责任校对：王晓茜
责任印制：肖 兴 / 封面设计：张 放

科学出版社 出版
北京东黄城根北街16号
邮政编码：100717
http://www.sciencep.com

中国科学院印刷厂 印刷
科学出版社发行 各地新华书店经销

*

2022年12月第 一 版　开本：787×1092　1/16
2022年12月第一次印刷　印张：20 1/4
字数：480 000

定价：198.00元
（如有印装质量问题，我社负责调换）

序

　　距今7000年后，汉水中游一带分布为以锥足釜形鼎为特色的后冈一期文化，鄂西三峡为以圜底釜为特色的柳林溪文化，洞庭湖地区为汤家岗文化，鄂东南及皖西南沿长江的狭窄冲积平原上分布有黄鳝嘴文化，而汉水以东广袤的大洪山南麓台地只发现了边畈遗址，文化面貌接近后冈一期文化，但可以看出周边地区其他几种文化的影响。黄鳝嘴文化的主要器类有鼎、豆、壶、杯等，纹饰中弦纹非常突出。其中的鼎，既有圆锥足釜形鼎，表明与后冈一期文化有一定的谱系关系，也有扁足鼎等，说明其更有自身特色。

　　距今6000年后，以花鸟纹图案彩陶为特征的西阴文化从晋南地区崛起并向周边地区扩张，其中一支进入汉水中游地区。与此相关，鄂西三峡的柳林溪文化转化为大溪文化，并向东占领洞庭湖地区；薛家岗文化兴起并占领皖西南及鄂东南地区，黄鳝嘴文化受到挤压后部分向西进入汉水以东的大洪山南麓，融合周边文化，形成了油子岭文化。油子岭文化保留了黄鳝嘴文化陶器中鼎、豆、壶、杯的核心组合，谱系关系是比较明确的。这一时期，汉水中游地区的下王岗等遗址开始出现代表扩展式家庭的多间房，而在特别适宜农耕的洞庭湖西面的澧阳平原和大洪山南麓的台地上分别出现了澧县城头山和天门龙嘴两座最早的城址。这些迹象都表明长江中游地区已经跨入了文明社会的门槛。

　　距今5300年前后，西阴文化瓦解，汉水中游地区蜕变出朱家台文化。汉水以东的油子岭文化发展为屈家岭下层文化，并逐步向西南和西北扩张，楔入大溪文化和朱家台文化的分布范围，并与这两类文化共存。这一时期长江中游地区又出现了石首走马岭等多座城址。

　　距今5000年前后，来自黄河下游地区的大汶口文化沿淮河向西，到达汉水中游地区，屈家岭下层文化蜕变为屈家岭上层文化（此书称为屈家岭文化），出现了一系列新的器物，如双腹豆、尊形杯等。这些器物也出现在大汶口文化中，大汶口文化由此进入花厅期。屈家岭上层文化与大汶口文化形成特殊的关系，它们可能是为了争夺汉水中游地区的玉石和绿松石等战略资源，也可能是为了联手压制中原地区的文化。无论如何，这一时期屈家岭上层文化控制了整个长江中游地区，并向周边地区进行了较大幅度的拓展，分布范围北至豫西南、豫东南地区，东至鄂东南，南抵沅江上游，向西基本占据了三峡地区。其影响范围更是向北远至黄河中、下游，向东到达长江下游，向南至赣鄱，向西至峡西地区，深刻地影响了周边的文化格局（参见此书的研究）。城址的数量大增，达到20座左右，成为长江中游地区史前文明的巅峰。

距今4500年前后，屈家岭上层文化发展为石家河文化，文化面貌仍保留较大延续性，但分布范围有了明显收缩。距今4200年前后，煤山文化进入长江中游地区，与石家河文化共存了一段时间，最终石家河文化溶解到煤山文化中。

《战国策》："昔者，三苗之居，左彭蠡之波，右洞庭之水，文山在其南，而衡山在其北。"彭蠡和洞庭就是鄱阳湖与洞庭湖。史前时期分布在这一地区的就是包括油子岭文化、屈家岭下层文化、屈家岭上层文化、石家河文化在内的屈家岭文化系统。考古学的发现与研究，不仅再现了古代三苗人更清晰的文化历史，也复原了其丰富的社会内涵。

屈家岭上层文化时期是长江中游地区史前文明的巅峰，也是中国早期文明的重要组成部分，是探索中国文明起源的重要课题。单思伟博士的专著无疑是把握住了关键性的学术课题，对屈家岭文化的分期、年代、时空框架、文化谱系等方面都做了非常扎实的研究，不仅清晰勾勒出长江中游地区新石器时代诸文化遗存的关系，也广泛深入关照了周邻地区诸文化之间的联系与互动，对于理解和解读中国早期文明的形成和发展做出了很有意义的成果。这样通过扎扎实实的资料分析，建构起来时空框架，分析出来文化谱系，也为他今后的学术研究奠定了坚实的基础。屈家岭文化及相关诸文化的生业等技术层面、遗存反映的意识层面、聚落形态反映的亲族组织和政治组织等，都应该是他今后努力的课题。

余西云
2022年7月18日

摘 要

本书界定的屈家岭文化以屈家岭遗址第二次发掘报告中的晚期遗存为代表。

屈家岭文化分为两期四段，早期包括第一、二段，晚期包括第三、四段，绝对年代在3300~2500BC。屈家岭文化分为七个地区类型，分别为分布在汉东平原及汉西平原北部的屈家岭类型、洞庭湖平原及汉西平原南部的城头山类型、沅江中上游的高坎垅类型、峡江地区的杨家湾类型、鄂西北豫西南地区的青龙泉类型、鄂北及鄂东北地区的金鸡岭类型、鄂东南及淮河上游局部地区的放鹰台类型。其中，屈家岭类型分布在中心区，其器形组合最为典型，是屈家岭文化的核心地区类型；其他六个地区类型环绕分布在其周围，各自呈现不同程度的地方特色，是屈家岭文化的外围地区类型。

屈家岭文化是分布在长江中游的屈家岭下层文化、朱家台文化在大汶口文化中期持续西进和秦王寨文化南下发展的影响下，内部相互融合，主要是在屈家岭下层文化的基础上融合朱家台文化的因素，同时吸收了大量大汶口文化因素和少量秦王寨文化因素，并加以改造、重组而成。

屈家岭文化形成后开启了大规模对外扩张的历程。

屈家岭文化早期第一段时，越过大别山，对淮河上游信阳地区的秦王寨文化有所渗透；同时占据了峡江地区，哨棚嘴文化因此退缩到峡西。屈家岭文化早期第二段时，占据了淮河上游的信阳地区，秦王寨文化退出该地。屈家岭文化由此沿淮河顺流而下，渗透到皖北地区，与大汶口文化发生了接触。同时，屈家岭文化向西北扩张到丹江上游，并经丹江溯流而上渗透到渭河盆地，对泉护文化有一定程度的影响。

屈家岭文化在晚期第三、四段时，完全占据了淮河上游，东北方向大量渗透到皖北及山东、苏北地区，深刻地影响了大汶口文化，促使大汶口文化中期向晚期转变。屈家岭文化到达苏北地区后，还转向南下，进入环太湖地区，对良渚文化有所渗透。北面，屈家岭文化与大汶口文化同时向中原地区推进；秦王寨文化开始逐渐衰落，向西退缩以至最终瓦解。西北方向，屈家岭文化在晚期第三段时，大量介入泉护文化，渭河盆地及邻近地区的屈家岭文化因素数量大增；泉护文化受到屈家岭文化大量介入、大汶口文化晚期持续西进和秦王寨文化向西退缩的影响，转化为庙底沟二期文化。在屈家岭文化晚期第四段时，渭河盆地及邻近地区仍然受到屈家岭文化的渗透，庙底沟二期文化的早期遗存中含有大量屈家岭文化因素。另外，西面峡西地区的哨棚嘴文化遗存中也发现了少量屈家岭文化晚期因素。

屈家岭文化末期受到良渚文化和大汶口文化尉迟寺类型扩张的影响，转化为石家河文化。

屈家岭文化是史前第一个整合了整个长江中游地区的文化，其大量的城址、大规模的宗教仪式活动、多层级复杂的聚落结构反映出较高的社会复杂化程度，是中国文明化进程的重要组成部分。屈家岭文化形成后大规模对外扩张，与文献所载三苗作乱事件较为契合，深刻地影响了北方地区，改变了黄河中、下游地区的文化格局，是中国文明化进程的重要一环。

目　　录

第一章　绪论 ·· （1）
　　第一节　研究背景 ··· （1）
　　第二节　研究简史 ··· （2）
　　第三节　理论、方法与研究目的 ·· （9）
　　　　一、理论、方法 ·· （9）
　　　　二、研究内容、目的 ··· （15）
第二章　文化界定 ·· （16）
　　第一节　遗存分类 ··· （17）
　　第二节　文化界定 ··· （29）
第三章　遗存分析 ·· （32）
　　第一节　汉东平原及汉西平原北部 ····································· （32）
　　　　一、汉东平原 ·· （32）
　　　　二、汉西平原北部 ··· （57）
　　　　三、小结 ·· （59）
　　第二节　洞庭湖平原及汉西平原南部 ·································· （61）
　　　　一、澧水中下游 ·· （61）
　　　　二、荆江南岸 ·· （82）
　　　　三、汉西平原南部 ··· （88）
　　　　四、小结 ·· （90）
　　第三节　沅江中上游 ·· （91）
　　　　一、遗存分析 ·· （91）
　　　　二、小结 ·· （93）
　　第四节　峡江地区 ··· （93）
　　　　一、遗存分析 ·· （94）
　　　　二、小结 ·· （101）

第五节　鄂西北豫西南地区 …………………………………………（102）
　　　　一、鄂西北山地及丹江库区 ………………………………………（102）
　　　　二、襄宜地区 ………………………………………………………（115）
　　　　三、南阳盆地 ………………………………………………………（118）
　　　　四、小结 ……………………………………………………………（121）
　　第六节　鄂北及鄂东北地区 ……………………………………………（123）
　　　　一、随枣走廊 ………………………………………………………（123）
　　　　二、鄂东北地区 ……………………………………………………（134）
　　　　三、小结 ……………………………………………………………（140）
　　第七节　鄂东南地区及淮河上游 ………………………………………（141）
　　　　一、鄂东南地区 ……………………………………………………（141）
　　　　二、淮河上游 ………………………………………………………（149）
　　　　三、小结 ……………………………………………………………（151）

第四章　分期与年代 …………………………………………………………（152）
　　第一节　各地区遗存年代串联 …………………………………………（152）
　　第二节　分期 ……………………………………………………………（154）
　　第三节　年代 ……………………………………………………………（155）
　　　　一、相对年代 ………………………………………………………（155）
　　　　二、绝对年代 ………………………………………………………（163）

第五章　地区类型划分与时空分布 …………………………………………（172）
　　第一节　地区类型划分 …………………………………………………（172）
　　第二节　时空分布 ………………………………………………………（176）

第六章　屈家岭文化的形成 …………………………………………………（186）
　　第一节　屈家岭文化形成前长江中游地区的文化格局 ………………（186）
　　　　一、屈家岭下层文化 ………………………………………………（186）
　　　　二、朱家台文化 ……………………………………………………（191）
　　　　三、雕龙碑三期文化 ………………………………………………（194）
　　　　四、文化格局 ………………………………………………………（195）
　　第二节　大汶口文化中期持续西进 ……………………………………（198）
　　第三节　秦王寨文化向南发展 …………………………………………（200）
　　第四节　屈家岭文化的形成 ……………………………………………（203）
　　第五节　屈家岭文化各地区类型的成因 ………………………………（208）

第七章　屈家岭文化的发展及与周边文化的关系 …………………………（217）

第一节　屈家岭文化对长江中游地区的整合 …………………………（217）
一、汉东文化系统对汉西至峡江地区的逐步控制 …………………（217）
二、哨棚嘴文化在峡江地区的进退 …………………………………（232）

第二节　屈家岭文化向北扩张 …………………………………………（235）
一、淮河至海岱地区——大汶口文化 ………………………………（235）
二、丹江上游至渭河盆地及邻近地区——泉护文化、庙底沟二期文化 …（246）
三、中原地区——秦王寨文化 ………………………………………（255）
四、黄河中、下游地区文化格局的变动 ……………………………（260）

第三节　屈家岭文化对长江下游的渗透 ………………………………（264）
一、与薛家岗文化的关系 ……………………………………………（264）
二、对良渚文化的渗透 ………………………………………………（268）

第四节　屈家岭文化与赣鄱、粤北地区的联系 ………………………（272）
一、石峡文化 …………………………………………………………（272）
二、山背类型遗存 ……………………………………………………（277）

第八章　屈家岭文化的流向 ………………………………………………（280）

第一节　良渚文化的西进 ………………………………………………（280）
一、宁镇地区——北阴阳营文化 ……………………………………（281）
二、皖江地区——凌家滩文化、薛家岗文化 ………………………（284）
三、长江中游——屈家岭文化 ………………………………………（286）
四、赣鄱、粤北地区——石峡文化 …………………………………（288）

第二节　大汶口文化晚期的扩张 ………………………………………（289）
一、宁镇地区——北阴阳营第四期遗存 ……………………………（290）
二、皖西南地区——张四墩文化 ……………………………………（290）
三、长江中游——屈家岭文化 ………………………………………（292）

第三节　庙底沟二期文化向南拓展 ……………………………………（293）

第四节　屈家岭文化向石家河文化的转化 ……………………………（294）

第九章　结语 ………………………………………………………………（301）

后记 …………………………………………………………………………（305）

插图目录

图一　油子岭遗址A类遗存居址主要器形组合……………………………………（17）
图二　油子岭遗址A类遗存墓葬主要器形组合……………………………………（18）
图三　油子岭遗址B类遗存居址主要器形组合……………………………………（18）
图四　屈家岭遗址第二次发掘A类遗存居址主要器形组合………………………（19）
图五　屈家岭遗址第二次发掘B类遗存居址主要器形组合………………………（20）
图六　屈家岭遗址第三次发掘A类遗存居址主要器形组合………………………（21）
图七　屈家岭遗址第三次发掘B类遗存墓葬主要器形组合………………………（22）
图八　谭家岭遗址A类遗存居址主要器形组合……………………………………（22）
图九　谭家岭遗址A类遗存墓葬主要器形组合……………………………………（23）
图一〇　谭家岭遗址B类遗存居址主要器形组合…………………………………（23）
图一一　谭家岭遗址B类遗存墓葬主要器形组合…………………………………（24）
图一二　谭家岭遗址C类遗存居址主要器形组合…………………………………（25）
图一三　肖家屋脊遗址居址遗存主要器形组合……………………………………（26）
图一四　肖家屋脊遗址墓葬遗存主要器形组合……………………………………（26）
图一五　龙嘴遗址A类遗存居址主要器形组合……………………………………（27）
图一六　龙嘴遗址A类遗存墓葬主要器形组合……………………………………（28）
图一七　龙嘴遗址B类遗存居址主要器形组合……………………………………（28）
图一八　龙嘴遗址C类遗存居址主要器形组合……………………………………（29）
图一九　油子岭文化、屈家岭下层文化、屈家岭文化器形组合对比……………（31）
图二〇　屈家岭遗址屈家岭文化居址遗存的分段…………………………………（35）
图二一　谭家岭遗址屈家岭文化居址遗存的分段…………………………………（39）
图二二　邓家湾遗址屈家岭文化居址遗存的分段…………………………………（41）
图二三　邓家湾遗址屈家岭文化墓葬遗存的分段…………………………………（44）
图二四　肖家屋脊遗址屈家岭文化居址遗存的分段………………………………（46）
图二五　肖家屋脊遗址屈家岭文化墓葬遗存的分段………………………………（48）
图二六　三房湾遗址屈家岭文化居址遗存的分段…………………………………（49）
图二七　油子岭遗址屈家岭文化居址遗存出土陶器………………………………（50）

图二八	一百三十亩遗址屈家岭文化居址遗存出土陶器	（51）
图二九	笑城遗址屈家岭文化居址遗存出土陶器	（52）
图三〇	笑城遗址屈家岭文化墓葬遗存的分段	（53）
图三一	陶家湖遗址屈家岭文化居址遗存的分段	（54）
图三二	赵家坡遗址屈家岭文化居址遗存的分段	（55）
图三三	六合遗址屈家岭文化居址遗存的分段	（55）
图三四	六合遗址屈家岭文化墓葬遗存的分段	（56）
图三五	城河遗址屈家岭文化居址遗存的分段	（58）
图三六	钟桥遗址M3出土陶器	（59）
图三七	城头山遗址屈家岭文化墓葬遗存的分段（一）	（64）
图三八	城头山遗址屈家岭文化墓葬遗存的分段（二）	（67）
图三九	城头山遗址屈家岭文化墓葬遗存的分段（三）	（70）
图四〇	城头山遗址屈家岭文化墓葬遗存的分段（四）	（74）
图四一	三元宫遗址屈家岭文化墓葬遗存的分段	（77）
图四二	宋家台遗址屈家岭文化居址遗存出土陶器	（78）
图四三	宋家台遗址屈家岭文化墓葬遗存的分段	（78）
图四四	划城岗遗址第二次发掘屈家岭文化居址遗存的分段	（80）
图四五	划城岗遗址第二次发掘墓葬遗存出土陶器	（80）
图四六	澧湖遗址屈家岭文化居址遗存的分段	（82）
图四七	走马岭遗址1990~1994年发掘屈家岭文化居址遗存的分段	（84）
图四八	走马岭遗址1990~1994年发掘屈家岭文化墓葬遗存的分段	（84）
图四九	走马岭遗址2014~2016年发掘屈家岭文化居址遗存的分段	（85）
图五〇	车轱山遗址屈家岭文化墓葬遗存的分段	（85）
图五一	鸡鸣城遗址1996年调查采集陶器	（87）
图五二	鸡鸣城遗址2014年试掘H1出土陶器	（87）
图五三	阴湘城遗址屈家岭文化居址遗存出土陶器	（88）
图五四	关庙山遗址屈家岭文化遗存的分段	（89）
图五五	高坎垅遗址屈家岭文化居址遗存出土陶器	（92）
图五六	高坎垅遗址屈家岭文化墓葬遗存的分段	（92）
图五七	杨家湾遗址屈家岭文化墓葬遗存的分段	（95）
图五八	清水滩遗址屈家岭文化居址遗存出土陶器	（96）
图五九	官庄坪遗址屈家岭文化居址遗存出土陶器	（97）
图六〇	李家湾遗址屈家岭文化墓葬遗存的分段	（100）
图六一	大溪遗址第四次发掘ⅠM4出土陶器	（101）

图六二	青龙泉遗址1959~1962年发掘屈家岭文化居址遗存的分段	（104）
图六三	观音坪遗址屈家岭文化居址遗存的分段	（106）
图六四	七里河遗址屈家岭文化居址遗存的分段	（109）
图六五	下王岗遗址屈家岭文化居址遗存的分段	（111）
图六六	全岗遗址屈家岭文化居址遗存的分段	（114）
图六七	曹家楼遗址屈家岭文化居址遗存的分段	（115）
图六八	曹家楼遗址屈家岭文化墓葬遗存出土陶器	（116）
图六九	凤凰咀遗址屈家岭文化居址遗存的分段	（118）
图七〇	安国城遗址P4M1出土陶器	（120）
图七一	金鸡岭遗址屈家岭文化居址遗存的分段	（126）
图七二	金鸡岭遗址屈家岭文化墓葬遗存的分段	（128）
图七三	西花园遗址第一类遗存	（129）
图七四	西花园遗址第二类遗存的分段	（129）
图七五	黄土岗遗址屈家岭文化居址遗存出土陶器	（130）
图七六	四顾台遗址屈家岭文化居址遗存的分段	（131）
图七七	四顾台遗址W1出土陶折沿罐	（131）
图七八	余家岗遗址屈家岭文化居址遗存的分段	（133）
图七九	余家岗遗址M3出土陶器	（133）
图八〇	叶家庙城址屈家岭文化居址遗存的分段	（135）
图八一	叶家庙城址屈家岭文化墓葬遗存的分段	（135）
图八二	家山遗址屈家岭文化居址遗存的分段	（136）
图八三	家山遗址屈家岭文化墓葬遗存的分段	（136）
图八四	吕王城遗址屈家岭文化居址遗存的分段	（138）
图八五	土城遗址屈家岭文化居址遗存的分段	（138）
图八六	北门岗遗址屈家岭文化居址遗存出土陶器	（139）
图八七	放鹰台遗址第一次发掘屈家岭文化居址遗存出土陶器	（142）
图八八	放鹰台遗址第一次发掘屈家岭文化墓葬遗存的分段	（142）
图八九	放鹰台遗址第二次发掘屈家岭文化居址遗存出土陶器	（143）
图九〇	放鹰台遗址第二次发掘屈家岭文化墓葬遗存的分段	（143）
图九一	蟹子地遗址83M1出土陶器	（145）
图九二	螺蛳山遗址屈家岭文化墓葬遗存出土陶器	（147）
图九三	吊尖遗址屈家岭文化墓葬遗存出土陶器	（147）
图九四	栗山岗遗址屈家岭文化居址遗存出土陶器	（148）
图九五	庙山岗遗址屈家岭文化居址遗存出土陶器	（149）

图九六　李上湾遗址屈家岭文化居址遗存的分段 ……………………………（150）
图九七　屈家岭文化典型陶器分期图 ………………………………………（153）
图九八　屈家岭文化第一阶段各地区类型遗存空间分布图 ………………（177）
图九九　屈家岭文化第二阶段各地区类型遗存空间分布图 ………………（179）
图一〇〇　屈家岭文化第三阶段各地区类型遗存空间分布图 ……………（182）
图一〇一　屈家岭文化第四阶段各地区类型遗存空间分布图 ……………（184）
图一〇二　屈家岭遗址第三次发掘屈家岭下层文化墓葬遗存的分段 ……（188）
图一〇三　马岭遗址朱家台文化遗存的分段 ………………………………（193）
图一〇四　雕龙碑遗址第三期居址遗存的分段 ……………………………（195）
图一〇五　曹家楼遗址第一期遗存的分类 …………………………………（197）
图一〇六　付庄遗址秦王寨文化因素与大汶口文化中期因素共存的墓葬 ……（199）
图一〇七　大汶口文化中期向西、西南扩散器物举例 ……………………（200）
图一〇八　党楼遗址一期前段遗存出土主要陶器 …………………………（202）
图一〇九　朱家台文化、雕龙碑三期文化、屈家岭下层文化遗存中的秦王寨文化
　　　　　因素举例 ………………………………………………………（203）
图一一〇　长江中游罐形鼎的起源与演变 …………………………………（204）
图一一一　屈家岭文化双腹器的产生 ………………………………………（205）
图一一二　高领罐的演变 ……………………………………………………（206）
图一一三　屈家岭文化与大汶口文化中期部分器形与装饰风格的对比 …（207）
图一一四　屈家岭文化中的网格纹扁腹壶举例 ……………………………（207）
图一一五　城头山遗址屈家岭下层文化墓葬遗存的分段（一） …………（209）
图一一六　城头山遗址屈家岭下层文化墓葬遗存的分段（二） …………（210）
图一一七　城头山遗址屈家岭下层文化墓葬遗存的分段（三） …………（211）
图一一八　城头山遗址屈家岭下层文化墓葬遗存的分段（四） …………（212）
图一一九　长江中游篮纹的演变 ……………………………………………（214）
图一二〇　放鹰台遗址1965年发掘屈家岭下层文化墓葬遗存的分段 ……（216）
图一二一　边畈文化的分段 …………………………………………………（218）
图一二二　龙嘴遗址油子岭文化居址遗存的分段 …………………………（220）
图一二三　阴湘城遗址"大溪文化"中、晚期遗存的分组 ………………（221）
图一二四　朱家台遗址第二期遗存的分组 …………………………………（222）
图一二五　汉西至三峡库区大溪文化遗存中所见屈家岭下层文化因素举例 ……（223）
图一二六　大溪遗址第一、二次发掘M5出土陶器 ………………………（224）
图一二七　峡西地区所见屈家岭文化因素举例 ……………………………（225）
图一二八　长江中游边畈文化晚期的文化格局 ……………………………（227）

图一二九	长江中游油子岭文化时期的文化格局	（228）
图一三〇	长江中游屈家岭下层文化早期的文化格局	（229）
图一三一	长江中游屈家岭下层文化晚期的文化格局	（230）
图一三二	长江中游屈家岭文化时期的文化格局	（231）
图一三三	哨棚嘴遗址哨棚嘴文化遗存的分段	（233）
图一三四	中堡岛遗址H284出土陶器	（234）
图一三五	党楼遗址第一期后段遗存的分组	（236）
图一三六	沙冢遗址M1出土陶器	（238）
图一三七	亳州付庄遗址"大汶口文化"墓葬的分段	（240）
图一三八	金寨遗址屈家岭文化与大汶口文化共存器形	（241）
图一三九	大汶口文化中的双腹豆举例	（242）
图一四〇	大汶口遗址出土双腹豆的墓葬	（243）
图一四一	大汶口文化晚期与屈家岭文化的盆形鼎、筒形鼎对比	（244）
图一四二	大汶口文化晚期饰篮纹的主要器形举例	（245）
图一四三	紫荆遗址H124出土陶器	（248）
图一四四	紫荆遗址屈家岭文化遗存的分段	（248）
图一四五	泉护文化晚期遗存中的屈家岭文化因素举例	（250）
图一四六	屈家岭文化与泉护文化、庙底沟二期文化的盆形鼎对比	（251）
图一四七	庙底沟二期文化早期遗存中的屈家岭文化因素举例	（254）
图一四八	垣曲东关遗址出有屈家岭文化器形的单位举例	（254）
图一四九	北刘庄遗址出土屈家岭文化因素举例	（256）
图一五〇	谷水河遗址出土屈家岭文化因素举例	（257）
图一五一	大河村遗址出土屈家岭文化因素举例	（258）
图一五二	秦王寨文化晚期遗存中出有屈家岭文化器形的单位举例	（258）
图一五三	"东关类型"遗存中的屈家岭文化因素举例	（259）
图一五四	薛家岗遗址薛家岗文化墓葬的分段	（266）
图一五五	大路铺遗址新石器遗存的更替	（268）
图一五六	花厅墓地M20出土陶器	（271）
图一五七	良渚文化遗存中的屈家岭文化因素举例	（272）
图一五八	石峡文化中的屈家岭下层文化、屈家岭文化因素举例	（276）
图一五九	山背类型遗存主要器形组合	（278）
图一六〇	屈家岭文化对外扩张、渗透路线示意图	（279）
图一六一	北阴阳营遗址墓葬遗存的分段	（282）
图一六二	薛家岗文化遗存中的良渚文化因素举例	（285）

图一六三　螺蛳山遗址1990年发掘M1出土陶器 …………………………………（286）

图一六四　岱子坪一期遗存 …………………………………………………………（287）

图一六五　北阴阳营遗址H2出土陶器 ………………………………………………（290）

图一六六　张四墩文化主要器形组合 ………………………………………………（291）

图一六七　屈家岭文化晚期遗存中的大汶口文化因素举例 ………………………（293）

图一六八　丹江至鄂西北豫西南出土庙底沟二期文化晚期斝举例 ………………（294）

图一六九　屈家岭文化与石家河文化主要同类器形的对比 ………………………（297）

图一七〇　内斜直口盆形鼎的传播 …………………………………………………（299）

图一七一　石家河文化其他主要器形与周边文化的对比 …………………………（299）

插表目录

表一	屈家岭遗址屈家岭文化居址遗存分段表	（33）
表二	谭家岭遗址屈家岭文化居址遗存分段表	（37）
表三	邓家湾遗址屈家岭文化墓葬遗存分段表	（42）
表四	肖家屋脊遗址屈家岭文化墓葬遗存分段表	（46）
表五	汉东平原及汉西平原北部屈家岭文化遗存年代的串联	（60）
表六	城头山遗址屈家岭文化墓葬遗存分段表	（75）
表七	洞庭湖平原及汉西平原南部屈家岭文化遗存年代的串联	（90）
表八	沅江中上游屈家岭文化遗存的分段	（93）
表九	峡江地区屈家岭文化遗存年代的串联	（101）
表一〇	鄂西北豫西南地区屈家岭文化遗存年代的串联	（122）
表一一	金鸡岭遗址屈家岭文化居址遗存分段表	（124）
表一二	鄂北及鄂东北地区屈家岭文化遗存年代的串联	（140）
表一三	鄂东南地区及淮河上游屈家岭文化遗存年代的串联	（151）
表一四	屈家岭文化的分段及各地区的串联	（154）
表一五	屈家岭文化^{14}C测年数据及树轮校正表	（165）
表一六	屈家岭文化相关遗存^{14}C测年数据及树轮校正表	（166）
表一七	屈家岭文化热释光测年数据	（167）
表一八	屈家岭下层文化^{14}C测年数据及树轮校正表	（168）
表一九	雕龙碑三期文化^{14}C测年数据及树轮校正表	（168）
表二〇	石家河文化^{14}C测年数据及树轮校正表	（170）
表二一	屈家岭第三次发掘屈家岭下层文化遗存墓葬分段表	（187）
表二二	泉护文化早、晚期及庙底沟二期文化陶器纹饰统计对比	（252）
表二三	石峡文化诸遗存年代对应表	（275）

第一章 绪 论

第一节 研究背景

长江中游（湖北及邻近地区）是我国考古学文化区系类型中重要地区之一，史前时期曾创造出丰富多彩的物质文化[1]，在中国文明多元一体结构形成过程中扮演着重要角色。长江中游地区的考古工作虽然可以追溯到1925～1926年美国自然博物馆中亚探险队对大溪遗址的调查[2]，但真正系统性的考古工作是在1949年以后展开的，总体落后于北方。屈家岭文化是长江中游地区第一个识别出来的新石器时代考古学文化，也是长江中游最具代表性的新石器文化[3]。选择屈家岭文化作为研究课题，主要基于以下四个方面的考虑。

1) 仰韶时代是中国史前社会繁荣和向文明时代转变的关键时期[4]。屈家岭文化是仰韶时代晚期长江中游最具代表性的文化，也是中国史前文化多样性、重瓣花朵式向心结构[5]中十分重要的组成部分。研究屈家岭文化可以更加深入地理解中国文明多元一体结构的形成过程。

2) 屈家岭文化是史前第一个整合了长江中游地区的文化，也是长江中游史前诸文化中分布范围和影响范围最广的文化。从当前的考古发现来看，屈家岭文化的分布范围北至豫西南、豫东南地区，东至鄂东南，南抵沅江上游，向西基本占据了峡江地区。其影响范围更是向北远至黄河中、下游，向东到达长江下游，向南至赣鄱，向西至峡西地区，深刻地影响了周边的文化格局。

3) 屈家岭文化时期是长江中游史前社会组织变革、社会复杂化的关键阶段。长江

---

[1] 苏秉琦、殷玮璋：《关于考古学文化的区系类型问题》，《文物》1981年第5期。

[2] 参见中国社会科学院考古研究所：《中国考古学·新石器时代卷》，中国社会科学出版社，2010年，第414页。长江中游在自然地理划分上一般指湖北宜昌至江西湖口之间，但在考古学文化分区上鉴于文化面貌的相似性，一般将三峡地区也纳入长江中游。

[3] 张绪球：《屈家岭文化》，文物出版社，2004年，第2页。

[4] 张忠培：《仰韶时代——史前社会的繁荣与向文明时代的转变》，《故宫博物院院刊》1996年第1期。

[5] 严文明：《中国史前文化的统一性与多样性》，《文物》1987年第3期。

中游之前发生的少量筑城活动在屈家岭文化时期达到鼎盛，这一时期开始大规模地修筑古城。长江中游目前共发现19座城址，到屈家岭文化时期，延续使用和新建的古城共计18座[①]，代表了史前以大量城址为特征性聚落形态的高峰。

4）屈家岭文化发现和命名至今已有近六十年，但学界对屈家岭文化的内涵、分期、类型、文化谱系、聚落形态及所反映的社会组织等方面的研究尚有继续探讨的余地。具体来讲，屈家岭文化的内涵和界定尚不能完全达成一致；屈家岭文化的分期、分段方案总体较为粗放，地区类型划分不够准确；屈家岭文化的形成、发展和瓦解的过程、动因以及在发展过程中与周边文化的互动关系还没有进行系统、深入的梳理和分析；屈家岭文化的聚落形态、社会结构等方面也较少有专门系统性的研究，仅在个案和更大时空范围内的综合性研究中有所涉及。这些问题随着近些年大量科学的田野发掘材料的积累，得到较大程度的解决。

如上所述，前三点表明屈家岭文化在中国文明化进程中占有重要分量；第四点表明将屈家岭文化作为研究课题，还有较大的研究空间和进一步深入研究的必要。

第二节　研究简史

自屈家岭文化发现和命名至今，学界对屈家岭文化的内涵、分期、类型、谱系及聚落和社会发展阶段等问题的研究历程，大致可以分为三个阶段。

（一）第一阶段（20世纪50年代中期至70年代前期）

京山屈家岭遗址于1954年配合石龙过江水库工程调查时发现[②]，1955年和1956～1957年分别进行了两次发掘[③]。第一次发掘即认识到了屈家岭遗存与仰韶文化系统差异较大。第二次正式发掘充分认识到了这类遗存具备较多特有的文化特征，于1965年出版的发掘报告中正式命名为"屈家岭文化"，并初步分为早、晚两期，晚期又分为晚一、晚二两段。夏鼐先生则于1959年在长办文物考古队队长会议上的发言提

---

① 湖北地区16座，湖南地区3座，分别为湖北的龙嘴、石家河（含谭家岭）、笑城、陶家湖、门板湾、城河、马家院、阴湘城、鸡鸣城、青河、走马岭、凤凰咀、王古溜、土城、叶家庙、张西湾和湖南的城头山、鸡叫城、七星墩。其中龙嘴于油子岭文化时期已废弃，其他城址均在屈家岭文化时期延续使用或新建。

② 王劲、吴瑞生、谭维四：《湖北京山县石龙过江水库工程中发现的新石器时代遗址简报》，《文物参考资料》1955年第4期。

③ 石龙过江水库指挥部文物工作队：《湖北京山、天门考古发掘简报》，《考古通讯》1956年第3期；中国科学院考古研究所：《京山屈家岭》，科学出版社，1965年。

过屈家岭文化①。1958～1961年又在位于汉水中游地区的郧县大寺、青龙泉等遗址发现了与屈家岭遗址同类的遗存，扩大了屈家岭文化的分布范围。同时依据郧县的大寺、青龙泉和均县的朱家台、乱石滩等遗址的地层叠压关系确定了"仰韶—屈家岭—龙山"相对年代序列关系②。在此期间，峡江地区也进行了较多的考古工作，调查和发掘了巫山大溪、宜昌杨家湾、秭归朝天嘴等遗址③。特别是大溪遗址的两次发掘，发现了大溪遗存反映的文化内涵与江汉地区的屈家岭文化有别，发掘者推测其年代可能比屈家岭文化略晚。张云鹏先生根据上述田野发现（包括黄冈地区堵城等地的调查④），认为屈家岭文化的分布范围北至桐柏山、西北至汉水中游、西至峡江地区、东到鄂东地区，基本涵盖了整个长江中游地区⑤。

20世纪70年代前期对汉水中游地区的黄楝树、下王岗等遗址的发掘再次验证了"仰韶—屈家岭—龙山"的年代序列⑥。安志敏先生对这一年代序列做了一定程度的修正，认为不能笼统地说屈家岭文化早于龙山文化，黄楝树遗址的屈家岭文化大体与龙山早期的庙底沟二期文化相当⑦。但可以确认屈家岭文化是早于龙山晚期的。

这一阶段的主要特点是屈家岭文化的发现和命名，并对屈家岭文化的分期、相对年代和分布范围做了初步探讨。特别是屈家岭遗址的分期方案对后来的研究带来深刻影响。夏鼐先生于20世纪50年代对考古学文化的内涵和定名规则做出的系统论述直接指导和推动了国内考古学文化的发现与研究⑧。

---

① 夏鼐：《长江流域考古问题——1959年12月26日在长办文物考古队队长会议上的发言》，《考古》1960年第2期。

② 长办文物考古队直属工作队：《一九五八至一九六一年湖北郧县和均县发掘简报》，《考古》1961年第10期。

③ 四川省博物馆：《四川省长江三峡水库考古调查简报》，《考古》1959年第8期；四川长江流域文物保护委员会文物考古队：《四川巫山大溪新石器时代遗址发掘记略》，《文物》1961年第11期；杨锡璋：《长江中游湖北地区考古调查》，《考古》1960年第10期；中国科学院考古研究所长江队三峡工作组：《长江西陵峡考古调查与试掘》，《考古》1961年第5期。

④ 方政文：《黄冈县堵城乡发现新石器时代遗址》，《文物参考资料》1957年5月。

⑤ 中国科学院考古研究所：《京山屈家岭》，科学出版社，1965年，第75、76页。

⑥ 河南省博物馆长江流域规划办公室、河南省博物馆文物考古队河南分队：《河南淅川下王岗遗址的试掘》，《文物》1972年第10期。

⑦ 安志敏：《略论我国新石器时代文化的年代问题》，《考古》1972年第6期。

⑧ 夏鼐：《关于考古学上文化的定名问题》，《考古》1959年第4期。

（二）第二阶段（20世纪70年代中期至90年代初）

随着大溪文化的命名逐渐被学界接受，大家开始关注大溪文化与屈家岭文化的关系问题。特别是20世纪70年代宜都红花套[1]、松滋桂花树[2]、江陵毛家山[3]、澧县三元宫[4]等遗址的发掘，在地层关系上确认了"大溪文化—屈家岭文化—湖北龙山文化"[5]的年代序列，同时认识到屈家岭文化已经跨越长江分布到达湖南北部地区。到了80年代，屈家岭文化和大溪文化之间的关系成为学界讨论的热点话题。大家意见不一，主要分为两派，一派认为大溪文化和屈家岭文化是前后承袭发展的关系；另一派认为大溪文化和屈家岭文化是两个起源不同、各自发展的文化。两派观点长期争论，至今未能统一意见。

前者以李文杰、何介钧等先生为代表。李文杰先生首先著文系统地讨论了大溪文化和屈家岭文化、仰韶文化三者之间的关系，根据地层关系和文化之间的内在联系论证出屈家岭文化是继承大溪文化发展而来[6]。随后何介钧先生根据50~70年代的考古发现归纳出长江中游"大溪文化"—"屈家岭文化"—"长江中游龙山文化"三种前后承袭的原始文化序列[7]。其中"长江中游龙山文化"后来被正式称为石家河文化。值得一提的是，发表年代较早的《江陵毛家山发掘记》曾指出当前所称屈家岭文化应该是屈家岭晚期遗存，主要分布于湖北省全境和河南省西南部，承袭于大溪文化；而相当于屈家岭早期的遗存，还包括放鹰台等遗址，仅分布于湖北中部地区，则是另外一个文化类型，年代与大溪文化相当或略晚[8]。

后者以王劲先生为代表。王劲先生认为大溪文化和屈家岭文化是起源于不同地区的两个不同的考古学文化。大溪文化起源于三峡以东的川东鄂西一带，屈家岭文化起源于江汉平原，前者的起源时间要早于后者。继而总结出长江中游地区三种不同的文化序列：第一种是江汉平原上的由屈家岭文化—典型的屈家岭文化发展而来的文化类

---

[1] 林春：《长江西陵峡远古文化初探》，《葛洲坝工程文物考古成果汇编》，武汉大学出版社，1990年；红花套考古发掘队：《红花套考古遗址发掘简报》，《史前研究》1990~1991年合刊。

[2] 湖北省荆州地区博物馆：《湖北松滋县桂花树新石器时代遗址》，《考古》1976年第3期。

[3] 纪南城文物考古发掘队：《江陵毛家山发掘记》，《考古》1977年第3期。

[4] 湖南省博物馆：《澧县梦溪三元宫遗址》，《考古学报》1979年第4期。

[5] 当时"石家河文化"遗存的命名尚未正式确立，学界将该类遗存称作"湖北龙山文化""长江中游龙山文化""青龙泉三期文化"等。

[6] 李文杰：《试论大溪文化与屈家岭文化、仰韶文化的关系》，《考古》1979年第2期。

[7] 何介钧：《长江中游原始文化初论》，《湖南考古辑刊（第1集）》，岳麓书社，1982年。

[8] 纪南城文物考古发掘队：《江陵毛家山发掘记》，《考古》1977年第3期。

型[1]；第二种是鄂西南地区的大溪文化—含屈家岭文化因素的大溪文化—季家湖文化；第三种是鄂西北地区的仰韶文化—屈家岭文化—青龙泉三期文化[2]。张之恒、王杰先生都认为大溪文化和屈家岭文化两种文化有一段时间并行发展，有各自不同的渊源和发展，两者是相互影响关系[3]。这一派基本认为屈家岭文化起源于江汉平原。

在大溪文化和屈家岭文化二者的关系争论中，部分学者还对大溪文化晚期和屈家岭文化早期的界限提出不同的认识。以向绪成先生为代表的学者认为以屈家岭下层为代表的遗存应属大溪文化晚期[4]，何介钧先生等则认为属屈家岭文化早期[5]。

关于屈家岭文化的分期，王劲先生分为早、中、晚三期，早期以屈家岭下层、放鹰台下层等遗存为代表；中期以屈家岭晚一、晚二和青龙泉二期遗存为代表；晚期以天门石家河罗家柏岭下层、均县观音坪下层遗存为代表[6]。实际上王所分的第三期已出现鬶等器类，具备"龙山文化"的特点[7]。何介钧先生将屈家岭文化的划城岗类型分为三期[8]。张绪球先生将屈家岭遗址的下层及同类遗存剔除后，将以屈家岭遗址晚期为代表的遗存作为屈家岭文化，重新分为早、晚两期[9]。

与此同时，学界对屈家岭文化的地区类型划分也做了初步分析。最早有何介钧先生所分的分布在汉水流域的屈家岭类型和分布在长江干流、洞庭湖区的划城岗类型[10]。沈强华先生在何的基础上将鄂西北地区的"屈家岭文化"单独划为一个地方类型，增加为青龙泉类型，同时认为鄂东地区可能为另外一个类型[11]。也有学者提出屈家岭类型、青龙泉类型和关庙山类型共三个类型的划分方案[12]。屈家岭文化与周边文化的联系

---

[1] 王劲先生认为江汉平原地区晚于屈家岭文化的遗存叫"龙山文化"或"湖北龙山文化"均不确切，有待以后另选典型遗址命名。
[2] 王劲：《江汉地区新石器时代文化综述》，《江汉考古》1980年第1期。
[3] 张之恒：《试论大溪文化》，《江汉考古》1982年第1期；王杰：《屈家岭文化与大溪文化关系中的问题探讨》，《江汉考古》1985年第3期。
[4] 向绪成：《屈家岭遗址下层及同类遗存文化性质讨论》，《考古》1985年第7期；张绪球：《长江中游新石器时代文化概论》，湖北科学技术出版社，1992年，第183页。
[5] 何介钧先生在《长江中游原始文化初论》中不仅将汉东地区的以屈家岭下层为代表的黑陶遗存归为屈家岭文化早期，还将鄂西至洞庭湖地区的黑陶遗存也归为屈家岭文化早期。
[6] 王劲：《江汉地区新石器时代文化综述》，《江汉考古》1980年第1期。
[7] 何介钧：《长江中游原始文化初论》，《湖南考古辑刊（第1集）》，岳麓书社，1982年。
[8] 何介钧：《论屈家岭文化划城岗类型的分期》，《考古》1989年第4期。
[9] 张绪球：《长江中游新石器时代文化概论》，湖北科学技术出版社，1992年，第186~196页。
[10] 何介钧：《长江中游原始文化初论》，《湖南考古辑刊（第1集）》，岳麓书社，1982年。
[11] 沈强华：《试论屈家岭文化的地域类型》，《考古与文物》1986年第2期。
[12] 祁国钧：《试论屈家岭的类型及相关问题》，《江汉考古》1986年第4期。

也开始有学者给予关注①。

这一阶段的主要特点是屈家岭文化起源问题的研究，具体表现为对大溪文化和屈家岭文化是否为承袭关系的争论，从而延伸到对长江中游史前文化序列的不同见解。其次对屈家岭文化的分期和类型划分也做了一定的研究。就理论方法而言，苏秉琦先生在20世纪80年代初提出的区系类型理论起到主要指导作用②。

（三）第三阶段（20世纪90年代前期至今）

20世纪90年代前期，余西云先生以鼎这一核心器类的发展脉络为线索对长江中游新石器时代的文化谱系做了较为系统的梳理③。按余的梳理，当时学界归入屈家岭文化早期的遗存与屈家岭文化晚期有质的差别，应为两种不同的考古学文化，前者称为屈家岭下层文化，后者称为屈家岭上层文化。在屈家岭上层文化整合长江中游之前，峡江至洞庭湖地区的文化序列为城背溪文化—关庙山一期文化—大溪文化；汉东至鄂东地区为螺蛳山遗存—屈家岭下层文化；汉水中游为下王岗一期文化—庙底沟文化（含较多半坡文化因素）；之后受到黄河下游大汶口文化的影响，长江中游在原有文化的基础上形成屈家岭上层文化并扩张到整个长江中游地区；正是屈家岭上层文化先后吸收了江汉平原屈家岭下层文化、汉水中游的早期文化和鄂西地区大溪文化的成分，从而形成三个不同的地域类型；最后屈家岭上层文化晚期吸收了较多的长江下游良渚文化因素，转化为石家河文化。

20世纪90年代后期，孟华平先生将长江中游地区新石器时代文化概括为两个文化系统，一是以彭头山文化、皂市下层文化、城背溪文化、汤家岗文化、大溪文化为代表的釜文化系统，也可称为南方系统，主要分布在环洞庭湖地区和峡江地区；二是以边畈文化、油子岭文化、屈家岭文化和石家河文化为代表的鼎文化系统，也可称为北方系统，在油子岭文化之前主要分布在汉东地区，之后逐渐扩大到整个长江中游地区。同时认为在鄂西北地区和鄂东南地区存在两个文化交叉地带④。孟在早年发表的

---

① 罗彬柯：《略论河南发现的屈家岭文化——兼述中原与周围地区原始文化的交流问题》，《中原文物》1983年第3期。

② 苏秉琦先生于1975年在给吉林大学同学讲课时首次提出考古学文化区系类型理论，正式发文则在1981年。参见：邵望平整理、俞伟超修订：《百万年连绵不断的中华文化——苏秉琦谈考古学的中国梦》，《内蒙古文物考古》1997年第2期；苏秉琦、殷玮璋：《关于考古学文化的区系类型问题》，《文物》1981年第5期。

③ 余西云：《长江中游新石器时代的陶鼎研究》，《华夏考古》1994年第2期。

④ 孟华平：《长江中游新石器时代考古学文化谱系初探》，《长江中游史前文化暨第二届亚洲文明学术讨论会论文集》，岳麓书社，1996年；孟华平：《长江中游史前文化结构》，长江文艺出版社，1997年，第170~174页。

《试论大溪文化》一文中曾将屈家岭文化分为屈家岭早期文化和屈家岭晚期文化，其中屈家岭早期文化和大溪文化有一段时间共存，在屈家岭早期文化基础上发展而来的屈家岭晚期文化取代了大溪文化[①]。但在《长江中游史前文化结构》一书中将之前所分的屈家岭早期文化遗存归入油子岭文化范畴内，认为屈家岭文化是从油子岭文化的基础上发展而来。由此，孟认为的屈家岭文化实际上只包括以屈家岭遗址晚期遗存为代表的同类遗存，与余西云先生的屈家岭上层文化内涵相同，基本沿袭了向绪成先生对典型的屈家岭文化的界定[②]。孟将屈家岭文化分为早、晚两期，推测为距今5100～4500年，又进而划分为五个地方类型，分别为峡江地区的清水滩类型、环洞庭湖地区东侧的三元宫类型、西侧的高坎垅类型、汉东地区的屈家岭类型和鄂西北地区的青龙泉类型。

以上两位学者的研究均是在重新确认了屈家岭文化内涵的基础上对文化的起源、发展和流向的动态过程做了一定程度的分析，代表了当时学界新出现的谱系研究思潮。张忠培先生在区系类型理论的基础上发展而来的文化谱系理论开始影响和指导中国的考古学研究[③]。

在上述将以屈家岭上层（或晚期）为代表的遗存作为屈家岭文化的基本内涵的意见下，大家对以屈家岭下层为代表的遗存的文化归属尚有争议，或认为属大溪文化晚期，或归入油子岭文化，或另称为屈家岭下层文化[④]。

这一阶段学界对屈家岭文化的内涵与界定并未达到统一意见。部分学者将以屈家岭下层为代表的遗存依据陶系的变化拆分为两类：以红陶为主的偏早段遗存属大溪文化油子岭类型；以黑陶、灰陶为主的偏晚遗存属屈家岭文化的早期[⑤]。其实，学界对以屈家岭下层为代表的遗存的面貌认识尚未达成一致，以致对汉东地区从较早的边畈遗存一直到较晚的屈家岭上层遗存之间长时间段的诸多遗存的文化分类和性质存在多种划分和界定方案[⑥]。

---

① 孟华平：《试论大溪文化》，《考古学报》1992年第4期。
② 向绪成：《屈家岭遗址下层及同类遗存文化性质讨论》，《考古》1985年第7期。
③ 张忠培：《研究考古学文化需要探索的几个问题》，《文物与考古论集》，文物出版社，1986年。
④ 屈家岭下层文化的命名在公开出版物上最早见于余西云先生的《长江中游新石器时代的陶鼎研究》一文，陈文先生和王劲先生先后采用了屈家岭下层文化这一概念。参见陈文：《屈家岭文化的界定与分期》，《考古》2001年第4期；湖北省文物考古研究所：《武昌放鹰台》，文物出版社，2003年。
⑤ 何介钧：《长江中游新石器时代文化》，湖北教育出版社，2004年。
⑥ 除前文已介绍的诸多方案外，还有郭伟民先生的"边畈—大溪文化油子岭类型—油子岭文化—屈家岭文化"的界定方案，其重点是在承认"油子岭文化"命名的基础上将汉东地区的红陶系遗存分为两个阶段，第一阶段为"大溪文化油子岭类型"，第二阶段为"油子岭文化早期"。红陶系之后的黑陶系遗存称为"油子岭文化晚期"。参见郭伟民：《新石器时代澧阳平原与汉东地区的文化和社会》，文物出版社，2010年。

对屈家岭文化地区类型的划分,其他学者还提出了不同方案,如林邦存先生分为九个类型,分别为分布在江汉东部鄂中地区的屈家岭类型、随枣走廊的雕龙碑-曹家楼类型、鄂西北郧县城关以东的青龙泉类型、鄂西北城关以西至豫西南的下王岗类型、鄂东南的螺蛳山类型、鄂西的关庙山类型、湘北偏西的划城岗类型、湘北偏东至鄂东南的车轱山类型和湘西怀化的高坎垅类型[①]。张绪球先生所分的屈家岭类型、青龙泉类型、划城岗类型和关庙山类型[②]。

屈家岭文化的分期和年代研究在21世纪也有了新的进展。陈文先生对屈家岭文化进行了更为细致的分期,共分为四期,绝对年代在3000～2400BC[③]。张绪球先生分期方案与孟华平先生相同,其推测绝对年代略有差异,在距今5000～4600年范围内[④]。郭伟民先生根据测年数据树轮校正曲线图推定屈家岭文化的绝对年代为3200～2500BC[⑤]。

也有学者对屈家岭文化的扩散与周边文化的联系做出了较有深度的讨论,如孙广清先生对河南境内的屈家岭文化遗存进行了分期,并讨论了屈家岭文化深入河南对"仰韶文化"造成的影响[⑥];孟原召先生分析了屈家岭文化北渐的特点,并试图探讨其动因[⑦]。

随着大量屈家岭文化遗址的发现,特别是一批古城的发现,学界开始对屈家岭文化的聚落形态、社会组织方面进行探讨。

最早有张绪球先生通过当时发现的5座城址和其他遗址分析当时的长江中游聚落已经出现了明显的分化,产生了贵族阶级,但屈家岭文化古城的社会性质仍属军事民主制[⑧]。杨权喜先生通过对石家河古城的分析认为其是进入文明社会的标志[⑨]。

21世纪以来,聚落形态和社会组织的研究成为热点。张弛先生对长江中下游地区的史前聚落做了综合研究,认为屈家岭文化时期出现了城乡连续体或城邦的早期形式[⑩]。张后来又专门著文对屈家岭—石家河文化时期的聚落和社会进行了进一步的探

---

① 林邦存:《关于屈家岭文化区、系、类型问题的初步分析》,《江汉考古》1997年第1、2期合刊。
② 张绪球:《屈家岭文化》,文物出版社,2004年,第67～70页。
③ 陈文:《屈家岭文化的界定与分期》,《考古》2001年第4期。
④ 张绪球:《屈家岭文化》,文物出版社,2004年,第71、91～93页。
⑤ 郭伟民:《新石器时代澧阳平原与汉东地区的文化和社会》,文物出版社,2010年,第31～33页。
⑥ 孙广清:《河南境内的大汶口文化和屈家岭文化》,《中原文物》2000年第2期。
⑦ 孟原召:《屈家岭文化的北渐》,《华夏考古》2011年第3期。
⑧ 张绪球:《屈家岭文化古城的发现和初步研究》,《考古》1994年第7期。
⑨ 杨权喜:《石家河古城社会性质浅析》,《中原文物》1995年第4期。
⑩ 张弛:《长江中下游地区史前聚落研究》,文物出版社,2003年,第236页。

讨①。郭立新先生对黄楝树遗址屈家岭文化聚落的研究，认为当时的亲族组织仍有很强的凝聚力，但已经出现私有制，家庭成为基本生产和消费单位②，并认为在屈家岭晚期，长江中游地区亲族组织内部和各群体之间分化明显，区域集中化加速，汉东出现了较为复杂的两级中心（大中心统辖小中心），其他地区大多有一级中心（各中心互不统属，相互竞争）③。郭伟民先生对澧阳平原与汉东地区的新石器聚落的分析，认为史前城壕聚落群所代表的社会是介于部落与国家间的重要阶段④。裴安平先生以聚落群聚形态将长江中游史前城址分为单聚落、双聚落、多聚落三个类型，认为各类城址崛起的意义是史前血缘社会的重组与整合，最初的文明古国也由此产生⑤。刘辉先生则认为长江中游史前聚落形成了以城址为核心的四级聚落等级体系和圈层结构，表明长江中游地区已经进入王国文明阶段⑥。还有一些结合水文、自然环境的研究，分析城壕聚落的功能和文明的进程等⑦。

这一阶段的主要特点包括两个方面：一是在谱系理论的指导下对屈家岭文化内涵重新界定后，对其分期、类型和谱系进行了深入的研究；二是对屈家岭文化的聚落形态、城址功能和所反映的社会组织进行了一定程度的探讨。

第三节　理论、方法与研究目的

一、理论、方法

本书的研究运用的理论、方法主要涉及层位学、类型学、文化谱系等方面。鉴于研究对象为单个考古学文化，在此还将考古学文化的定义和界定做简单的说明。

---

① 张弛：《屈家岭—石家河文化的聚落和社会》，《考古学研究（十）》，科学出版社，2012年。
② 郭立新：《屈家岭文化的聚落形态与社会结构分析——以淅川黄楝树遗址为例》，《中原文物》2004年第6期。
③ 郭立新：《长江中游地区初期社会复杂化研究（4300B.C.—2000B.C.）》，上海古籍出版社，2005年。
④ 郭伟民：《新石器时代澧阳平原与汉东地区的文化和社会》，文物出版社，2010年。
⑤ 裴安平：《聚落群聚形态视野下的长江中游史前城址分类研究》，《考古》2011年第4期。
⑥ 刘辉：《长江中游史前城址的聚落结构与社会形态》，《江汉考古》2017年第5期。
⑦ 长江文明馆：《长江中游地区新石器时代的人地关系研究》，长江出版社，2015年；吴立、朱诚、李冰等：《江汉平原石家河谭家岭遗址新石器时代环境考古》，《地球环境学报》2016年第2期；刘建国、彭小军、陶洋等：《江汉平原及其周边地区史前聚落调查》，《江汉考古》2019年第5期；刘建国：《中国史前治水文明初探》，《南方文物》2020年第6期。

(一) 考古学文化

我国对考古学文化的定义基本延续了英国考古学家柴尔德的观点,由夏鼐先生论述,认为某几种特定类型的遗物经常在某一类型的遗迹(墓葬或居址遗迹)中共同出土,这样一群特定类型的东西可以称为一种文化[1]。考古学文化是专门指考古发现中可供人们观察到的属于同一个时代、分布于共同地区并且具有共同特征的一群遗存[2]。随着对考古学文化认识的深入,严文明先生认为考古学文化结构可以分为多个不同层次:文化作为第一个层次;文化下面的分期和地方类型作为第二个层次;地方类型下面可以进一步分小期,每一小期又可以分为几个小区,这是第三个层次;另外,考古学文化之上还有文化群、文化区等更高的层次[3]。谢仲礼、何驽、赵辉等先生也先后对考古学文化进行了阐释[4]。

具体到对大量考古遗存文化命名的实际操作中,不同的学者有不同的理解,往往容易步入两个误区:①未抓住单个考古学文化的个性特征,错误地依据时代性的普遍特征,对文化外延的不断扩大,导致认识的混乱,如早年的"仰韶文化""青莲岗文化"等;②特定特征的遗存在空间上没有形成片,遗存点过少,无法深入认识而急于做出新的文化命名,如近年来发现一个新的特殊遗存给一个新的文化命名的现象。夏鼐先生曾指出必须对一个文化有相当充分的认知方可给出新的文化名称[5]。这两个误区都无益于考古学研究的进步。余西云先生认为考古学文化是指功能大致整合且结构相对稳定的一类遗存,界定一种考古学文化需要把握其功能和结构两个方面。强调功能整合可以避免根据局部特征界定一种文化,避免内涵的缩小导致的外延无限扩大。而把握文化结构可以从两个方面着手:遗存的组合与类型学方法的运用[6]。

考古遗存大致可以分为遗迹和遗物两种。一般而言,考古学文化所指的具有一定特征的遗存应该包括遗迹中房址、灰坑、灰沟、窑址、墓葬等类型遗迹的形制结构、建造工艺以及墓葬所表现的葬俗等和遗物中包括各种材质的遗物的器类、形态、装饰风格、制作工艺等要素组成的共同体。实际上,这些要素因为自然环境、地区文化传

---

[1] 夏鼐:《关于考古学上文化的定名问题》,《考古》1959年第4期。

[2] 中国大百科全书出版社编辑部编:《中国大百科全书·考古学》"考古学文化"词条,中国大百科全书出版社,1986年。

[3] 严文明:《新石器时代考古研究的两个问题》,《文物》1985年第8期。

[4] 谢仲礼:《考古学文化新界说》,《东南文化》1990年第1、2期;何驽:《考古学文化定义的哲学与逻辑思考》,《东南文化》1991年第1期;赵辉:《关于考古学文化和对考古学文化的研究》,《考古》1993年第7期。

[5] 夏鼐:《关于考古学上文化的定名问题》,《考古》1959年第4期。

[6] 余西云:《西阴文化——中国文明的滥觞》,科学出版社,2006年,第22页。

统差异等原因往往并不能完全一一对应，给考古学文化的命名和界定制造了一定的困难。所以在以陶器为主要生活用具的新石器时代，以若干种最为常见的、经常伴出并遵循一定规律演变的陶器来界定考古学文化，是目前比较合理且具有操作性的方法，这部分陶器可称作"特征结构"[①]。虽然考古学文化是一个有机整体，不应该被认为只是由几种典型类型来代表，但这些典型类型仍然是被用作辨识和区分考古学文化的唯一标志[②]。

同时还需要注意同一考古学文化的诸多遗存是可能存在内部时空差异和结构差异的：①时空差异，包括时间尺度上的类型差异和空间地域上的类型差异；②结构差异，包括不同阶层人群可能表现出的遗存差异及不同性质、功能的遗存（如居址与墓葬等）可能表现出的遗存差异等。这需要在更宏观的时空范围内比较不同遗存整体特征，把握和区别出不同的考古学文化；也要在微观中考察同一考古学文化内的时空差异、结构差异背后蕴含的自然环境、文化传统、地区文化交流路线、对象以及社会发展程度的差异。

此外，在考古学文化性质的认定中，对于大致分布在同一地区前后有一定承袭关系的两个文化之间的划分、新旧文化因素共存遗存性质的界定和大致同时期分布在相邻地区相互有所接触的两个文化之间接触地带遗存性质的界定，仍然是需要讨论的问题。有学者将之分别称为时间上的"过渡遗存"、空间上的"过渡遗存"[③]。也有学者将后者这种在文化特征上似甲似乙的遗存集合称为"类型"，将相对单纯的遗存集合称为"文化"，也由此重新定义了"类型"的含义[④]。同时，也有利用统计的方法根据遗存内不同文化因素所占比例的大小来界定其性质。

从时间维度上讲，旧的文化在其晚期孕育出新的文化因素，新的文化保留了旧的文化因素，都是可以理解的。只是该如何区分旧、新的界限，将之一刀切开，或是以"过渡遗存"来称呼？我们认为，旧的文化中孕育有少量新的文化因素，旧的文化特征结构还存在，新的文化特征结构没有形成，则仍以旧的文化定性；当新的文化的特征结构已经形成，则将之作为新的文化开始，与之共存的旧的文化因素只能将其作为新的文化不同谱系来源的一部分。

在处理所谓不同的文化（往往是旧的文化和新的文化）存在某一段时间交叉共存

---

① 陈冰白：《陶器谱系研究的问题与前景》，《中国考古学跨世纪的回顾与前瞻》，科学出版社，2000年。

② ［英］戈登·柴尔德著，方辉、方堃杨译：《历史的重建：考古材料的阐释》，上海三联书店，2012年，第29页。

③ 陈冰白：《陶器谱系研究的问题与前景》，《中国考古学跨世纪的回顾与前瞻》，科学出版社，2000年。

④ 许永杰：《黄土高原仰韶晚期遗存的谱系》，科学出版社，2007年。

的问题上，需要两个论据：①在层位学上存在可保证重复率的不同文化因素的早晚和共存证据；②还需要证明在不同文化因素共存期间，不同的文化同时各有其相对稳定单纯的遗存分布空间。第二点尤其重要，否则不能视之为两个文化的共存，而应依据前文标准将之界定为旧文化或新的文化，所谓的不同文化因素只能作为所界定文化的组成部分。

从空间维度上讲，不同文化在接触地带的遗存通常会呈现出多种文化因素共存的现象。对于此类遗存的研究，一般会根据不同文化因素所占比例大小来定性，或称为新的"类型"，或在文化因素分析方法下，推导出不同文化在某一地区长期共存的结论。如果这里面，存在相对完整的某一种文化的特征结构，其他仅以单一或局部因素形式存在，即使单一或局部因素的数量再多，也当以具备相对完整结构的文化因素名称来定性，其他文化因素只能作为所界定文化内部地区类型的组成部分。

实际研究中面对的遗存面貌往往比较复杂，多体现为不同文化局部因素共存，或不同文化因素所占比例在空间上会因距离各文化中心的远近呈现逐渐你少我多的不平衡分布，依靠特征结构或彼此所占比例都不能做出客观的定性。在文化谱系研究的视角下，研究目的并非简单地对某类遗存进行定性，而是利用此类现象来探讨文化之间的互动关系和各自动态发展。

上述对考古学文化的理解将作为本书对屈家岭文化及相关其他文化、相关遗存界定、研究的标准。

（二）层位学与类型学

地层学与类型学是考古学的基本理论和方法[①]。俞伟超先生进一步将地层学、类型学以及透过实物资料来了解历史原貌作为考古学三个基本的方法论[②]。

考古地层学原理乃是借鉴地质学中的地层学，于19世纪末在西方形成[③]。1931年，梁思永先生对后冈遗址的发掘揭示出后冈三叠层，依据地层叠压关系论证了仰韶、龙山和殷代遗存的早晚关系，标志着考古地层学在中国的确立[④]。随后，地层学在中国田野考古中不断完善和成熟。20世纪在全国主要时空框架尚未建立的背景下，大多数田野考古发掘主要强调上下叠压打破关系来判断遗存纵向上的时间早晚关系，容易忽视横向空间联系。遗存的层位关系应该包括纵向的时间早晚和横向的空间联系两个方面，即时空矛盾。空间关系随着聚落考古在国内的兴起逐渐得到重视，部分学者开始

---

① 张忠培：《地层学与类型学的若干问题》，《文物》1983年第5期。
② 俞伟超：《关于"考古地层学"问题》，《考古学文化论集（一）》，文物出版社，1987年。
③ 丁家奎：《浅析考古地层学的产生和发展》，《南方文物》1995年第1期。
④ 俞伟超：《关于"考古地层学"问题》，《考古学文化论集（一）》，文物出版社，1987年。

将地层学称为层位学，代表了一个新的阶段。

类型学原理最早由瑞典学者奥斯卡·蒙特留斯做系统总结和运用，并于20世纪30年代中期被介绍到中国。苏秉琦先生于1948年发表的《瓦鬲的研究》①可以作为中国科学的考古类型学研究方法建立的奠基之作，其在瓦鬲的研究中将器物形态与制作工艺相结合，采用型、式多层符号揭示器物的时空变化，以此探讨不同类型瓦鬲的谱系问题，对当前的研究仍有重大指导意义。新中国成立后，苏先生使用的类型学方法逐渐被学界广泛接受和运用。苏先生自身对类型学的理解也逐渐成熟，于1981年给北大考古专业七七、七八级同学讲课的提纲中归纳出考古类型学的基本法则，现摘抄如下：

1. 典型器物的种、类、型、式；
2. 典型器物的发展序列；
3. 多种典型器物的共生、平行关系；
4. 多种典型器物的组合关系②。

类型学从本质上讲就是分类学，其核心内容是分类与排序：分类以排序为主要目的，排序以分类为基本前提③。类型学也包含了纵横时空关系两个方面，与层位学既有联系又有区别，对此张忠培先生有过论述④。类型学在当前的研究运用中有两种逻辑：①先依据器物的形态逻辑进行型式划分，排出演变序列，再用层位学关系来验证；②先依据层位学关系的早晚找出器物发展演变的线索，在此基础上对器物进行型式划分，排出演变序列。

实际研究中，不同学者对类型学的理解与应用有较大差异。我们认为器形的分型、排序（分式）及最后所得分期表应适用于同一文化内或同一文化谱系范畴内；面对不同文化叠压或并行的遗存，应先依据器形组合与共存关系进行分类，再在各类范围内分别进行类型学分析；同一文化内或同一文化谱系范畴内的若干器形一般会遵循相对稳定的规律演变，严格规范的文化主要器形演变规律往往表现出大体一致的特征，故典型器形组合的差异可以区分不同的考古学文化，演变规律的改变也可能表明文化性质的变异；同一文化分布范围内，除了若干遵循相对稳定演变规律的器形，还有或多或少的不同甚至相反演变规律的器形，这些器形可能暗示了不同的文化谱系，反映出文化的多元性和开放性，理论上是可以追溯其来源的。

---

① 苏秉琦：《瓦鬲的研究》，《苏秉琦考古学论述选集》，文物出版社，1984年。
② 苏秉琦：《考古类型学的新课题——给北大考古专业七七、七八级同学讲课的提纲》，《苏秉琦考古学论述选集》，文物出版社，1984年。
③ 余西云：《西阴文化——中国文明的滥觞》，科学出版社，2006年，第22页。
④ 张忠培：《地层学与类型学的若干问题》，《文物》1983年第5期。

层位学与类型学是本书对屈家岭文化遗存材料进行分析、建立时空框架的基本方法。

（三）文化谱系

早在苏秉琦先生发表的《瓦鬲的研究》一文中探讨了不同类型陶鬲的渊源流向[①]，就蕴含了谱系的思想。苏在大量的研究实践中不断完善类型学，从分析单个器物到成组器物，从一处遗址再到一片地区或一种文化，并开始尝试对全国大范围内的文化遗存进行分区、分类型，由此高度概括和提炼出区系类型理论[②]。苏先生将之形象地称为"条块说"，"区"是块块，"系"是条条，"类型"是其分支[③]。其中的"系"是"一个探索古文化源流的新概念、新范畴。我国古文化的起源与发展是错综复杂、连绵不断、丰富多彩的，追本溯源时要考虑文化的分解与组合，以及与之有关的社会发展程度对文化发展所起的作用，特别是其中阶段性的突变，还有不同文化间的相互作用"[④]。苏先生所创立的区系类型理论在当时影响甚大，各地学者开始纷纷在该理论指导下对相关地区的文化进行区系研究。然而学界大多似乎对苏先生所创区系理论中的"系"没有深刻认识，在探讨一个文化的源流时容易简单地向前溯源向后追流，忽视周边文化的相互作用以及社会发展程度对文化发展所起的作用。

随着全国范围内文化分区的逐渐成熟，张忠培先生在苏先生区系理论的基础上，发展了文化谱系理论，他认为在文化传播和迁徙的作用下，"考古学文化之间大量出现了文化渗透、借用、融合及同化，和考古学文化的分化，使任何一种考古学文化成了不同谱系的多元结构，即不同谱系的文化因素，结合成统一的考古学文化。这文化因素，可通过和前后左右诸考古学文化进行类型学比较研究而被解析出来，明晰其源流。它们在考古学文化中的多少、主次有别，地位不同，各自对对方既有吸力，又存在排它的倾向，彼此既存在融聚力，也存在拆离的倾向，竞相发展，使考古学文化成了以主流因素为代表，又包容新旧成分的统一与矛盾的有机体"[⑤]。

[①] 苏秉琦：《瓦鬲的研究》，《苏秉琦考古学论述选集》，文物出版社，1984年。

[②] 苏秉琦先生于1975年在给吉林大学同学讲课时首次提出考古学文化区系类型理论，正式发文则在1981年。参见：邵望平整理、俞伟超修订：《百万年连绵不断的中华文化——苏秉琦谈考古学的中国梦》，《内蒙古文物考古》1997年第2期；苏秉琦：《关于考古学文化的区系类型问题》，《文物》1981年第5期。

[③] 苏秉琦：《中国文明起源新探》，辽宁人民出版社，2009年。

[④] 邵望平整理、俞伟超修订：《百万年连绵不断的中华文化——苏秉琦谈考古学的中国梦》，《内蒙古文物考古》1997年第2期。

[⑤] 张忠培：《研究考古学文化需要探索的几个问题》，《文物与考古论集》，文物出版社，1986年。

在文化谱系理论指导下的研究应该就是在文化期的尺度上揭示不同文化或者同一文化内部不同区块（空间类型）之间的互动，揭示文化生成、变异、扩张、收缩、瓦解或消亡的过程[①]。同时还需要考察这一过程中的不同层次、结构的互动对不同文化或同一文化内部区块的格局、发展进程造成的影响。

文化谱系理论是本书对屈家岭文化进行研究的主要指导理论。

二、研究内容、目的

前文已谈到屈家岭文化在中国文明多元一体结构形成过程中占有重要分量，但屈家岭文化研究还有进一步的空间和必要性。在上述主要理论和方法的指导下，本书的研究内容和目的有以下几点。

1）对屈家岭文化做出明确的界定。

2）全面梳理屈家岭文化遗存材料，对屈家岭文化做出精确的分期、分段和地区类型划分方案，建立牢靠的时空框架。

3）揭示屈家岭文化在承袭前期相关文化的基础上逐步整合长江中游地区的动态过程。

4）对屈家岭文化的源流及与周边文化的相互关系做出系统的分析，论述其产生、发展、消亡的动态过程和时空变迁，并探讨其产生、瓦解的动因，在发展、对外扩张过程中与周边文化接触产生的碰撞、交流、吸收、融合等现象及对双方文化结构、格局和发展进程造成的影响等。

一个文化时空分布的变迁应该反映出人口的迁移、扩张、移民、殖民或者征服[②]。文化的传播和不同文化之间的接触、碰撞或交流会影响彼此的文化结构、发展进程。文化变迁是一个复杂的机制。文化谱系理论可以根据考古遗存有效地分析这一情景，揭示文化变迁的动态过程。

---

① 余西云：《考古学是什么——〈江汉地区文化变迁〉序》，《中国文物报》2017年8月11日第6版。

② ［英］戈登·柴尔德著，方辉、方堃杨译：《历史的重建：考古材料的阐释》，上海三联书店，2012年，第105页。

第二章 文化界定

目前考古文献所见屈家岭文化相关问题的研究中，对屈家岭文化的界定各有差异，内涵模糊，特别是屈家岭文化的上限问题。具体到屈家岭遗址第二次发掘的下层遗存（又称屈家岭早期遗存）[1]和第三次发掘遗存[2]性质的处理，较为混乱。这一现象是学界在对长江中游地区文化序列认识体系存在巨大差异的大背景下造成的，这里面有对区系类型理论和文化谱系理论认识不同的原因，具体的则是对考古学文化定义的理解和实际操作层面因人而异所致。

要达成相对统一的认识，我们认为有必要在谱系理论层次上理解考古学文化，在较长时间段内整体系统性地分析各类相关遗存，重新厘清核心分布区在汉东平原的所谓"大溪文化油子岭类型""油子岭文化""屈家岭下层文化""屈家岭早期文化""屈家岭晚期文化""屈家岭上层文化""屈家岭文化"等多种混乱命名、相互重叠又不完全重合的文化遗存的内涵。这样也便于后文对屈家岭文化起源和形成的探索。

本章将选取油子岭、屈家岭、谭家岭、肖家屋脊、龙嘴共五个典型遗址进行分类研究。上述多种命名的文化，大部分分布范围其实不限于汉东平原，有些甚至广泛分布在长江中游地区。选择集中分布在汉东平原的五个遗址来研究，主要基于以下考虑。

分析一个较大区域范围内历时较长且包含多种不同的文化，对典型遗址的选择需重点关注以下两个要素。

1）文化发生、发展的核心区的遗存。就新石器时代考古学文化来说，一般核心区的遗存所反映的文化面貌相对较为纯净，而文化分布边缘区的遗存大多混杂周邻地区文化因素，会影响我们对文化内涵的辨认和认识。

2）同一个遗址最好有在层位上上下叠压的两种及以上的不同类型的较为丰富的文化遗存，便于区分和认识不同类型文化的内涵和早晚关系。

整体来看，上述几种命名的文化或类型发生、发展的核心区均在汉东平原也就是大洪山南麓，汉水下游与涢水之间的平原地区。依据上述两大要素，下文将这五处遗址进行分类研究和文化界定。

---

[1] 中国科学院考古研究所：《京山屈家岭》，科学出版社，1965年。
[2] 屈家岭考古发掘队：《屈家岭遗址第三次发掘》，《考古学报》1992年第1期。

第二章 文化界定

第一节 遗存分类

（一）油子岭

油子岭遗址在1982年发现，湖北省荆州地区博物馆联合京山县博物馆于1985年进行了试掘[①]。简报将发掘的遗存分为三期，认为第一期属"大溪文化油子岭类型"，第二、三期分别为"屈家岭文化"早期和晚期。根据器形及组合的差异，三期遗存可分为两类。

A类，陶系以红陶为主，其次为黑陶，较少灰陶；泥质陶较多，夹砂陶次之。主要器形组合有鼎、圈足罐、矮领罐、圈足盘、附耳杯圈足盘、豆、彩陶碗、彩陶杯、折肩壶、盆、器盖等。器腹多饰凹弦纹、凸弦纹、戳点纹，圈足上流行施以较多圆形镂孔，少量菱形镂孔，鼎足多饰按窝纹。还有少量彩陶，多为黑彩绘菱形格纹、横带纹、卵点纹、斜线纹、豆荚纹等。包括简报所分第一期、第二期遗存。分为居址和墓葬两种。

居址遗存遗物绝大部分出于地层中，基本包含了A类遗存的所有器形（图一）。

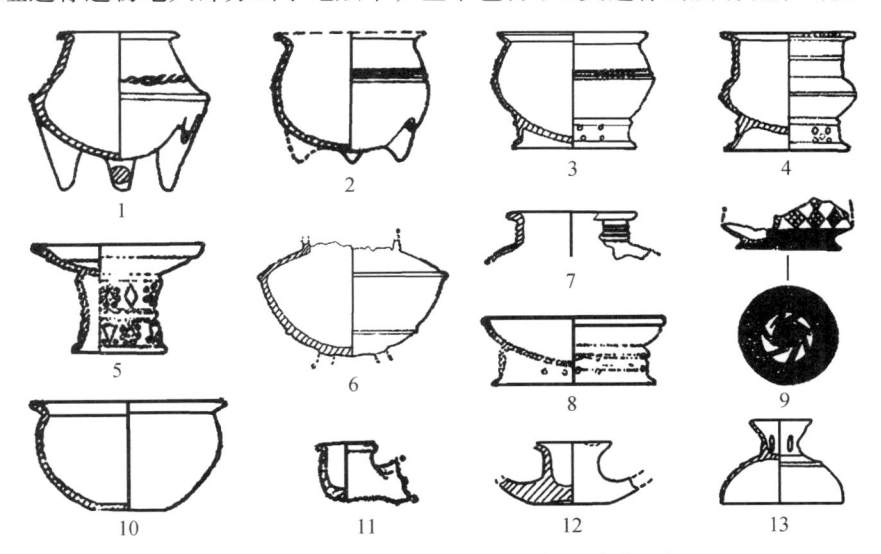

图一 油子岭遗址A类遗存居址主要器形组合

1、2. 鼎（T1⑤B：21、T2②：1） 3、4. 圈足罐（T1④B：12、T2②：3） 5. 豆（T2②：5）
6. 折肩壶（T2②：4） 7. 矮领罐（T4③：4） 8. 圈足盘（T1⑤B：22） 9. 彩陶杯（T3④：8）
10. 盆（T3⑤：19） 11. 附耳杯圈足盘（T4④：19） 12、13. 器盖（T1④B：11、T2②：6）

---

① 湖北省荆州地区博物馆：《湖北京山油子岭新石器时代遗址的试掘》，《考古》1994年第10期。

墓葬遗存主要包括11座土坑墓，简报提供的器物线图较少，从发表的资料来看，器类相对简单，主要有鼎、圈足罐、豆、碗、器盖等（图二）。

B类，陶系主要为泥质黑陶、灰陶，少量泥质红陶，极少夹炭红陶。主要器形组合有圆腹鼎、斜直腹鼎、高领罐、双腹碗、内折沿碗、外折沿碗、双腹豆、高圈足杯、斜腹杯、盂形器、扁腹壶、三角纽器盖等。部分器表饰有凹弦纹、凸弦纹，圈足多有镂孔。有少量彩陶，多为黑彩绘网格纹、横带纹（图三）。包括简报所分第三期遗存。此类遗存在油子岭遗址未发现墓葬，均出于居址中。居址主要清理出3个灰坑（H1、H2、H4），遗物基本出于这3个灰坑中。

从简报提供的层位关系看，A类遗存的居址遗存主要包括各探方的第2~5层，A类遗存的墓葬从出土随葬陶器看大体不会晚于居址遗存；B类遗存的3个灰坑分布于T2、T4中，均开口于第1层下，打破第2层。可初步判断B类遗存整体晚于A类遗存。

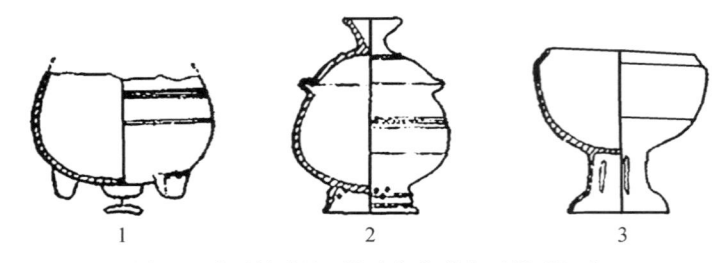

图二　油子岭遗址A类遗存墓葬主要器形组合
1. 鼎（M3∶6）　2. 圈足罐（M3∶4）　3. 豆（M3∶3）

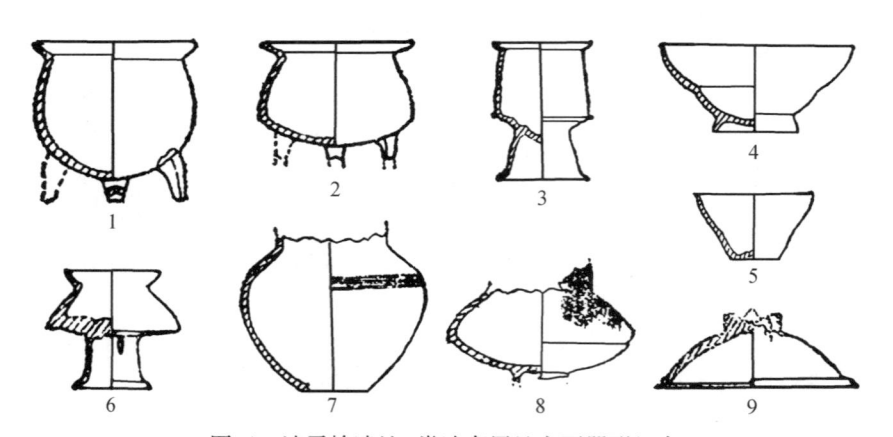

图三　油子岭遗址B类遗存居址主要器形组合
1、2. 鼎（H4∶4、H2∶15）　3. 高圈足杯（H2∶17）　4. 双腹碗（H2∶14）　5. 斜腹杯（H2∶4）
6. 盂形器（H1∶7）　7. 高领罐（H2∶8）　8. 扁腹壶（H2∶2）　9. 器盖（H1∶13）

（二）屈家岭

屈家岭遗址于1954年发现[①]，分别在1955年、1956~1957年和1989年进行了三次发掘[②]。

第二次发掘成果见于《京山屈家岭》报告，报告将发掘遗存分为早、晚两期，晚期又分为一、二段，认为均属"屈家岭文化"。根据器形及组合的差异，可分为两类。

A类，陶系以黑陶、灰陶最多。主要器形组合有鼎、簋、曲腹杯、碗、罐、甑、器盖等（报告发表的部分所谓碗底残部可能为簋，而大多盘类、少量罐类残片应为曲腹杯）。部分器腹饰弦纹，圈足有圆形镂孔。有少量彩陶，多为红彩，少量黑彩，彩绘图案有菱形方格纹、斜线纹、横带纹和由直线、弧线、圆圈组成的复杂纹样等。主要包括报告所分早期遗存。分为居址和墓葬两种。

居址遗存的遗物主要出于地层和部分灰坑中，基本包含了A类遗存的所有器形（图四）。

墓葬遗存仅发现1座土坑墓，报告未提供随葬品线图，据描述有黑陶鼎等。

B类，陶系以泥质黑陶、灰陶为主。主要器形组合有鼎、斜腹杯、高圈足杯、豆、碗、盆、甑、罐、壶、缸、器盖等。其中部分鼎、豆、碗等器类均呈现出双腹特征，另外鼎还有圆腹罐形、垂腹釜形，豆有内折沿、外折沿，罐有折沿大口罐、高领罐

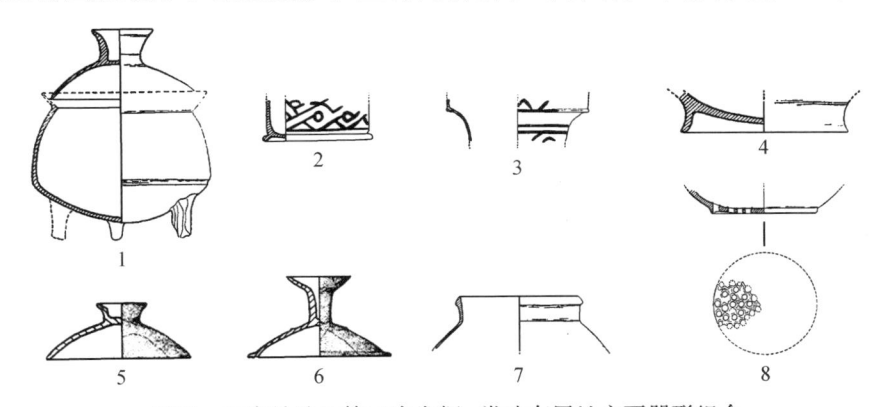

图四　屈家岭遗址第二次发掘A类遗存居址主要器形组合
1. 鼎（ⅠH22③A∶1b）　2、3. 曲腹杯［T139（⑥A，⑦）∶1、T118⑥∶1］　4. 簋（ⅡH4∶1）
5、6. 器盖（T105⑦∶17、T90⑧∶5）　7. 罐（ⅠH8①∶1b）　8. 甑（ⅠH20①∶1）

---

① 王劲、吴瑞生、谭维四：《湖北京山县石龙过江水库工程中发现的新石器时代遗址简报》，《文物参考资料》1955年第4期。

② 中国科学院考古研究所：《京山屈家岭》，科学出版社，1965年；屈家岭考古发掘队：《屈家岭遗址第三次发掘》，《考古学报》1992年第1期。

等。另有少量彩陶碗、彩陶杯，彩绘纺轮也较具特色。部分器表饰凸弦纹、凹弦纹，少量有菱形格纹、平行斜线纹等。彩陶多为黑彩，纹样多为平行斜线、曲线、卵点、宽带等元素组成的复合图案。主要包括报告所分晚期一和晚期二遗存。分为居址和墓葬两种。

居址遗存遗物主要出于地层中，基本包含了B类遗存的所有器形（图五）。

墓葬遗存共发现2座土坑墓，均无随葬品。

从报告提供的层位关系来看，屈家岭遗址第二次发掘B类遗存整体晚于A类遗存。

第三次发掘报告将遗存分为三期，并认为分别属"前屈家岭文化"、"屈家岭文化初期"和"屈家岭文化早期"。根据器形及组合的差异，三期遗存可分为两类。

A类，陶系上夹炭红陶最多，其次分别为泥质灰陶、泥质黑陶，有少量夹砂陶。主要器形组合有鼎、圈足罐、矮领罐、圈足盘、豆、彩陶碗、折肩壶、缸、器盖等。部分器表饰凹弦纹、凸弦纹，圈足多有镂孔，鼎足一般饰有按窝纹。少量彩陶，有黑彩和红彩两种，彩绘图案有横带纹、圆点纹等。主要包括报告所分第一期、第二期遗存。分为居址和墓葬两种。

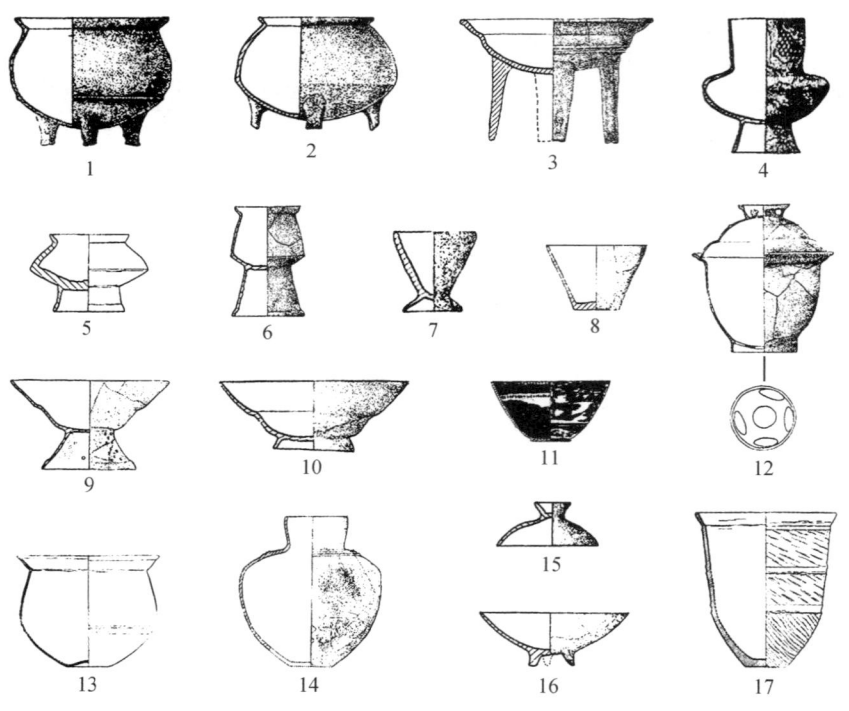

图五 屈家岭遗址第二次发掘B类遗存居址主要器形组合

1~3. 鼎（T193②：39、T180②：9、T154②：1） 4. 扁腹壶（T197④：14） 5. 盂形器（T92③：19）
6. 高圈足杯（T138②：77） 7、8. 斜腹杯（T137②：3、T106④G：30） 9. 双腹豆（T177②F：15）
10. 双腹碗（T159②：3） 11. 彩陶碗（T174②：47） 12. 甑（T197④：32） 13. 折沿罐（T197④：38）
14. 高领罐［T95［④A，⑤）：4］ 15. 器盖（T103⑥：6） 16. 三足钵（T72⑤B：2） 17. 缸（T138②A：1）

居址遗存的遗物主要出于地层和少量灰坑中，基本包含了A类遗存的所有器形（图六）。

墓葬遗存仅发现2座瓮棺，报告未提供器物线图，据文字描述有罐，无法进一步分析。

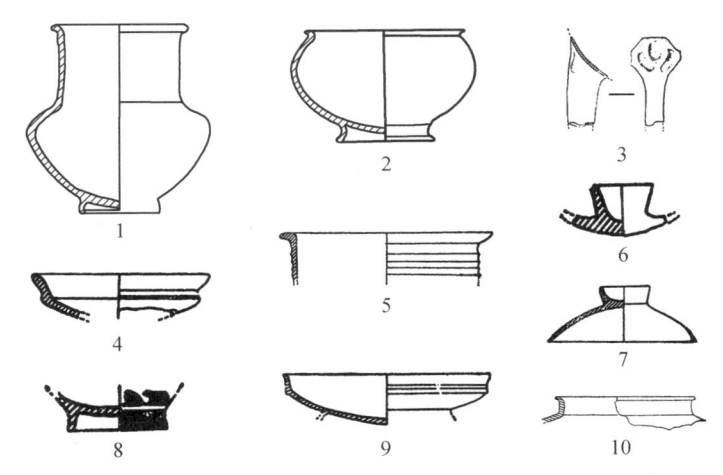

图六　屈家岭遗址第三次发掘A类遗存居址主要器形组合
1. 折肩壶（T3④：54）　2. 圈足罐（T5⑥：34）　3. 鼎足（T4⑤：41）　4. 豆（T5⑤：2）
5. 缸（T4③：23）　6、7. 器盖（T1②A：40、T5⑤：33）　8. 彩陶碗（T2②：22）　9. 圈足盘（T4⑤：36）
10. 矮领罐（T4⑤：40）

B类，陶系上基本为泥质黑陶、泥质灰陶。主要器形组合有鼎、簋、曲腹杯、碗、罐、圈足瓮、圈足壶、器盖等。器腹一般饰凹弦纹，少量饰凸弦纹，圈足施圆形或长方形镂孔（图七）。主要包括第三期遗存。此类遗存在屈家岭遗址第三次发掘中未发现居址，均出土于墓葬中。

从报告提供的层位关系来看，屈家岭遗址第三次发掘B类遗存整体晚于A类遗存。

(三) 谭家岭

谭家岭遗址于1982年进行了小规模发掘，资料未公布。北京大学考古学系、湖北省文物考古研究所和荆州博物馆组成联合考古队在1987年和1989年又进行了两次发掘，并出有正式报告[①]。报告将发掘的遗存分为六期，并认为第一~三期属油子岭文化，第四期属屈家岭文化。在此将第一~四期遗存重做分析，根据器形及组合的差异，可分为三类。

---

① 湖北省荆州博物馆、北京大学考古学系、湖北省文物考古研究所石家河考古队：《谭家岭》，文物出版社，2011年。

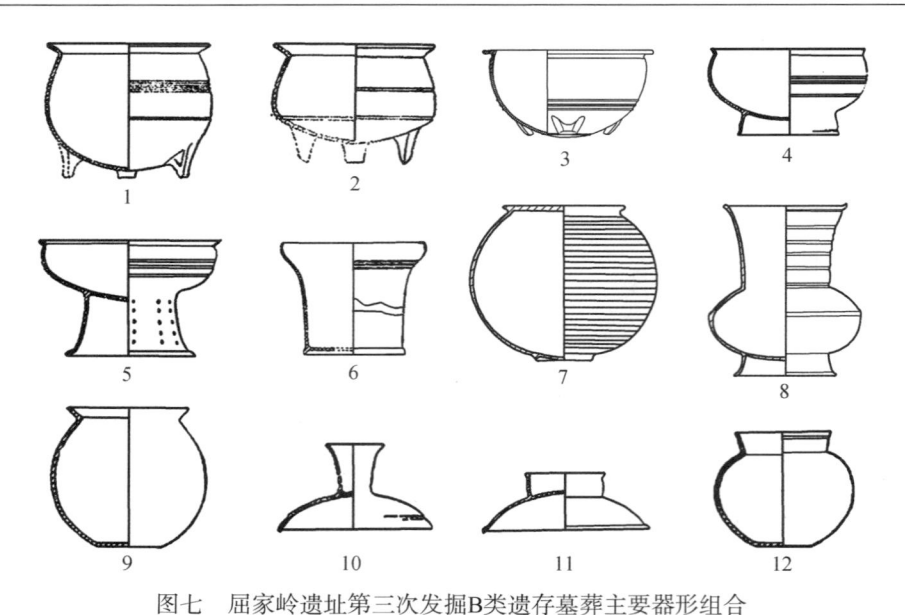

图七　屈家岭遗址第三次发掘B类遗存墓葬主要器形组合
1～3.鼎（M3∶4、M2∶26、M12∶37）　4、5.簋（M3∶3、M2∶10）　6.曲腹杯（M2∶57）
7.圈足瓮（M12∶35）　8.圈足壶（M2∶6）　9.折沿罐（M2∶32）　10、11.器盖（M2∶61、M6∶6）
12.矮领罐（M2∶3）

A类，陶系上以红陶为主，少量黑陶、灰陶，泥质陶偏多，夹砂陶偏少。主要器形组合有鼎、圈足罐、圈足盘、豆、彩陶碗、矮领罐、折肩壶、器盖等。其中鼎为卷沿、圆腹，圈足罐为深垂腹，圈足盘圈足较粗高，器盖有翘盘形、覆盘形等。部分器表饰凹弦纹、凸弦纹，少量圈足有圆形镂孔、长条形镂孔。彩陶一般为黑彩，纹样有菱形格纹、宽带纹和平行斜线、曲线等。主要包括报告所分第一期遗存。分为居址和墓葬两种。

居址遗存的遗物主要出于地层中，基本包含了A类遗存大部分器形（图八）。

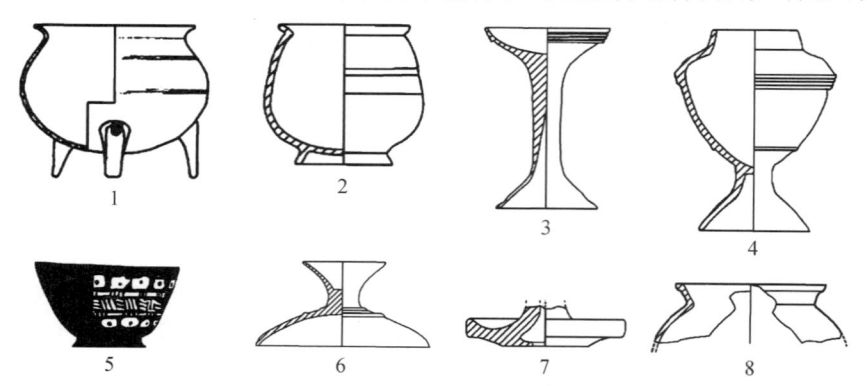

图八　谭家岭遗址A类遗存居址主要器形组合
1.鼎（ⅢT1108⑦∶58）　2.圈足罐（ⅣT2211⑧∶52）　3.豆（ⅣT2211⑧∶4）
4.折肩壶（ⅣT2211⑧∶15）　5.彩陶碗（ⅢT1107⑥∶51）　6、7.器盖（ⅣT2211⑧∶4、ⅢT1106⑥∶2）
8.矮领罐（ⅢT1006⑬∶150）

墓葬遗存共发现土坑竖穴墓4座，瓮棺1座。土坑墓随葬品器形有圈足罐、圈足盘、豆、碗、覆盘形器盖、翘盘形器盖等（图九）。瓮棺葬具为1件红陶盆，无随葬品。

B类，陶系上泥质黑陶、灰陶增多，也有较大数量泥质红陶，少量夹炭陶。主要器形组合有鼎、甑、曲腹杯、豆、彩陶碗、罐、壶、瓮、器盖等。鼎有圆腹、垂腹两种，甑多为盆形，器盖盖纽分化较为复杂，有圈足形、喇叭形、塔形等。器表流行饰凹弦纹、凸弦纹，少量篦点纹、三角形戳印纹等。彩陶多为黑彩、灰彩，彩绘图案多为卵点、平行斜线、菱格方纹等。主要包括原报告第二期、第三期遗存。分为居址和墓葬两种。

居址遗存的遗物大部分出于地层中，少量灰坑也有出土。基本包含了B类遗存的所有器形（图一〇）。

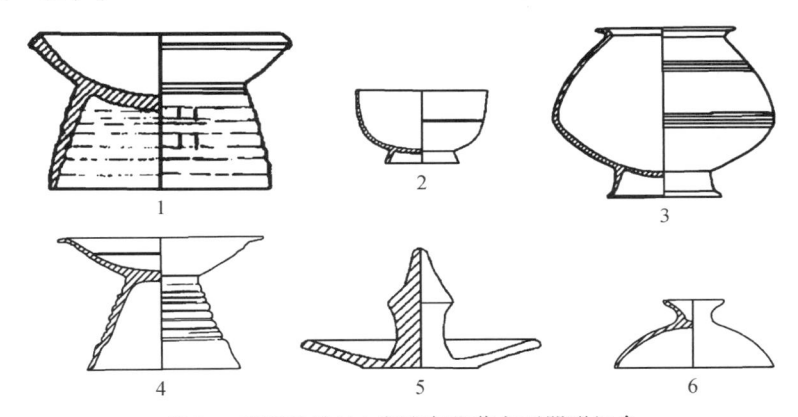

图九　谭家岭遗址A类遗存墓葬主要器形组合
1.圈足盘（ⅢM17∶1）　2.碗（ⅢM17∶2）　3.圈足罐（ⅢM13∶1）　4.豆（ⅢM13∶8）
5、6.器盖（ⅢM17∶3、ⅢM13∶2）

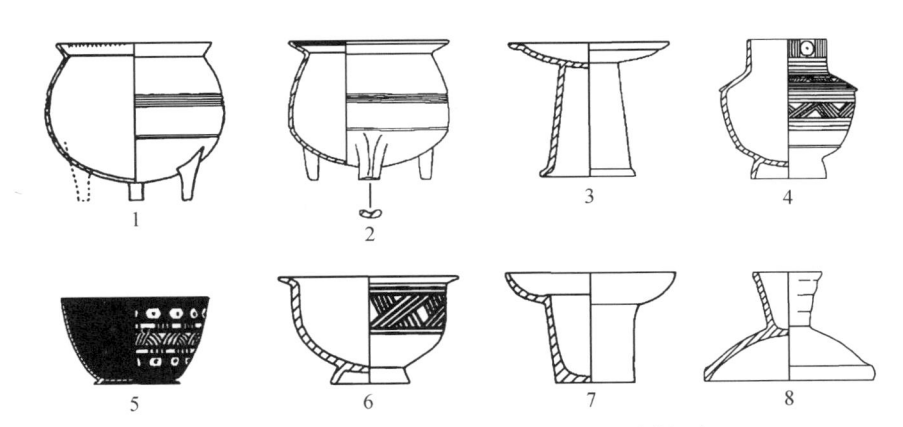

图一〇　谭家岭遗址B类遗存居址主要器形组合
1、2.鼎（ⅢT1106⑤C∶12、ⅢT1008⑦∶4）　3.豆（ⅢH15∶1）　4.壶（ⅢT1106④C∶73）
5.彩陶碗（ⅢT1107⑤C∶41）　6.甑（ⅢT1106④B∶52）　7.曲腹杯（ⅢT1106④B∶22）　8.器盖（ⅢT1008⑦∶7）

墓葬遗存包括16座土坑墓和7座瓮棺墓。土坑墓随葬品器形组合有鼎、曲腹杯、罐、器盖等；瓮棺墓一般以釜为葬具，随葬彩陶碗、器盖等（图一一）。

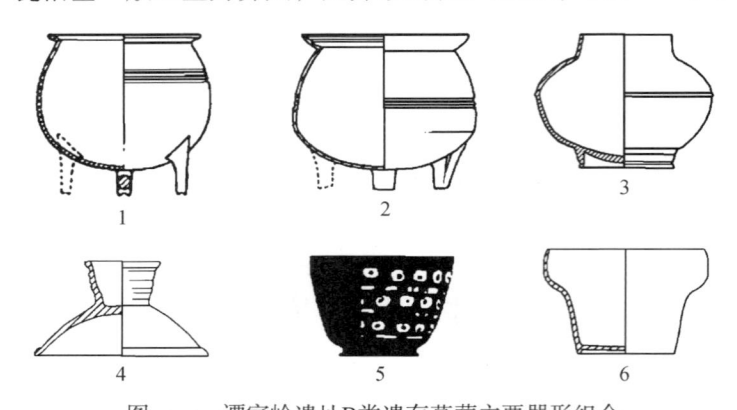

图一一　谭家岭遗址B类遗存墓葬主要器形组合
1、2.鼎（ⅢM14：9、ⅢM4：1）　3.罐（ⅢM14：2）　4.器盖（ⅢM14：7）　5.彩陶碗（ⅢM7：10）
6.曲腹杯（ⅢM14：11）

C类，陶系上以泥质灰陶为主，其次为泥质黑陶、泥质红陶，少量夹砂陶。主要器形组合有鼎、高领罐、高圈足杯、斜腹杯、豆、碗、壶、盆、甑、缸、器盖等。其中相当数量的呈双腹特征的鼎、豆、碗是重要特征，鼎还有圆腹、垂腹等类型，豆、碗类还有外折沿、弧壁等，扁腹壶极具特色。部分器表饰凹弦纹、凸弦纹等。彩陶有红彩、黑彩等，彩绘图案有横带纹、云状纹、卵点纹、弧线纹、网格纹等（图一二）。主要包括报告所分第四期遗存。全为居址遗存，未发现墓葬遗存。居址包括房址、灰坑等，地层也出有较多遗物。

从报告提供的层位关系来看，C类遗存整体晚于B类遗存，B类遗存整体晚于A类遗存。

（四）肖家屋脊

肖家屋脊遗址于1954年调查发现，北京大学考古学系、湖北省文物考古研究所和荆州博物馆组成联合考古队于1987～1991年先后进行了八次发掘[①]。报告将发掘的新石器遗存分为"屈家岭文化"和"石家河文化"两类。在此主要讨论"屈家岭文化"遗存。

陶系上以泥质灰陶为主，其次为泥质红陶、泥质黑陶，少量夹砂陶。主要器形组合有鼎、高领罐、大口折沿罐、双腹豆、双腹碗、外折沿碗、内折沿碗、斜腹杯、高

---

① 湖北省荆州博物馆、湖北省文物考古研究所、北京大学考古学系石家河考古队：《肖家屋脊》，文物出版社，1999年。

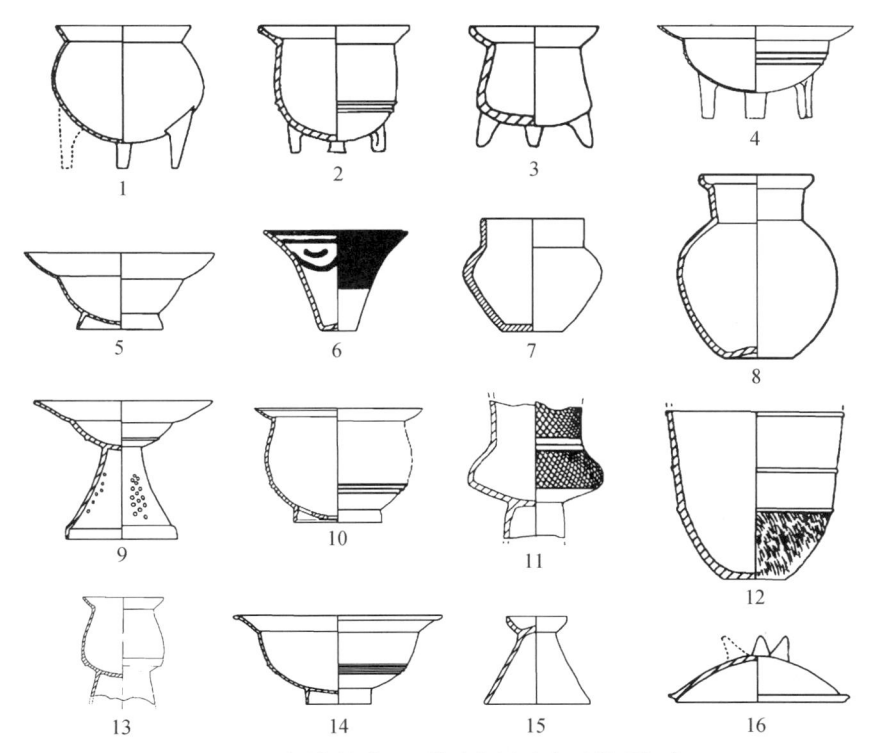

图一二 谭家岭遗址C类遗存居址主要器形组合

1~4. 鼎（ⅣH18:18、ⅣH18:40、ⅢH23:71、ⅣH17:9） 5. 双腹碗（ⅢT1107②B:27）
6. 斜腹杯（ⅢH23:22） 7. 直领小罐（ⅢH23:4） 8. 高领罐（ⅢH23:56） 9. 双腹豆（ⅣH18:31）
10. 甑（ⅣH18:49） 11. 扁腹壶（ⅢH23:43） 12. 缸（ⅢH7:24） 13. 高圈足杯（ⅢH7:23）
14. 盆（ⅣH18:6） 15、16. 器盖（ⅢH23:27、ⅣH18:1）

圈足杯、矮圈足杯、盂形器、扁腹壶、甑、缸、器盖等，彩绘纺轮极具特色。部分器表饰凸弦纹、凹弦纹，圈足（豆柄）一般有圆形镂孔，少量附加堆纹、戳印纹、篮纹等。彩绘纺轮一般为红彩，由平行直线或曲线组成多组图案、网格纹等。遗存分为居址和墓葬两种。

居址包括房址、灰坑、灰沟等，地层也出有较多遗物。基本包含了上述所有器形（图一三）。

墓葬遗存包括37座土坑墓和5座瓮棺墓。土坑墓随葬品主要器形组合有鼎、高领罐、双腹碗、斜腹杯、圈足杯、扁腹壶、器盖等。瓮棺墓一般以釜或大口折沿罐为葬具，上面扣以碗或豆（图一四）。

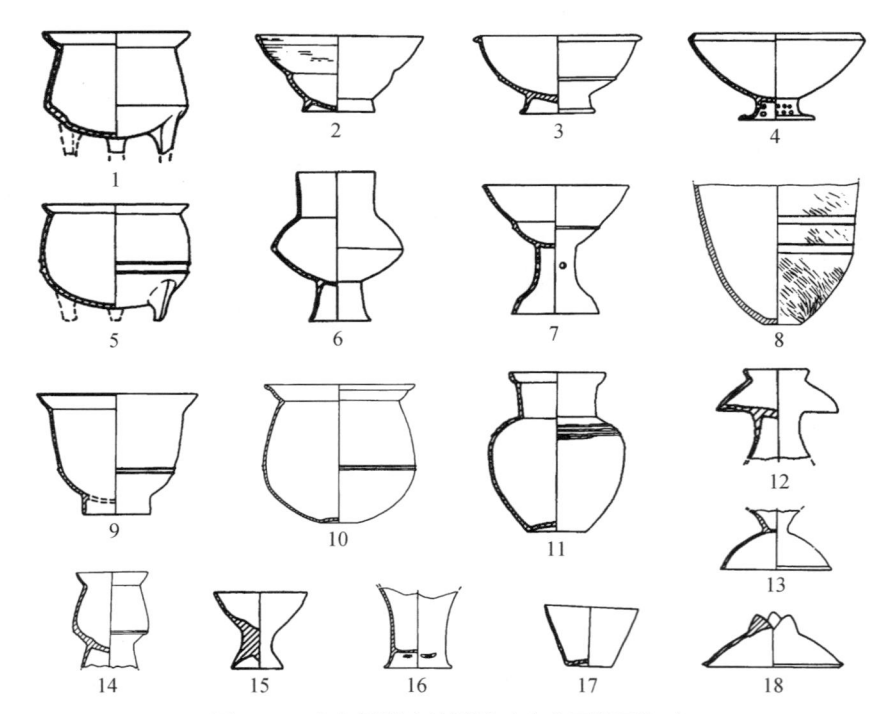

图一三 肖家屋脊遗址居址遗存主要器形组合

1、5. 鼎（H531：27、AT1219③：21） 2~4. 碗（H531：14、H509：14、H531：36） 6. 扁腹壶（H430：2）
7. 双腹豆（H430：1） 8. 缸（AT2017⑤：6） 9. 甑（H531：70） 10. 折沿罐（AT1006⑥：8）
11. 高领罐（H430：21） 12. 盂形器（AT2017⑤：3） 13、18. 器盖（H430：7、H531：10）
14. 高圈足杯（H479：2） 15、16. 矮圈足斜腹杯（AT1919⑤：3、H531：41） 17. 斜腹杯（H531：39）

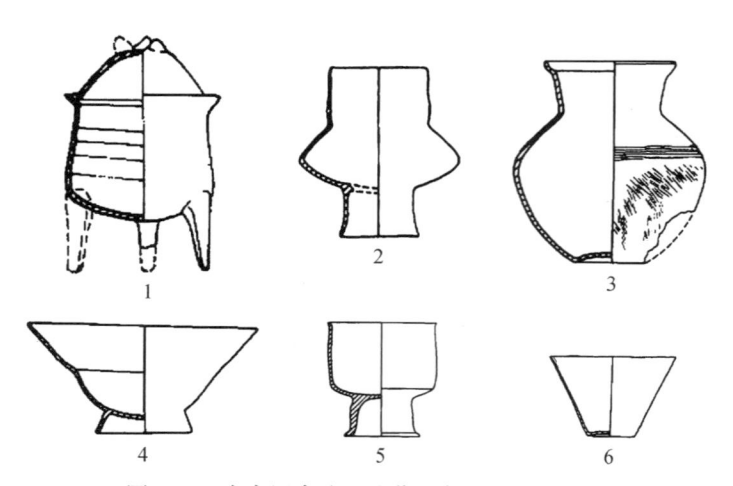

图一四 肖家屋脊遗址墓葬遗存主要器形组合

1. 鼎（M57：13） 2. 扁腹壶（M52：20） 3. 高领罐（M52：4） 4. 双腹碗（M57：6）
5. 高圈足杯（M57：20） 6. 斜腹杯（M57：17）

（五）龙嘴

龙嘴遗址位于湖北天门市石河镇，其西北距石家河古城约6千米[①]。报告将除以TG1⑤为代表的屈家岭文化以外的遗存均归为油子岭文化范畴，并分为早、晚两期，早期又分为前、后两段。龙嘴遗存根据器形及组合的差异，可分为三类。

A类，以泥质陶为主，少量夹砂陶、夹炭陶，陶色主要为灰陶、红陶、黑陶三种。主要器形组合有垂腹鼎、圆腹鼎、直腹鼎、圈足罐、圈足盘、附耳杯圈足盘、有领罐、折肩壶等，另有釜、折沿罐、盆、碗、缸、器座、喇叭形捉手器盖、倒圈足形捉手器盖、翘盘形器盖，还有彩陶碗等。纹饰多弦纹、圆形镂孔和长条形镂孔，少量按窝、附加堆纹。分布在除TG1外的所有发掘区。分为居址和墓葬两种。

居址有房址、活动面、灰坑等遗迹现象，出有较多器物，地层也出有大量器物。居址所出器物基本涵盖了A类遗存所有器形（图一五）。

墓葬包括土坑墓和瓮棺，出土随葬陶器基本涵盖了A类遗存主要的器形（图一六）。

B类，以泥质陶为主，少量夹砂陶和夹炭陶，多为灰陶、红陶，少量黑陶。主要器形组合有圆腹鼎、直腹鼎、曲腹杯、浅腹盆形簋、圈足瓮等，另有甑、缸、高喇叭形

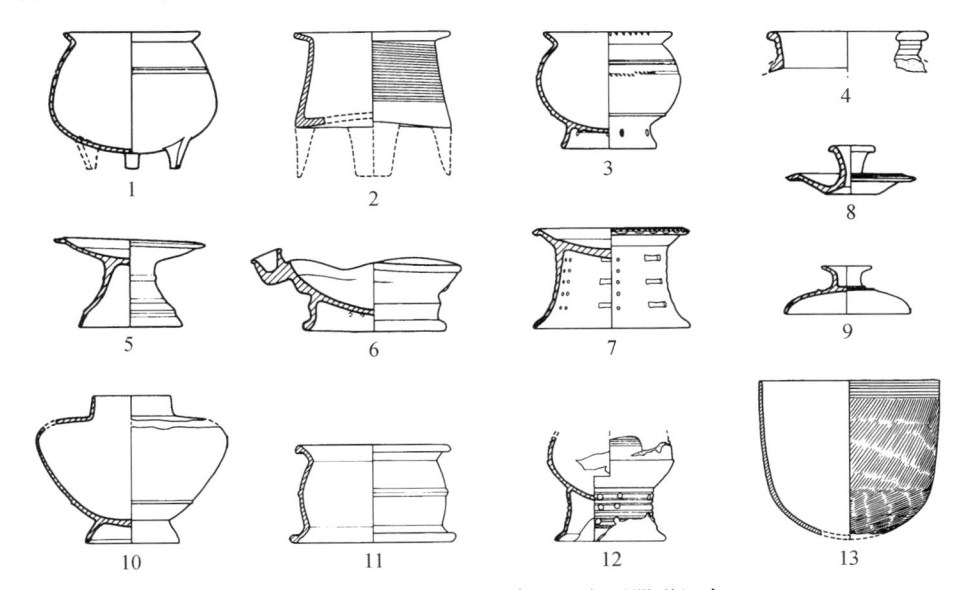

图一五　龙嘴遗址A类遗存居址主要器形组合

1、2.鼎（H13∶2、F8②∶10）　3.圈足罐（活动面Ⅰ∶3）　4.矮领罐（F8②∶21）　5、12.豆（活动面Ⅰ∶5、ⅡT0833⑥∶26）　6.附耳杯圈足盘（ⅠT1707③∶5）　7.圈足盘（ⅡT0606④∶1）　8、9.器盖（活动面Ⅰ∶9、ⅡT0805④∶3）　10.折肩壶（H28∶1）　11.器座（ⅡT0704③∶2）　13.缸（ⅡT0705③∶9）

---

① 湖北省文物考古研究所、天门市博物馆：《天门龙嘴》，科学出版社，2016年。

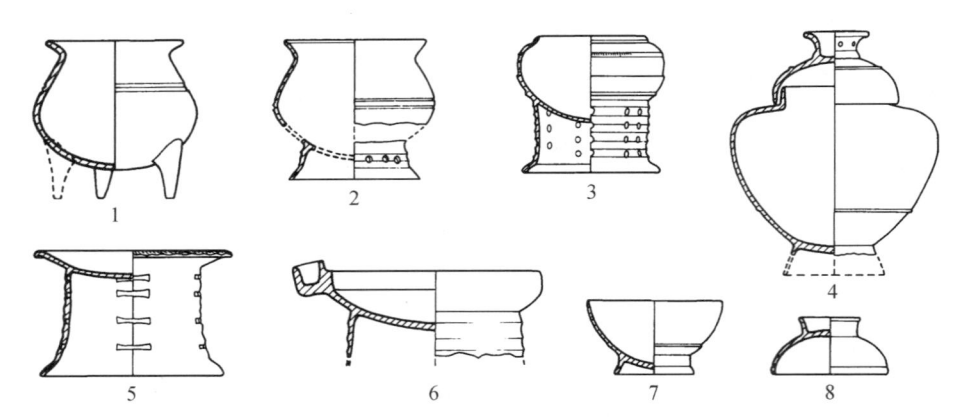

图一六 龙嘴遗址A类遗存墓葬主要器形组合
1. 鼎（M14∶4） 2. 圈足罐（M14∶8） 3. 豆（M1∶3） 4. 折肩壶（M14∶12） 5. 圈足盘（M1∶7）
6. 附耳杯圈足盘（M1∶9） 7. 碗（M14∶7） 8. 器盖（M14∶15）

捉手器盖、倒圈足形捉手器盖、三矮纽器盖、器座等。其中鼎多宽扁矮足，少量宽扁铲足、圆锥足、侧装足。纹饰多弦纹，少量按窝、附加堆纹和篮纹（图一七）。仅在TG1发现，为居址遗存，单位有TG1⑥~⑩。

C类，以泥质陶为主，少量夹砂陶，多为灰陶，其次红陶，少量黑陶。主要器形组合有大口折沿罐、高领罐、双腹豆、器盖等。纹饰有弦纹、网格纹、篮纹等（图一八）。仅有TG1⑤一个单位，属居址遗存。

从报告提供的层位关系来看，C类遗存完全叠压在B类遗存之上，C类遗存晚于B类遗存。A类遗存与B、C两类无直接叠压关系。

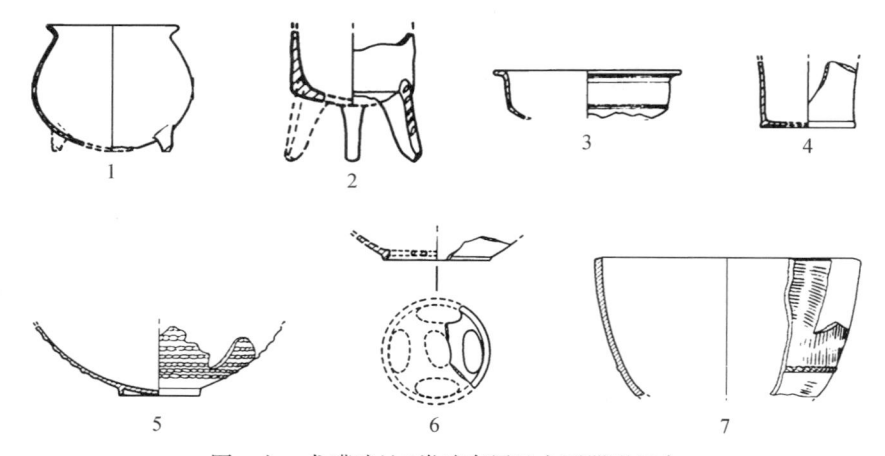

图一七 龙嘴遗址B类遗存居址主要器形组合
1、2. 鼎（TG1⑥∶4、TG1⑦∶36） 3. 簋（TG1⑧∶24） 4. 曲腹杯（TG1⑧∶17） 5. 圈足瓮（TG1⑩∶5）
6. 甑（TG1⑦∶30） 7. 缸（TG1⑩∶7）

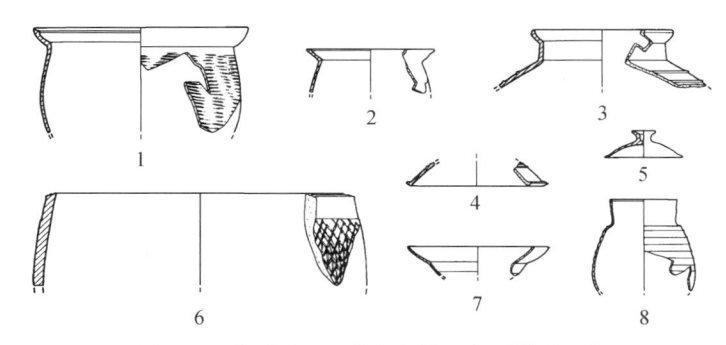

图一八 龙嘴遗址C类遗存居址主要器形组合

1、2. 大口折沿罐（TG1⑤∶21、TG1⑤∶17） 3、8. 有领罐（TG1⑤∶22、TG1⑤∶3）
4、5. 器盖（TG1⑤∶15、TG1⑤∶12） 6. 缸（TG1⑤∶13） 7. 双腹豆（TG1⑤∶16）

第二节 文化界定

依据器物形态和组合所反映的文化面貌的差异，以上五处遗址大多包含了不止一类文化遗存。这些不同遗址的不同类的遗存可以进一步进行类比和合并同类项，最后归纳为三大类。

第一大类，包括油子岭A类遗存、屈家岭第三次发掘A类遗存、谭家岭A类遗存、龙嘴A类遗存。

第二大类，包括屈家岭第二次发掘A类遗存、屈家岭第三次发掘B类遗存、谭家岭B类遗存、龙嘴B类遗存。

第三大类，包括油子岭B类遗存、屈家岭第二次发掘B类遗存、谭家岭C类遗存、肖家屋脊遗存、龙嘴C类遗存。

第一大类遗存的陶器以红陶为主，也有不少灰陶、黑陶，泥质陶最多，少量夹砂陶，部分遗址夹炭陶数量突出。器形组合以鼎、圈足罐、圈足盘、附耳杯圈足盘为核心，另有豆、折肩壶、矮领罐、彩陶碗、缸、器盖等。器表多饰凹弦纹、凸弦纹、戳点纹，圈足上流行施以较多圆形镂孔，鼎足多饰按窝纹。有少量彩陶，多为黑彩，纹样多为菱形方格纹、横带纹、卵点纹、斜线纹、豆荚纹等。

第二大类遗存的陶器泥质灰陶、黑陶大增，部分遗存中泥质红陶也较多，少量夹砂陶。器形组合以鼎、簋、曲腹杯为核心，另有彩陶碗、豆、罐、甑、圈足壶、圈足瓮、器盖等。器表多饰凸弦纹、凹弦纹，还有少量篦点纹、篮纹、附加堆纹等，圈足多施以圆形镂孔。有少量彩陶，多为黑彩，彩绘图案有菱形方格纹、卵点纹、平行斜线纹、横带纹等。

第三大类遗存的陶器以泥质灰陶、黑陶为主，少量泥质红陶，较少夹砂陶。器形类别大增，器形组合以鼎、高领罐、大口折沿罐、斜腹杯、高圈足杯、双腹碗、双腹豆、缸等为核心，另有外折沿碗、内折沿碗、折沿豆、盆、盂形器、扁腹壶、器盖等。器表多饰凸弦纹、凹弦纹，少量有菱形格纹、平行斜线纹、附加堆纹、戳印纹、篮纹等。圈足上多施以密集圆形镂孔或三角形加圆形镂孔。有少量彩陶，多为黑彩，纹样多为平行斜线、曲线、卵点、宽带等，还有多饰在扁腹壶腹部的网格纹，极具特色。

从上文对三类遗存的归纳来看，这三类遗存有一定程度相似的地方，如鼎、彩陶碗等器类，部分纹饰和彩陶纹样等，表明了相互之间的联系和渊源关系。但主要器形组合表现出的整体面貌差异巨大，后文还会论述三类遗存主要器形各自会遵循一定的规律演变发展。三类遗存的核心特征结构完全不同，具有明确的可辨识性，均有充足的遗存数量和相对稳定的空间分布，应属三类不同的文化。需要补充说明的是陶系的差异更多地指向制陶工艺、烧制技术的变化，而在分辨文化性质时不能将其作为主要标准，只能作为文化内涵的一部分。

从层位关系上看，第一类遗存代表的文化早于第二类遗存代表的文化；第二类遗存代表的文化早于第三类遗存代表的文化。

第一类遗存代表的文化最早在油子岭遗址发现，又较为典型，当命名为油子岭文化。

第二类遗存代表的文化在本书第一章中介绍到曾被纳入"大溪文化"的地区类型、"油子岭文化"，或依据陶系差异被拆分分别归到"大溪文化"和"屈家岭文化"，也曾被单独命名为"屈家岭早期文化"或"屈家岭下层文化"。鉴于其与第一类遗存具有明确可分辨性的差异，宜单独命名为一个文化，本书采用"屈家岭下层文化"命名的方案。

第三类遗存代表的文化即所谓"典型的屈家岭文化"，也有被称为"屈家岭上层文化""屈家岭晚期文化"等，也是本书所界定的屈家岭文化（图一九）。

本书的研究将以第三类遗存代表的文化即屈家岭文化作为主要对象，后面探讨屈家岭文化的谱系时会对第一、二类遗存代表的油子岭文化、屈家岭下层文化有所涉及。

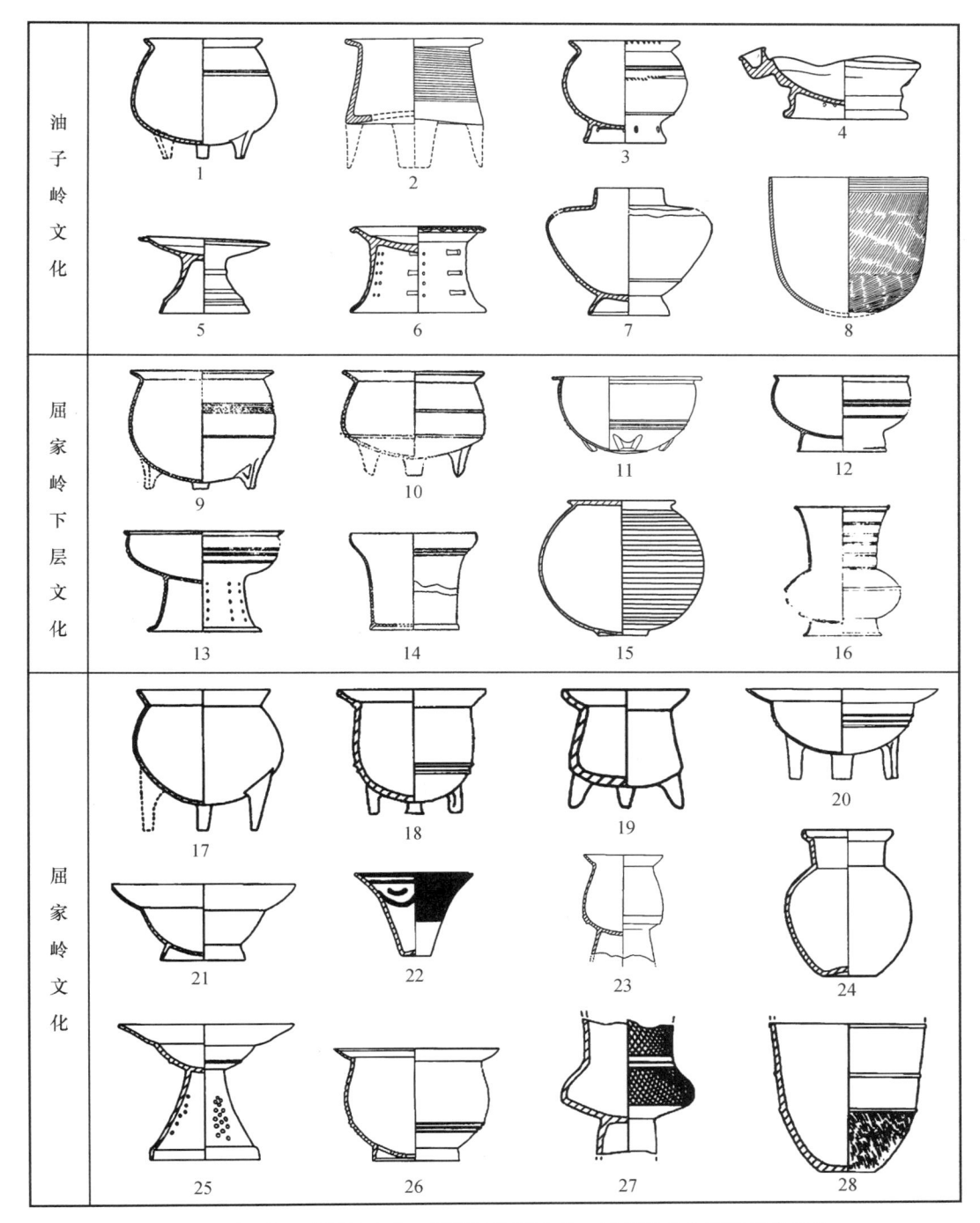

图一九 油子岭文化、屈家岭下层文化、屈家岭文化器形组合对比

油子岭文化：1、2.鼎（H13：2、F8②：10） 3.圈足罐（活动面Ⅰ：3） 4.附耳杯圈足盘（ⅠT1707③：5）
5.豆（活动面Ⅰ：5） 6.圈足盘（ⅡT0606④：1） 7.折肩壶（H28：1） 8.缸（ⅡT0705③：9）（均出土于龙嘴）
屈家岭下层文化：9~11.鼎（M3：4、M2：26、M12：37） 12、13.簋（M3：3、M2：10）
　　　　　　　14.曲腹杯（M2：57） 15.圈足瓮（M12：35） 16.圈足壶（M2：6）（均出土于屈家岭）
屈家岭文化：17~20.鼎（ⅣH18：18、ⅣH18：40、ⅢH23：71、ⅣH17：9） 21.双腹碗（ⅢT1107②B：27）
　　　　　22.斜腹杯（ⅢH23：22） 23.高圈足杯（ⅢH7：23） 24.高领罐（ⅢH23：56） 25.双腹
　　　　　豆（ⅣH18：31） 26.甑（ⅣH18：49） 27.扁腹壶（ⅢH23：43） 28.缸（ⅢH7：24）（均出土于谭家岭）

第三章 遗存分析

屈家岭文化的分布范围十分广泛，在共享核心器形及组合的前提下，各地区往往表现出不同程度的差异。这种文化的内部差异一般是一个文化的地区类型划分的线索。一个文化的地区类型往往并不完全与自然地理单元耦合。在此尽量将面貌大致相近的遗存集中在同一节中分析，同时相应地结合自然地理单元进行介绍。由此大体分作七节共七个部分，分别为汉东平原及汉西平原北部、洞庭湖平原及汉西平原南部、沅江中上游、峡江地区、鄂西北豫西南地区、鄂北及鄂东北地区、鄂东南地区及淮河上游。鉴于屈家岭文化遗存材料十分丰富，在七节内，部分又按次一级的地理单元分别介绍，以便结构清晰。

第一节 汉东平原及汉西平原北部

江汉平原主要指长江和汉江冲积形成的平原，其北到大洪山南麓，东以涢水为界，南至长江北岸，西抵枝江。一般又以汉水下游为界，分为汉东和汉西，本书分别称为汉东平原、汉西平原。汉西平原北部即荆门中北部至沙洋一带遗存面貌与汉东平原较为接近；汉西平原南部即荆州、枝江一带以及以南的荆江南岸石首、公安等地遗存面貌与洞庭湖地区较为接近。故将汉西平原北部、南部分解为两个小部分分别纳入两节中介绍。

一、汉东平原

（一）屈家岭

屈家岭遗址位于湖北省京山县屈家岭村。遗址于1954年配合石龙过江水库工程调查时发现[①]，1955年做了小面积试掘[②]，1956~1957年做了第二次发掘[③]，1989年进行了第三次发掘[④]。2015年至今又进行了连续多年系统性的考古工作[⑤]。其中第二次发掘报告将遗存分为早、晚两期。这里主要分析晚期遗存。均为居址遗存，遗物多出于地层中。其中高圈足杯（T129②C：5）明显属石家河文化范畴，剔除。就演变序列较为完整的典型陶器做型式划分如下（表一，图二〇）。

表一　屈家岭遗址屈家岭文化居址遗存分段表

分段 \ 器类	鼎	斜腹杯	高圈足杯	罐	扁腹壶	缸
第三段	AⅡ、CⅢ、DⅡ、E	AⅢ、BaⅢ、BbⅢ	Ⅲ	AⅢ、BⅢ	AⅢ	Ⅱ
第二段	AⅠ、CⅡ、DⅠ	AⅡ、BaⅡ、BbⅡ	Ⅱ	AⅡ、BⅡ	AⅡ、B	Ⅰ
第一段	B、CⅠ	AⅠ、BaⅠ、BbⅠ	Ⅰ	AⅠ、BⅠ	AⅠ	

鼎　分五型。

A型　圆腹罐形。分二式。

Ⅰ式：标本有T134②：20（图二〇，1）等。

Ⅱ式：标本有T193②：39（图二〇，2）等。

A型鼎的演变趋势：沿面逐渐下凹。

B型　折腹釜形。

标本有T180②：9（原报告图四〇，5）等。

C型　双腹盆形。分三式。

Ⅰ式：标本有T113③A：1（图二〇，3）等。

Ⅱ式：标本有T182②：13（图二〇，4）等。

Ⅲ式：标本有T154②：1（图二〇，5）等。

---

① 王劲、吴瑞生、谭维四：《湖北京山县石龙过江水库工程中发现的新石器时代遗址简报》，《文物参考资料》1955年第4期。

② 石龙过江水库指挥部文物工作队：《湖北京山、天门考古发掘简报》，《考古通讯》1956年第3期。

③ 中国科学院考古研究所：《京山屈家岭》，科学出版社，1965年。

④ 屈家岭考古发掘队：《屈家岭遗址第三次发掘》，《考古学报》1992年第1期。

⑤ 湖北省文物考古研究所、荆门市博物馆、屈家岭遗址管理处：《屈家岭遗址殷家岭遗址点2018年发掘简报》，《江汉考古》2019年第1期；湖北省文物考古研究所、荆门市博物馆、屈家岭遗址管理处：《湖北荆门市屈家岭遗址2015~2017年发掘简报》，《考古》2019年第3期；湖北省文物考古研究所、荆门市博物馆、屈家岭遗址保护中心：《湖北荆门屈家岭遗址2018年发掘简报》，《江汉考古》2021年第1期；湖北省文物考古研究、屈家岭遗址保护中心：《屈家岭遗址土地山遗址点2020年发掘简报》，《江汉考古》2021年第1期。

C型鼎的演变趋势：鼎身逐渐变宽浅。

D型　宽弧腹盆形。分二式。

Ⅰ式：标本有T173③：5（图二〇，6）等。

Ⅱ式：标本有T193②：46（图二〇，7）等。

E型　直腹筒形。

标本有T196②：43（原报告图四〇，12）。

斜腹杯　分二型。

A型　平底。分三式。

Ⅰ式：标本有T113③D：4（图二〇，8）、T158③A：40等。

Ⅱ式：标本有T173②：47（图二〇，9）、T197①：7、T96③C：23等。

Ⅲ式：标本有T129②C：2（图二〇，10）等。

A型斜腹杯的演变趋势：整体变瘦高。

B型　矮圈足。分二亚型。

Ba型　杯身近斜壁筒形。分三式。

Ⅰ式：标本有T133③：2（图二〇，11）等。

Ⅱ式：标本有T96③C：2（图二〇，12）等。

Ⅲ式：标本有T88③C：4（图二〇，13）等。

Ba型斜腹杯的演变趋势：整体变瘦高。

Bb型　杯身近伞形。分三式。

Ⅰ式：标本有T96（④，④D，⑤B，⑤）：2（图二〇，14）等。

Ⅱ式：标本有T137②：3（图二〇，15）等。

Ⅲ式：标本有T88（③，③C）：1、T129②C：7（图二〇，16）等。

Bb型斜腹杯的演变趋势：整体变瘦高。

高圈足杯　分三式。

Ⅰ式：标本有T98④：10、T102③A：6（图二〇，17）等。

Ⅱ式：标本有T89④D：5（图二〇，18）、T97④：48等。

Ⅲ式：标本有T138②：77（图二〇，19）等。

高圈足杯的演变趋势：口沿加宽，折沿逐渐明显，沿面变下凹，腹与底之间折角由直角变为锐角。

罐　分二型。

A型　有领小罐。分三式。

Ⅰ式：标本有T151②：4（图二〇，20）等。

Ⅱ式：标本有T165③：21（图二〇，21）等。

Ⅲ式：标本有T192②：46（图二〇，22）等。

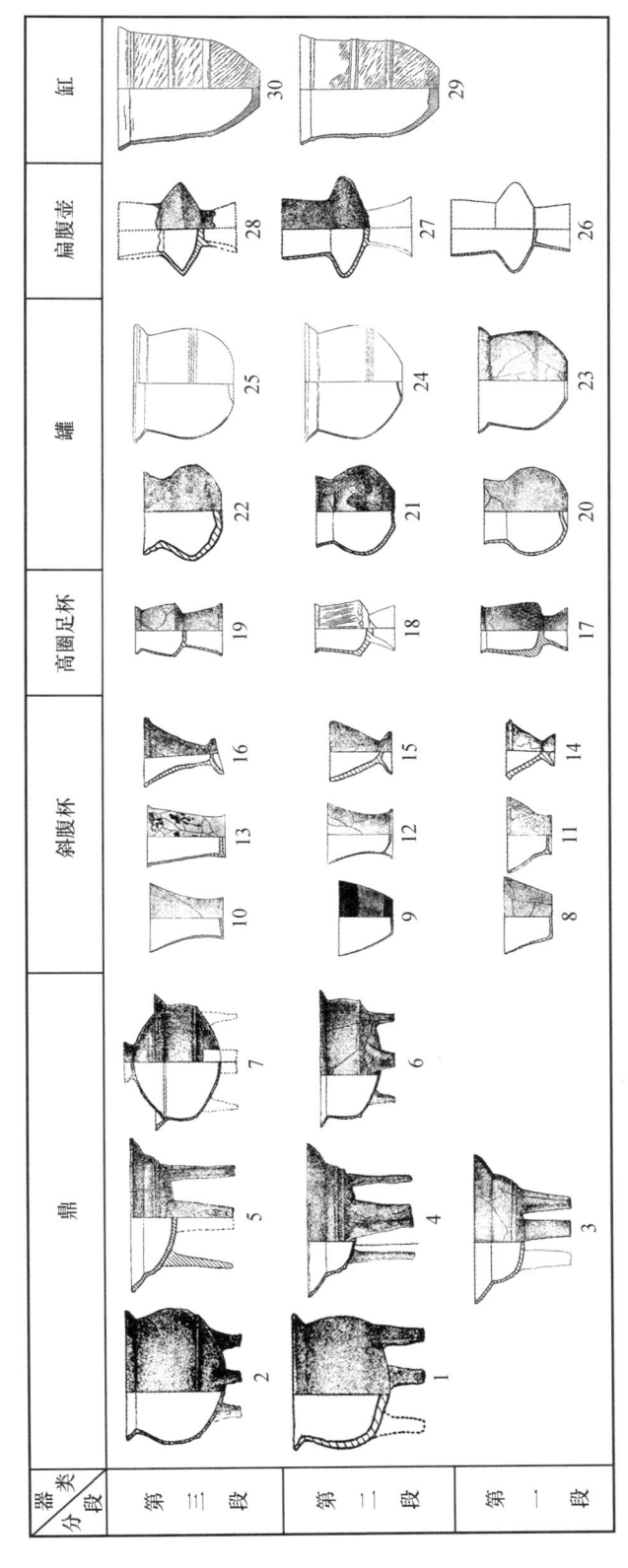

图二〇 屈家岭遗址屈家岭文化居址遗存的分段

1、2. A型Ⅰ、Ⅱ式鼎（T134②：20，T193②：39）　3~5. C型Ⅰ、Ⅱ、Ⅲ式鼎（T113③A：1，T182②：13，T154②：1）　6、7. D型Ⅰ、Ⅱ式鼎（T173③：5，T193②：46）　8~10. A型Ⅰ、Ⅱ、Ⅲ式斜腹杯（T113③D：4，T173②：47，T129②C：2）　11~13. Ba型Ⅰ、Ⅱ、Ⅲ式斜腹杯（T133③：2，T96③C：2，T88③C：4）　14~16. Bb型Ⅰ、Ⅱ、Ⅲ式斜腹杯［T96（④、④D、⑤B、⑤）：2，T137②：3，T129②C：7］　17~19. Ⅰ、Ⅱ、Ⅲ式高圈足杯（T102③A：6，T89④D：5，T138②：77）　20~22. A型Ⅰ、Ⅱ、Ⅲ式罐（T151②：4，T165③：21，T192②：46）　23~25. B型Ⅰ、Ⅱ、Ⅲ式罐（T104③：12，T197④：38，T110②：2）　26~28. A型Ⅰ、Ⅱ、Ⅲ式扁腹壶（T95④：36，T197④：9，T129②：17）　29、30. Ⅰ、Ⅱ式缸（T109②：2，T138②A：1）

A型罐的演变趋势：整体变矮胖。

B型　折沿罐，大口，凹底。分三式。

Ⅰ式：标本有T104③：12（图二〇，23）等。

Ⅱ式：标本有T197④：38（图二〇，24）等。

Ⅲ式：标本有T110②：2（图二〇，25）等。

B型罐的演变趋势：沿外侧逐渐起棱，腹部由弧折变为圆弧，整体变矮胖。

扁腹壶　分二型。

A型　最大腹径偏中。分三式。

Ⅰ式：标本有T95④：36（图二〇，26）等。

Ⅱ式：标本有T197④：9（图二〇，27）等。

Ⅲ式：标本有T129②：17（图二〇，28）等。

A型圈足壶的演变趋势：腹中由弧折变硬折。

B型　最大腹径偏上。

标本有T197④：14（原报告图四九，1）等。

缸　分二式。

Ⅰ式：标本有T109②：2（图二〇，29）等。

Ⅱ式：标本有T138②A：1（图二〇，30）等。

依据典型陶器的型式分析、器物共存关系与层位关系，可将其分为三段。能够确认的各段遗存单位如下。

第一段：T33③、T95④、T96（④、④D、⑤B、⑤）、T98④、T102③A、T102⑧、T104③、T104⑥、T113③A、T113③D、T124③、T133③、T151②、T158③A、T180②等；

第二段：T88⑤C、T89④D、T96③C、T97④、T100④D、T109②、T132②A、T134②、T137②、T165③、T166⑤B、T173③、T173②、T182②、T197④等；

第三段：T49②、T72⑤B、T88（③、③C）、T88③C、T110②、T129②、T129②C、T137③、T138②、T138②A、T154②、T159②、T178②B、T187③、T192②、T193②、T196②等。

2015年以后的多次发掘工作揭露的屈家岭文化遗存内涵、年代未超出上述三段范畴。

（二）谭家岭

谭家岭位于湖北天门石家河古城中心，1982年和1984年曾做过调查和小面积发掘，1987年和1989年进行了两次发掘，并出有报告[①]，2011年做了小规模发掘，2014~2016年又进行了勘探与发掘，均发表有简报[②]。

1987年和1989年两次发掘报告所分第四期遗存属屈家岭文化，均为居址遗存，不见墓葬。就器形演变序列较为完整的典型陶器做类型学分析，型式划分如下（表二，图二一）。

表二　谭家岭遗址屈家岭文化居址遗存分段表

分段＼器类	鼎	高领罐	双腹豆	双腹碗
第四段	DaⅡ	AⅣ、BⅢ	Ⅲ	BbⅡ
第三段	AaⅢ、AbⅢ、BⅡ、CⅢ	AⅢ	Ⅱ	AⅡ、BaⅢ、BbⅠ
第二段	AaⅡ、AbⅡ、BⅠ、CⅡ、Db	AⅡ、BⅡ	Ⅰ	AⅠ、BaⅡ
第一段	AaⅠ、AbⅠ、CⅠ、DaⅠ	AⅠ、BⅠ		BaⅠ

鼎　分四型。

A型　圆腹罐形。分二亚型。

Aa型　圆球腹。分三式。

Ⅰ式：标本有ⅣT2210⑥B：2（图二一，1）等。

Ⅱ式：标本有ⅢH16：71（图二一，2）、ⅢT1008③：1等。

Ⅲ式：标本有ⅢH6：1（图二一，3）等。

Aa型鼎的演变趋势：沿面逐渐下凹成近盘口。

Ab型　圆弧腹较深。分三式。

Ⅰ式：标本有ⅣT2210⑥B：2（报告编号重）（图二一，4）等。

Ⅱ式：标本有ⅣH18：40（图二一，5）等。

Ⅲ式：标本有ⅣT2210③C：10（图二一，6）等。

Ab型鼎的演变趋势：沿面逐渐下凹成近盘口。

B型　垂折腹釜形。分二式。

Ⅰ式：标本有ⅢT1008③：96（图二一，7）等。

---

① 湖北省荆州博物馆、北京大学考古学系、湖北省文物考古研究所石家河考古队：《谭家岭》，文物出版社，2011年。

② 湖北省文物考古研究所、北京大学考古文博学院：《湖北天门市石家河古城谭家岭遗址2011年的发掘》，《考古》2015年第3期；湖北省文物考古研究所、北京大学考古文博学院、天门市博物馆：《湖北天门石家河谭家岭城址2015~2016年发掘简报》，《江汉考古》2017年第5期；湖北省文物考古研究所、北京大学考古文博学院、天门市博物馆：《湖北天门市石家河遗址2014~2016年的勘探与发掘》，《考古》2017年第7期。

Ⅱ式：标本有ⅣT2210③C：9（图二一，8）等。

B型鼎的演变趋势：沿面变凹。

C型　双腹盆形。分三式。

Ⅰ式：标本有ⅢH1：3、ⅢH1：14（图二一，9）等。

Ⅱ式：标本有ⅢH5：6、ⅣH18：79（图二一，10）等。

Ⅲ式：标本有ⅢT1006③B：17（图二一，11）、ⅣH17：9等。

C型鼎的演变趋势：整体变宽浅。

D型　直腹筒形。分二亚型。

Da型　斜直腹较浅。分二式。

Ⅰ式：标本有ⅣT2211⑤A：9（图二一，12）等。

Ⅱ式：标本有ⅢH23：71（图二一，13）等。

Da型鼎的演变趋势：沿面变凹呈近盘口。

Db型　深直腹。

标本有ⅢH16：8、ⅣH18：17（分见原报告图一二八，7、8）等。

高领罐　分二型。

A型　整体较高瘦。分四式。

Ⅰ式：标本有ⅢT1006④：3（图二一，14）等。

Ⅱ式：标本有ⅢH16：12（图二一，15）等。

Ⅲ式：标本有ⅢT1106③C：7（图二一，16）等。

Ⅳ式：标本有ⅢH23：56（图二一，17）等。

A型高领罐的演变趋势：敞口逐渐变成折沿到沿面下凹成盘口。

B型　整体较矮小，粗领。分三式。

Ⅰ式：标本有ⅢT1007⑤A：1（图二一，18）等。

Ⅱ式：标本有ⅢT1008③：1（图二一，19）等。

Ⅲ式：标本有ⅢH23：4（图二一，20）等。

B型高领罐的演变趋势：肩部弧折变成硬折。

双腹豆　分三式。

Ⅰ式：标本有ⅣH18：9（图二一，21）等。

Ⅱ式：标本有ⅢF1：3（图二一，22）等。

Ⅲ式：标本有ⅢH23：30（图二一，23）等。

双腹豆的演变趋势：豆盘腹加深。

双腹碗　分二型。

A型　上腹外撇。分二式。

Ⅰ式：标本有ⅢH16：10（图二一，24）等。

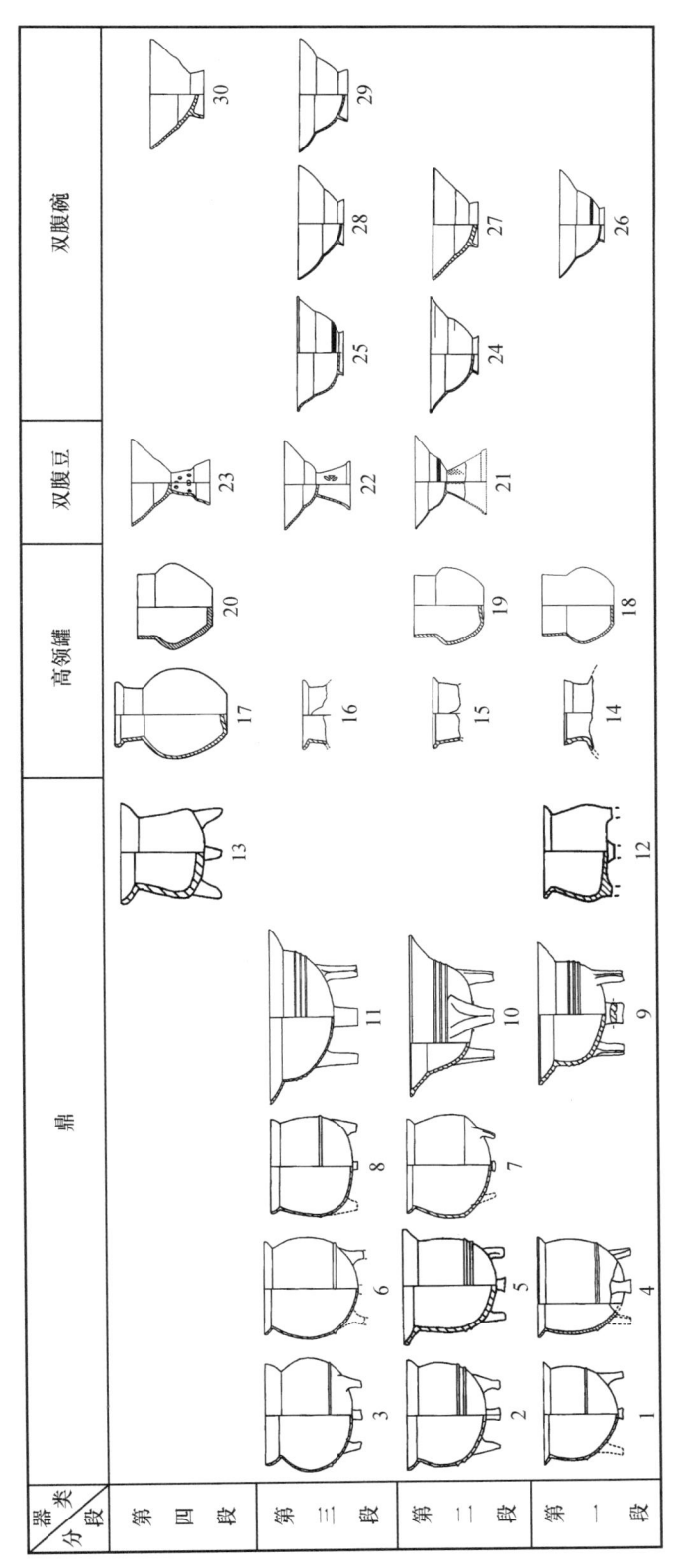

图二一 谭家岭遗址屈家岭文化居址遗存的分段

1~3. Aa型Ⅰ、Ⅱ、Ⅲ式鼎（ⅣT2210⑥B：2，ⅢH16：71，ⅢH6：1） 4~6. Ab型Ⅰ、Ⅱ、Ⅲ式鼎（ⅣT2210⑥B：2报告编号重，ⅣH18：40，ⅣT2210③C：10） 7、8. B型Ⅰ、Ⅱ式鼎（ⅢT1008③：96，ⅣT2210③C：9） 9~11. C型Ⅰ、Ⅱ、Ⅲ式鼎（ⅢH1：14，ⅣH18：79，ⅢT1006③B：17） 12、13. Da型Ⅰ、Ⅱ式鼎（ⅣT2211⑤A：9，ⅢH23：71） 14~17. A型Ⅰ、Ⅱ、Ⅲ、Ⅳ式高领罐（ⅢT1006④：3，ⅢH16：12，ⅢT11063C：7，ⅢH23：56） 18~20. B型Ⅰ、Ⅱ、Ⅲ式高领罐（ⅣT1007⑤A：1，ⅢH23：9，ⅢF1：3，ⅢH23：30） 21~23. Ⅰ、Ⅱ、Ⅲ式双腹豆（ⅣH18：9，ⅢH23：30） 24、25. A型Ⅰ、Ⅱ式双腹碗（ⅢT1107②B：27，ⅢH23：29） 26~28. Ba型Ⅰ、Ⅱ、Ⅲ式双腹碗（ⅢT1108③：45，ⅢH16：31，ⅢT11063C：25） 29、30. Bb型Ⅰ、Ⅱ式双腹碗（ⅢT1107③：51）

Ⅱ式：标本有ⅢT1107③：51（图二一，25）等。

A型双腹碗的演变趋势：上、下腹深比变大，折腹逐渐不明显，整体变宽浅。

B型　双腹均内凹。分二亚型。

Ba型　圈足矮直。分三式。

Ⅰ式：标本有ⅢT1108③：45（图二一，26）等。

Ⅱ式：标本有ⅢH16：31（图二一，27）等。

Ⅲ式：标本有ⅢT1106③C：25（图二一，28）、ⅣH17：3等。

Ba型双腹碗的演变趋势：上、下腹深比变大，折腹逐渐不明显，整体变宽浅。

Bb型　圈足外撇。分二式。

Ⅰ式：标本有ⅢT1107②B：27（图二一，29）等。

Ⅱ式：标本有ⅢH23：29（图二一，30）等。

Bb型双腹碗的演变趋势：上、下腹深比变大，折腹逐渐不明显。

依据典型陶器型式分析、器物共存关系与层位关系，可将其分为四段。能够确认的各段遗存单位如下。

第一段：ⅢH1、ⅢT907⑤D、ⅢT1006④、ⅢT1007⑤A、ⅢT1107③A、ⅢT1108③、ⅣT2210⑥B、ⅣT2211⑤A；

第二段：ⅢH5、ⅢH14、ⅢH16、ⅣH18、ⅢT1007③B、ⅢT1008③、ⅢT1108②；

第三段：ⅢH2、ⅢH6、ⅣH17、ⅢF1、ⅢT1006③B、ⅢT1106③C、ⅢT1107②B、ⅢT1107②C、ⅢT1107③、ⅣT2210③C；

第四段：ⅢH7、ⅢH23、ⅢT907②C、ⅢT1106③B。

2015～2016年发掘简报中的屈家岭文化遗存内涵、年代不出上述四段范畴。

依据同类器形的比较，谭家岭第一~四段大体与屈家岭第一~三段相当。

（三）邓家湾

邓家湾位于湖北天门石家河古城内西北部，1987～1992年陆续进行了四次发掘，并出有报告[1]。邓家湾的屈家岭文化遗存包括居址和墓葬两种。

居址遗存，包含较多灰坑和少量的房址、灰沟等。地层亦出有较多遗物。较多单位出土遗物较零碎或组合不全。主要依据高领罐、敞口罐、斜腹杯的器形演变，参考墓葬的分段，分为四段（图二二）。比较明确各段归属的单位如下。

第一段：以H11、H22、H23、AT506⑤为代表，另有H26、H66、H75、H87、

---

[1]　湖北省文物考古研究所、北京大学考古学系、湖北省荆州博物馆石家河考古队：《邓家湾》，文物出版社，2003年。

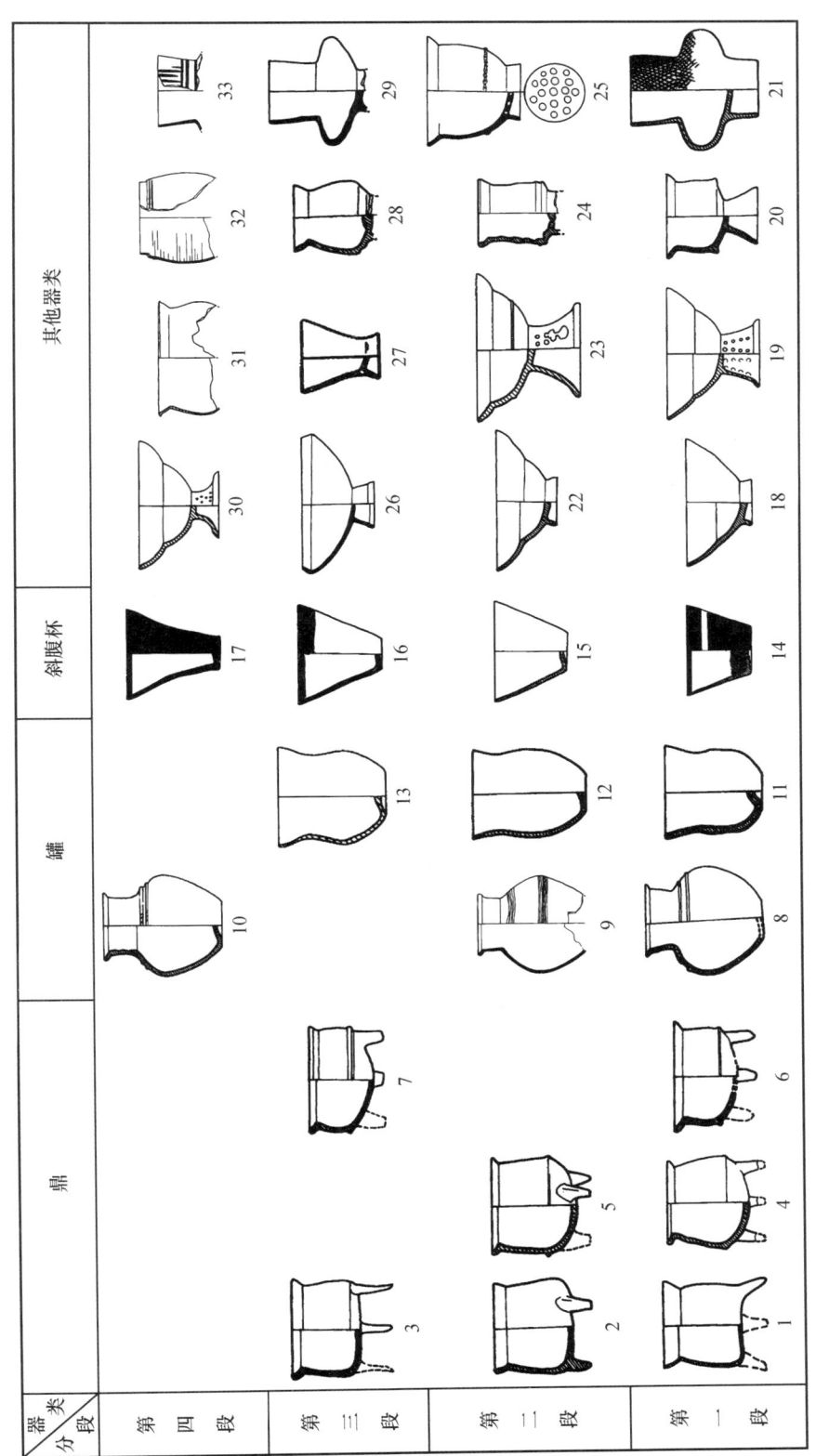

图二二 邓家湾遗址屈家岭文化居址遗存的分段

1~7.鼎（H8：4、H112：5、T21④：6、H11：11、H112：1、H86：4） 8~10.高领罐（H11：42、AT8⑨：13、H94：12） 11~13.敞口罐（AT506⑤：19、H9：16、H86：1） 14~17.斜腹杯（H22：14、H9：17、H88：13、T11⑧：11） 18、22、26、30.碗（H11：48、H72：3、T34⑤：8、H94：1）19、23.豆（H11：70、AT508④：26）20、24、28.高圈足杯（H75：2、H65：14、AT404⑥：1）21、29、33.扁腹壶（H11：71、H71：7、H64：24）25.甑（H89：1）27.斜腹杯（AT404⑥：5）31.折沿罐（H64：5）32.敛口罐（H64：20）

H96、T7⑧、AT304⑤、AT304⑥、AT30611、AT408⑤、AT506⑤、AT606④、AT606③等；

第二段：以H9、H112、AT409⑥、AT506④、AT508④为代表，另有H25、H61、H65、H72、H89、H90、AT8⑨等；

第三段：以H86、H88、T21④为代表，另有H71、H73、T26⑤、T34⑤、AT404⑥、AT409⑤等；

第四段：H64、H94、T11⑧、AT1⑤等。

墓葬遗存包括土坑墓和瓮棺葬两类。有较多有效的层位关系组。举2例。

1）M25→AT304⑤→M39，鼎（M39：1-2）到鼎（M25：1），沿变下凹；斜腹杯（M39：4）到斜腹杯（M25：2），整体变瘦高。

2）M61→AT6⑧→……→AT6⑩→M35，高领罐（M35：4）到高领罐（M61：5），沿外撇变为盘口。

典型陶器型式划分如下（表三，图二三）。

表三　邓家湾遗址屈家岭文化墓葬遗存分段表

器类 分段	鼎	高领罐	斜腹杯	碗
第四段	AⅢ	AⅣ、BⅣ	Ⅳ	AⅣ
第三段	Bb	AⅢ、BⅢ	Ⅲ	AⅢ
第二段	AⅡ、C	AⅡ、BⅡ	Ⅱ	AⅡ、B
第一段	AⅠ、Ba	AⅠ、BⅠ	Ⅰ	AⅠ、C

鼎　分三型。

A型　直腹筒形。分三式。

Ⅰ式：标本有M4：2、M14：1、M39：1-2（图二三，1）等。

Ⅱ式：标本有M25：1（图二三，2）、M51：5-2等。

Ⅲ式：标本有M7：3（图二三，3）、W38：1等。

A型鼎的演变趋势：沿面由较斜平逐渐下凹为盘口。

B型　垂腹釜形。分二亚型。

Ba型　腹较宽浅。

标本有M45：5（原报告图一〇八，8）等。

Bb型　腹较深。

标本有M13：1（原报告图一〇八，7）等。

C型　圆腹罐形。

标本有M104：1（原报告图一〇八，1）等。

高领罐　分二型。

A型　鼓肩。分四式。

Ⅰ式：标本有M35∶2（图二三，4）等。

Ⅱ式：标本有M8∶1（图二三，5）等。

Ⅲ式：标本有M3∶2、M3∶4（图二三，6）等。

Ⅳ式：标本有M7∶5（图二三，7）、M58∶24等。

A型高领罐的演变趋势：敞口到折沿，沿面下凹变为盘口。

B型　溜肩。分四式。

Ⅰ式：标本有M35∶4（图二三，8）等。

Ⅱ式：标本有M51∶13、M67∶4（图二三，9）等。

Ⅲ式：标本有M61∶5（图二三，10）等。

Ⅳ式：标本有M7∶6（图二三，11）等。

B型高领罐的演变趋势：敞口到折沿，沿面下凹变为盘口。

斜腹杯　分四式。

Ⅰ式：标本有M39∶2（图二三，12）、M39∶4、M45∶1等。

Ⅱ式：标本有M25∶2（图二三，13）等。

Ⅲ式：标本有M13∶3、M61∶9（图二三，14）等。

Ⅳ式：标本有M7∶15、M72∶1（图二三，15）等。

斜腹杯的演变趋势：整体变瘦高。

碗　分三型。

A型　敞口，弧腹。分四式。

Ⅰ式：标本有M62∶4（图二三，16）等。

Ⅱ式：标本有M2∶3（图二三，17）、M84∶2等。

Ⅲ式：标本有M20∶2（图二三，18）等。

Ⅳ式：标本有M54∶1（图二三，19）等。

A型碗的演变趋势：腹加深。

B型　直口，弧腹。

标本有M51∶9（原报告图一一五，18）等。

C型　双腹。

标本有M62∶3（原报告图九六，3）等。

依据典型陶器型式分析、器物共存关系与层位关系，可将其分为四段。能够确认的各段墓葬如下。

第一段：M1、M4、M14、M35、M39、M45、M62、M70；

第二段：M2、M8、M25、M38、M51、M55、M67、M84、M104；

器类\分段	鼎	高领罐		斜腹杯	碗
第四段	3	7	11	15	19
第三段		6	10	14	18
第二段	2	5	9	13	17
第一段	1	4	8	12	16

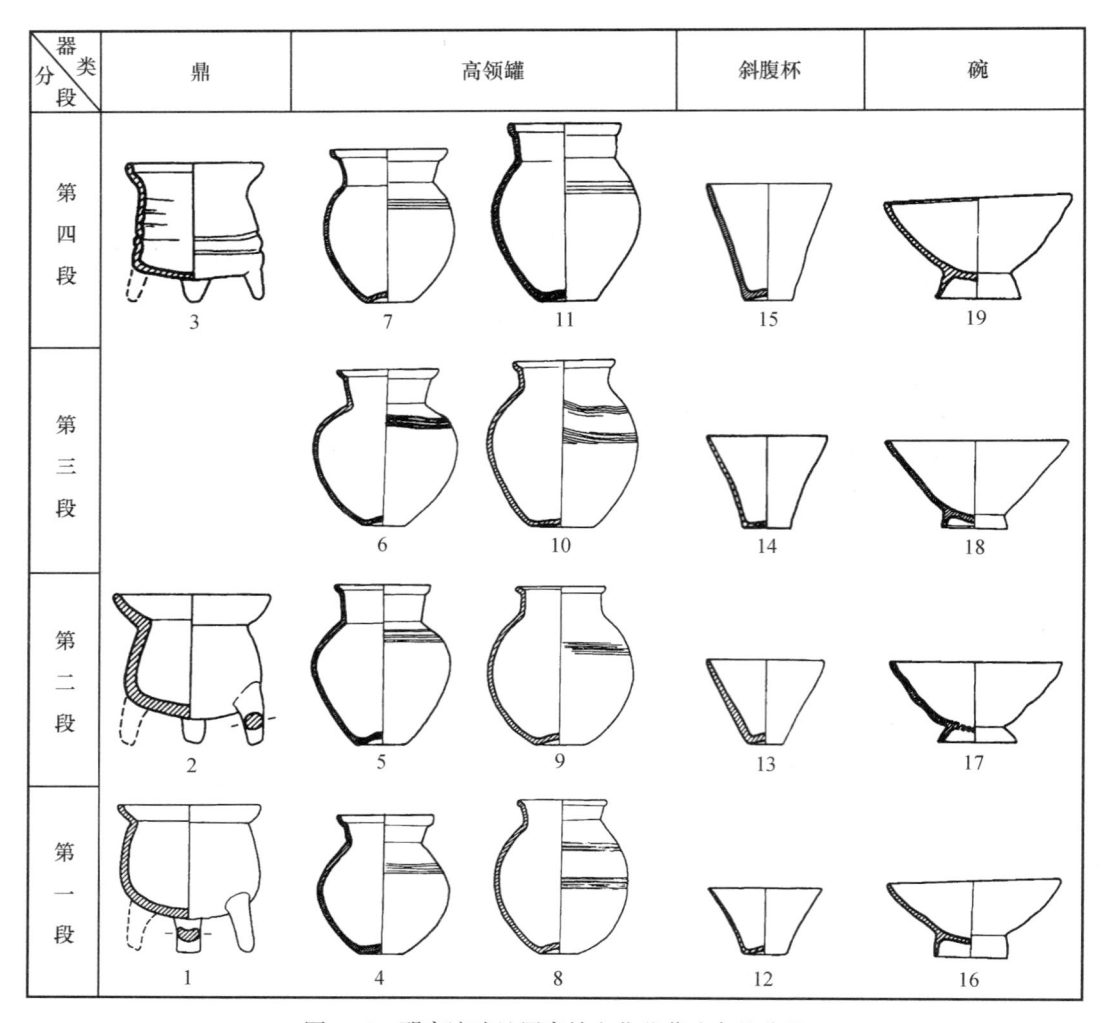

图二三 邓家湾遗址屈家岭文化墓葬遗存的分段

1～3.A型Ⅰ、Ⅱ、Ⅲ式鼎（M39∶1-2、M25∶1、M7∶3） 4～7.A型Ⅰ、Ⅱ、Ⅲ、Ⅳ式高领罐（M35∶2、M8∶1、M3∶4、M7∶5） 8～11.B型Ⅰ、Ⅱ、Ⅲ、Ⅳ式高领罐（M35∶4、M67∶4、M61∶5、M7∶6） 12～15.Ⅰ、Ⅱ、Ⅲ、Ⅳ式斜腹杯（M39∶2、M25∶2、M61∶9、M72∶1） 16～19.A型Ⅰ、Ⅱ、Ⅲ、Ⅳ式碗（M62∶4、M2∶3、M20∶2、M54∶1）

第三段：M3、M5、M13、M20、M61；

第四段：M7、M26、M52、M54、M72、M58、M88、M103、W38。

居址第一～四段分别与墓葬第一～四段对应。邓家湾屈家岭文化遗存整体分为四段，每段分别包括居址和墓葬的各段。依据同类器形的比较，邓家湾第一～四段与谭家岭第一～四段大体相当。

此外，2017年在邓家湾西面的朱家坟头发掘了一批屈家岭文化遗存，主要包括简报发表的第二、三期墓葬[①]，内涵与年代未超出邓家湾四段范畴，鉴于简报仅发表少数墓葬材料，不做单独分析。

（四）肖家屋脊

肖家屋脊遗址位于湖北天门石家河古城外西南约300米处，是石家河遗址群的一个组成部分。遗址于1987~1991年共进行了八次发掘，并出有报告[②]。报告将屈家岭文化遗存分为两期，在此一起重新分析。遗存包括居址和墓葬两类。

居址遗存包括7座房址、33个灰坑、9条灰沟等，部分地层也出有较多遗物。依据器形与组合的演变，可分为四段（图二四）。

第一段：以H76、H509、HG32、HG30、AT2019⑥为代表；

第二段：以H531、AT408④为代表；

第三段：以H85、H479、HG34、AT1006⑥、AT1316④为代表；

第四段：以H430、AT1917④为代表。

墓葬遗存共发现土坑墓37座，瓮棺墓5座。土坑墓主要分布在南部、东南部、西北部三个墓地中。可提取较多的层位关系组，举4例。

1）M65→AT3305③→M71，折腹鼎（M71:3）到折腹鼎（M65:1），口径变小，沿面变宽变凹。

2）M21→M22，高领罐（M22:2）到高领罐（M21:7），直口变为外敞折沿。

3）M67→AT3305③→M57，双腹碗（M57:6）到双腹碗（M67:17），整体变宽浅。

4）M67→AT3305③→M71，斜腹杯（M71:2）到斜腹杯（M67:13），杯底变小，整体变瘦高。

典型陶器型式划分如下（表四，图二五）。

鼎　分三型。

A型　圆腹罐形。分二式。

Ⅰ式：标本有M69:7（图二五，1）等。

Ⅱ式：标本有M68:3（图二五，2）等。

A型鼎的演变趋势：沿面变凹。

B型　折腹釜形。分二亚型。

[①] 湖北省文物考古研究所、北京大学考古文博学院、湖北大学历史文化学院：《湖北天门市石家河古城朱家坟头遗址墓葬发掘简报》，《考古》2020年第6期。

[②] 湖北省荆州博物馆、湖北省文物考古研究所、北京大学考古学系石家河考古队：《肖家屋脊》，文物出版社，1999年。

图二四　肖家屋脊遗址屈家岭文化居址遗存的分段

1、2、9、17、25. 鼎（H509：15、HG30：2、H531：13、H85：8、H430：5）　3、11、19、27. 斜腹杯（H509：16、H531：62、H85：53、H430：13）　4、5、12、20、28. 碗（H76：6、H509：14、H531：14、H85：38、H430：8）　6、14、22、30. 高领罐（AT2019⑥：5、H531：53、H85：4、H430：10）　7、15、23、31. 豆（HG32：2、H531：35、H85：3、AT1917④：10）　8、16、24、32. 甑（HG30：3、H531：70、H85：17、H430：16）　10、18. 高圈足杯（AT408④：6、H479：2）　13、26. 扁腹壶（H531：4、H430：2）　21、29. 折沿罐（AT1006⑥：8、H430：24）

表四　肖家屋脊遗址屈家岭文化墓葬遗存分段表

分段＼器类	鼎	高领罐	斜腹杯	碗
第四段	BaⅢ、BbⅢ、CⅢ	AaⅣ、AbⅢ	Ⅲ	AⅢ、BⅡ
第三段	AⅡ、BaⅡ、BbⅡ、CⅡ	AaⅢ、AbⅡ、BⅡ	Ⅱ	AⅡ
第二段	AⅠ、BaⅠ、BbⅠ、CⅠ	AaⅡ、AbⅠ、BⅠ	Ⅰ	AⅠ、BⅠ
第一段		AaⅠ		

Ba型　弧折腹。分三式。

Ⅰ式：标本有M62：8、M71：3（图二五，3）等。

Ⅱ式：标本有M65：1（图二五，4）、M67：4等。

Ⅲ式：标本有M53：4（图二五，5）等。

Ba型鼎的演变趋势：沿面变下凹呈盘口，腹加深。

Bb型　硬折腹。分三式。

Ⅰ式：标本有M71：1（图二五，6）、M71：4等。

Ⅱ式：标本有M38：2（图二五，7）等。

Ⅲ式：标本有M52：17（图二五，8）等。

Bb型鼎的演变趋势：口径变小，沿面变宽、变凹。

C型　斜直腹筒形。分三式。

Ⅰ式：标本有M56：22（图二五，9）等。

Ⅱ式：标本有M40：4（图二五，10）、M47：23等。

Ⅲ式：标本有M53：8（图二五，11）等。

C型鼎的演变趋势：口径变小，沿面变宽变凹。

高领罐　分二型。

A型　鼓肩。分二亚型。

Aa型　整体较瘦高。分四式。

Ⅰ式：标本有M22：2（图二五，12）等。

Ⅱ式：标本有M21：7（图二五，13）、M56：7等。

Ⅲ式：标本有M28：5、M47：5（图二五，14）等。

Ⅳ式：标本有M32：5（图二五，15）等。

Aa型高领罐的演变趋势：直口变外敞折沿，沿面逐渐下凹呈盘口。

Ab型　整体矮胖较小。分三式。

Ⅰ式：标本有M57：1、M61：4（图二五，16）等。

Ⅱ式：标本有M40：14（图二五，17）等。

Ⅲ式：标本有M52：4（图二五，18）等。

Ab型高领罐的演变趋势：直口变外敞折沿，沿面逐渐下凹呈盘口。

B型　溜肩。分二式。

Ⅰ式：标本有M56：11（图二五，19）等。

Ⅱ式：标本有M28：6（图二五，20）等。

B型高领罐的演变趋势：沿面变凹。

斜腹杯　分三式。

Ⅰ式：标本有M69：1、M71：2（图二五，21）等。

Ⅱ式：标本有M65：10（图二五，22）、M67：13等。

Ⅲ式：标本有M52：11（图二五，23）等。

斜腹杯的演变趋势：底径变小，整体变瘦高。

碗　分二型。

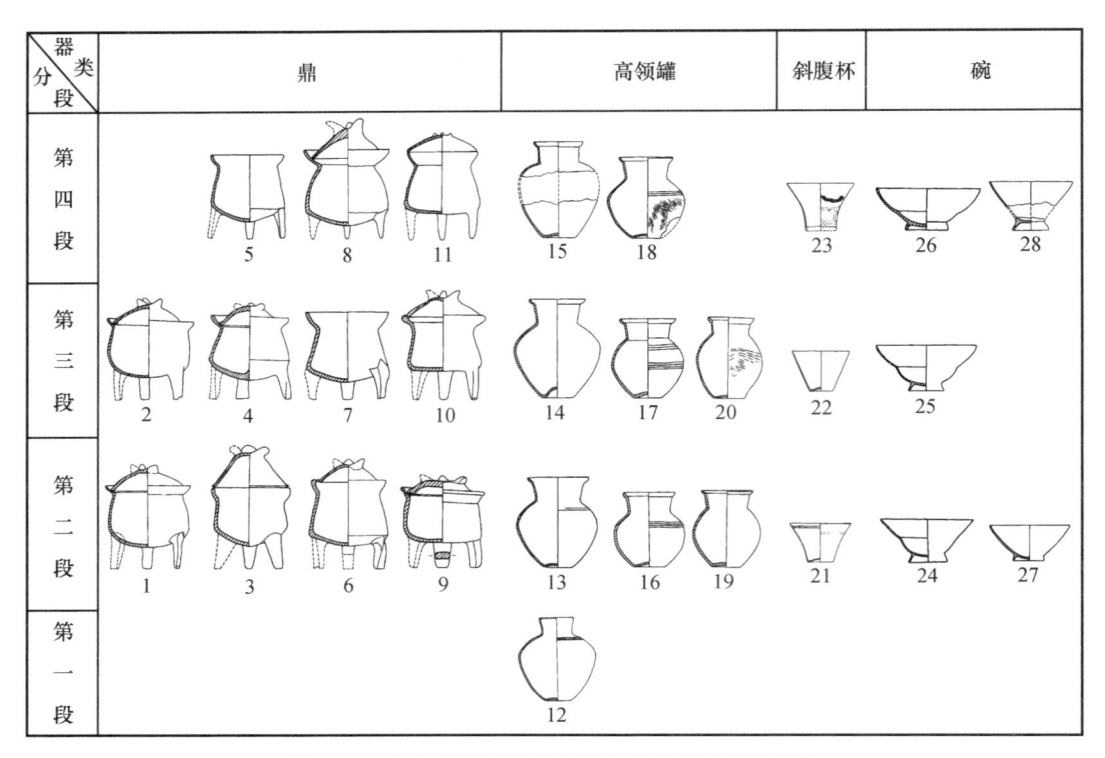

器类 分段	鼎	高领罐	斜腹杯	碗
第四段	5　8　11	15　18	23	26　28
第三段	2　4　7　10	14　17　20	22	25
第二段	1　3　6　9	13　16　19	21	24　27
第一段		12		

图二五　肖家屋脊遗址屈家岭文化墓葬遗存的分段

1、2. A型Ⅰ、Ⅱ式鼎（M69：7、M68：3）　3～5. Ba型Ⅰ、Ⅱ、Ⅲ式鼎（M71：3、M65：1、M53：4）　6～8. Bb型Ⅰ、Ⅱ、Ⅲ式鼎（M71：1、M38：2、M52：17）　9～11. C型Ⅰ、Ⅱ、Ⅲ式鼎（M56：22、M40：4、M53：8）　12～15. Aa型Ⅰ、Ⅱ、Ⅲ、Ⅳ式高领罐（M22：2、M21：7、M47：5、M32：5）　16～18. Ab型Ⅰ、Ⅱ、Ⅲ式高领罐（M61：4、M40：14、M52：4）　19、20. B型Ⅰ、Ⅱ式高领罐（M56：11、M28：6）　21～23. Ⅰ、Ⅱ、Ⅲ式斜腹杯（M71：2、M65：10、M52：11）　24～26. A型Ⅰ、Ⅱ、Ⅲ式碗（M57：6、M67：17、M52：1）　27、28. B型Ⅰ、Ⅱ式碗（M57：7、M52：19）

　　A型　双腹。分三式。

　　Ⅰ式：标本有M57：6（图二五，24）等。

　　Ⅱ式：标本有M38：9、M67：17（图二五，25）等。

　　Ⅲ式：标本有M52：1（图二五，26）、W3：1等。

　　双腹碗的演变趋势：上、下腹深比变大，整体变宽浅。

　　B型　斜腹。分二式。

　　Ⅰ式：标本有M57：7（图二五，27）等。

　　Ⅱ式：标本有M52：19（图二五，28）等。

　　B型碗的演变趋势：整体变高。

　　此外还有大口折沿罐、高圈足杯、折腹壶等器类，过于零星，不做分析。

　　依据典型陶器型式分析、器物共存关系与层位关系，可将其分为四段。能够确认的各段墓葬如下。

第一段：M22；

第二段：M20、M21、M56、M57、M61、M62、M69、M71；

第三段：M23、M28、M29、M37、M38、M40、M47、M58、M63、M65、M67、M68；

第四段：M32、M52、M53、W3、W87。

居址第一~四段与墓葬第一~四段大体相当。肖家屋脊屈家岭文化遗存整体分为四段，每段分别包括居址与墓葬的各段。依据同类器形的比较，肖家屋脊第一~四段与谭家岭的第一~四段也大致相当。

（五）三房湾

三房湾位于湖北天门石家河古城内西南部。屈家岭文化遗存主要是2011年发掘的城垣堆积和灰土层2[①]。20世纪90年代的调查在西台发现零星属屈家岭文化的遗物[②]，但过于破碎，无法准确确定早晚。主要就发掘资料做分析，可分为两段（图二六）。

第一段：灰土层2、城垣6；

第二段：城垣4。

依据同类器形比较，三房湾第一、二段大致与肖家屋脊第二、三段年代相当。

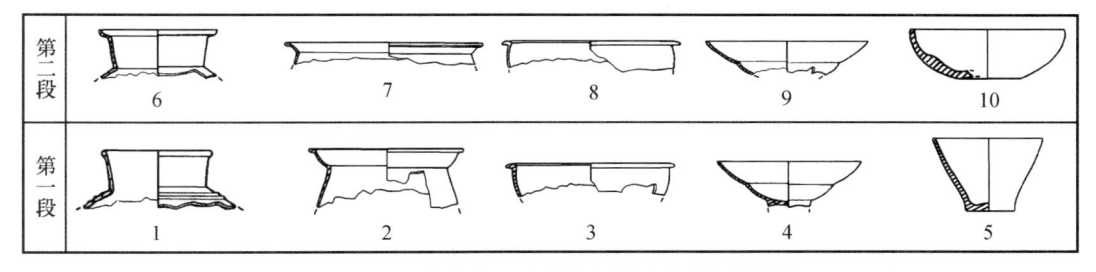

图二六　三房湾遗址屈家岭文化居址遗存的分段

1、6.高领罐（城垣6∶1、城垣4∶1）　2、7.折沿罐（灰土层2∶3、城垣4∶7）　3、8.盆（灰土层2∶4、城垣4∶3）　4、9.豆（灰土层2∶1、城垣4∶13）　5.斜腹杯（灰土层2∶2）　10.钵（城垣4∶5）

[①] 湖北省文物考古研究所、北京大学考古文博学院：《湖北天门市石家河古城三房湾遗址2011年发掘简报》，《考古》2012年第8期。

[②] 北京大学考古系、湖北省文物考古研究所、湖北荆州地区博物馆石家河考古队：《石家河遗址调查报告》，《南方民族考古（第五辑）》，四川科学技术出版社，1993年。

（六）罗家柏岭

罗家柏岭遗址位于湖北天门石家河古城外东南部，是石家河遗址群的一个组成部分。屈家岭文化遗存包括1955年和1956~1957年的两次发掘[1]、1990~1991年调查发现的少量遗物[2]。依据器形的演变可分为三段。

第一段：包括20世纪50年代发掘的T1④D、T11⑥A、T14⑥；

第二段：包括20世纪50年代发掘的T4⑥、T10⑦、T20⑥B、T30③B；

第三段：包括20世纪50年代发掘的T20⑤C、90年代调查的P1出土遗物。

依据同类器形的比较，罗家柏岭第一~三段与肖家屋脊第二、三段大体相当，部分可能略晚。

（七）油子岭

油子岭遗址位于湖北省京山县钱场镇钱场村一组。遗址于1982年文物普查时发现，1985年进行了小面积的试掘[3]。屈家岭文化遗存主要包括简报所分第三期遗存。仅有居址遗存，发现和清理灰坑3个（H1、H2、H4）。3个灰坑出土陶器年代相近，不做分段（图二七）。依据同类器形的比较，与肖家屋脊第一段大体相当。

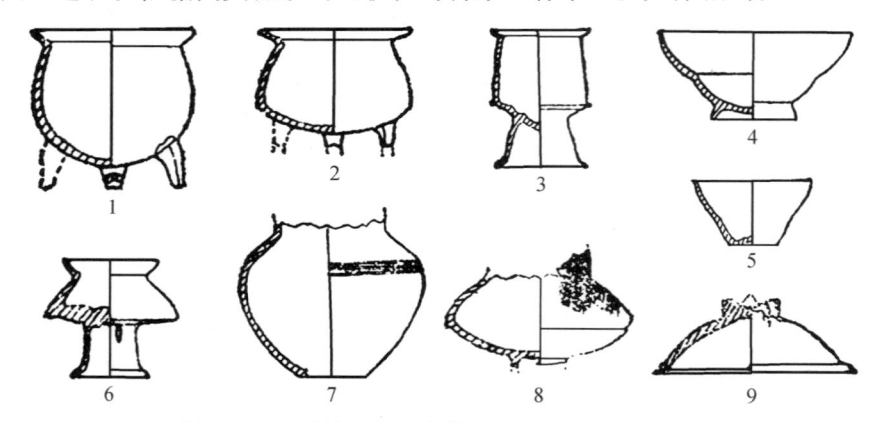

图二七　油子岭遗址屈家岭文化居址遗存出土陶器

1、2.鼎（H4：4、H2：15）　3.高圈足杯（H2：17）　4.双腹碗（H2：14）　5.斜腹杯（H2：4）
6.盂形器（H1：7）　7.高领罐（H2：8）　8.扁腹壶（H2：2）　9.器盖（H1：13）

---

[1] 湖北省文物考古研究所、中国社会科学院考古研究所：《湖北石家河罗家柏岭新石器时代遗址》，《考古学报》1994年第2期。

[2] 北京大学考古系、湖北省文物考古研究所、湖北荆州地区博物馆石家河考古队：《石家河遗址调查报告》，《南方民族考古（第五辑）》，四川科学技术出版社，1993年。

[3] 湖北省荆州地区博物馆：《湖北京山油子岭新石器时代遗址的试掘》，《考古》1994年第10期。

（八）龙嘴

龙嘴遗址位于湖北省天门市石河镇东南约5.6千米处。遗址于1983年文物普查时发现，1987年进行了小面积的发掘[①]，2005年又进行了第二次发掘[②]。龙嘴遗址的屈家岭文化遗存仅见于第二次发掘报告的TG1⑤（图一八）。依据同类器形的比较，与谭家岭第三段大体相当。

（九）一百三十亩

一百三十亩遗址位于荆门市屈家岭管理区龙潭村季河南岸的一级台地上。2005年发掘了两个探方，新石器遗物多出于探方第4C层中，第5层也有零星出土[③]。从发表的陶器标本看，新石器遗物大多属屈家岭文化（图二八），少量标本到了石家河文化时期，两者略有混杂。依据同类器形的比较，与肖家屋脊第二段大体相当。

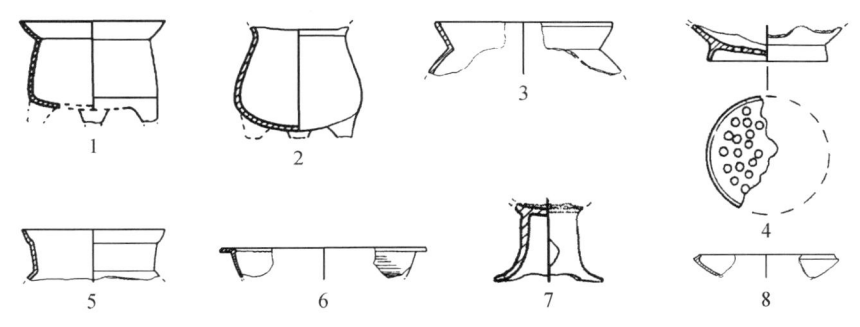

图二八　一百三十亩遗址屈家岭文化居址遗存出土陶器
1、2.鼎（TN24W34④C：460、TN24W34④C：461）　3.折沿罐（TN24W34④C：101）
4.甑（TN24W34④C：5）　5.高领罐（TN24W34④C：220）　6.盆（TN24W34④C：189）
7.豆柄（TN24W34④C：3）　8.豆盘（TN24W34④C：212）

（十）张家山

张家山遗址位于湖北省天门市皂市镇赵北村2组，1999年进行了小面积的发掘[④]。屈家岭文化遗存主要包括各探方第4、3层和大部分探方第2层。主要器形有鼎、高领

[①] 张绪球：《长江中游新石器时代文化概论》，湖北科学技术出版社，1992年。
[②] 湖北省文物考古研究所、天门市博物馆：《天门龙嘴》，科学出版社，2015年。
[③] 荆门市文物考古研究所：《荆门市屈家岭一百三十亩遗址试掘简报》，《湖北考古报告集》，《江汉考古》编辑部，2008年。
[④] 天门市博物馆、湖北省文物考古研究所：《湖北省天门市张家山新石器时代遗址发掘简报》，《江汉考古》2004年第2期。

罐、斜腹杯、高圈足杯、双腹碗、双腹豆、盆、器盖等。因陶器标本大多较为零碎，暂不做分段。观察标本特征，早晚都有。

（十一）笑城

笑城遗址位于湖北省天门市皂市镇笑城村二、四组，是一处古城址。遗址于2005年经过小面积发掘，主要是在东、西、北城墙开探沟3条，在城内布有2个探方[①]。2013年又进行了调查[②]。2005年发掘报告将发掘的新石器遗存分为屈家岭文化和石家河文化两类，大部分所谓石家河文化遗存面貌实际接近屈家岭文化遗存，应挑选出来纳入屈家岭文化遗存一并分析。

因为城垣堆积由挖取他处土壤堆筑而成，各层陶片已脱离原始层位，并无实际分期意义，仅作为城垣修筑年代上限的参考。主要就文化层和遗迹单位遗物做分析。包括居址和墓葬两类。

居址遗存以H5、TG1④为代表。出有鼎、圈足杯、斜腹杯、豆等器形（图二九）。

墓葬遗存包括2座土坑墓。依据层位关系和器形演变，可分为两段（图三〇）。

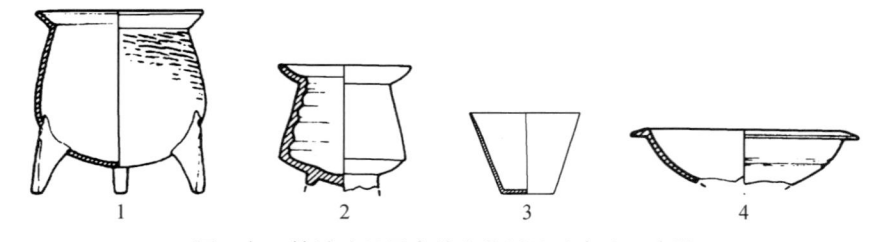

图二九 笑城遗址屈家岭文化居址遗存出土陶器
1. 鼎（TG1④∶9） 2. 圈足杯（TG1④∶21） 3. 斜腹杯（TG1④∶11） 4. 豆（H5∶6）

第一段：以M4为代表；

第二段：以M5为代表。

依据同类器形的比较，笑城居址遗存和墓葬第二段与肖家屋脊第三段大致相当，墓葬第一段与肖家屋脊第二段大致相当或略早。2013年调查采集的高领罐敞口，早到肖家屋脊第一段。

---

① 湖北省文物考古研究所、天门市博物馆：《湖北天门笑城城址发掘报告》，《考古学报》2007年第4期。

② 湖北省文物考古研究所、中央民族大学民族学与社会学学院、武汉大学历史学院：《大洪山南麓陶家湖-笑城区域系统调查》，《江汉考古》2017年第5期。

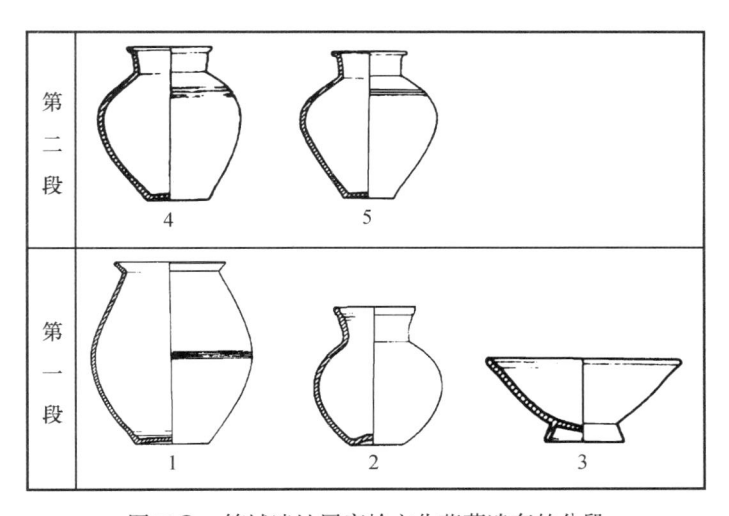

图三〇　笑城遗址屈家岭文化墓葬遗存的分段
1. 折沿罐（M4：4）　2、4、5. 高领罐（M4：1、M5：1、M5：4）　3. 碗（M4：10）

（十二）陶家湖

陶家湖遗址原称"泗龙河遗址"，位于湖北省应城市汤池镇方集村，在陶家河与泗龙河的交汇处，是一处古城址。遗址未做过正式发掘，先后有3篇调查简报发表[①]。

1979~1984年的三次调查清理了遗址北侧一个断面，分上、中、下三层。其中下层出土的1件斜腹杯呈现较晚的特征，实际年代可能相当于石家河文化早期，应为混入。将此标本剔除后，可分为两段（图三一）。

第一段：包括断面的下层、中层；

第二段：包括断面的上层。

依据同类器形的比较，陶家湖第一、二段与肖家屋脊第三、四段大致相当。1998年、2013年调查采集的屈家岭文化标本的年代不出前面所分两段。

（十三）门板湾

门板湾遗址位于湖北省应城市星光村，是一处古城址。遗址于1998~1999年和

---

① 孝感地区博物馆、应城市博物馆：《应城市新石器时代遗址调查》，《江汉考古》1989年第2期；李桃元、夏丰：《湖北应城陶家湖古城址调查》，《文物》2001年第4期；湖北省文物考古研究所、中央民族大学民族学与社会学学院、武汉大学历史学院：《大洪山南麓陶家湖-笑城区域系统调查》，《江汉考古》2017年第5期。

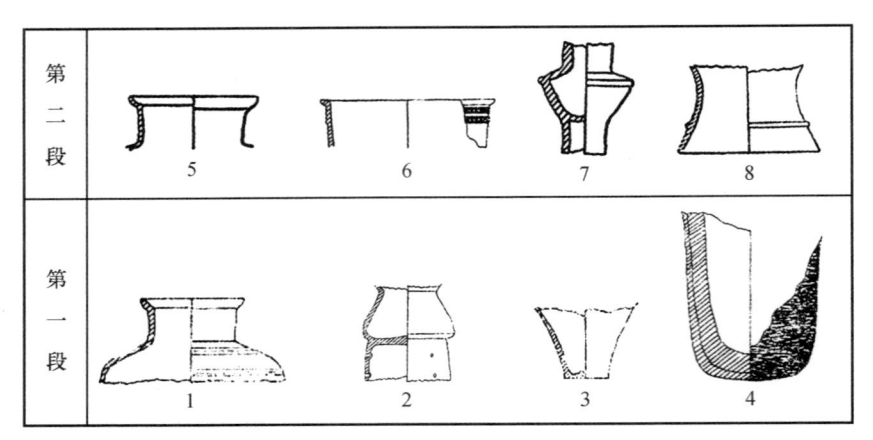

图三一　陶家湖遗址屈家岭文化居址遗存的分段
1~4.下、中文化层　5~8.上文化层

2000年分别进行了两次发掘①。多篇报道均未涉及具体的出土遗物，应城市的新石器调查曾采集少量陶器标本②，主要器形有斜腹杯等，大致相当于肖家屋脊第四段。

（十四）赵家坡

赵家坡遗址位于湖北省应城市陈河镇东南部约1.5千米处。遗址于2005年配合武荆高速公路工程做了小面积发掘，发现房址2座、灰坑1个③。依据典型器形演变、器物共存关系与层位关系可将其分为两段（图三二）。

第一段：F1、F2、H1；

第二段：各探方第3层。

依据同类器形的比较，赵家坡第一、二段大致与肖家屋脊第二段相当。

（十五）六合

六合遗址位于湖北省钟祥市皇庄区长城乡高庙一组。1981年和1983年进行了两次

---

① 陈树祥、李桃元、余东：《应城门板湾遗址发掘获重要成果》，《中国文物报》1999年4月4日第1版；李桃元：《应城门板湾遗址大型房屋建筑》，《江汉考古》2000年第1期；湖北省文物考古研究所：《湖北应城门板湾新石器时代遗址》，《1999中国重要考古发现》，文物出版社，2001年。

② 孝感市地区博物馆、应城市博物馆：《应城市新石器时代遗址调查》，《江汉考古》1989年第2期。

③ 湖北省文物考古研究所、孝感市博物馆、孝南区博物馆：《湖北应城赵家坡遗址调查发掘简报》，《湖北考古报告集》，《江汉考古》编辑部，2008年。

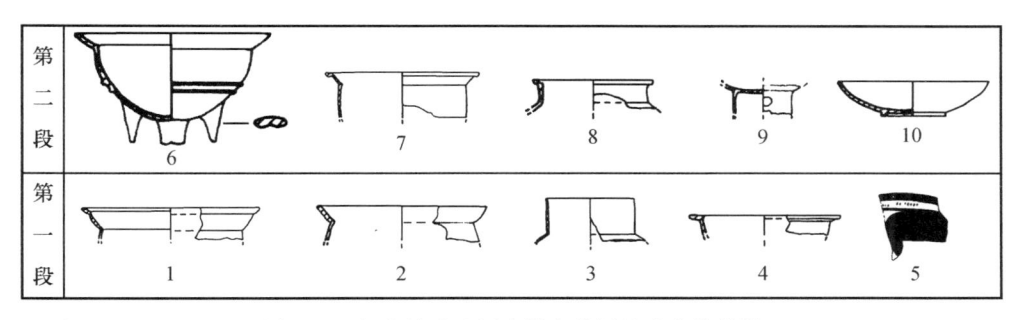

图三二　赵家坡遗址屈家岭文化居址遗存的分段
1、7. 罐形鼎（F2∶2、T2③∶5）　2. 折沿罐（H1∶10）　3. 扁腹壶（H1∶7）　4. 盆（F2∶7）　5. 彩陶片（H1∶15）　6. 盆形鼎（T3③∶3）　8. 高领罐（T3③∶5）　9. 豆柄（T1③∶4）　10. 碗（T1③∶1）

发掘[①]。简报将新石器遗存分为四个时期，屈家岭文化主要见于第三期"屈家岭文化晚期遗存"，第四期"石家河文化遗存"有个别单位也属本书讨论范围。包括居址和墓葬两类。

居址遗存，主要为灰坑，地层也出有较多遗物。可分为三段（图三三）。

第一段：以H4、H2为代表，另有T1④、T37④B、T41⑤等；

第二段：H7、H15、T32⑤；

第三段：H20、H22、T14③、T39④A。

墓葬遗存包括简报所分"屈家岭文化晚期遗存"的所有墓葬和"石家河文化遗

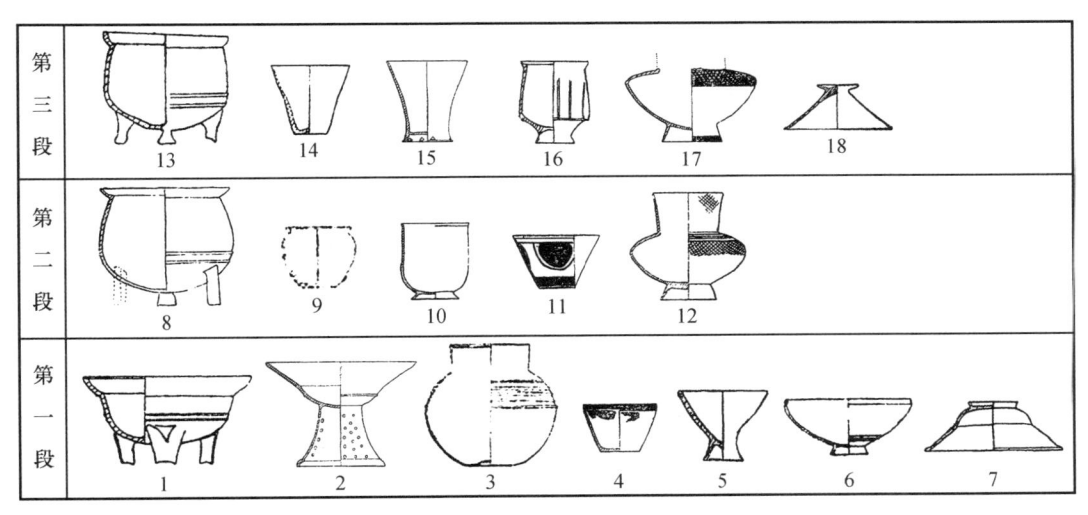

图三三　六合遗址屈家岭文化居址遗存的分段
1、8、13. 鼎（H4∶13、H7∶3、T39④A∶10）　2. 豆（T37④B∶12）　3. 高领罐（H2∶22）　4、5、11、14、15. 斜腹杯（H2∶10、T1④∶8、H15∶12、H22∶7、T14③∶15）　6. 碗（H2∶7）　7、18. 器盖（H4∶5、H22∶2）　9. 小罐（H7∶4）　10、16. 圈足杯（T32⑤∶4、T14③∶10）　12、17. 壶（H15∶19、H20∶43）

---

① 张绪球、何德珍、王运新等：《钟祥六合遗址》，《江汉考古》1987年第2期。

存"的少量墓葬。可分为三段（图三四）。

第一段：M22；

第二段：M12、M15、M26；

第三段：M14、M27。

依据同类器形的比较，六合墓葬第一~三段大体与居址第一、二段相当，或略晚；居址第一~三段与肖家屋脊第一~四段大体相当。

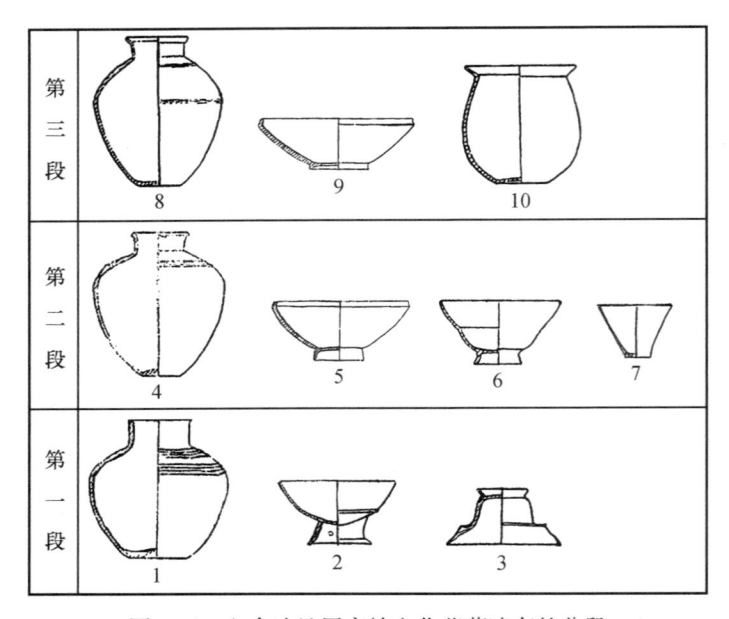

图三四　六合遗址屈家岭文化墓葬遗存的分段
1、4、8.高领罐（M22∶2、M12∶1、M27∶1）　2、5、6、9.碗（M22∶5、M12∶2、M26∶1、M14∶2）
3.器盖（M22∶3）　7.斜腹杯（M26∶4）　10.折沿罐（M27∶2）

（十六）其他调查材料

除上述遗址外，调查发现含有屈家岭文化遗存的遗址还有京山的屈家岭遗址周边附属遗址群[1]、熊家下湾[2]，天门的石家河城外围的一周土岗[3]、石家河周边附属遗址

---

[1] 湖北省文物考古研究所、京山县博物馆：《湖北京山屈家岭遗址群2007年调查报告》，《江汉考古》2008年第2期。

[2] 湖北省文物考古研究所：《大洪山南麓史前聚落调查——以石家河为中心》，《江汉考古》2009年第1期。

[3] 湖北省文物考古研究所：《大洪山南麓史前聚落调查——以石家河为中心》，《江汉考古》2009年第1期。

群①、西龙、段家湾、栗惠岭、陶家坟②、梅家大湾、金台寺③，安陆西部的熊家嘴、胡家山、八字坟、大台子、汉堰台④，应城的保丰、前杨家湾、肖家坟、台子周⑤，汉川的霍城、汪台、甑山⑥等。

二、汉西平原北部

（一）城河

城河遗址曾被称为草家湾遗址，是一处古城址，位于湖北省荆门市后港镇城河村六组，1983年做过调查⑦，此后又做过多次调查，发表过正式专题报告的是2006年的调查⑧，2012~2019年进行了多年连续性发掘，并发表多篇简报⑨。

2012~2016年的发掘，发掘区主要集中在城内中部台地，南城垣及内侧也布置有少量探沟。发掘的均为居址遗存，可分为两段（图三五）。

第一段：以G1、G3、H1、H8、T1④、TG1⑦为代表；

第二段：以TG2⑥、T1③、H4、K3、城壕7为代表。

2006年的调查采集有屈家岭文化和石家河文化两个阶段的标本。其中属屈家岭文化的器形有鼎足、高圈足杯、豆、碗、甑、壶、缸、器盖等。器形过于破碎，年代特征不明显，大致相当于发掘的第二段。

2017~2019年的发掘主要集中在北面的王家塝墓地，从简报提供的材料看，年代

---

① 北京大学考古系、湖北省文物考古研究所、湖北荆州地区博物馆石家河考古队：《石家河遗址调查报告》，《南方民族考古（第五辑）》，四川科学技术出版社，1993年。
② 天门县博物馆：《天门县新石器时代遗址调查》，《江汉考古》1987年第4期。
③ 湖北省文物考古研究所：《大洪山南麓史前聚落调查——以石家河为中心》，《江汉考古》2009年第1期。
④ 孝感市博物馆：《湖北安陆市新石器时代遗址调查》，《江汉考古》1993年第4期。
⑤ 熊卜发：《应城市古遗址调查》，《鄂东北考古报告集》，湖北科学技术出版社，1996年。
⑥ 孝感地区博物馆：《湖北省汉川县考古调查简报》，《考古》1993年第8期。
⑦ 李兆华：《荆门市新石器时代遗址调查简报》，《江汉考古》1988年第4期。
⑧ 荆门市文物考古研究所：《湖北荆门市后港城河城址调查报告》，《江汉考古》2008年第2期。
⑨ 中国社会科学院考古研究所、湖北省文物考古研究所、荆门市博物馆：《湖北沙洋县城河新石器时代城址发掘简报》，《考古》2018年第9期；中国社会科学院考古研究所、湖北省文物考古研究所、荆门市博物馆：《湖北沙洋县城河新石器时代遗址王家塝墓地》，《考古》2019年第7期；中国社会科学院考古研究所、湖北省文物考古研究所、荆门市博物馆：《湖北沙洋县城河遗址王家塝墓地2017~2018年发掘简报》，《考古》2020年第6期。

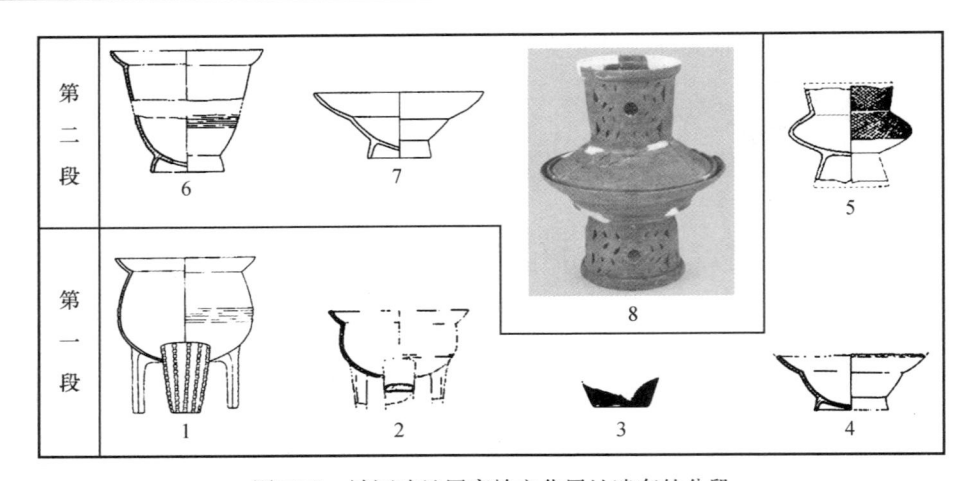

图三五　城河遗址屈家岭文化居址遗存的分段
1、2. 鼎（H8∶3、H1∶2）　3. 斜腹杯（TG1⑦∶8）　4、7. 双腹碗（T1④∶4、TG2⑥∶1）
5. 扁腹壶（G3∶2）　6. 甑（T1③∶3）　8. 豆（K3∶4、K3∶5）

未超出居址两段。

依据同类器形的比较，城河第一段大致与肖家屋脊第一、二段相当；第二段大致与肖家屋脊第三、四段相当。

（二）马家院

马家院遗址位于湖北省荆门市五里镇显灵村，是一处古城址。遗址仅做过调查[①]。据调查简报，马家院城址内文化堆积有大溪文化、屈家岭文化、石家河文化三类。

从发表的遗物标本来看，所谓大溪文化的遗物与屈家岭文化遗物面貌基本一致，均属屈家岭文化。主要器形有鼎足、高领罐、折沿罐、碗、钵等。从高领罐的形态来看，大致与肖家屋脊第一段相当。其他个别器类可能略晚。

（三）钟桥

钟桥遗址位于湖北省荆门市沙洋县毛李镇钟家桥村南，2009年进行了抢救性发掘[②]，发现了属屈家岭文化的1处灰坑（H2）和1座墓葬（M3）。

H2仅出少量残片，器形有鼎、碗、豆等。M3出有鼎、高领罐、豆、双腹碗等（图三六）。依据同类器形的比较，大致相当于谭家岭第二、三段。

---

① 湖北省荆门市博物馆：《荆门马家院屈家岭文化城址调查》，《文物》1997年第7期。
② 潜江市博物馆：《沙洋钟桥遗址考古发掘简报》，《湖北省南水北调考古报告集（第五卷）》，科学出版社，2014年。

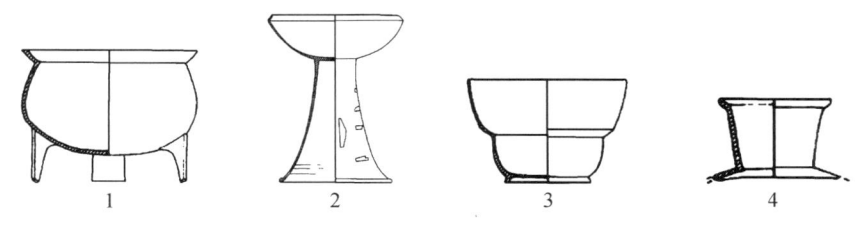

图三六　钟桥遗址M3出土陶器
1. 鼎（M3∶1） 2. 豆（M3∶6） 3. 双腹碗（M3∶2） 4. 器盖（M3∶5）

（四）冯山

冯山遗址位于湖北省当阳市冯山村，地处一高出周围的台地上。遗址于1980年进行了调查试掘，开有探沟两条[①]。出土少量陶片，器形有鼎、高领罐、斜腹杯、圈足杯、豆、碗、盂形器、甑、盆等。因揭露的遗存数量较少，不做分段。依据同类器形的比较，大致与肖家屋脊第二、三段相当。

（五）其他调查材料

除上述遗址外，调查发现含有屈家岭文化遗存的遗址还有荆门的荆家城[②]、叶家湾、三百钱港、孙家台、肖岗、踏车畈、肖场[③]，当阳的罗家山[④]、向家岗[⑤]等。

三、小　　结

汉东平原及汉西平原北部的屈家岭文化遗存以石家河遗址群（主要指谭家岭、邓家湾、肖家屋脊3处）最为丰富，有效层位关系组较多，器形演变序列也最为完整。其他可确定年代的遗址可以石家河3处遗址的分段为标准进行串联，做出各段对应表。总体来说，汉东平原及汉西平原北部的屈家岭文化遗存可分为四段（表五）。

---

① 湖北省博物馆：《沮漳河中游考古调查》，《江汉考古》1982年第2期；湖北省博物馆、武汉大学历史系考古专业：《当阳冯山、杨木岗遗址试掘简报》，《江汉考古》1983年第1期。
② 荆门市博物馆：《荆门市荆家城新石器时代遗址调查》，《江汉考古》1987年第2期。
③ 荆门市博物馆：《荆门新石器时代遗址调查简报》，《江汉考古》1988年第4期；荆门市博物馆：《湖北荆门市新石器时代遗址调查》，《考古》1992年第6期。
④ 宜昌地区博物馆：《当阳罗家山新石器时代遗址调查简报》，《江汉考古》1989年第4期。
⑤ 湖北省博物馆：《沮漳河中游考古调查》，《江汉考古》1982年第2期。

表五　汉东平原及汉西平原北部屈家岭文化遗存年代的串联

区域	遗址名	性质	第一段	第二段	第三段	第四段
汉东平原	谭家岭	居址	第一段	第二段	第三段	第四段
	邓家湾	居址	第一段	第二段	第三段	第四段
		墓葬	第一段	第二段	第三段	第四段
	肖家屋脊	居址	第一段	第二段	第三段	第四段
		墓葬	第一段	第二段	第三段	第四段
	屈家岭	居址	第一段		第二段	第三段
	三房湾	居址		第一段	第二段	
	罗家柏岭	居址		第一段	第二、三段	
	油子岭	居址	√			
	龙嘴	居址			√	
	一百三十亩	居址		√		
	张家山	居址	√	√	√	√
	笑城	居址	采集		√	
		墓葬		第一段	第二段	
	陶家湖	居址			第一段	第二段
	门板湾	采集				√
	赵家坡	居址		第一、二段		
	六合	居址		第一段	第二段	第三段
		墓葬	第一段	第二段	第三段	
	熊家下湾	采集		√		
	保丰	采集				√
	肖家坟	采集		√	√	
	台子周	采集		√	√	
	熊家嘴	采集			√	
	胡家山	采集		√		√
	八字坟	采集			√	
	汉堰台	采集			√	
	霍城	采集		√		
汉西平原北部	城河	居址		第一段		第二段
	马家院	采集	√			
	钟桥	居址		√		
		墓葬			√	
	冯山	居址		√	√	
	罗家山	采集		√	√	
	三百钱巷	采集			√	

注：部分调查的遗址采集的典型器形可以判断所处阶段的，本书均列入表中作为参考，但不能反映该遗址的全部年代，后文同。

第二节　洞庭湖平原及汉西平原南部

洞庭湖平原主要指两湖平原的南部，以洞庭湖为中心，由长江荆江段向南汇入洞庭湖的支流以及澧水、沅江、资江、湘江等洞庭湖水系共同冲积形成，其北与江汉平原相接。沅江中上游的遗存面貌与洞庭湖平原中心区有明显差异，将单独列出；江汉平原汉水以西的汉西平原南部与洞庭湖平原遗存面貌相似，并入此节介绍。由此将洞庭湖平原及汉西平原南部按照澧水中下游、荆江南岸、汉西平原南部三个小节分别介绍和分析。

一、澧水中下游

（一）城头山

城头山遗址位于湖南省澧县车溪乡南岳村徐家岗南部东端。遗址于20世纪70年代农民取土时发现，1979年调查确认为一处城址。之后自1991~2002年连续进行了11次发掘，出有多篇报道[1]，并有综合性报告出版[2]。2011~2012年为配合遗址公园规划又对城墙和护城河进行了一次发掘[3]。前11次发掘报告将"屈家岭文化"遗存分为三期，第一期大部分遗存（主要为墓葬）实际与屈家岭遗址下层为同类遗存即为屈家岭下层文化，不属于屈家岭文化范畴。本书所界定的屈家岭文化主要包括其中的第二、三期遗存以及极少量的第一期遗存。分为居址和墓葬两类。

居址遗存包括房址、陶窑、灰沟、灰坑等，出土陶器标本极少，地层也仅出有少量标本。器形有高领罐、圈足盘、碗、盆等。不做分段。

墓葬遗存集中分布在Ⅳ区，分为土坑墓和瓮棺葬两类，特别是土坑墓出土随葬品十分丰富。在此一并分析，典型陶器型式划分如下。

---

[1] 湖南省文物考古研究所、湖南省澧县文物管理所：《澧县城头山屈家岭文化城址调查与试掘》，《文物》1993年第12期；湖南省文物考古研究所：《澧县城头山古城址1997~1998年度发掘简报》，《文物》1999年第6期；郭伟民：《城头山古城考古又获新成果》，《中国文物报》1999年3月3日第1版。

[2] 湖南省文物考古研究所：《澧县城头山——新石器时代遗址发掘报告》，文物出版社，2007年。

[3] 湖南省文物考古研究所：《湖南澧县城头山遗址城墙与护城河2011~2012年的发掘》，《考古》2015年第3期。

鼎　分三型。

A型　折腹釜形。分二亚型。

Aa型　厚扁足。分二式。

Ⅰ式：标本有M602∶3（图三七，1）、M606∶5等。

Ⅱ式：标本有M467∶7（图三七，2）、M474∶9等。

Aa型鼎的演变趋势：沿面微凹变为近盘口。

Ab型　扁圆锥或圆锥足。分二式。

Ⅰ式：标本有M478∶6（图三七，3）等。

Ⅱ式：标本有M425∶69（图三七，4）等。

Ab型鼎的演变趋势：沿面微凹变为近盘口。

B型　直腹筒形。分二亚型。

Ba型　斜直腹筒形。分三式。

Ⅰ式：标本有M495∶3（图三七，5）、M634∶5等。

Ⅱ式：标本有M404∶5（图三七，6）、M477∶3等。

Ⅲ式：标本有M484∶20（图三七，7）等。

B型鼎的演变趋势：沿面微凹变为盘口。

Bb型　直腹筒形。分三式。

Ⅰ式：标本有M635∶1（图三七，8）等。

Ⅱ式：标本有M448∶22（图三七，9）等。

Ⅲ式：标本有M545∶7（图三七，10）等。

Bb型鼎的演变趋势：沿面微凹变为盘口后又变平。

罐　分二型。

A型　有领。分四亚型。

Aa型　领较高，广肩，弧腹，整体较高大。分四式。

Ⅰ式：标本有M452∶3、M478∶10（图三七，11）等。

Ⅱ式：标本有M474∶7、M632∶26（图三七，12）等。

Ⅲ式：标本有M465∶5、M558∶7（图三七，13）等。

Ⅳ式：标本有M507∶1（图三七，14）等。

Aa型罐的演变趋势：敞口无沿逐渐变为有沿再到沿面下凹近盘口。

Ab型　领较高，圆肩，弧腹，较矮。分四式。

Ⅰ式：标本有M473∶4（图三七，15）等。

Ⅱ式：标本有M522∶3（图三七，16）等。

Ⅲ式：标本有M453∶1（图三七，17）等。

Ⅳ式：标本有M341∶3（图三七，18）、M545∶1等。

Ab型罐的演变趋势：直口无沿逐渐变为有沿再到沿面下凹近盘口。

Ac型　高领，溜肩，圆扁腹。分四式。

Ⅰ式：标本有M589：3（图三七，19）等。

Ⅱ式：标本有M367：1（图三七，20）、M474：21等。

Ⅲ式：标本有M465：11（图三七，21）、M541：8等。

Ⅳ式：标本有M342：9、M335：5（图三七，22）等。

Ac型罐的演变趋势：整体变矮扁。

Ad型　领较矮，鼓肩，扁腹。分二式。

Ⅰ式：标本有M584：7（图三七，23）等。

Ⅱ式：标本有M425：24（图三七，24）、M630：4等。

Ad型罐的演变趋势：整体变矮扁。

B型　折沿。分三亚型。

Ba型　深弧腹。分三式。

Ⅰ式：标本有M596：1（图三七，25）等。

Ⅱ式：标本有M503：1（图三七，26）等。

Ⅲ式：标本有M436：1（图三七，27）等。

Ba型罐的演变趋势：整体变瘦高。

Bb型　圆鼓腹。分三式。

Ⅰ式：标本有M362：2、M563：1（图三七，28）等。

Ⅱ式：标本有M294：1、M364：1（图三七，29）等。

Ⅲ式：标本有M140：1（图三七，30）、M331：2等。

Bb型罐的演变趋势：整体变矮胖，口径变大。

Bc型　扁垂腹。分四式。

Ⅰ式：标本有M471：6（图三七，31）等。

Ⅱ式：标本有M336：11（图三七，32）、M336：12等。

Ⅲ式：标本有M485：6（图三七，33）等。

Ⅳ式：标本有M335：16（图三七，34）等。

Bc型罐的演变趋势：口径变小，腹加深。

豆　分八型。

A型　弧盘，仰折沿。分二亚型。

Aa型　盘较深。分二式。

Ⅰ式：标本有M471：2（图三八，1）等。

Ⅱ式：标本有M467：5（图三八，2）等。

Aa型豆的演变趋势：盘腹加深。

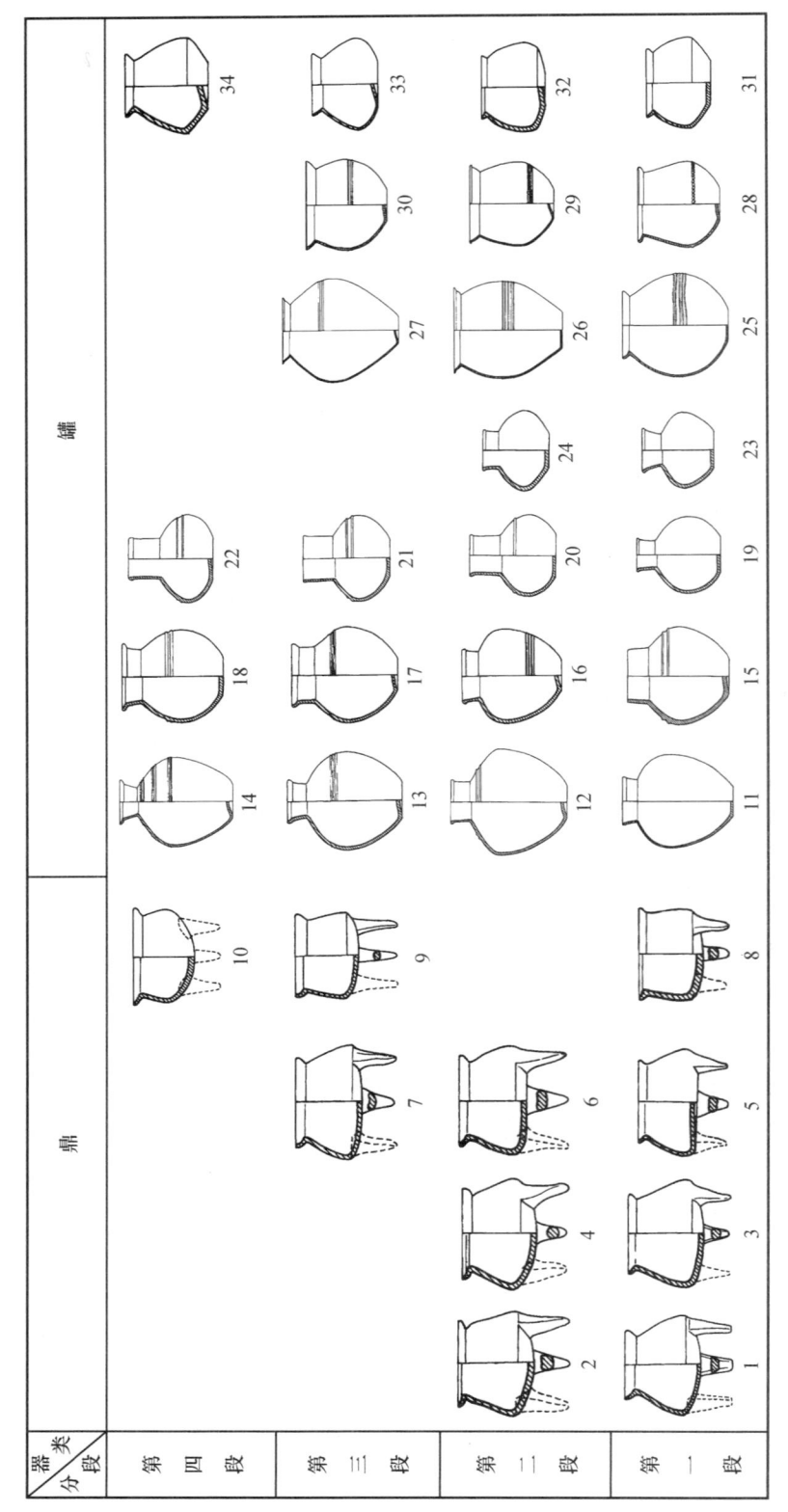

图三七 城头山遗址屈家岭文化墓葬遗存的分段（一）

1、2.Aa型Ⅰ、Ⅱ式鼎（M602∶3、M467∶7） 3、4.Ab型Ⅰ、Ⅱ式鼎（M478∶6、M425∶69） 5～7.Ba型Ⅰ、Ⅱ、Ⅲ式鼎（M495∶3、M484∶5、M404∶5、M484∶20） 8～10.Bb型Ⅰ、Ⅱ、Ⅲ型鼎（M635∶1、M448∶22、M545∶7） 11～14.Aa型Ⅰ、Ⅱ、Ⅲ、Ⅳ式罐（M478∶10、M632∶26、M558∶7、M507∶1） 15～18.Ab型Ⅰ、Ⅱ、Ⅲ、Ⅳ式罐（M473∶4、M522∶3、M453∶1、M341∶3） 19～22.Ac型Ⅰ、Ⅱ、Ⅲ、Ⅳ式罐（M589∶3、M367∶1、M465∶11、M335∶5） 23、24.Ad型Ⅰ、Ⅱ式罐（M584∶7、M425∶24） 25～27.Ba型Ⅰ、Ⅱ、Ⅲ式罐（M596∶1、M503∶1、M436∶1） 28～30.Bb型Ⅰ、Ⅱ、Ⅲ式罐（M563∶1、M364∶1、M140∶1） 31～34.Bc型Ⅰ、Ⅱ、Ⅲ、Ⅳ式罐（M471∶6、M336∶11、M485∶6、M335∶16）

Ab型　盘较浅。分三式。

Ⅰ式：标本有M583∶4（图三八，3）等。

Ⅱ式：标本有M474∶4（图三八，4）等。

Ⅲ式：标本有M542∶16（图三八，5）等。

Ab型豆的演变趋势：盘腹加深。

B型　弧盘，折沿外翻。分三亚型。

Ba型　豆柄较细高。分三式。

Ⅰ式：标本有M589∶1（图三八，6）、M600∶22等。

Ⅱ式：标本有M404∶2（图三八，7）、M480∶6等。

Ⅲ式：标本有M484∶25（图三八，8）、M485∶15等。

Ba型豆的演变趋势：盘腹加深。

Bb型　豆柄较粗矮。分四式。

Ⅰ式：标本有M627∶1（图三八，9）等。

Ⅱ式：标本有M632∶6（图三八，10）等。

Ⅲ式：标本有M558∶1（图三八，11）等。

Ⅳ式：标本有M542∶15（图三八，12）等。

Bb型豆的演变趋势：盘腹加深。

Bc型　豆柄粗矮。分二式。

Ⅰ式：标本有M487∶6（图三八，13）等。

Ⅱ式：标本有M383∶6（图三八，14）等。

Bc型豆的演变趋势：盘腹变浅，沿变平。

C型　弧盘，内折沿。

标本有M477∶14、M425∶72（分见原报告图五二三，9、10）等。

D型　折盘，下腹弧壁，呈双腹特征。分四亚型。

Da型　豆柄细高。分三式。

Ⅰ式：标本有M473∶29（图三八，15）等。

Ⅱ式：标本有M493∶1（图三八，16）、M633∶23等。

Ⅲ式：标本有M292∶10（图三八，17）等。

Da型豆的演变趋势：盘腹加深。

Db型　豆柄较粗高。分二式。

Ⅰ式：标本有M477∶2（图三八，18）、M622∶3等。

Ⅱ式：标本有M368∶1、M558∶3（图三八，19）等。

Dc型　豆柄粗矮，微垂沿。分三式。

Ⅰ式：标本有M606∶4（图三八，20）等。

Ⅱ式：标本有M343：8（图三八，21）等。

Ⅲ式：标本有M302：3（图三八，22）等。

Dc型豆的演变趋势：盘腹加深，下腹斜收变成钝弧。

Dd型　豆柄粗矮。分四式。

Ⅰ式：标本有M609：5（图三八，23）等。

Ⅱ式：标本有M424：2（图三八，24）等。

Ⅲ式：标本有M161：4（图三八，25）、M338：6等。

Ⅳ式：标本有M162：1（图三八，26）等。

Dd型豆的演变趋势：盘腹加深。

E型　折盘，下腹直折，呈双腹特征。分二亚型。

Ea型　豆柄较细高。分四式。

Ⅰ式：标本有M287：3（图三八，27）等。

Ⅱ式：标本有M336：25（图三八，28）等。

Ⅲ式：标本有M289：1（图三八，29）、M464：4等。

Ⅳ式：标本有M342：2（图三八，30）、M707：1等。

Ea型豆的演变趋势：盘腹变浅。

Eb型　豆柄较粗矮。

标本有M609：3（原报告图五二八，5）等。

F型　直盘，腹与盘底直折，外折沿，似高圈足杯形。分三亚型。

Fa型　腹向下外斜直，仰折沿。分二式。

Ⅰ式：标本有M485：8（图三八，31）等。

Ⅱ式：标本有M545：9（图三八，32）等。

Fa型豆的演变趋势：沿变宽。

Fb型　腹向下内斜直，仰折沿。分三式。

Ⅰ式：标本有M593：5（图三八，33）等。

Ⅱ式：标本有M448：26（图三八，34）等。

Ⅲ式：标本有M335：20（图三八，35）等。

Fb型豆的演变趋势：沿变宽，下凹近盘口，腹加深。

Fc型　腹向下内斜直，折沿下垂。分二式。

Ⅰ式：标本有M578：21（图三八，36）等。

Ⅱ式：标本有M465：1（图三八，37）、M541：14等。

Fc型豆的演变趋势：沿变下垂。

G型　直盘，腹与盘底直折，内折沿。分三亚型。

Ga型　豆柄细高。分二式。

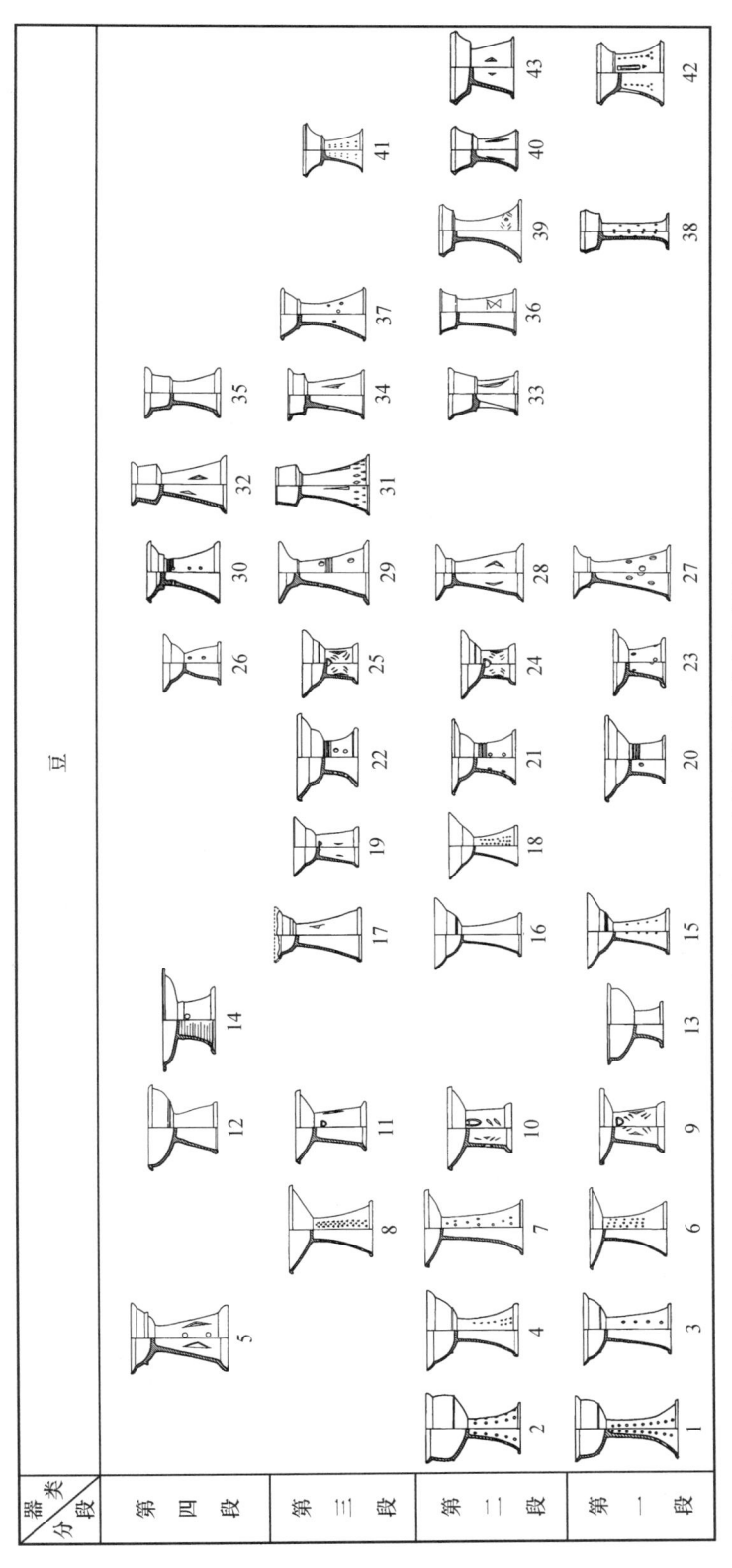

图三八　城头山遗址屈家岭文化墓葬遗存的分段（二）

1、2.Aa型Ⅰ、Ⅱ式豆（M471：2，M467：5）　3~5.Ab型Ⅰ、Ⅱ、Ⅲ式豆（M583：4，M474：4，M542：16）　6~8.Ba型Ⅰ、Ⅱ、Ⅲ式豆（M589：1，M404：2，M484：25）　9~12.Bb型Ⅰ、Ⅱ、Ⅲ、Ⅳ式豆（M627：1，M632：6，M558：1，M542：15）　13、14.Bc型Ⅰ、Ⅱ式豆（M487：6，M383：6）　15~17.Da型Ⅰ、Ⅱ、Ⅲ式豆（M473：29，M493：1，M292：10）　18、19.Db型Ⅰ、Ⅱ式豆（M477：2，M558：3）　20~22.Dc型Ⅰ、Ⅱ、Ⅲ式豆（M606：4，M343：8，M302：3）　23~26.Dd型Ⅰ、Ⅱ、Ⅲ、Ⅳ式豆（M609：5，M424：2，M161：4，M162：1）　27~30.Ea型Ⅰ、Ⅱ、Ⅲ、Ⅳ式豆（M287：3，M336：25，M289：1，M342：2）　31、32.Fa型Ⅰ、Ⅱ式豆（M485：8，M545：9）　33~35.Fb型Ⅰ、Ⅱ、Ⅲ式豆（M593：5，M448：26，M335：20）　36、37.Fc型Ⅰ、Ⅱ式豆（M578：21，M465：1）　38、39.Ga型Ⅰ、Ⅱ式豆（M478：9，M475：3）　40、41.Gb型Ⅰ、Ⅱ式豆（M424：6，M559：4）　42、43.Gc型Ⅰ、Ⅱ式豆（M600：15，M632：16）

Ⅰ式：标本有M478∶9（图三八，38）、M487∶7等。

Ⅱ式：标本有M425∶10、M475∶3（图三八，39）等。

Ga型豆的演变趋势：整体变矮粗。

Gb型　豆柄较粗高。分二式。

Ⅰ式：标本有M424∶6（图三八，40）等。

Ⅱ式：标本有M559∶4（图三八，41）等。

Gb型豆的演变趋势：整体变矮粗。

Gc型　豆柄粗矮。分二式。

Ⅰ式：标本有M600∶15（图三八，42）等。

Ⅱ式：标本有M632∶16（图三八，43）等。

Gc型豆的演变趋势：整体变宽扁。

H型　垂腹，折沿。分二亚型。

Ha型　豆柄较细高。

标本有M425∶9、M425∶11（分见原报告图五二五，2、4）等。

Hb型　豆柄较粗矮。

标本有M473∶22（原报告图五二五，1）等。

杯　分四型。

A型　斜腹杯，平底或矮圈足。分二亚型。

Aa型　平底。分四式。

Ⅰ式：标本有M582∶3（图三九，1）等。

Ⅱ式：标本有M630∶1（图三九，2）等。

Ⅲ式：标本有M448∶16（图三九，3）等。

Ⅳ式：标本有M335∶8（图三九，4）等。

Aa型杯的演变趋势：口径变小，整体变瘦高。

Ab型　矮圈足。分三式。

Ⅰ式：标本有M578∶1、M630∶6（图三九，5）等。

Ⅱ式：标本有M453∶5（图三九，6）等。

Ⅲ式：标本有M383∶9、M545∶4（图三九，7）等。

Ab型杯的演变趋势：整体变瘦高，圈足加高。

B型　尊形杯，圆弧腹，矮圈足。分二式。

Ⅰ式：标本有M522∶5（图三九，8）等。

Ⅱ式：标本有M335∶1（图三九，9）等。

C型　直腹，高圈足。

标本有M585∶2（原报告图五五六，25）等。

D型　腹较瘦高，实心高柄近倒"T"形。分二式。

Ⅰ式：标本有M365∶2（图三九，10）等。

Ⅱ式：标本有M342∶3（图三九，11）等。

碗　分四型。

A型　双腹碗。分四式。

Ⅰ式：标本有M591∶13（图三九，12）等。

Ⅱ式：标本有M319∶1（图三九，13）等。

Ⅲ式：标本有M258∶2（图三九，14）等。

Ⅳ式：标本有M141∶1（图三九，15）等。

A型碗的演变趋势：上、下腹深比变大，整体变宽浅。

B型　弧腹，外折沿。分二亚型。

Ba型　矮圈足。分三式。

Ⅰ式：标本有M236∶2（图三九，16）等。

Ⅱ式：标本有M239∶2、M476∶3（图三九，17）等。

Ⅲ式：标本有M525∶1（图三九，18）等。

Ba型碗的演变趋势：腹加深。

Bb型　圈足较高。分二式。

Ⅰ式：标本有M475∶10（图三九，19）等。

Ⅱ式：标本有M448∶6（图三九，20）等。

Bb型碗的演变趋势：腹加深。

C型　弧腹，内折沿。分二亚型。

Ca型　沿内斜。分四式。

Ⅰ式：标本有M488∶1（图三九，21）等。

Ⅱ式：标本有M561∶2（图三九，22）等。

Ⅲ式：标本有M279∶1（图三九，23）、M334∶1等。

Ⅳ式：标本有M120∶1（图三九，24）等。

Ca型碗的演变趋势：腹加深。

Cb型　沿竖直。分二式。

Ⅰ式：标本有M602∶1（图三九，25）等。

Ⅱ式：标本有M305∶1（图三九，26）等。

Cb型碗的演变趋势：腹加深。

D型　弧腹，无沿。分二亚型。

Da型　直口。分二式。

Ⅰ式：标本有M582∶5（图三九，27）等。

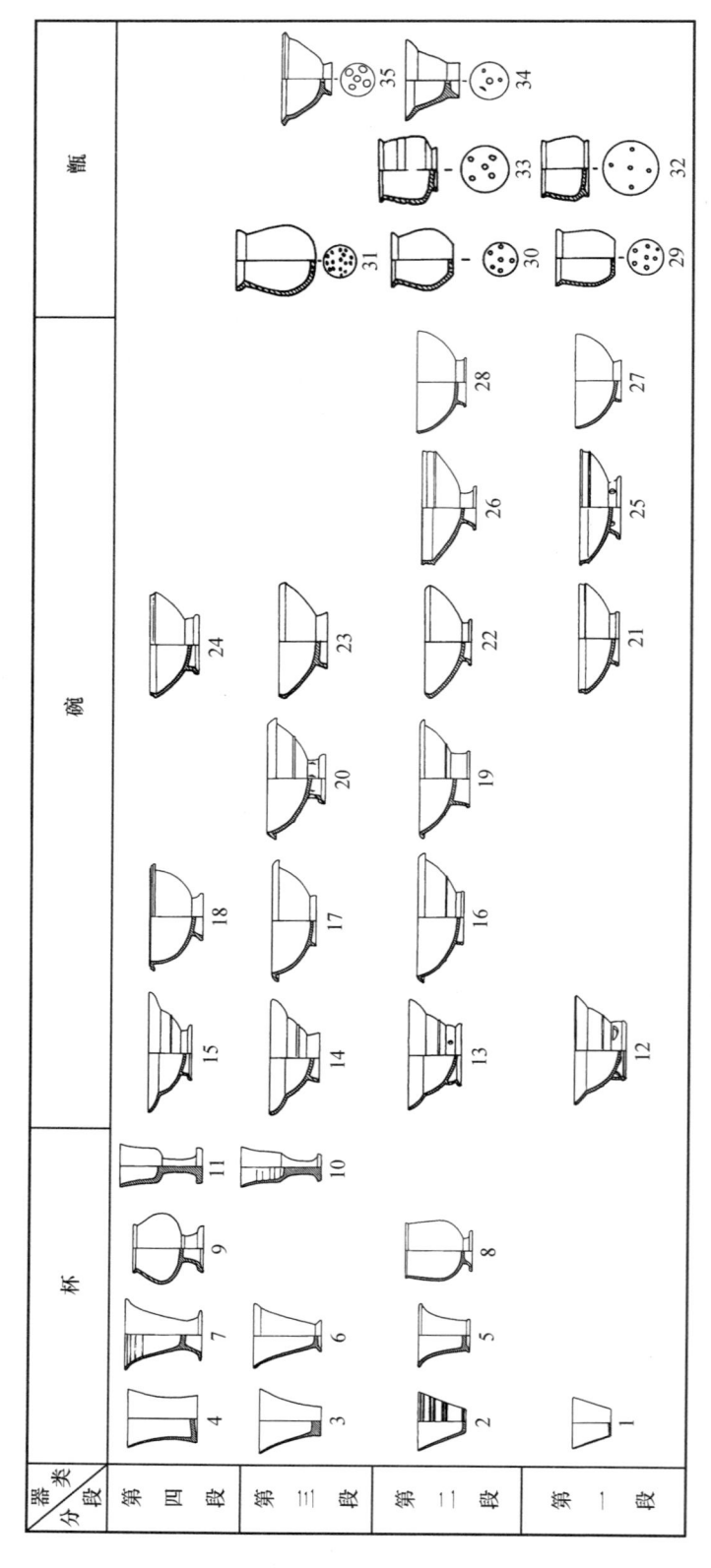

图三九 城头山遗址屈家岭文化墓葬遗存的分段（三）

1~4.Aa型Ⅰ、Ⅱ、Ⅲ、Ⅳ式杯（M582:3、M630:1、M448:16、M335:8） 5~7.Ab型Ⅰ、Ⅱ、Ⅲ式杯（M630:6、M453:5、M545:4） 8、9.B型Ⅰ、Ⅱ式杯（M522:5、M335:1） 10、11.D型Ⅰ、Ⅱ式杯（M365:2、M342:3） 12~15.A型Ⅰ、Ⅱ、Ⅲ、Ⅳ式碗（M591:13、M319:1、M258:2、M141:1） 16~18.Ba型Ⅰ、Ⅱ、Ⅲ式碗（M236:2、M476:3、M525:1） 19、20.Bb型Ⅰ、Ⅱ式碗（M475:10、M448:6） 21~24.Ca型Ⅰ、Ⅱ、Ⅲ、Ⅳ式碗（M488:1、M561:2、M279:1、M120:1） 25、26.Cb型Ⅰ、Ⅱ式碗（M602:1、M305:1） 27、28.Da型Ⅰ、Ⅱ式碗（M582:5、M480:7） 29~31.Aa型Ⅱ、Ⅲ、Ⅳ式甑（M478:1、M610:2、M581:1） 32、33.Bb型Ⅰ、Ⅱ式甑（M495:4、M467:7） 34、35.Bc型Ⅰ、Ⅱ式甑（M633:10、M334:2）

Ⅱ式：标本有M480∶7（图三九，28）等。

Db型　敞口。

标本有M578∶18、M480∶4（分见原报告图五四九，2、3）等。

甑　分三型。

A型　平底。分二亚型。

Aa型　窄沿。分四式。

Ⅰ式：标本有M595∶8（原报告图五五九，6）等。

Ⅱ式：标本有M478∶1（图三九，29）、M624∶2等。

Ⅲ式：标本有M610∶2（图三九，30）等。

Ⅳ式：标本有M581∶1（图三九，31）等。

Aa型甑的演变趋势：口径变小，整体变瘦高。

Ab型　宽沿。

标本有M589∶6（原报告图五五九，6）

B型　圈足。分三亚型。

Ba型　深弧腹罐形。

标本有M301∶4（原报告图五五九，14）等。

Bb型　垂腹簋形。分二式。

Ⅰ式：标本有M495∶4（图三九，32）、M600∶5等。

Ⅱ式：标本有M404∶6、M467∶7（图三九，33）等。

Bb型甑的演变趋势：整体变瘦高。

Bc型　浅弧腹盆形。分二式。

Ⅰ式：标本有M633∶10（图三九，34）等。

Ⅱ式：标本有M334∶2（图三九，35）等。

Bc型甑的演变趋势：整体变宽浅。

C型　圜底。分二亚型。

Ca型　垂腹。

标本有M477∶4（原报告图五五九，11）等。

Cb型　深弧腹。

标本有M545∶5（原报告图五五九，23）等。

壶　分五型。

A型　圈足，圆弧腹，最大腹径偏中。分三亚型。

Aa型　直粗颈，圈足较高。分四式。

Ⅰ式：标本有M473∶12（图四〇，1）等。

Ⅱ式：标本有M622∶4（图四〇，2）等。

Ⅲ式：标本有M541∶5（图四〇，3）等。

Ⅳ式：标本有M542∶10（图四〇，4）等。

Aa型壶的演变趋势：圈足下缘外撇逐渐收缩下凸呈子口。

Ab型　直颈较细，矮圈足。分三式。

Ⅰ式：标本有M583∶5（图四〇，5）、M600∶8等。

Ⅱ式：标本有M404∶4（图四〇，6）等。

Ⅲ式：标本有M485∶9（图四〇，7）等。

Ab型壶的演变趋势：圈足加高。

Ac型　斜直颈，高圈足。分二式。

Ⅰ式：标本有M578∶10、M632∶24（图四〇，8）等。

Ⅱ式：标本有M453∶6（图四〇，9）等。

Ac型壶的演变趋势：颈变长，腹加深。

B型　圈足，折腹，最大腹径偏下。分三式。

Ⅰ式：标本有M473∶31（图四〇，10）等。

Ⅱ式：标本有M425∶60（图四〇，11）等。

Ⅲ式：标本有M467∶1（图四〇，12）、M480∶25等。

B型壶的演变趋势：圈足加高，腹变扁。

C型　圈足，弧折腹，最大腹径偏上。分二亚型。

Ca型　粗长颈。分四式。

Ⅰ式：标本有M287∶1（图四〇，13）、M609∶1等。

Ⅱ式：标本有M432∶2、M454∶9（图四〇，14）等。

Ⅲ式：标本有M464∶3（图四〇，15）等。

Ⅳ式：标本有M148∶3（图四〇，16）等。

Ca型壶的演变趋势：腹变扁，圈足加高并内斜。

Cb型　短斜直颈。

标本有M383∶9、M545∶3（分见原报告图五四二，11、10）

D型　假圈足。

标本有M606∶6（原报告图五三九，5）等。

E型　平底，折腹。

标本有M589∶4、M595∶12（分见原报告图五四〇，5、6）等。

釜　分二型。

A型　圆腹。分三式。

Ⅰ式：标本有M226∶1（图四〇，17）等。

Ⅱ式：标本有M244∶1、M441∶1（图四〇，18）等。

Ⅲ式：标本有M256：1（图四〇，19）等。

A型釜的演变趋势：沿面微凹到近盘口，腹变扁。

B型　深弧腹。分二式。

Ⅰ式：标本有M326：1（图四〇，20）等。

Ⅱ式：标本有M285：1、M324：1（图四〇，21）等。

B型釜的演变趋势：沿面变下凹，整体变瘦高。

缸　分三型。

A型　敞口，弧腹，整体较矮胖。分四式。

Ⅰ式：标本有M415：1（图四〇，22）等。

Ⅱ式：标本有M105：1（图四〇，23）、M546：1等。

Ⅲ式：标本有M382：2（图四〇，24）等。

Ⅳ式：标本有M235：1（图四〇，25）等。

A型缸的演变趋势：整体变瘦高。

B型　折沿，折腹。分三式。

Ⅰ式：标本有M240：3（图四〇，26）等。

Ⅱ式：标本有M506：1（图四〇，27）等。

Ⅲ式：标本有M385：2（图四〇，28）、M378：1等。

B型缸的演变趋势：折角逐渐明显，整体变瘦高。

C型　折沿，深弧腹。分四式。

Ⅰ式：标本有M106：2（图四〇，29）、M415：2等。

Ⅱ式：标本有M249：1（图四〇，30）等。

Ⅲ式：标本有M286：1（图四〇，31）等。

Ⅳ式：标本有M284：1（图四〇，32）等。

C型缸的演变趋势：口径与腹径比变小，上腹逐渐内曲，整体变瘦高。

钵　分二型。

A型　圜底。

标本有M301：7（原报告图五五三，14）等。

B型　平底。分二亚型。

Ba型　叠唇，深腹。分三式。

Ⅰ式：标本有M296：1（图四〇，33）等。

Ⅱ式：标本有M102：1（图四〇，34）等。

Ⅲ式：标本有M285：2（图四〇，35）等。

Ba型钵的演变趋势：敞口逐渐变为敛口，腹变浅。

Bb型　直口。分二式。

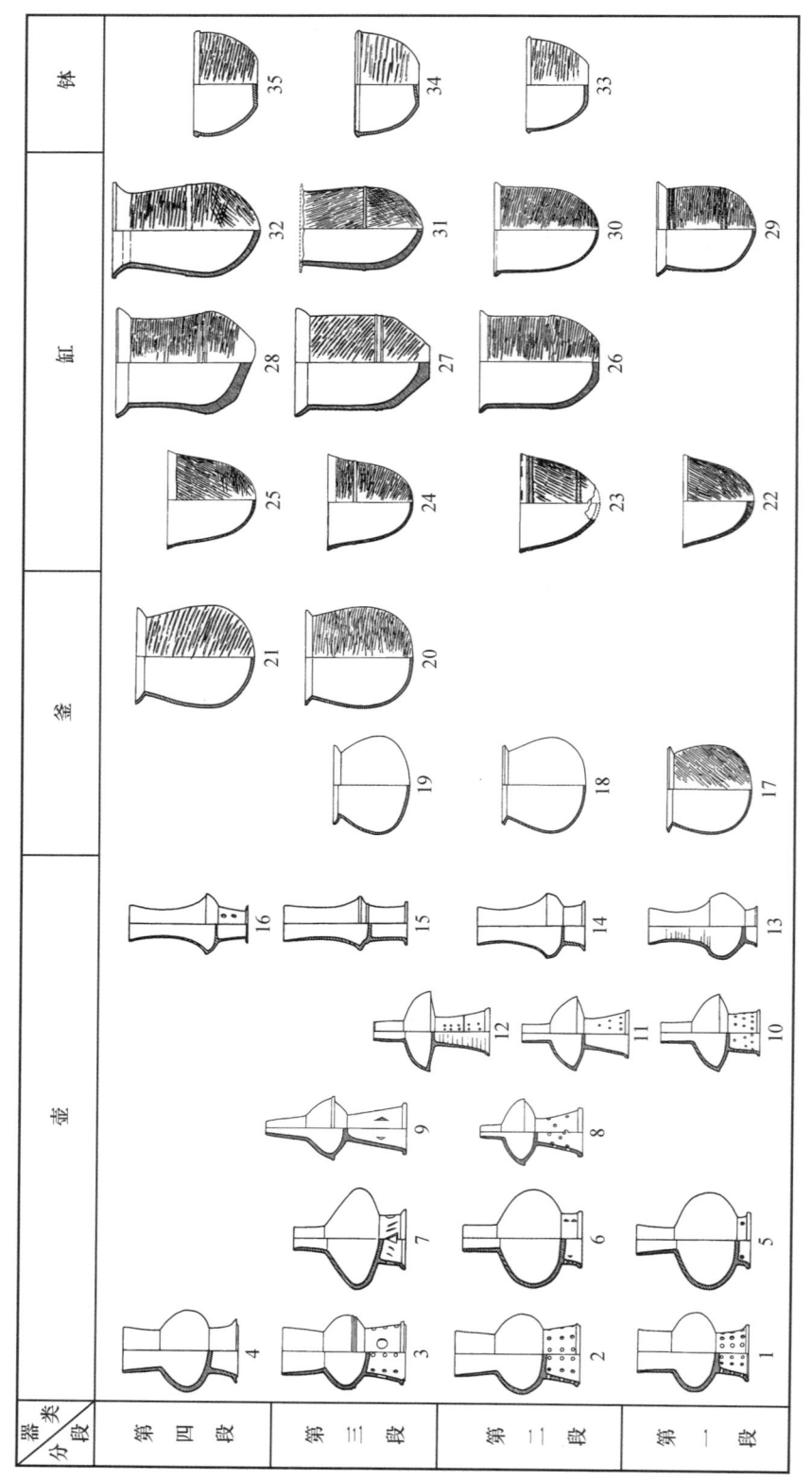

图四〇 城头山遗址屈家岭文化墓葬遗存的分段（四）

1~4. Aa型Ⅰ、Ⅱ、Ⅲ、Ⅳ式壶（M473：12、M622：4、M541：5、M542：10） 5~7. Ab型Ⅰ、Ⅱ、Ⅲ式壶（M583：5、M404：4、M485：9） 8、9. Ac型Ⅰ、Ⅱ式壶（M632：24、M453：6） 10~12. B型Ⅰ、Ⅱ、Ⅲ式壶（M473：31、M425：60、M467：1） 13~16. Ca型Ⅰ、Ⅱ、Ⅲ、Ⅳ式壶（M287：1、M454：9、M464：3、M148：3） 17~19. A型Ⅰ、Ⅱ、Ⅲ式釜（M226：1、M441：1、M256：1） 20、21. B型Ⅰ、Ⅱ式釜（M326：1、M324：1） 22~25. A型Ⅰ、Ⅱ、Ⅲ、Ⅳ式缸（M415：1、M105：1、M382：2、M235：1） 26~28. B型Ⅰ、Ⅱ、Ⅲ式缸（M240：3、M506：1、M385：2） 29~32. C型Ⅰ、Ⅱ、Ⅲ、Ⅳ式缸（M106：2、M249：1、M286：1、M284：1） 33~35. Ba型Ⅰ、Ⅱ、Ⅲ式钵（M296：1、M102：1、M285：2）

Ⅰ式：标本有M524∶2（原报告图五五三，10）等。

Ⅱ式：标本有M129∶1、M373∶2（分见原报告图五五三，11、9）等。

Bb型钵的演变趋势：腹变浅。

依据典型陶器的型式分析、器物共存关系与层位关系，可将其分为四段。能够确认的各段墓葬如下。

第一段：M106、M226、M287、M301、M362、M415、M416、M452、M471、M473、M478、M487、M488、M495、M556、M563、M574、M582、M583、M584、M589、M591、M595、M596、M600、M602、M606、M609、M624、M627、M628、M631、M634、M635；

第二段：M105、M236、M240、M244、M249、M294、M296、M305、M319、M336、M343、M364、M367、M404、M422、M424、M425、M432、M441、M454、M467、M474、M475、M477、M480、M481、M493、M503、M522、M531、M535、M546、M561、M578、M585、M593、M610、M622、M630、M632、M633；

第三段：M102、M140、M161、M239、M256、M258、M279、M286、M289、M292、M302、M326、M331、M334、M338、M365、M368、M382、M417、M436、M448、M453、M464、M465、M476、M484、M485、M506、M524、M541、M558、M559、M581；

第四段：M120、M129、M134、M141、M148、M152、M162、M235、M253、M284、M285、M324、M335、M341、M342、M352、M373、M378、M383、M385、M413、M507、M525、M542、M545、M547、M707。

居址遗存遗物标本较为零星，大体与墓葬的第一～四段均有对应。

表六　城头山遗址屈家岭文化墓葬遗存分段表

器类 分段	鼎	罐	豆	杯
第四段	BbⅢ	AaⅣ、AbⅣ、AcⅣ、BcⅣ	AbⅢ、BbⅣ、BcⅡ、DdⅣ、EaⅣ、FaⅡ、FbⅢ	AaⅣ、AbⅢ、BⅡ、DⅡ
第三段	BaⅢ、BbⅡ	AaⅢ、AbⅢ、AcⅢ、BaⅢ、BbⅢ、BcⅢ	BaⅢ、BbⅢ、DaⅢ、DbⅡ、DcⅢ、DdⅢ、EaⅢ、FaⅠ、FbⅡ、FcⅡ、GbⅡ	AaⅢ、AbⅡ、DⅠ
第二段	AaⅡ、AbⅡ、BaⅡ	AaⅡ、AbⅡ、AcⅡ、AdⅡ、BaⅡ、BbⅡ、BcⅡ	AaⅡ、AbⅡ、BaⅡ、BbⅡ、DaⅡ、DbⅠ、DcⅡ、DdⅡ、EaⅡ、FbⅠ、FcⅠ、GaⅡ、GbⅠ、GcⅡ、Ha	AaⅡ、AbⅠ、BⅠ、C
第一段	AaⅠ、AbⅠ、BaⅠ、BbⅠ	AaⅠ、AbⅠ、AcⅠ、AdⅠ、BaⅠ、BbⅠ、BcⅠ	AaⅠ、AbⅠ、BaⅠ、BbⅠ、BcⅠ、DaⅠ、DcⅠ、DdⅠ、EaⅠ、Eb、GaⅠ、GcⅠ、Hb	AaⅠ

续表

器类 分段	碗	甑	壶	釜	缸	钵
第四段	AⅣ、BaⅢ、CaⅣ	Cb	AaⅣ、CaⅣ、Cb	BⅡ	AⅣ、BⅢ、CⅣ	BaⅢ、BbⅡ
第三段	AⅢ、BaⅡ、BbⅡ、CaⅢ	AaⅣ、BcⅡ	AaⅢ、AbⅢ、AcⅡ、CaⅢ	AⅢ、BⅠ	AⅢ、BⅡ、CⅢ	BaⅡ、BbⅠ
第二段	AⅡ、BaⅠ、BbⅠ、CaⅡ、CbⅡ、DaⅡ、Db	AaⅢ、BbⅡ、BcⅠ、Ca	AaⅡ、AbⅡ、AcⅠ、BⅡ、BⅢ、CaⅡ	AⅡ、C	AⅡ、BⅠ、CⅡ	BaⅠ
第一段	AⅠ、CaⅠ、CbⅠ、DaⅠ	AaⅠ、AaⅡ、Ab、Ba、BbⅠ	AaⅠ、AbⅠ、BⅠ、CaⅠ、D、E	AⅠ	AⅠ、CⅠ	A

（二）三元宫

三元宫遗址位于湖南省澧县梦溪镇三元村，1967年曾做过试掘[1]，1974年进行了第二次发掘[2]。余西云先生曾将三元宫遗存分为三期6段，其中第二期属屈家岭下层文化，第三期属屈家岭文化[3]。本书基本赞同这一认识，只对屈家岭文化遗存的分段略作调整。遗存分为居址和墓葬两类。

居址遗存较为零星，以T2①、T3①为代表，出有高领罐、豆等。

墓葬遗存参照城头山的分段可分为四段（图四一）。

第一段：M9、M18、M19、M23、M24；

第二段：M8、M22；

第三段：M1、M7、M10；

第四段：M2、M4、M14、M20、M21。

居址遗存大致与墓葬第二段相当。三元宫遗址屈家岭文化遗存可分为四段，第一段包括墓葬第一段；第二段包括墓葬第二段和居址遗存；第三段包括墓葬第三段；第四段包括墓葬第四段。依据同类器形的比较，三元宫第一～四段与城头山第一～四段大体相当。

---

[1] 湖南省博物馆：《澧县梦溪新石器时代遗址试掘简报》，《文物》1972年第2期。

[2] 湖南省博物馆：《澧县梦溪三元宫遗址》，《考古学报》1979年第4期。

[3] 余西云：《三元宫遗址的分期及其文化性质》，《江汉考古》1992年第2期。

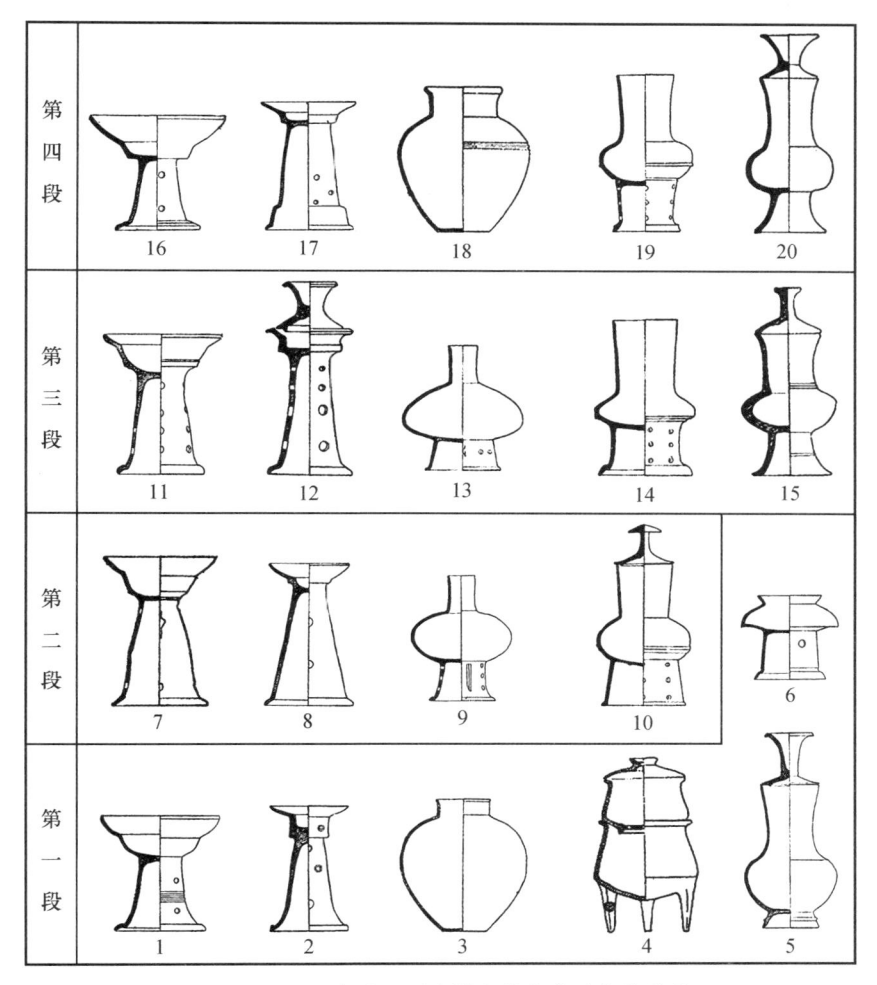

图四一　三元宫遗址屈家岭文化墓葬遗存的分段

1、7、11、16.双腹豆（M18：15、M8：9、M7：11、M21：10）　2、8、12、17.折盘豆（M23：7、M8：16、M7：13、M20：3）　3、18.高领罐（M19：3、M2：1）　4.鼎甗（M9：7）　5、10、14、15、19、20.长颈壶（M23：13、M8：5、M7：9、M1：12、M4：8、M21：4）　6.盂形器（M9：4）　9、13.细颈壶（M22：4、M10：5）

（三）宋家台

宋家台遗址位于湖南省澧县大堰垱乡宋家台村，为一处近长方形台地。遗址于1986年文物普查发现，同年进行了首次发掘，1987~1988年又进行了第二次发掘[①]。发掘分为东、西、北三区，西区与北区为居址堆积；东区主要为墓葬。报告所分屈家岭

---

① 湖南省文物考古研究所：《湖南澧县宋家台新石器时代遗址》，《湖南考古辑刊（第7集）》，求索杂志社，1999年。

文化遗存实际包含屈家岭下层文化和屈家岭文化两类遗存。在此将屈家岭下层文化遗存剔除后重做分析。包括居址和墓葬两种。

居址遗存主要包括各居住区探方统一地层（第4A层）[①]，器形有罐形鼎、高领罐、圈足杯、豆、器盖等（图四二）。

墓葬遗存，主要有分布在墓葬区的少量墓葬（含瓮棺葬）。可分为三段（图四三）。

第一段：M10、M39；

第二段：M2、M11；

第三段：M1、M5。

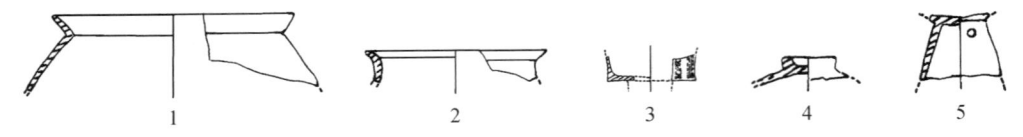

图四二　宋家台遗址屈家岭文化居址遗存出土陶器
1. 鼎（T12⑥：3）　2. 高领罐（T11⑤：3）　3. 圈足杯（T19④A：2）　4. 器盖（T16④：5）
5. 豆（T12⑤：2）

图四三　宋家台遗址屈家岭文化墓葬遗存的分段
1、8、15. 鼎（M39：4、M11：7、M1：1）　2~4、9. 豆（M39：1、M10：1、M10：2、M2：1）
5、10. 斜腹杯（M10：3、M11：1）　6、12. 细颈壶（M10：2、M11：2）　7、13、14、16. 甑（M39：3、M11：6、M2：4、M5：1）　11. 罐（M11：3）

---

① 报告虽然有统一地层对照表，实际介绍遗物时仍以各探方内地层编号。

居址遗存大致与墓葬第一段对应。宋家台遗址屈家岭文化遗存整体可分为三段，第一段包括居址遗存、墓葬第一段；第二段包括墓葬第二段；第三段包括墓葬第三段。依据同类器形的比较，宋家台第一～三段与城头山第三、四段大体相当，少量可能略早。

（四）划城岗

划城岗遗址位于湖南省安乡县安障乡，属岗台性地貌遗址。遗址于1980年做过一次发掘[①]，1999年为配合基建又进行了第二次发掘[②]。

第一次发掘报告将所发掘遗存分为早、中、晚三期，早期和中期又各分为早一期、早二期、中一期、中二期。屈家岭文化仅包括其中的中二期遗存。分为居址和墓葬两种。

居址遗存仅地层出有少量标本，可分为两段。

第一段：以T11④为代表；

第二段：以T7④、T8②、T10④为代表。

墓葬共5座（其中2座为瓮棺葬），可分为两段。

第一段：以M33为代表；

第二段：以M13为代表。

第二次发掘报告将所发掘遗存分为甲、乙、丙、丁四类。报告将丙类遗存定为屈家岭文化，实际亦可分为两类不同文化内涵的遗存，即屈家岭下层文化遗存和屈家岭文化遗存。将丙类遗存中的屈家岭下层文化遗存剔除后，重做分析（包括从丁类遗存中挑取的少量属屈家岭文化的单位）。分为居址和墓葬两种。

居址遗存仅地层出有少量标本，可分为二段（图四四）。

第一段：以T13⑤A、T14⑤A为代表；

第二段：以T13④、T26③、T27④为代表。

墓葬以M120、M128为代表，出土陶器器形有高圈足杯、碗等（图四五）。

依据同类器形的比较和参考城头山的分段，划城岗遗址第一次发掘的居址第一段与墓葬第一段相当，居址第二段应晚于墓葬第二段；第二次发掘墓葬年代应该与居址第二段相当。划城岗第一次发掘的居址第一段斜腹杯形态晚于第二次发掘的居址第一段，前者年代晚于后者；第一次发掘的居址第二段与第二次发掘的居址第二段年代相当。

---

① 湖南省博物馆：《安乡划城岗新石器时代遗址》，《考古学报》1983年第4期。

② 湖南省文物考古研究所：《湖南安乡县划城岗遗址第二次发掘简报》，《考古》2001年第4期；湖南省文物考古研究所、常德市文物处、安乡县文物管理所：《湖南安乡划城岗遗址第二次发掘报告》，《考古学报》2005年第1期。

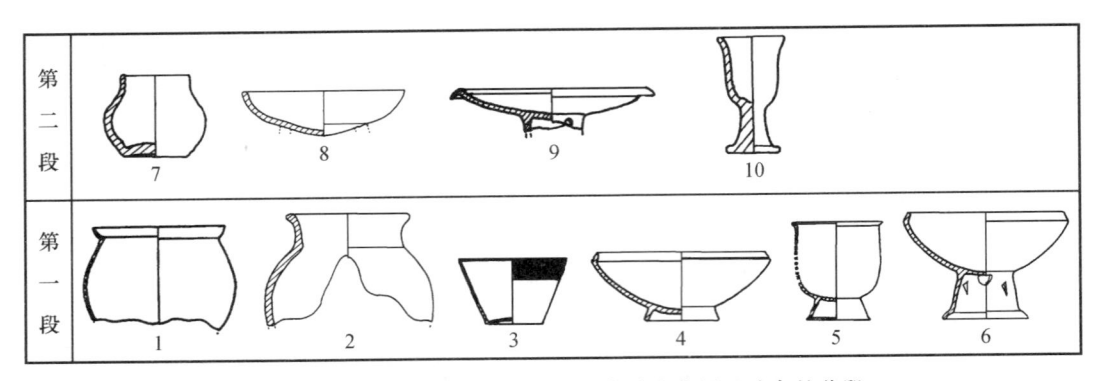

图四四　划城岗遗址第二次发掘屈家岭文化居址遗存的分段
1. 鼎（T14⑤A∶8）　2. 高领罐（T13⑤A∶3）　3. 斜腹杯（T14⑤A∶4）　4. 碗（T14⑤A∶7）
5. 矮圈足杯（T14⑤A∶3）　6、8、9. 豆（T14⑤A∶9、T13④∶4、T13④∶3）　7. 小罐（T27④∶1）
10. 高柄杯（T26③∶1）

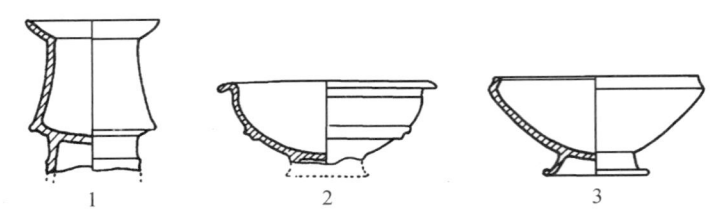

图四五　划城岗遗址第二次发掘屈家岭文化墓葬遗存出土陶器
1. 高圈足杯（M120∶1）　2、3. 碗（M120∶4、M128∶1）

综上所述，划城岗遗址两次发掘的屈家岭文化居址遗存可分为三段，第一段包括第二次发掘居址第一段；第二段包括第一次发掘居址第一段；第三段包括第一次发掘居址第二段和第二次发掘居址第二段。墓葬遗存可分为三段，第一段包括第一次发掘墓葬第一段；第二段包括第一次发掘墓葬第二段；第三段包括第二次发掘墓葬。总体可分为四段，第一段包括居址第一段；第二段包括居址第二段、墓葬第一段；第三段包括墓葬第二段；第四段包括居址第三段和墓葬第三段。分别与城头山的第一~四段年代相当。

（五）子龙庵

子龙庵遗址位于湖南省安乡县子龙庵村，地处高出周围约3米的台地上，于1987年做了小面积的发掘[①]。屈家岭文化遗存主要见于T3第3层，遗物均出于地层中，主要器形有宽扁足鼎、内折沿豆、大口折沿罐、斜腹杯、碗、缸等，大多为碎陶片，大致相当于城头山第二、三段。

---

① 席道合、雷芬：《安乡县子龙庵遗址发掘主要收获》，《湖南考古辑刊（第7集）》，求索杂志社，1999年。

（六）鸡叫城

鸡叫城遗址位于湖南省澧县涔南乡，于1998年和2006年分别做过两次发掘[①]。仅1998年的发掘有简报发表。

1998年的发掘简报将遗存分为早、晚两期，本书基本认同其分期意见。其中早期遗存属屈家岭文化范畴，以T1⑤A、T7⑥A、T8⑦、T10⑨为代表，主要器形有鼎、高领罐、圈足杯、豆、双腹碗、扁腹壶、缸等，主要分布在西城墙附近。

依据同类器形的比较，鸡叫城遗址的屈家岭文化遗存大致与城头山第四段相当，或略早。

（七）漉湖

漉湖遗址位于湖南省沅江市漉湖芦苇场的石君山地段，于1989年、1991年先后进行过两次发掘[②]。报告将发掘的新石器时期遗存分为屈家岭文化和石家河文化两大阶段，又将屈家岭文化分为两期，均为居址遗存。其中屈家岭文化一期遗存内涵混杂，以T3⑨、T3⑧、T2⑧为代表的遗存出土陶器组合为外折沿篦、圈足碗等，属屈家岭下层文化范畴，应剔除。剩下的遗存，参考城头山的分段，重新分析后可分为三段（图四六）。

第一段：H17、T3⑦、T5⑦、T9⑧；

第二段：T4⑦、T7⑧、T10⑦；

第三段：H14、T9⑦。

依据同类器形的比较，漉湖第一段与城头山第二段相当或略早；第二、三段分别与城头山第三、四段相当。

（八）其他调查材料

除上述遗址外，调查发现含有屈家岭文化遗存的遗址还有岳阳的伍星墩，南县的新挡湖，临澧县的邹家山、李家台、陆丰岗、张家坪、黄家组[③]等。此外，郭伟民的著

[①] 湖南省文物考古研究所：《澧县鸡叫城古城址试掘简报》，《文物》2002年第5期；郭伟民：《澧县鸡叫城新石器时代聚落群》，《中国考古学年鉴（2007年）》，文物出版社，2008年，第348、349页。

[②] 益阳市文物管理处、益阳市博物馆：《沅江漉湖遗址发掘报告》，《先秦南洞庭——南洞庭湖古遗址发掘报告集》，科学出版社，2016年。

[③] 湖南省文物普查办公室、湖南省文物考古研究所：《湖南临澧古遗址普查报告》，《考古》1988年第3期。该报告列举了11处含屈家岭文化遗存的遗址，根据描述，部分实际属屈家岭下层文化或不确定的遗址在本书不列举。

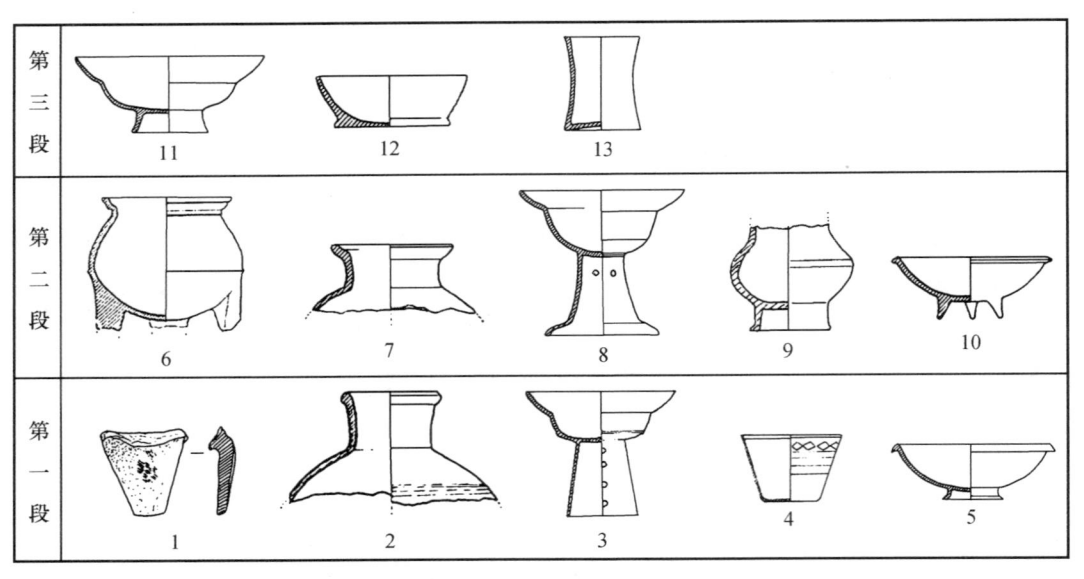

图四六　涢湖遗址屈家岭文化居址遗存的分段

1、6. 鼎（T9⑧：5、T4⑦：12）　2、7. 高领罐（H17：2、T4⑦：3）　3、8. 豆（T9⑧：3、T7⑧：1）
4、13. 斜腹杯（T5⑦：2、H14：8）　5、11、12. 碗（T3⑦：1、T9⑦：3、T9⑦：4）　9. 小杯（T4⑦：10）
10. 三足钵（T4⑦：13）

作中提供了一张澧阳平原屈家岭文化遗址分布图，除在鸡叫城和城头山周围密集分布有遗址群，周边地区还分布有大量遗址[①]。

二、荆江南岸

（一）走马岭

走马岭遗址位于湖北省石首市东升镇走马岭村与屯子山村交界处，是一处古城址。遗址于1990～1991年进行过4次发掘[②]，2014～2016年武汉大学历史学院考古系为配合走马岭大遗址保护和遗址公园建设，又进行了一系列的考古工作[③]。

1990～1994年发掘简报将居址遗存分为五期，墓葬分为四期。其中属屈家岭文化

[①] 郭伟民：《新石器时代澧阳平原与汉东地区的文化和社会》，文物出版社，2010年，第180页，图九六。因大部分遗址未见公开发表资料，在此不列举。

[②] 荆州市博物馆、石首市博物馆、武汉大学历史系考古专业：《湖北石首市走马岭新石器时代遗址发掘简报》，《考古》1998年第4期。

[③] 武汉大学历史学院考古系、石首市走马岭考古遗址公园管理所：《湖北石首市走马岭新石器时代城址的发掘》，《考古》2018年第9期。

的居址遗存包括简报所分第二期居址部分单位和第三期居址大部分单位，墓葬遗存包括简报所分第一期个别墓葬和后三期所有墓葬。

居址遗存可分为两段（图四七）。

第一段：第二期居址部分单位；

第二段：第三期居址大部分单位。

墓葬遗存可分为三段（图四八）。

第一段：简报所分第二期墓葬和第一期的M2、M11等；

第二段：简报所分第三期墓葬；

第三段：简报所分第四期墓葬。

2014~2016年的发掘简报将屈家岭文化分为三段（图四九）。

第一段：以H57、F4为代表；

第二段：以H65为代表；

第三段：以F10遗迹组、H74④为代表。

依据层位关系、同类器形的比较和参考城头山的分段和排序，走马岭1990~1994年发掘居址第一段与墓葬第一段大致相当，后者部分略早于前者；居址第二段与墓葬第二段相当。2014~2016年发掘居址第一、二段与1990~1994年发掘居址第一、二段大体相当；2014~2016年发掘居址第三段与1990~1994年发掘墓葬第三段相当。

综上所述，走马岭遗址总体可分为三段，第一段包括1990~1994年发掘居址第一段、墓葬第一段，2014~2016年发掘居址第一段；第二段包括1990~1994年发掘居址第二段、墓葬第二段，2014~2016年发掘居址第二段；第三段包括1990~1994年发掘墓葬第三段、2014~2016年发掘居址第三段。走马岭第一~三段大体与城头山第二~四段相当，其中走马岭第一段的墓葬部分年代应该早到城头山第一段。

（二）车轱山

车轱山遗址位于湖南省华容县城东15千米处，为高出周围3~5米的台地。遗址于1982年进行了发掘，主要收获是清理了129座墓葬[①]。简报将墓葬分为四期，属屈家岭文化的主要包括第四期墓葬和少量第三期墓葬。可分为两段（图五〇）。

第一段：M4、M15、M25、M31、M44、M77、M124、M127；

第二段：M1、M2、M12、M41、M125。

依据同类器形的比较，车轱山第一、二段分别与城头山第三、四段大体相当。

---

① 湖南省岳阳地区文物工作队：《华容车轱山新石器时代遗址第一次发掘简报》，《湖南考古辑刊（第3集）》，岳麓书社，1986年。

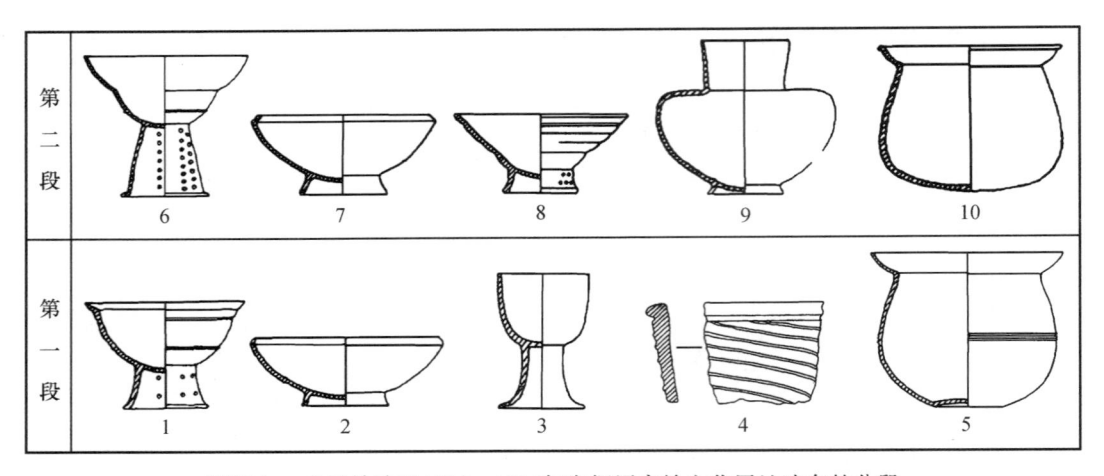

图四七　走马岭遗址1990~1994年发掘屈家岭文化居址遗存的分段
1、6.豆（H94∶1、H45∶5）　2、7、8.碗（H73∶1、H55∶3、H88∶1）　3.高圈足杯（TN4E3⑤∶1）
4.缸（TN7E1⑤∶2）　5、10.折沿罐（H87∶1、H55∶8）　9.壶（H54∶1）

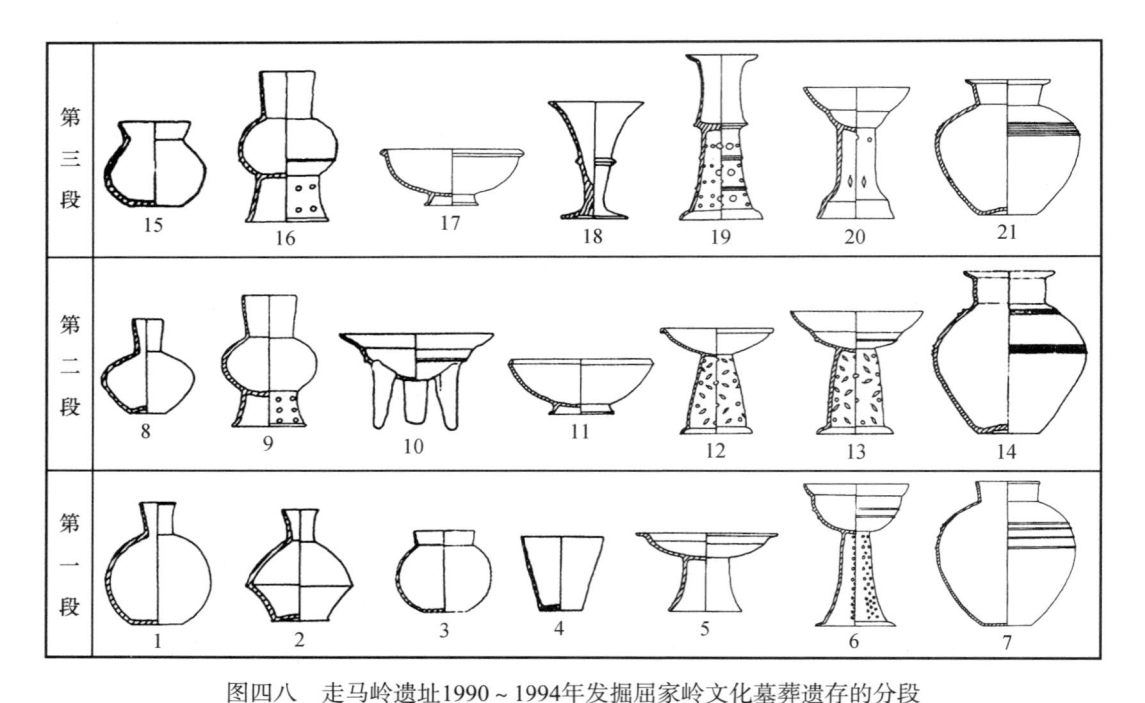

图四八　走马岭遗址1990~1994年发掘屈家岭文化墓葬遗存的分段
1、2、8.细颈壶（M2∶5、M11∶1、M14∶3）　3、7、14、21.高领罐（M18∶4、M2∶4、M12∶1、M9∶3）　4、18.斜腹杯（M11∶9、M9∶7）　5、6、12、13、20.豆（M2∶2、M5∶2、M14∶10、M14∶12、M9∶4）　9、16.圈足壶（M12∶5、M9∶2）　10.鼎（M14∶6）　11、17.碗（M14∶2、M9∶6）
15.小罐（M9∶10）　19.高圈足杯（M9∶12）

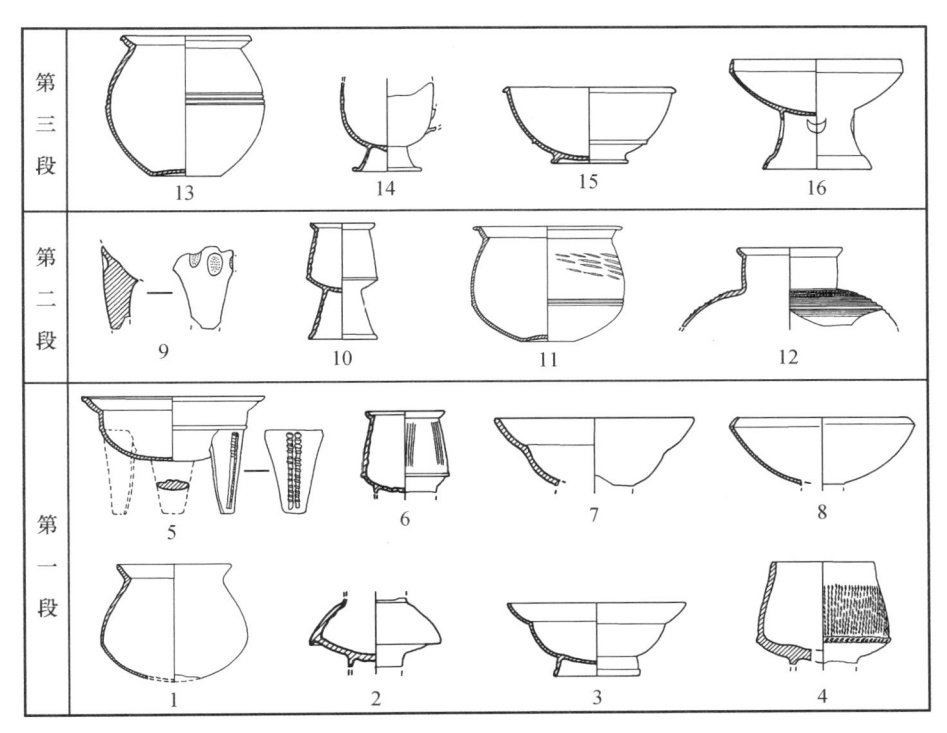

图四九 走马岭遗址2014~2016年发掘屈家岭文化居址遗存的分段

1. 釜（H57：12） 2. 盂形器（H57：11） 3、15. 碗（H57：3、H74④：18） 4. 圈足罐（H57：2） 5、9. 鼎（H57：9、H65：19） 6、10. 高圈足杯（H57：1、H65：2） 7、8、16. 豆（H57：13、H57：7、H74④：25） 11、13. 折沿罐（H65：1、H74④：27） 12. 高领罐（H65：11） 14. 单耳杯（H74④：20）

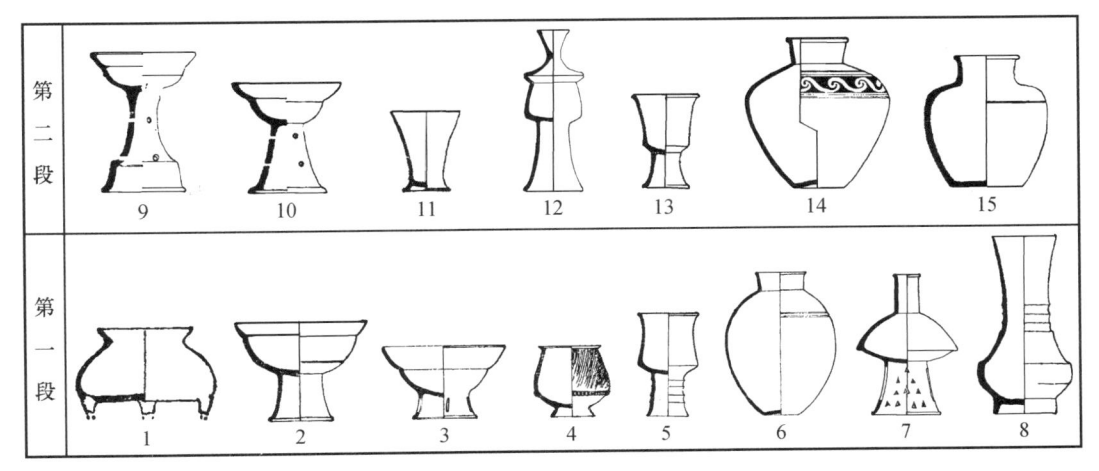

图五〇 车轱山遗址屈家岭文化墓葬遗存的分段

1. 鼎（M25：6） 2、9、10. 豆（M25：7、M1：1、M41：1） 3. 碗（M44：3） 4、5、11~13. 杯（M15：6、M127：1、M12：3、M2：6、M41：8） 6、14、15. 高领罐（M124：2、M125：1、M1：3） 7、8. 壶（M4：2、M127：2）

（三）七星墩

七星墩城址位于湖南省华容县东山镇东旭村，西南距华容县城约30千米，是一处古城址。2011年进行了小规模试掘[①]，2013~2014年做了抢救性发掘。2018年，湖南省文物考古研究所进行了长时间的调查勘探和发掘工作[②]。

2011年试掘揭露了少量屈家岭文化遗存，据简报属屈家岭文化的仅T1306⑤层一个单位。试掘简报发表的器物线图，认定属单纯的屈家岭文化的单位T1306⑤仅发表了2件鼎足、1件碗底、1件器盖纽，过于残缺，结语文字又描述出有双腹豆、杯等器形，目前无法断定具体年代。

2018年发掘的屈家岭文化遗存以H134为代表，出土陶器器形有高领罐、双腹豆、碗、鼎足等，根据同类器形比较，相当于城头山第二段。鉴于简报材料披露屈家岭文化遗存较少，还有延续至石家河文化、煤山文化时期的遗存，推测应该还存在屈家岭文化早、晚阶段的遗存。

（四）王家岗

王家岗遗址位于湖北省公安县黄山头镇粟树窖村林场，是高出周围约2米的岗地。遗址于1978~1980年连续进行了三次发掘[③]。简报将所发掘遗存分为三期，其中第三期属屈家岭文化。仅包括2个灰坑（H1、H2），出土遗物较为零星且破碎，主要器形有高领罐、豆、碗等。其中高领罐口沿特征具有较强辨识性，与城头山第四段接近。

（五）鸡鸣城

鸡鸣城遗址位于湖北省公安县狮子口镇龙船嘴村和王家厂村交界处，是一处古城址。遗址主要做过三次调查工作，第三次调查做了小面积的探沟试掘[④]。

1996年的调查地表采集的陶器标本器形有鼎（足）、豆、实心高柄杯、壶、缸等

---

① 岳阳市文物考古研究所：《湖南华容七星墩新石器时代遗址试掘》，《湖南考古辑刊（第10集）》，岳麓书社，2014年。
② 湖南省文物考古研究所：《湖南华容县七星墩遗址2018年调查、勘探和发掘简报》，《考古》2021年第2期。
③ 湖北省荆州地区博物馆：《湖北王家岗新石器时代遗址》，《考古学报》1984年第2期。
④ 荆州博物馆：《湖北公安鸡鸣城遗址的调查》，《文物》1998年第6期；荆州市文物考古研究所、公安县博物馆、石首市博物馆：《湖北公安、石首三座古城勘查报告》，《古代文明（第4卷）》，文物出版社，2005年；荆州博物馆、公安县博物馆：《荆州公安鸡鸣城遗址考古勘探试掘简报》，《江汉考古》2017年第2期。

（图五一）。均为残陶片。

2014年的探沟试掘采集少量遗物，主要陶器器形有鼎（足）、豆、碗、盆、甑等（图五二）。均为残陶片。

两次调查的遗物基本不超出屈家岭文化范畴。

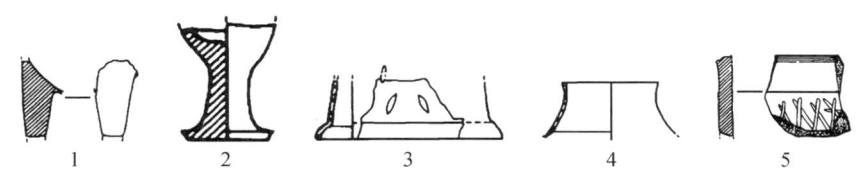

图五一　鸡鸣城遗址1996年调查采集陶器

1. 鼎足（P2：6）　2. 高柄杯（P2：7）　3. 豆圈足（P2：1）　4. 壶（P2：8）　5. 缸（P2：2）

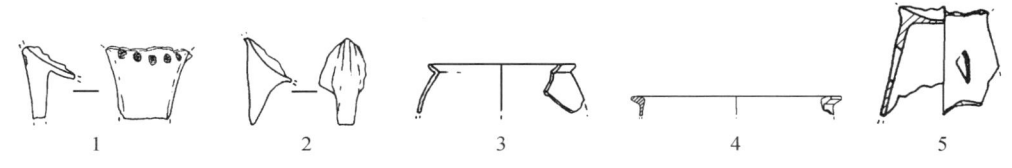

图五二　鸡鸣城遗址2014年试掘H1出土陶器

1、2. 鼎足（H1：4、H1：7）　3. 罐（H1：8）　4. 盆（H1：2）　5. 豆柄（H1：10）

（六）青河城

青河城遗址位于湖北省公安县甘厂镇青河村五组，是一处古城址。1996年对公安县新石器时代遗址调查时曾认为其只是一个自然形成的土岗[1]，2004年重新进行调查勘探确认为一处城址[2]。地面采集有零星遗物标本，器形有高圈足杯、釜、鼎足、碗等。标本过于破碎，判断大致属屈家岭文化和石家河文化阶段。

（七）桂花树

桂花树遗址位于湖北省松滋与公安两县交界的王家大湖南边，隶属松滋县大沟口村，于1974年进行了调查和小面积的试掘[3]。桂花树遗址的屈家岭文化遗存主要见于第3、4层，出土遗物极为零星，主要器形有高圈足杯、豆等，具体年代特征不明显。

---

[1] 荆州博物馆：《湖北公安鸡鸣城遗址的调查》，《文物》1998年第6期。
[2] 荆州市文物考古研究所、公安县博物馆、石首市博物馆：《湖北公安、石首三座古城勘查报告》，《古代文明（第4卷）》，文物出版社，2005年。
[3] 湖北省荆州地区博物馆：《湖北松滋县桂花树新石器时代遗址》，《考古》1976年第3期。

（八）其他调查材料

除上述遗址外，调查发现含有屈家岭文化遗存的遗址还有石首的桃子台、扈家岗、陈浩岗、广藤岗[①]等。

三、汉西平原南部

（一）阴湘城

阴湘城遗址位于湖北省荆州市马山镇阳城村三组，东南距荆州区城约25千米，是一处古城址。江陵县文物局、荆州博物馆等单位先后对其进行过调查和发掘，并有相关资料发表[②]。

1995年正式发掘的资料，简报分为三期，分别为大溪文化、屈家岭文化、石家河文化。简报第二期遗存出土标本较少，对比同类器形，大致相当于城头山第二、三段，个别可能略早（图五三）。

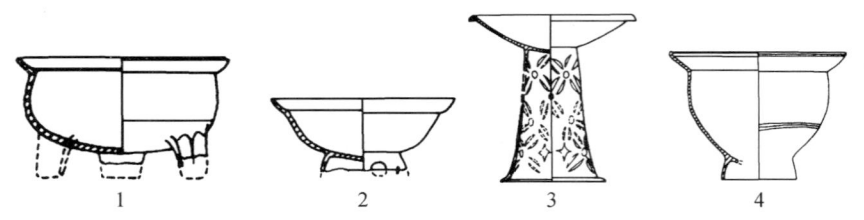

图五三　阴湘城遗址屈家岭文化居址遗存出土陶器
1. 鼎（ⅣT1169④∶1）　2、3. 豆（HG1∶2、HG1∶2）　4. 甑（HG10∶1）

（二）军刘台

军刘台遗址位于湖北省荆州市沙市区北郊，1984年调查采集了少量屈家岭文化标本[③]，有宽扁鼎足、高领罐、碗、器盖等，大体与城头山第二段相当。

---

① 武汉大学历史学院、石首市博物馆：《湖北石首走马岭遗址周边史前遗址调查简报》，《江汉考古》2017年第1期；武汉大学历史学院、石首市博物馆：《湖北石首陈浩岗遗址调查与试掘》，《中原文物》2018年第1期。

② 江陵县文物局：《江陵阴湘城的调查与探索》，《江汉考古》1986年第1期；荆州博物馆、福冈教育委员会：《湖北荆州市阴湘城遗址东城墙发掘简报》，《考古》1997年第5期；荆州博物馆：《湖北荆州市阴湘城遗址1995年发掘简报》，《考古》1998年第1期。

③ 沙市市博物馆：《湖北沙市市新石器时代遗址调查》，《江汉考古》1988年第1期。

（三）关庙山

关庙山遗址位于湖北省枝江市问安镇关庙山村，1975年曾做过一次小面积试掘[①]，1978~1980年共进行了5次发掘，并出有2篇简报和一部综合报告[②]。本书对关庙山的分析均以最终综合报告发表材料为主要基础，屈家岭文化遗存主要见于报告所分第四章的"屈家岭文化晚期遗存"，包括居址和墓葬两种。

居址主要有房址、红烧土堆积、灰坑等，地层也出有较多遗物。依据典型器形的演变，可分为四段（图五四）。

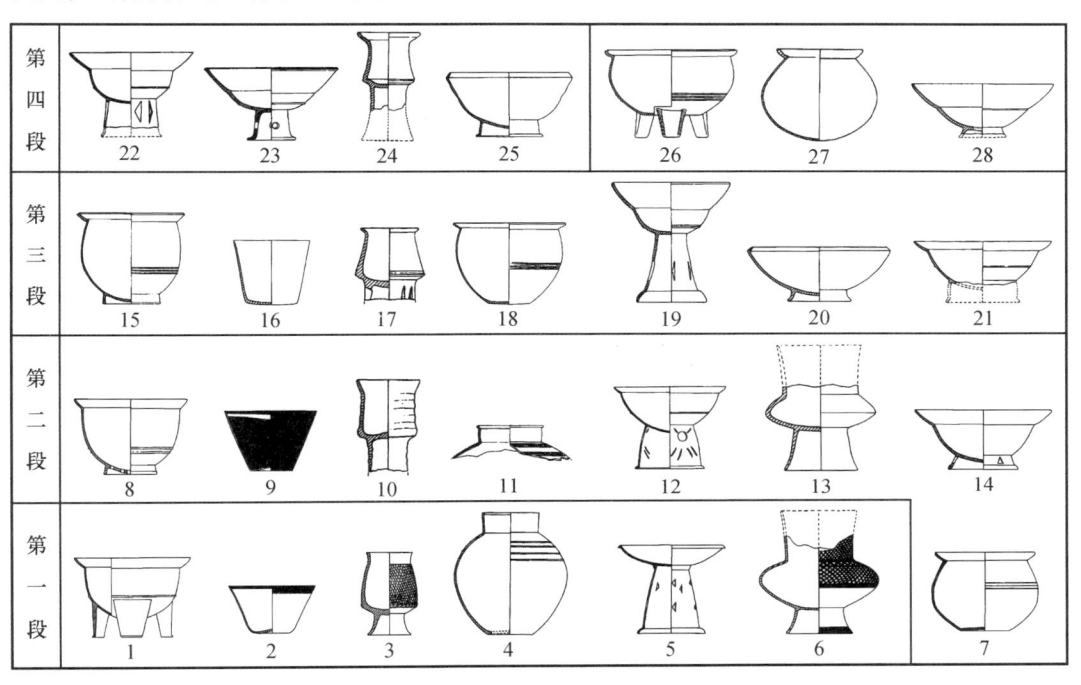

图五四　关庙山遗址屈家岭文化遗存的分段

1~25.居址：1.鼎（H61：5）　2、9、16.斜腹杯（T23②B：32、T66②：15、T35③A：20）
3、10、17、24.高圈足杯（T23②B：3、T31③：26、T77②：2、T61②：2）　4、11.高领罐（T64②：126、T74②：174）　5、12、19、22、23.豆（T64②：82、T51②：44、T80②：9、T73②：8、T201②B：2）
6、13.扁腹壶（T70②：12、T51②：146）　7、18.折沿罐（H11：21、T63②：31）　8、15.甑（T66②：4、H66：14）　14、20、21、25.碗（H11：30、H75：149、H6：4、H9：2）
26~28.墓葬：26.鼎（W71：2）　27.釜（W71：1）　28.碗（W113：2）

[①] 宜昌地区文物工作队、枝江县文化馆：《枝江县关庙山新石器时代遗址试掘简报》，《宜昌地区历史文物资料汇编》，湖北省宜昌地区文物办公室，1979年。
[②] 中国社会科学院考古研究所湖北工作队：《湖北枝江县关庙山新石器时代遗址发掘简报》，《考古》1981年第4期；中国社会科学院考古研究所湖北工作队：《湖北枝江关庙山遗址第二次发掘》，《考古》1983年第1期；中国社会科学院考古研究所：《枝江关庙山》，文物出版社，2017年。

第一段：以H61、T23②B、T64②、T70②为代表；

第二段：以H11、T51②、T53②、T66②为代表，还包括T31③、T36③A、T52②、T74②等；

第三段：以H6、H75、T35③A、T80②为代表，还包括H66、T63②、T69②、T77②等。

第四段：包括H9、T21②B、T33③、T61②、T73②、T201②B等。

墓葬主要为瓮棺，主要分布在T8、T201中，器形较简单，年代较集中，大体相当于居址的第四段或部分略早。

依据同类器形的比较，关庙山第一~四段与城头山第一~四段大体相当。

（四）其他调查材料

除上述遗址外，调查发现含有屈家岭文化遗存的遗址还有枝江的雨山坡[①]等。

四、小　　结

洞庭湖平原及汉西平原南部的屈家岭文化遗存以城头山遗址最为丰富，演变序列也最为完整，其他可确定年代的遗址可以以城头山的分段为标准进行串联，做出各段对应表。总体来说，洞庭湖平原及汉西平原南部的屈家岭文化遗存可分为四段（表七）。

表七　洞庭湖平原及汉西平原南部屈家岭文化遗存年代的串联

区域	遗址		分段			
	遗址名	性质	第一段	第二段	第三段	第四段
澧水中下游	城头山	居址	√	√	√	√
		墓葬	第一段	第二段	第三段	第四段
	三元宫	居址		√		
		墓葬	第一段	第二段	第三段	第四段
	宋家台	居址			√	
		墓葬			第一段	第二、三段
	划城岗	居址	第一段	第二段		第三段
		墓葬		第一段	第二段	第三段
	子龙庵	居址		√	√	
	鸡叫城	居址				√

---

① 枝江县博物馆：《湖北枝江新石器时代遗址调查》，《考古》1992年第2期。

续表

区域	遗址		分段			
	遗址名	性质	第一段	第二段	第三段	第四段
澧水中下游	滩湖	居址		第一段	第二段	第三段
	邹家山	采集			√	√
	陆丰岗	采集		√		
汉西平原南部	阴湘城	居址		√	√	
	军刘台	采集		√		
	关庙山	居址	第一段	第二段	第三段	第四段
		墓葬				√
荆江南岸	走马岭	居址		第一段	第二段	第三段
		墓葬		第一段	第二段	第三段
	车轱山	墓葬			第一段	第二段
	七星墩[①]	居址		√		
	王家岗	居址				√
	鸡鸣城	居址				√
	扈家岗	采集			√	

第三节　沅江中上游

沅江又称沅水，是洞庭湖支流。沅江中上游主要指湖南怀化一带。

一、遗 存 分 析

高坎垄遗址位于湖南省怀化新建乡牛眠口村小沙河南岸的二级台地上，于1984年进行了发掘[②]。此次发掘主要揭露了48座墓葬，地层也出有少量遗物。简报将其分为三期，认为文化层早期相当于大溪文化晚期向屈家岭早期过渡的遗存，或属大溪文化最晚阶段，文化层晚期相当于屈家岭文化晚期；墓葬的三期分别对应屈家岭文化的早、中、晚期。实际上高坎垄遗址包含了屈家岭下层文化和屈家岭文化两类遗存，前者包括各探方第4层、分属三期的16座墓葬（M15、M16、M17、M30、M34、M37、M38、

---

① 七星墩遗址披露的屈家岭文化遗存材料较少，根据实际情况推测应该存在屈家岭文化早、晚不同阶段的遗存，此表暂无法准确标识。

② 湖南省文物考古研究所、怀化地区文物工作队：《怀化高坎垄新石器时代遗址》，《考古学报》1992年第3期。

M4、M9、M27、M29、M32、M33、M47、M21、M28），在此剔出不做具体分析。屈家岭文化遗存分析如下。

居址遗存，主要包括各探方第3层，器形有高领罐、豆、斜腹杯、器盖等（图五五）。

墓葬遗存，包括简报所分分属三期的共计18座墓葬。主要依据高领罐的演变规律，可分为四段（图五六）。

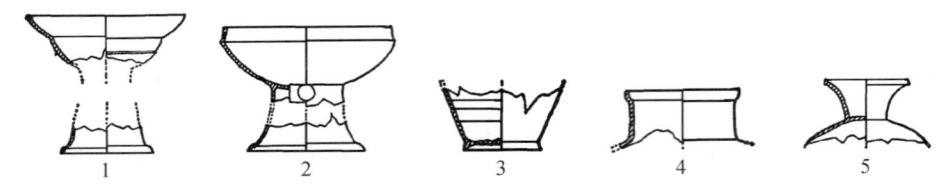

图五五　高坎垴遗址屈家岭文化居址遗存出土陶器
1、2.豆（T12③：2、T8③：3）　3.斜腹杯（T15③：6）　4.高领罐（T9③：4）　5.器盖（T25③：2）

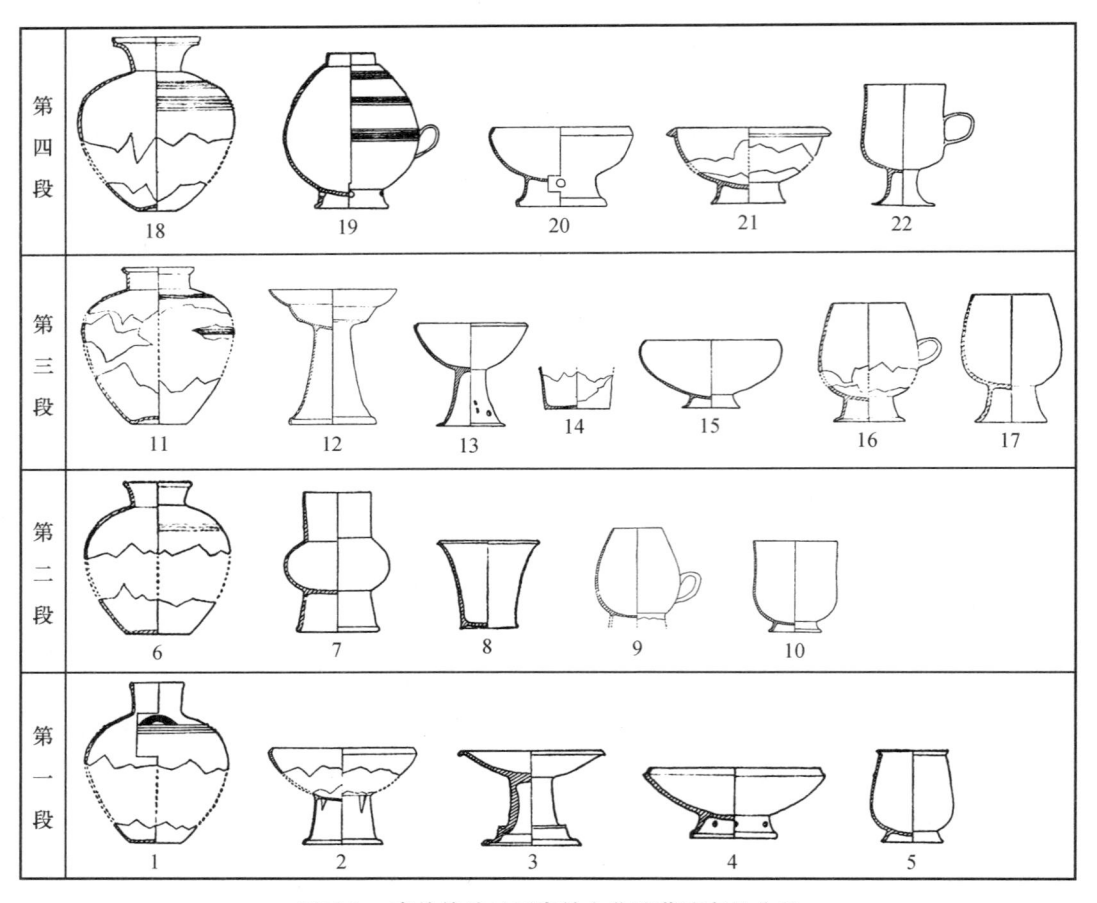

图五六　高坎垴遗址屈家岭文化墓葬遗存的分段
1、6、11、18.高领罐（M14：1、M8：3、M24：8、M18：8）　2、3、12、13.豆（M14：5、M3：1、M24：15、M36：1）　4、15、20、21.碗（M46：1、M36：7、M20：1、M10：2）
5、10、17.矮圈足杯（M45：4、M40：16、M24：7）　7.圈足壶（M12：4）　8、14.斜腹杯（M26：3、M24：5）
9、16、22.单耳杯（M8：5、M11：8、M10：9）　19.单耳瓮（M18：6）

第一段：M3、M14、M23、M45、M46；

第二段：M8、M12、M26、M40、M43；

第三段：M11、M24、M25、M36；

第四段：M6、M10、M18、M20。

依据同类器形的比较，高坎垅居址大致与墓葬第三段相当，高坎垅第一~四段与城头山第一~四段大体相当，部分可能略晚。

二、小　　结

沅江中上游正式发掘的含屈家岭文化遗存的遗址仅高坎垅1处。其他如中方县的墙隔地[①]、辰溪县的台坎大地遗址[②]、湘西花垣县采集的陶片[③]，均未发表器物线图，据文字描述，前二者可能属屈家岭下层文化，后者不确定。

综上所述，沅江中上游的屈家岭文化遗存以高坎垅为代表，可分为四段（表八）。

表八　沅江中上游屈家岭文化遗存的分段

区域	遗址		分段			
	遗址名	性质	第一段	第二段	第三段	第四段
沅江中上游	高坎垅	居址			√	
		墓葬	第一段	第二段	第三段	第四段

第四节　峡江地区

峡江地区主要指长江干流的川江段及两岸地区，自西向东由瞿塘峡、巫峡、西陵峡三段大峡谷组成，西起重庆奉节，东至宜昌。长江三峡工程文物保护项目发现和揭露了大量屈家岭文化遗存。

---

① 贺刚：《湘西史前遗存与中国古史传说》，岳麓书社，2013年，第487页。

② 吴顺东：《湖南辰溪大洑潭电站淹没区考古取得重要收获》，《中国文物报》2006年9月1日第2版。

③ 何介钧：《长江中游新石器时代文化》，湖北教育出版社，2004年，第302页。

一、遗存分析

（一）杨家湾

杨家湾遗址位于湖北省宜昌市三斗坪镇东岳庙村，处西陵峡南岸。遗址先后做过调查和多次发掘[①]。其中1985～1994年共七次发掘资料见于《宜昌杨家湾》报告。杨家湾遗址屈家岭文化遗存主要包括1985～1994年发掘报告所分"屈家岭文化晚期遗存"，"屈家岭文化早期遗存"中也有少量存在，如H152、M4、M20、M43等。在此一并分析。分为居址和墓葬两种。

居址材料完整器较少，大多单位为残陶片，暂不做分段。

墓葬大致可分为四段（图五七）。各段可确定的单位如下。

第一段：M4、M9、M20、M27、M43；

第二段：M14、M15；

第三段：M10、M11、M32、M33、M41；

第四段：M12、M18、M29、M40。

根据层位关系和同类器形的比较，居址材料早晚都有，大致与墓葬第一～四段都能对应。杨家湾遗址屈家岭文化遗存第一～四段与城头山、肖家屋脊等遗址的第一～四段大致相当。

（二）红花套

红花套遗址位于湖北省宜昌市宜都市红花套镇杨家畈村，地处长江右岸。遗址于1964年调查发现[②]，1973～1977年进行了发掘[③]。发掘简报将发掘的新石器遗存分为四期，其中第四期大部分遗存属屈家岭文化范畴。但简报内容较为简略，大部分信息不详。此外林春先生在《长江西陵峡远古文化初探》一文中也公布了个别新的器物线图[④]，黎泽高先生在《枝城市新石器文化概述》中公布的红花套四期器物线图大致与简

[①] 中国科学院考古研究所长江队三峡工作组：《长江西陵峡考古调查与试掘》，《考古》1961年第5期；宜昌地区博物馆：《宜昌县杨家湾新石器时代遗址》，《江汉考古》1984年第4期；湖北省文物考古研究所：《宜昌杨家湾》，科学出版社，2013年。

[②] 高仲达：《湖北宜都甘家河新石器时代遗址》，《考古》1965年第1期。

[③] 红花套考古发掘队：《红花套遗址发掘简报》，《史前研究》1990～1991年合刊。

[④] 林春：《长江西陵峡远古文化初探》，《葛洲坝工程文物考古成果汇编》，武汉大学出版社，1990年。

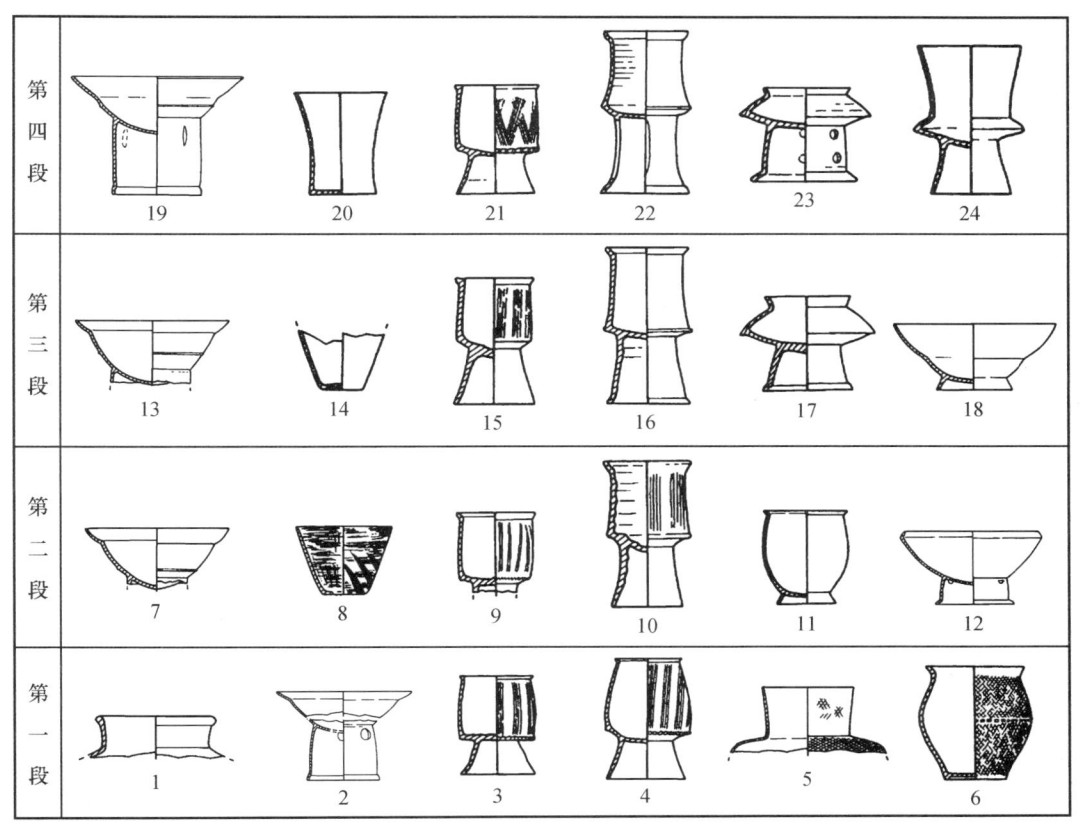

图五七　杨家湾遗址屈家岭文化墓葬遗存的分段

1. 高领罐（M4∶06）　2、7、13、19. 豆（M43∶5、M14∶2、M41∶8、M29∶1）　3、4、9、10、15、16、21、22. 高圈足杯（M27∶2、M27∶1、M14∶4、M15∶1、M10∶4、M11∶4、M12∶2、M29∶15）　5、24. 扁腹壶（M20∶2、M12∶3）　6. 深腹罐（M43∶1）　8、14、20. 斜腹杯（M15∶9、M33∶2、M12∶5）　11. 罐形杯（M14∶3）　12、18. 碗（M15∶8、M11∶5）　17、23. 盂形器（M11∶1、M29∶9）

报内容一致[①]。后两篇文章均没有提供器物出土单位和编号。

综合上述资料，所发表的器物较为零星，信息不具体，不宜分段，从双腹碗、内折沿碗和斜腹杯的形态来看，早晚都有。

（三）清水滩

清水滩遗址位于湖北省宜昌市三斗坪镇，处西陵峡的南岸。遗址于1979年和1984年分别做过两次发掘[②]。

---

① 黎泽高：《枝城市新石器文化概述》，《江汉考古》1991年第1期。
② 宜昌地区博物馆等：《宜昌县清水滩新石器时代遗址的发掘》，《考古与文物》1983年第2期；武汉大学历史系考古专业：《清水滩遗址1984年发掘简报》，《江汉考古》1988年第3期。

屈家岭文化主要见于第一次发掘简报的第三期遗存。以T14、T15、T16的第6层为代表，器形有高领罐、折沿罐、斜腹杯、双腹豆、盂形器、扁腹壶等（图五八）。依据同类器形的比较，清水滩屈家岭文化遗存与杨家湾第二段大致相当。

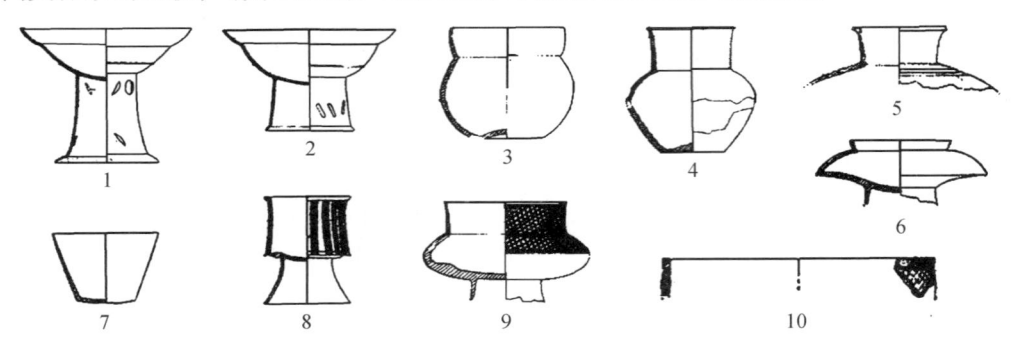

图五八　清水滩遗址屈家岭文化居址遗存出土陶器
1、2.豆（T14⑥：34、T14⑥：48）　3.折沿罐（T15⑥：31）　4、5.高领罐（T15⑥：32、T15⑥：115）　6.盂形器（T14⑥：34）　7.斜腹杯（T15⑥：65）　8.圈足杯（T15⑥：25）　9.扁腹壶（T14⑥：33）　10.缸（T14⑥：76）

（四）中堡岛

中堡岛遗址位于西陵峡中段长江航道中的中堡岛上，遗址主要分布于岛的东部、中部和西部，先后做过数次调查，并在1979年、1985～1986年和1993年分别做过三次发掘①。

第一次发掘屈家岭文化遗物多出于各探方第4层中，灰坑也出有少量。可分为两段。

第一段：以H15为代表；

第二段：以H11、T8④为代表。

第二次发掘将新石器遗存分为五期，其中第一～三期属大溪文化，第四、五期为屈家岭文化。第四期的H99，仅出有1件曲腹杯（H99：1），上下腹硬折，应属屈家岭下层文化；H284，出有饰菱格的卷折沿深腹罐、小口平底瓶等，应属哨棚嘴文化。剔除H99、H284后的第四期和第五期属屈家岭文化。报告的分期需要略作调整，原纳入第四期的H228、T0502⑨B、T0701⑨B、M106出土的高领罐、斜腹杯等器类明显呈现较晚的特征，应归入第五期。屈家岭文化的遗存分为两段，分别为重新调整后的第四期遗存和第五期遗存。两段分别包含少量墓葬，出土随葬品极少。

第三次发掘的屈家岭文化遗存主要见于T215、T216的第6层。遗物均出于地层中。

---

① 湖北省宜昌地区博物馆、四川大学历史系：《宜昌中堡岛新石器时代遗址》，《考古学报》1987年第1期；国家文物局三峡考古队：《朝天嘴与中堡岛》，文物出版社，2001年；宜昌博物馆：《湖北宜昌市中堡岛遗址西区1993年发掘简报》，《考古》1996年第9期。

第一次发掘第一、二段与第二次第一、二段相当；第三次发掘的遗存大体相当于第二次发掘第二段偏早部分。

依据同类器形的比较，中堡岛屈家岭文化遗存第一段相当于杨家湾的第一、二段；第二段相当于第三、四段。

（五）官庄坪

官庄坪遗址位于湖北省宜昌市秭归县香溪镇官庄坪村八、九组境内，处香溪河西岸的一级台地上。遗址从1958年发现到2003年间共进行了2次调查和9次发掘[①]。在此就1994～2003年的发掘专刊报告的屈家岭文化遗存做分析。

《秭归官庄坪》报告中的归入屈家岭文化的H110既有大溪文化的釜、内折沿豆，也有屈家岭下层文化的外折沿簋等。其他单位均属屈家岭文化范畴，包括居址和墓葬两种。

居址材料主要有房址、灰坑，依据典型器物的演变大致可分为两段（图五九）。

第一段：以H104、H105、H121为代表；

第二段：以H101为代表。

墓葬仅2座土坑竖穴墓，出有双腹碗、斜腹杯、高圈足杯、扁腹壶等。大致与居址第二段相当。

1979年调查采集的少量屈家岭文化遗物，器形有高圈足杯等，基本不超出正式发掘材料的内涵。

官庄坪遗址屈家岭文化遗存共分为两段，第一段包括居址第一段；第二段包括居

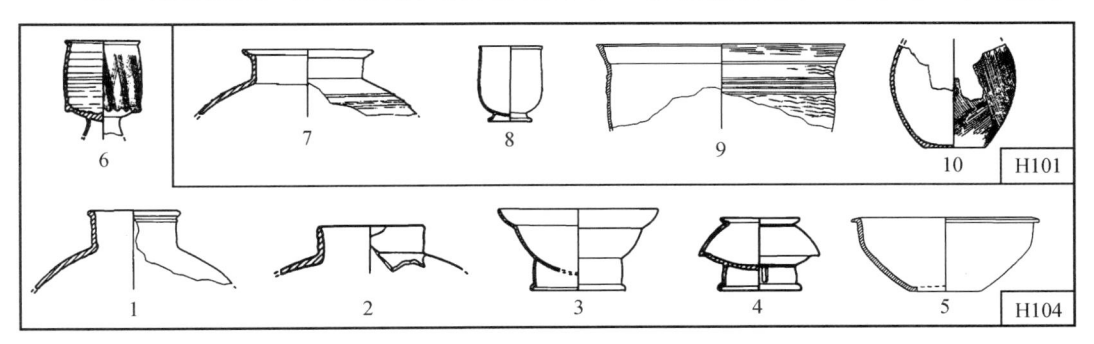

图五九　官庄坪遗址屈家岭文化居址遗存出土陶器
1、2、7. 高领罐（H104∶19、H104∶31、H101∶3）　3. 双腹碗（H104∶7）　4. 盂形器（H104∶2）
5. 盆（H104∶6）　6. 圈足杯（H104∶3）　8. 尊形杯（H101∶1）　9. 缸（H104∶4）　10. 深腹罐（H101∶6）

---

① 宜昌地区博物馆：《香溪河古遗址调查简报》，《江汉考古》1991年第1期；湖北省博物馆：《秭归官庄坪遗址试掘简报》，《江汉考古》1984年第3期；国务院三峡工程建设委员会办公室、国家文物局：《秭归官庄坪》，科学出版社，2005年。

址第二段和墓葬。依据同类器形的比较，官庄坪第一、二段相当于杨家湾第二、三段或部分略早。

（六）沙湾

沙湾遗址位于湖北省秭归县茅坪镇松树坳村，于1997年进行了发掘[①]。揭露出零星屈家岭文化遗存，出于B区T1第14层，主要器形有折沿碗、高圈足杯等。依据同类器形的比较，大体与杨家湾第三段相当。

（七）仓坪

仓坪遗址位于湖北省秭归县沙镇溪镇田家坡村一组，于1998年进行了发掘[②]。遗址的新石器遗存主体属屈家岭文化，除少量灰坑和房址有明确的层位关系外，大量地层出土遗物因探方"地层倒置"、晚期破坏等原因导致层位关系不明确。从出土的典型陶器高领罐的形态来看，年代有早有晚，大体相当于杨家湾第二、三段，或少量略晚。

（八）渡口

渡口遗址位于湖北省秭归县松树坳村一组江边，于1997~1998年做了发掘[③]。仅在少量地层中出有零星屈家岭文化遗物，器形有碗、圈足杯等。观察圈足杯的形态，相当于杨家湾第四段。

（九）台丘

台丘遗址位于湖北省秭归县茅坪镇银杏沱村北，于2000年和2001年分别做了两次发掘[④]。屈家岭文化主要包括报告所分第二期文化遗存，均为居址遗存，包括7个灰坑和2条灰沟。出土遗物主要器形有釜、高领罐、折沿罐、双腹豆、碗、钵、器盖等。依据同类器形的比较，与杨家湾，城头山第二、三段大体相当，个别可能略早。

---

① 宜昌博物馆：《秭归沙湾遗址发掘简报》，《湖北库区考古报告集（第一卷）》，科学出版社，2003年。

② 南京大学历史学系考古教研室：《秭归仓坪遗址发掘报告》，《湖北库区考古报告集（第一卷）》，科学出版社，2003年。

③ 宜昌博物馆：《秭归渡口遗址发掘简报》，《湖北库区考古报告集（第一卷）》，科学出版社，2003年。

④ 天津市历史博物馆考古部：《秭归台丘遗址发掘报告》，《湖北库区考古报告集（第一卷）》，科学出版社，2003年。

（十）茅寨子湾

茅寨子湾遗址位于湖北省巴东县东瀼口镇雷家坪村一组，于1997年和2001年分别做了两次发掘[①]。遗址原生的新石器地层可能已遭到破坏，第二次发掘的D区晚期地层中混入部分屈家岭文化的遗物。器形有高领罐、斜腹杯、高圈足杯、豆、碗、器盖等。年代有早有晚，大致相当于杨家湾第二、三段，个别可能略早。

（十一）楠木园（李家湾）

楠木园遗址位于湖北省巴东县官渡口镇楠木园村，于2000~2003年共进行了7次发掘[②]。报告所分"大溪文化及后续文化遗存"中的"后续文化"中包含一些屈家岭文化的因素，主要见于第二期第Ⅱ段中以G23为代表，包括圈足碗、高柄豆、尊形杯、高圈足杯、圜底缸等器形。

位于楠木园村一组的李家湾遗址，实际属楠木园遗址的一部分，于2001年做了发掘[③]。李家湾新石器时期遗存包含大溪文化和屈家岭文化两类，其中屈家岭文化包括居址和墓葬两类。

居址遗存，遗物多出于地层，少量灰坑出有部分器物。因材料较为零星，不做分段，主要器形有高领罐、折沿罐、圈足杯、斜腹杯、豆、双腹碗、敛口钵等。基本不超出墓葬的年代和内涵范畴。

墓葬遗存，依据典型器物的演变和层位关系可分为三段。

第一段：M1、M5、M19、M21、M26；

第二段：M7、M8、M14、M15、M17；

第三段：M9、M11、M18、M23。

三段分别以M19、M15、M9为代表如下（图六〇）。

李家湾第一~三段的年代大体与杨家湾第一~四段相当。楠木园以G23为代表的屈家岭文化遗存与李家湾第一、二段部分相当。

[①] 厦门大学历史系考古教研室：《巴东茅寨子湾遗址发掘报告》，《湖北库区考古报告集（第一卷）》，科学出版社，2003年；湖北省文物考古研究所：《巴东茅寨子湾遗址的第二次发掘》，《湖北库区考古报告集（第三卷）》，科学出版社，2006年。

[②] 国务院三峡工程建设委员会办公室、国家文物局：《巴东楠木园》，科学出版社，2006年。

[③] 国务院三峡工程建设委员会办公室、国家文物局：《巴东李家湾》，科学出版社，2009年。

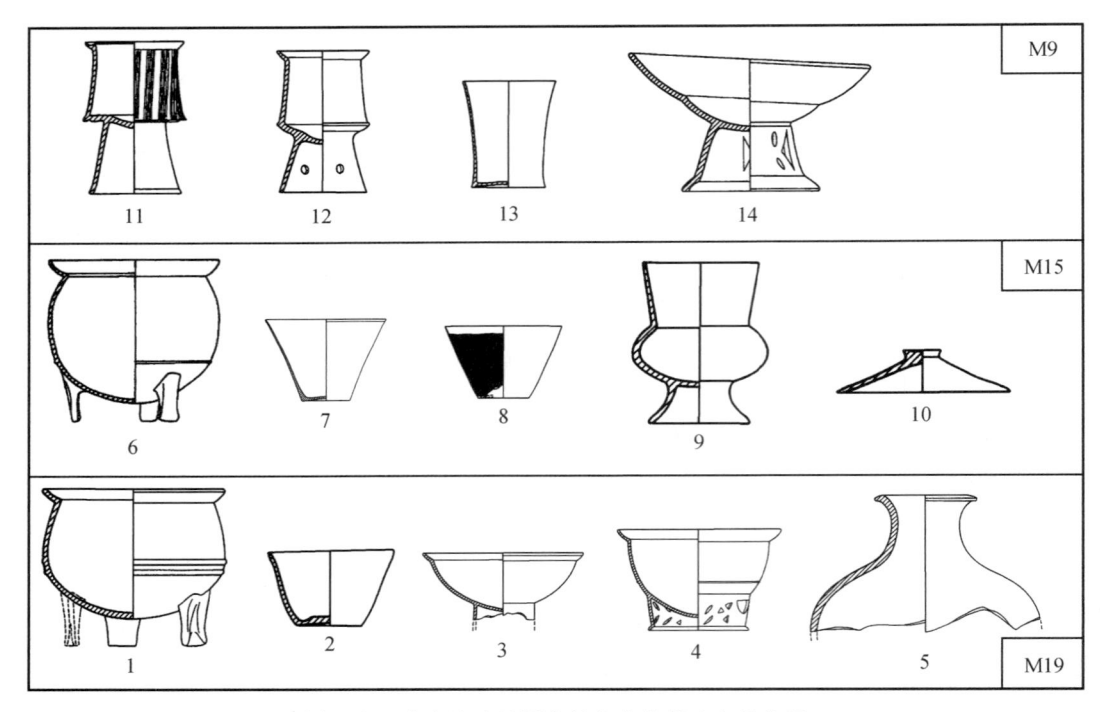

图六〇　李家湾遗址屈家岭文化墓葬遗存的分段
1、6. 鼎（M19：2、M15：5）　2、7、8、13. 斜腹杯（M19：1、M15：4、M15：3、M9：1）
3、14. 豆（M19：3、M9：4）　4. 簋（M19：7）　5. 小口瓶（M19：4）　9. 圈足壶（M15：6）
10. 器盖（M15：1）　11、12. 高圈足杯（M9：2、M9：3）

（十二）大溪

大溪遗址位于重庆市巫山县瞿塘峡东口，处长江南岸的三级台地上。遗址于1959年进行过两次发掘[1]，1975~1976年做了第三次发掘[2]，2000~2001年又进行了大规模的勘探发掘[3]。屈家岭文化遗存主要见于第四次发掘资料，第三次发掘有零星发现。

第三次发掘遗存主要为墓葬，地层出有少量遗物。地层中出有1件圈足杯（B：10），应为屈家岭文化遗物。

第四次发掘的资料明确为屈家岭文化的单位有ⅠM4。随葬陶器器形有釜、外折沿豆、内折沿碗、圈足壶、杯、钵等（图六一）。残留一定的大溪文化因素。相当于杨家湾、城头山的第三段或略晚。

---

① 四川长江流域文物保护委员会文物考古队：《四川巫山大溪新石器时代遗址发掘记略》，《文物》1961年第11期。
② 四川省博物馆：《巫山大溪遗址第三次发掘》，《考古学报》1981年第4期。
③ 重庆市文物考古所、重庆市文物局、巫山县文物管理所：《巫山大溪遗址勘探发掘报告》，《重庆库区考古报告集（2000卷）》，科学出版社，2007年。

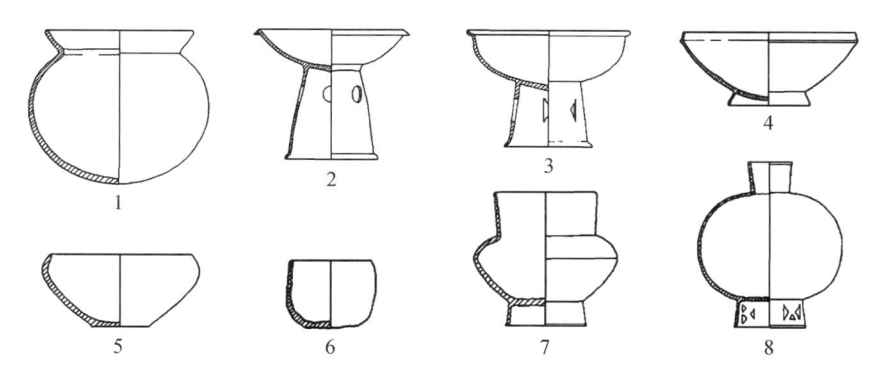

图六一　大溪遗址第四次发掘ⅠM4出土陶器

1.釜（ⅠM4∶8）　2、3.豆（ⅠM4∶10、ⅠM4∶9）　4.碗（ⅠM4∶4）　5.钵（ⅠM4∶14）　6.杯（ⅠM4∶7）　7.圈足壶（ⅠM4∶12）　8.细颈壶（ⅠM4∶2）

二、小　　结

峡江地区的屈家岭文化遗存大多不甚丰富，仅杨家湾、李家湾等遗址的年代序列和器形演变相对完整。参考城头山、石家河遗址群等遗址的分段和典型器物演变，可将峡江地区的屈家岭文化遗存分为四段（表九）。

表九　峡江地区屈家岭文化遗存年代的串联

区域	遗址		分段			
	遗址名	性质	第一段	第二段	第三段	第四段
峡江地区	杨家湾	居址	√	√	√	√
		墓葬	第一段	第二段	第三段	第四段
	红花套	居址	√	√	√	√
	清水滩	居址			√	
	中堡岛	居址	第一段		第二段	
		墓葬	第一段		第二段	
	官庄坪	居址		第一段	第二段	
		墓葬			√	
	沙湾	居址			√	
	仓坪	居址		√	√	
	渡口	居址				√
	台丘	居址		√	√	
	茅寨子湾	居址		√	√	
	楠木园（李家湾）	居址	√	√		√
		墓葬	第一段	第二段	第三段	
	大溪	墓葬			√	

第五节 鄂西北豫西南地区

鄂西北豫西南地区主要指湖北大洪山以西、以北，河南伏牛山以南的大面积地区。这片地区属相对独立的一个地理单元，其内遗存面貌较为接近。可细分为鄂西北山地及丹江库区、襄宜地区、南阳盆地三个小地理单元。

一、鄂西北山地及丹江库区

（一）青龙泉

青龙泉遗址位于湖北省郧县城东5千米的汉江北岸。该遗址的工作主要有1959~1962年的5次发掘[1]和2008年的发掘[2]，1994年做过调查[3]。

《青龙泉与大寺》报告中将青龙泉新石器遗存分为"仰韶文化""屈家岭文化早期""屈家岭文化晚期""青龙泉三期遗存"。比较有争议的是"屈家岭文化早期"遗存的性质，有学者认为青龙泉遗址"屈家岭文化早期"遗存和"仰韶文化"遗存实属同一类遗存，并与"屈家岭文化晚期"遗存明显区分[4]；后又有学者进一步指出青龙泉遗址"屈家岭文化早期"遗存与"仰韶文化"遗存内涵一致，同属朱家台文化[5]；也有学者提出这批材料的主体可归入朱家台文化，但存在一部分屈家岭风格器物[6]。

青龙泉"屈家岭文化早期"遗存实际包含三类不同文化内涵的遗存。

第一类：以F6、T43⑧、T46⑧、T48⑧等单位为代表，与"仰韶文化"遗存内涵一致，属朱家台文化。

第二类：以T45⑦B、T59⑭为代表，器物有圆腹甑、盆形甑，属屈家岭下层文化。

---

[1] 中国社会科学院考古研究所：《青龙泉与大寺》，科学出版社，1991年。
[2] 武汉大学考古系、湖北省文物考古研究所：《湖北郧县青龙泉遗址2008年度发掘简报》，《江汉考古》2010年第1期。
[3] 湖北省文物考古研究所、十堰市博物馆、郧县博物馆：《南水北调工程丹江口水库郧县淹没区新石器时代考古调查》，《江汉考古》1996年第2期。
[4] 任新雨：《试论鄂西北地区的"仰韶文化"和"屈家岭文化"》，《江汉考古》2001年第4期。
[5] 武汉大学考古系、湖北省文物考古研究所：《湖北郧县青龙泉遗址2008年度发掘简报》，《江汉考古》2010年第1期。
[6] 夏笑容：《朱家台文化研究》，武汉大学硕士学位论文，2011年。

第三类：以T43⑦A、T43⑦B、T48⑦A、T54⑯、T67⑭为代表，内涵与"屈家岭文化晚期"遗存一致，同属屈家岭文化。

由此，青龙泉遗址的屈家岭文化遗存实际包括报告所分"屈家岭早期文化"遗存中的T43⑦A、T43⑦B、T48⑦A、T54⑯、T67⑭等单位和所有的"屈家岭晚期文化遗存"。

居址遗存有房址、灰坑、陶窑、石器制作场地等，地层也出有较多遗物。依据层位关系和典型器形演变，大体可分为四段（图六二）。

第一段：以H11、T7⑦、T48⑦A、T54⑯、T67⑭为代表，另有T1⑧A、T7⑧、T10⑧A、T43⑦A、T58⑧、T68⑭等；

第二段：以F1、F2、F3、T45⑥为代表，另有H14、T8⑧、T43A⑤、T48④、T52⑨、T54⑧等；

第三段：以ⅠJ3、T51⑤、T48③A为代表，另有T9⑤B、T43③B、T45⑤A、T57⑥A、T63⑨等；

第四段：以T43③A、T58⑨为代表，另有H13、T6⑥、T7⑥A、T8③B、T42③A、T42③B、T43③A、T47③C、T51③A等。

墓葬包括土坑墓和瓮棺葬，仅土坑墓提供了器物图。主要依据折沿罐的演变，大体可分为三段。

第一段：M35；

第二段：M38、M45；

第三段：M36、M39。

墓葬的第一、二、三段大体与居址第一、二、三段对应。

青龙泉2008年发掘简报第二期遗存属屈家岭文化。包括居址和墓葬两种，居址遗存有较多的灰坑和房址；墓葬有7座（含2座瓮棺）。因简报未能提供器形组合和层位关系，类比同类器形，居址遗存大致相当于1959~1962年发掘的屈家岭文化的第三、四段；墓葬未超出第三段范畴。

综上所述，青龙泉遗址屈家岭文化总体可分为四段，第一段包括1959~1962年发掘的居址第一段、墓葬第一段；第二段包括1959~1962年发掘的居址第二段、墓葬第二段；第三段包括1959~1962年发掘的居址第三段、墓葬第三段和2008年发掘的第二期部分遗存；第四段包括1959~1962年发掘的居址第四段和2008年发掘的第二期部分遗存。

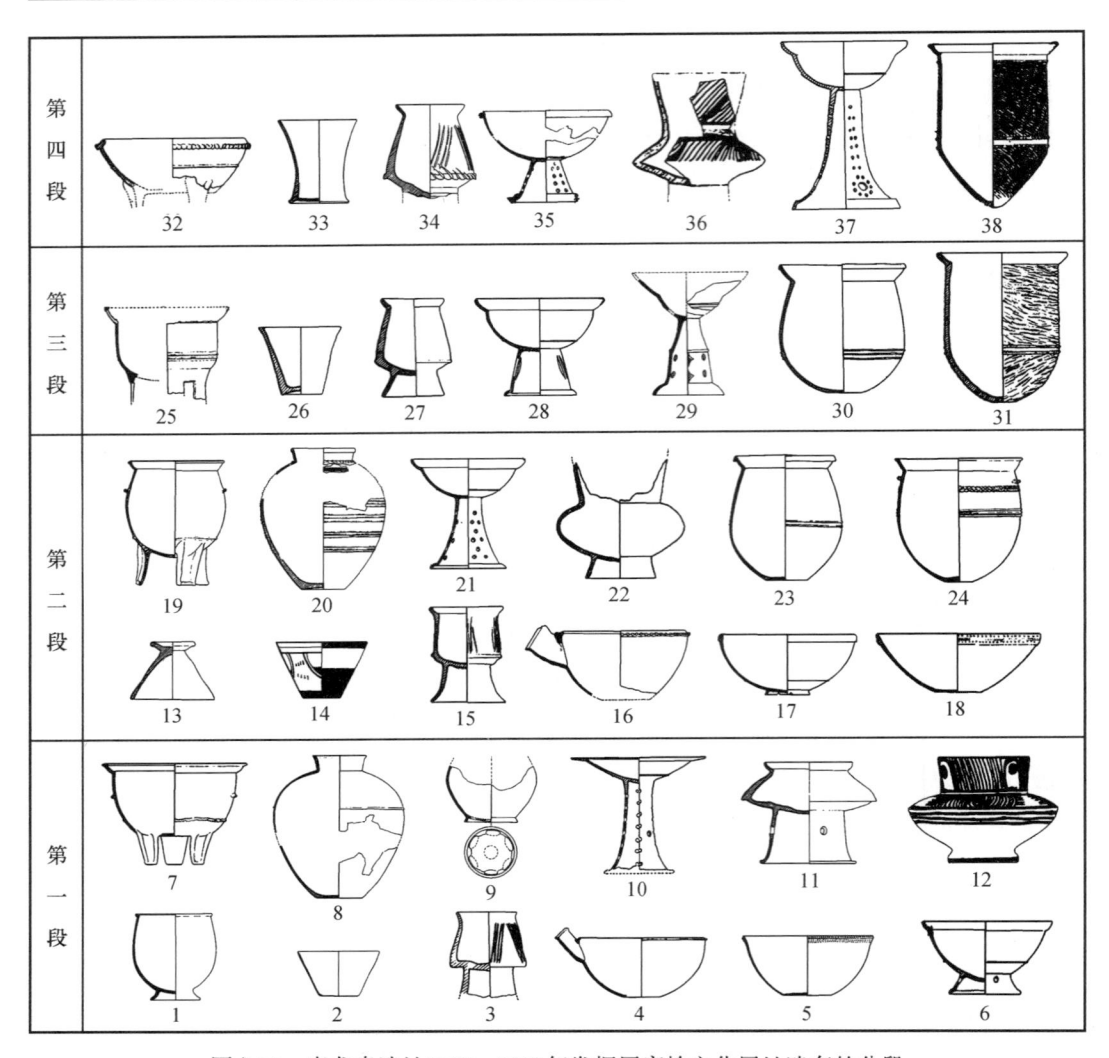

图六二　青龙泉遗址1959～1962年发掘屈家岭文化居址遗存的分段

1. 尊形杯（H11：34）　2、14、26、33. 斜腹杯（T48⑦A：71、T45⑥：49、T63⑨：18、T58⑨：78）
3、15、27、34. 高圈足杯（T54⑯：142、F2北：18、T51⑤：40、T42③A：14）　4、16. 带流盆（H11：25、F2外：39）　5、18. 钵（H11：22、F3：1）　6. 簋（H11：12）　7、19、25、32. 鼎（T7⑦：65、F3：2、T51⑤：6、T47③C：46）　8、20. 高领罐（T48⑦A：70、F2北：37）　9. 甑（T43⑦A：83）　10、21、28、29、35、37. 豆（T7⑦：168、F1：3、T51⑤：60、ⅠJ3：5、T42③A：43、T42③A：45）　11. 盂形器（T67⑭：40）　12、22、36. 扁腹壶（T10⑧A：88、T45⑥：44、T43③A：7）　13. 器盖（T48④：22）　17. 碗（H14：2）　23、30. 折沿罐（F1：9、T45⑤A：55）　24、31、38. 缸（F1：1、ⅠJ3：4、H13：3）

（二）梅子园

梅子园遗址位于湖北省郧县杨溪铺镇财神庙村五组，是青龙泉遗址的一部分。1959~1962年对青龙泉的五次发掘，就包括对梅子园遗址点的发掘①，1997年又进行了调查②，2006~2009年湖北省文物考古研究所又进行了多次发掘③。其中2006年的发掘材料主要见于武汉大学一篇学位论文中。论文将发掘的龙山时代材料分为三类，第一类又分为三段。第一类第一段主要出有双腹豆、内折沿豆、大口罐、高领罐、斜腹杯、红顶钵、敛口瓮、缸等，属屈家岭文化。包含居址和墓葬两类。

居址以H210为代表，还包括H86、H219、H233、H237、H383等。

墓葬包括W22、W39、M40、M49、M50、M53、M75、M110、M141等。

墓葬大部分器形略早于居址，依据同类器形的比较，总体相当于青龙泉第三、四段。

（三）大寺

大寺遗址位于湖北省郧县城西约10千米处，坐落在汉江与埝河交汇处的二级台地上。遗址于1958~1964年进行过五次发掘④，1994年做过调查⑤，2006年和2009年又进行了两次发掘⑥。

1958~1964年发掘报告中的屈家岭文化遗存有居址和墓葬两类。

居址遗存大致可分为三段。

第一段：以H9为代表；

第二段：以T12④、T14③为代表；

第三段：以T4④B、T17⑤为代表。

大致与青龙泉第一、二、三段年代相当。

墓葬在报告遗迹介绍中为M5共1座，遗物里介绍的是M10，相互矛盾。M10出土随葬品大致与青龙泉第二段相当。

---

① 中国社会科学院考古研究所：《青龙泉与大寺》，科学出版社，1991年。

② 十堰市博物馆：《郧县梅子园遗址调查简报》，《江汉考古》1997年第3期。

③ 易珊珊：《郧县梅子园2006年发掘龙山时代遗存研究》，武汉大学硕士学位论文，2010年。

④ 中国社会科学院考古研究所：《青龙泉与大寺》，科学出版社，1991年。

⑤ 湖北省文物考古研究所、十堰市博物馆、郧县博物馆：《南水北调工程丹江口水库郧县淹没区新石器时代考古调查》，《江汉考古》1996年第2期。

⑥ 湖北省文物考古研究所、湖北省文物局南水北调办公室：《湖北郧县大寺遗址2006年发掘简报》，《考古》2008年第4期；湖北省文物局、湖北省移民局、南水北调中线水源有限责任公司：《郧县大寺遗址》，科学出版社，2020年。

2006年与2009年的两次发掘报告，其中屈家岭文化分为两期，总体特征均较早，大致与青龙泉第一、二段相当。

（四）观音坪

观音坪遗址位于湖北省丹江口市丁家营镇二道河村，1958~1959年做过调查[①]，2008年进行了发掘[②]。发掘报告将屈家岭文化遗存分为两段，第一段以各探方第5层下的遗存为代表；第二段以各探方第4层下的遗迹和第5层为代表。这里有一个前提，即发掘者将发掘区各探方统一地层。检索各探方第5层出土遗物年代并不一致，如T0610⑤出土的高领罐敞口无沿，斜腹杯较宽浅；T0509⑤出土的高领罐折沿外斜似盘口，圈足杯下腹硬折为锐角，明显晚于前者。说明诸探方的地层不一定完全对应。重新梳理地层和遗迹单位后，可分为三段（图六三）。可以确定各段归属的单位如下。

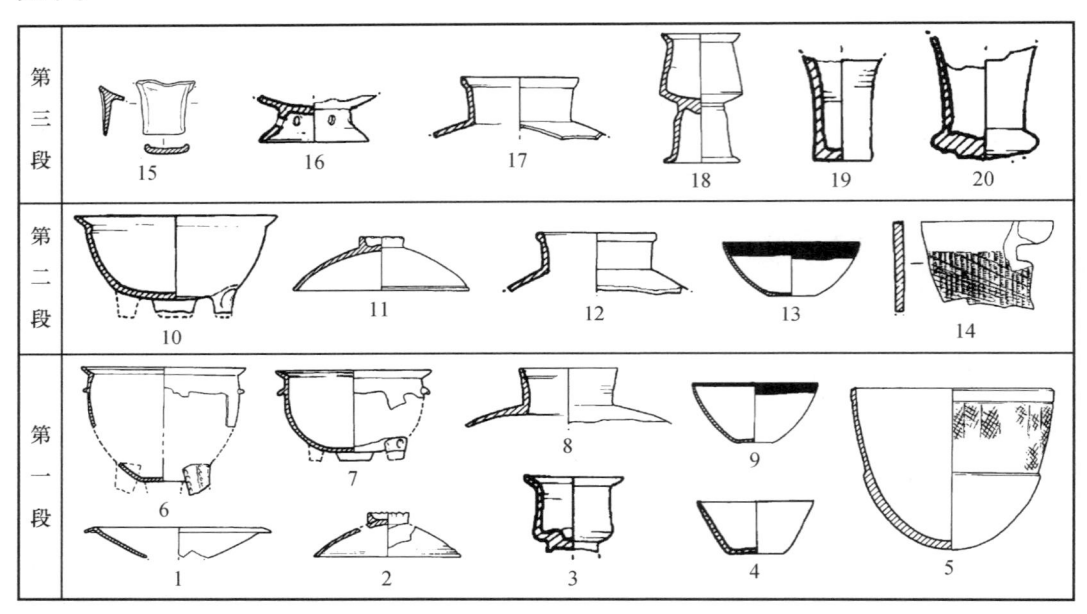

图六三 观音坪遗址屈家岭文化居址遗存的分段

1. 豆（H41②：30） 2、11. 器盖（H41②：7、H24：7） 3、18. 高圈足杯（T0607⑤：3、T0509⑤：1） 4、19. 斜腹杯（T0610⑤：2、H26：2） 5、14. 缸（H41②：8、H40②：9） 6、7、10、15. 鼎（H18：4、H41②：5、H24：10、T0608⑤：30） 8、12、17. 高领罐（H41②：28、H24：34、T0509⑤：7） 9、13. 钵（H41②：6、H24：8） 16. 碗（T0509⑤：5） 20. 扁腹壶（H26：2）

---

① 中国社会科学院考古研究所长江工作队：《湖北郧县和均县考古调查与试掘》，《考古学集刊（第4集）》，中国社会科学出版社，1984年。

② 湖北省文物考古研究所、十堰市博物馆：《2008年湖北省丹江口市观音坪遗址发掘报告》，《江汉考古》2010年第2期。

第一段：H18、H20、H38、H41②、T0307⑤、T0503⑤、T0607⑤、T0610⑤；
第二段：H24、H40②、H41①、H79、H80；
第三段：H26、T0509⑤、T0608⑤。

简报还提供了2座瓮棺的器物线图，大体与居址第三段相当。

观音坪1958~1959年调查采集有少量屈家岭文化的陶片，年代大体不超出发掘资料的范围。

依据同类器形的比较，观音坪第一、二段分别与青龙泉第一、二段相当，第三段相当于青龙泉第三、四段。

（五）中台子

中台子遗址位于湖北省郧县五峰乡尚家河村，坐落在汉江北岸的台地上。遗址于2009年进行过大规模发掘[①]。简报将新石器遗存分为两段，其中第一段以G1为代表，属屈家岭文化。实际上G1可以进一步细分，G1③出土的高领罐敞口，无沿，呈现出较早的特征；G1②出土的高领罐已演变为近盘口，为高领罐演变晚期阶段的特征；G1①出土的斜腹杯瘦长，为斜腹杯演变晚期阶段的特征。总体来说，中台子遗址的屈家岭文化遗存可分为两段。

第一段：以G1③、各探方第5层为代表；
第二段：以G1①、②为代表，探方第4层少量遗物也应属这一阶段。

依据同类器形的比较，中台子第一段大体与青龙泉第二段相当或略早；第二段大体与青龙泉第三、四段相当。

（六）尖滩坪

尖滩坪遗址位于湖北省郧县青山乡鸟池管理区石板沟村三组，分布在汉江南岸的河滩上。遗址于2011年、2013年进行了两次发掘[②]。发掘简报中属屈家岭文化的有1个灰坑（H17）。H17出土器物主要有折沿罐、高领罐、钵、豆等。高领罐的口外侈，近卷沿，大致相当于青龙泉第二段或略早。

（七）鲤鱼嘴

鲤鱼嘴遗址位于湖北省郧县柳陂镇黄家坪村八组，处汉江南岸的二级台地上。遗

[①] 湖北省文物考古研究所：《湖北郧县中台子遗址发掘报告》，《江汉考古》2011年第1期。
[②] 武汉大学历史学院考古系、郧县博物馆：《湖北郧县尖滩坪遗址发掘简报》，《江汉考古》2015年第3期。

址于2006~2007年进行了发掘①。新石器遗存发现灰坑5个，地层也出有少量遗物。简报认为这类遗存属仰韶晚期。从简报提供的标本来看，主要有扁足鼎、折沿罐、高领罐、钵、器盖等，应属屈家岭文化。依据同类器形的比较，年代与青龙泉第二段相当或略早。

（八）黑家院

黑家院遗址位于湖北省郧县安阳镇小河村二组，于2006~2007年进行了较大面积的发掘②。揭露出的屈家岭文化遗存包括22座房址、5条灰沟和12个灰坑。但遗物绝大部分出于地层中，主要器形有鼎、高领罐、大口折沿罐、斜腹杯、圈足杯、红顶钵、带鋬盆、花边纽器盖等。因无各探方地层对应关系，标本又多为口沿残片，不做分段。观察高领罐、斜腹杯的特征大致与青龙泉第一、二段相当，少量晚到第三段。

（九）郭家院

郭家院遗址位于湖北省郧县安阳镇西堰村四组郭家院南北两侧的台地上。遗址于1982年文物普查时发现，1986年、1994年③和2004年陆续做过多次调查，2006~2008年先后进行过两次发掘④。简报将发掘的新石器遗存主要分为"屈家岭文化早期"和"屈家岭文化晚期"两期。其中"屈家岭文化早期"遗存主要器类有大口深腹罐，腹部饰多道凸弦纹、带流盆、红顶钵、花边纽器盖，为典型的朱家台文化器类；"屈家岭文化晚期"遗存主要器类有高领罐、斜腹杯、双腹豆、红顶钵、盆、器盖等，属屈家岭文化范畴。

郭家院遗址的屈家岭文化遗存主要出于地层中，少量标本出于灰坑或房址中。依据同类器形的比较，大致与青龙泉第一~三段相当。

---

① 湖北省文物考古研究所：《郧县鲤鱼嘴遗址发掘简报》，《湖北南水北调工程考古报告集（第二卷）》，科学出版社，2013年。

② 湖北省文物考古研究所：《郧县黑家院遗址发掘简报》，《湖北南水北调工程考古报告集（第六卷）》，科学出版社，2015年。

③ 湖北省文物考古研究所、十堰市博物馆、郧县博物馆：《南水北调工程丹江口水库郧县淹没区新石器时代考古调查》，《江汉考古》1996年第2期。

④ 湖北省文物考古研究所：《郧县郭家院遗址发掘简报》，《湖北南水北调工程考古报告集（第六卷）》，科学出版社，2015年。

（十）七里河

七里河遗址位于湖北省房县七里河畔东岸土岗上，东距县城3.5千米，于1976～1978年连续做了三次发掘，出有专刊报告[①]。报告将发掘的新石器遗存分为石家河文化和"三房湾文化"两大类，又将石家河文化遗存分为两期，第一期分为前后两段。居址类器物均出于地层中，稍有混乱，如纳入石家河文化遗存的少量单位应属屈家岭文化，以ⅠT1F⑥A、ⅠT1G⑥A、ⅠT3B⑤A、ⅠT8A⑤、ⅢT8B⑥A等为代表，主要器形有高领罐、大口折沿罐、双腹豆、钵等。可分为两段（图六四）。

第一段：以ⅠT1G⑥A、ⅠT8A⑤、ⅢT8B⑥A为代表；

第二段：以ⅠT3B⑤A、ⅠT1F⑥A为代表。

依据同类器形的比较，大致与青龙泉第三、四段相当。

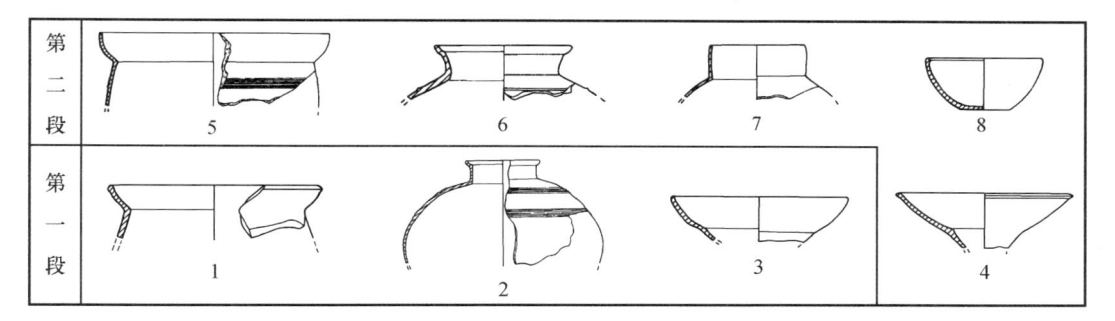

图六四　七里河遗址屈家岭文化居址遗存的分段

1、5. 大口折沿罐（ⅠT8A⑤：5、ⅠT1F⑥A：31）　2、6、7. 高领罐（ⅢT8B⑥A：18、ⅠT1F⑥A：36、ⅠT1F⑥A：33）　3、4. 双腹豆（ⅠT8A⑤：6、ⅠT3B⑤A：21）　8. 钵（ⅠT1F⑥A：28）

（十一）明家院

明家院遗址位于湖北省丹江口市六里坪镇蒿口村，于2000年配合汉十高速进行了小面积的发掘[②]。屈家岭文化遗存见于三个探方（T1~T3）的第3层，未发现遗迹现象。主要器形有宽扁卷边鼎足、折沿罐、高领罐、红陶钵、花边圈足形器盖等。大致相当于青龙泉第一段。

[①] 湖北省文物考古研究所：《房县七里河》，文物出版社，2008年。
[②] 湖北省文物考古研究所、丹江口市博物馆：《丹江口市明家院遗址发掘简报》，《湖北考古报告集》，《江汉考古》编辑部，2008年。

（十二）太山庙

太山庙遗址位于湖北省丹江口市六里坪镇孙家湾村三组，为高出周围地面的台地。遗址于2000年进行了小面积的发掘，出土新石器时期器物标本均为残片[1]。观察特征大多属屈家岭文化，少量属石家河文化。屈家岭文化遗存主要出于地层中，依据高领罐的口沿特征，判断年代大致相当于青龙泉第一～三段。

（十三）彭家院

彭家院遗址位于丹江口市六里坪镇嵩口村彭家湾，2006～2008年连续进行了大规模的发掘[2]。屈家岭文化遗存主要见于2006年的发掘简报，共发现灰坑3个，地层也出有少量遗物。主要器形有盆形鼎、大口折沿罐、斜腹杯、双腹豆、外折沿碗、红顶钵、花边纽器盖等。依据同类器形的比较，与青龙泉第二、三段大致相当。

（十四）玉皇庙

玉皇庙遗址位于湖北省丹江口市土台乡七里沟村，于1994年、1995年、1998年做过多次调查[3]，2008年和2011年又分别进行了两次发掘[4]。

调查采集了较为丰富的屈家岭文化标本，主要器形有花边宽扁鼎足、高领罐、折沿罐、斜腹杯、镂空豆、带鋬盆等，观察高领罐口沿特征，大致与青龙泉第一、二段相当。

两次发掘的屈家岭文化遗存极为零星，比较确定有1件高领罐（TS23W9③：4），与青龙泉第一段相当；1件高圈足杯（H12：1），大致与青龙泉第三段相当。

（十五）下王岗

下王岗遗址位于河南省淅川县城南的下王岗村东的丹江南岸。遗址于1971～1972

---

[1] 湖北省文物考古研究所、湖北省十堰市博物馆：《太山庙新石器时代遗址第一次发掘简报》，《江汉考古》2001年第2期。

[2] 湖北省文物考古研究所：《丹江口彭家院遗址2006年发掘简报》，《湖北南水北调工程考古报告集（第二卷）》，科学出版社，2013年；湖北省文物考古研究所：《丹江口市彭家院遗址2008年发掘简报》，《湖北南水北调工程考古报告集（第三卷）》，科学出版社，2014年。

[3] 丹江口市博物馆：《湖北丹江口市玉皇庙遗址调查简报》，《华夏考古》2003年第2期。

[4] 荆州博物馆：《丹江口玉皇庙遗址发掘简报》，《湖北南水北调工程考古报告集（第四卷）》，科学出版社，2014年。

年连续进行了大规模的发掘[①]，2008~2010年又进行了大面积发掘[②]。

下王岗遗址1971~1972发掘的屈家岭文化遗存主要见于报告中的"屈家岭文化一期"，"龙山文化"中的1件斜腹杯（T4②:156）属屈家岭文化的典型器类，应该为地层混入。遗存分为居址和墓葬两种，但墓葬除瓮棺葬具（无线图）外，土坑墓基本未出陶器。

居址大致可分为两段（图六五）。确定各段归属的单位如下。

第一段：H199、T8④、T19④B、T23④、T4②；

第二段：H113、H115、H156、T1②、T12④、T20④B、T21④。

依据同类器形的比较，下王岗第一、二段大致与青龙泉第二~四段相当。2008~2010年发掘的屈家岭文化遗存基本未超出前述年代范围，个别遗物可能略早。

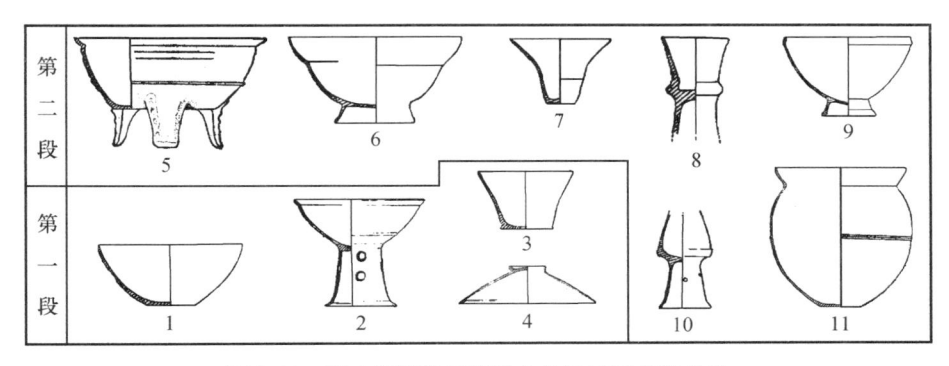

图六五　下王岗遗址屈家岭文化居址遗存的分段

1. 钵（T19④B:171）　2. 豆（T8④:62）　3、7. 斜腹杯（T23④:90、T21④:97）
4. 器盖（H199:4）　5. 鼎（T12④:59）　6、9. 碗（H113:2、H115:1）　8. 扁腹壶（H156:2）
10. 高圈足杯（T20④B:101）　11. 折沿罐（T1②:22）

（十六）沟湾

沟湾遗址，曾称为下集遗址，位于河南省淅川县上集镇张营村沟湾组村东，分别于1959年和2007~2009年进行过两次发掘[③]。

[①] 河南省博物馆长江流域规划办公室、河南省博物馆文物考古队河南分队：《河南淅川下王岗遗址的试掘》，《文物》1972年第10期；河南省文物研究所、长江流域规划办公室考古队河南分队：《淅川下王岗》，文物出版社，1989年。

[②] 中国社会科学院考古研究所：《淅川下王岗：2008~2010年考古发掘报告》，科学出版社，2020年。

[③] 原长办考古队河南分队：《淅川下集新石器时代遗址发掘报告》，《中原文物》1989年第1期；郑州大学历史学院考古系、河南省文物局南水北调文物保护管理办公室：《河南淅川县沟湾遗址屈家岭文化遗存发掘简报》，《考古》2018年第10期。

1959年发掘简报中的中、晚期遗存较为混乱，实际上包含朱家台文化、屈家岭文化、石家河文化和煤山文化四类不同时期的遗存。其中明确属屈家岭文化的有三足钵形鼎（T8∶22）、双腹豆（H11∶3、H11∶2）、斜腹杯（H24∶1）、圈足杯（H9∶12）、盂形器（T2∶56）、圈足壶（T1∶3、T1∶113）等。总体呈现出较晚的特征，相当于青龙泉第三、四段。

2007~2009年的发掘简报将屈家岭文化分为三期，并发表部分器物线图。郑州大学的硕士学位论文提供有更具体的信息[①]。论文中将遗址的屈家岭文化遗存分为前后延续的三组。该分组除A、B型瓮（高领罐）的演变略有出入外，大体正确，年代大致相当于青龙泉的第一~三段。

综上所述，沟湾遗址屈家岭文化遗存总体可分为四段，第一段包括2007~2009年发掘的第一组；第二段包括2007~2009年发掘的第二组；第三段包括1959年发掘的部分遗存和2007~2009年发掘的第三组；第四段包括1959年发掘的部分遗存。大致与青龙泉的第一~四段相当。

（十七）单岗

单岗遗址位于河南省淅川县盛湾镇单岗村北的丹江南岸。遗址于2011~2012年和2013年分别进行过两次发掘，其中屈家岭文化遗存发表有专门的简报[②]。分为居址和墓葬两类。

居址遗存有房址、灰坑、灰沟等。依据典型器类的演变，大致可分为两段。

第一段：T3130④、T3131④、F4、F24、H45、H64、H165、H284等；

第二段：T3129③、T3130③、T3131③、H139、H199、H200、H214等。

墓葬遗存有土坑墓和瓮棺墓两类，简报仅就W2、W3分别发表有1件鼎和1件高领罐，大体与居址第二段相当。

单岗遗址总体可分两段，依据同类器形的比较，分别与青龙泉的第一、二段和第三、四段相当。

（十八）黄楝树

黄楝树遗址位于河南省淅川县新县城西南45千米的丹江和黄岭河的交汇处。遗址

---

① 张萍：《汉水中游地区屈家岭文化研究——从淅川沟湾遗址谈起》，郑州大学硕士学位论文，2011年。

② 郑州大学历史学院、河南省文物局南水北调文物保护管理办公室：《河南淅川单岗遗址屈家岭文化遗存发掘简报》，《中原文物》2016年第4期。

于1965年和1966年分别进行过两次发掘，并出有报告[①]。报告的第二期遗存属屈家岭文化。该期遗存较丰厚，有房址、灰坑、墓葬（包括瓮棺）等，特别是由25座房基组成的庭院式多间排房，值得关注。仅居址遗存发表有器物图，大致可分为两段。

第一段：以F11为代表；

第二段：包括T5～T8等探方第2层。另外，报告归入第三期"龙山文化"个别单位如F3等也应属屈家岭文化，列入此段。

依据同类器形的比较，黄楝树第一、二段与青龙泉第二～四段大体相当。其中F11个别器形呈现出较早特征，但整体应相当于青龙泉第二段。

（十九）吴营

吴营遗址位于河南省淅川县马蹬镇吴营村，于2008年做了大规模发掘[②]。屈家岭文化遗存主要包括清理的48个灰坑，遗物标本大多为残片，主要器形有宽扁足（部分有按窝）鼎、柱足（有按窝）鼎、豆、斜腹杯、折沿罐、高领罐、盆、平底钵、瓮等。观察这些标本的特征，早晚均有，与青龙泉第一～四段相当。

（二十）全岗

全岗遗址位于河南省淅川县盛湾镇河扒村靠近河边的台地上，1974年做过试掘，2010～2012年进行了大规模的发掘，资料尚未正式发表[③]。武汉大学的一篇硕士论文披露了部分史前材料[④]。屈家岭文化主要见于该论文所分第一期遗存，归入第二期的H242也应属屈家岭文化。包含居址和墓葬两类。

居址遗存，主要包括房址、灰坑等，地层出有少量遗物。依据层位关系和典型器形的演变，可分为三段（图六六）。

第一段：以H263、H287为代表；

第二段：以H282为代表；

第三段：以H195、H242为代表。

墓葬遗存，有土坑墓M31，瓮棺墓W48、W84，出有鼎、高领罐等，大体与居址第一段相当。

依据同类器形的比较，全岗第一～三段与青龙泉第二～四段大体相当，或少量略早。

---

① 长江流域规划办公室考古队河南分队：《河南淅川黄楝树遗址发掘报告》，《华夏考古》1990年第3期。

② 郑州大学历史学院考古系、河南省文物局南水北调文物保护办公室：《河南淅川吴营遗址屈家岭文化遗存发掘简报》，《江汉考古》2011年第2期。

③ 武汉大学历史学院发掘资料。

④ 佘涛：《淅川全岗2012年度发掘新石器时代遗存研究》，武汉大学硕士学位论文，2013年。

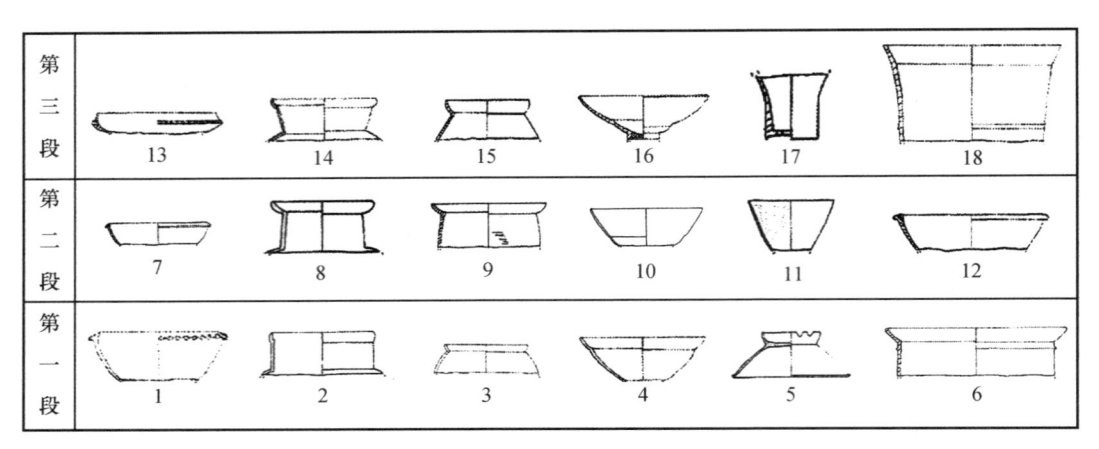

图六六　全岗遗址屈家岭文化居址遗存的分段

1、13.鼎（H287∶9、H195∶5）　2、8、14.高领罐（H287∶1、H282∶2、H242∶5）
3、9、15.折沿罐（H287∶5、H282∶9、H242∶6）　4、10、16.豆（H287∶4、H282∶5、H242∶1）
5.器盖（H287∶13）　6、18.缸（H287∶2、H242∶10）　7.碗（H282∶11）　11、17.斜腹杯（H282∶6、H242∶11）　12.盆（H282∶14）

（二十一）其他调查材料

除上述遗址外，调查发现含有屈家岭文化遗存的遗址还有房县的羊鼻岭[①]，郧县的三浪滩[②]、郭家道子[③]、竹山县的霍山[④]、丹江口市的林家店[⑤]，老河口市的监生坡、新滩[⑥]等。此外，还有一些发掘过的遗址，如房县计家嘴[⑦]等。

---

① 湖北省博物馆、房县文化馆、武汉大学考古专业七六级：《房县羊鼻岭遗址调查简报》，《江汉考古》1982年第1期；十堰市博物馆、房县博物馆：《房县羊鼻岭遗址再调查》，《江汉考古》1998年第2期。

② 十堰市博物馆：《郧县三浪滩遗址调查简报》，《江汉考古》1999年第3期。

③ 湖北省文物考古研究所、十堰市博物馆、郧县博物馆：《南水北调工程丹江口水库郧县淹没区新石器时代考古调查》，《江汉考古》1996年第2期。

④ 郧县地区博物馆、竹山县文化馆：《竹山县霍山遗址调查简报》，《江汉考古》1994年第4期。

⑤ 中国社会科学院考古研究所长江工作队：《湖北郧县和均县考古调查与试掘》，《考古学集刊（第4集）》，中国社会科学出版社，1984年。

⑥ 襄阳市文物考古研究所、襄阳市博物馆：《汉水中游河谷地区新石器时代遗址调查》，《襄樊考古文集（第一辑）》，科学出版社，2007年。

⑦ 湖北省文物考古研究所：《2013年湖北省文物考古研究所考古工作主要收获》，《江汉考古》2014年第1期。

二、襄宜地区

（一）曹家楼

曹家楼遗址位于宜城市小河镇詹营村，为高出周围约2米的台地。1984年发掘了600平方米，报告将新石器遗存分为两期①。屈家岭文化主要包括报告所分第二期遗存。分居址和墓葬两类。

居址遗存，有房屋、灰坑等遗迹现象，遗物大多出于地层中。依据层位关系和器形演变可分为两段（图六七）。

第一段：以H1、T2③、TG1③、TG4③为代表，还有T1③、T7③、T19③、TG5⑤等；

第二段：以T9③、TG1②、TG2②为代表，还有T8③、T10③、TG3②、TG4②等。

墓葬遗存，有瓮棺墓12座，不做分段。

墓葬的年代大体与居址第二段对应（图六八）。

曹家楼屈家岭文化遗存可分为两段，第一段包括居址第一段；第二段包括居址第二段和墓葬遗存。依据同类器形的比较，与青龙泉第二～四段大体相当。

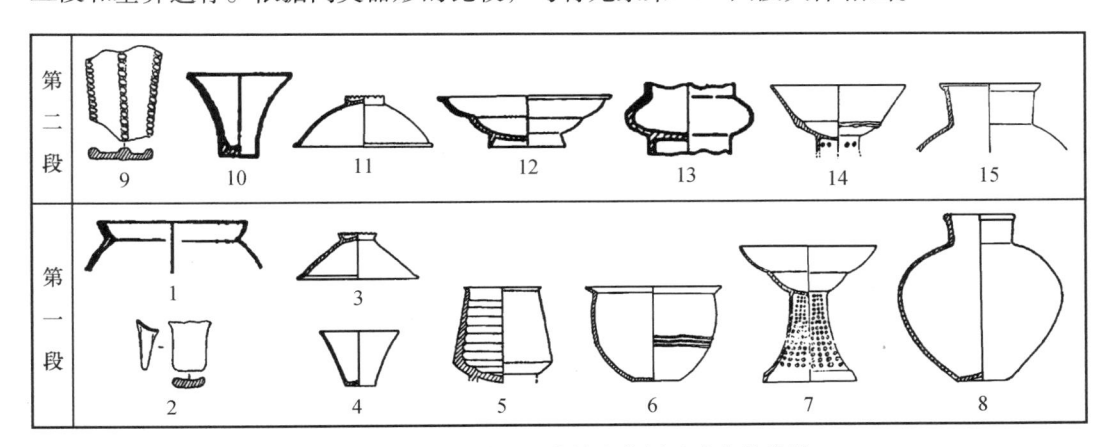

图六七　曹家楼遗址屈家岭文化居址遗存的分段

1.鼎（T7③：1）　2、9.鼎足（T7③：2、T9③：12）　3、11.器盖（TG5⑤：4、TG2②：4）　4、10.斜腹杯（H1：3、TG2②：5）　5.圈足杯（TG1③：5）　6.盆（TG5⑤：6）　7、14.豆（T2③：3、TG3②：3）　8、15.高领罐（TG4③：1、T9③：10）　12.双腹碗（TG1②：4）　13.扁腹壶（T8③：11）

---

① 武汉大学历史系考古教研室、襄樊市博物馆、宜城县博物馆：《湖北宜城曹家楼新石器时代遗址》，《考古学报》1988年第1期。

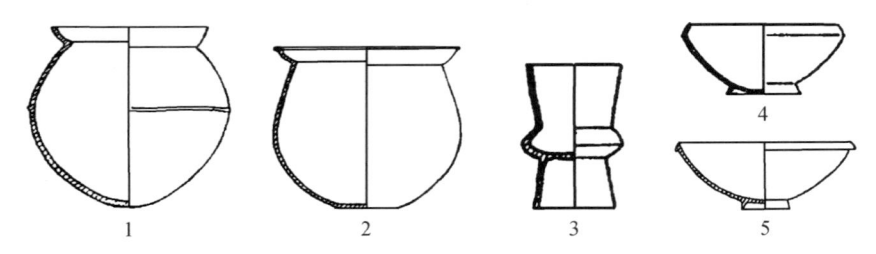

图六八　曹家楼遗址屈家岭文化墓葬遗存出土陶器
1. 釜（W9:2）　2. 折沿罐（W5:1）　3. 扁腹壶（W11:2）　4、5. 碗（W9:1、W11:1）

（二）三步两道桥

三步两道桥遗址位于襄阳市欧庙镇赵山村南约1千米处，仅做过调查①。

1984年发表的调查简报将采集的标本分为两类不同时期的文化遗存，分别为"屈家岭文化"和相当于青龙泉三期的文化遗存，并认为遗址可能还存在少量早于"屈家岭文化"的遗存。本书主要讨论早于青龙泉三期的遗存。从简报发表材料看，早于青龙泉三期的遗存大致有两类。

第一类，部分按窝纹的宽扁鼎足、圈足罐、红顶钵等。

第二类，双腹豆、圈足杯、缸、蛋壳彩陶等。

其中第一类为雕龙碑三期文化和朱家台文化的混合型遗存；第二类属屈家岭文化范畴，观察双腹豆、圈足杯特征，大致与青龙泉第四段相当。

《汉水中游河谷地区新石器遗址调查》中提供了该遗址更为丰富的标本，器形有鼎足、高领罐、折沿罐、斜腹杯、双腹豆等，大致与青龙泉第二、三段相当。

（三）顾家坡

顾家坡遗址未正式发表资料，发表过一篇专题研究性文章②。据此可知顾家坡遗址包括居址和墓地两类遗存，其中居址年代从"大溪文化晚期到石家河早期"；墓地年代从"大溪文化晚期到屈家岭文化时期"。由文中提供的M27、M70的随葬器物线图有簋、圈足瓮等，可判断所谓"大溪文化晚期"墓葬应该指的是屈家岭下层文化墓葬。屈家岭文化遗存具体信息不详。

---

① 湖北省博物馆：《襄阳三步两道桥遗址调查》，《江汉考古》1984年第2期；襄阳市文物考古研究所、襄阳市博物馆：《汉水中游河谷地区新石器时代遗址调查》，《襄樊考古文集（第一辑）》，科学出版社，2007年。

② 贾汉清：《从顾家坡墓地的发掘看史前时代文化交叉地带的部落冲突》，《华夏考古》2004年第4期。

（四）老鸹仓

老鸹仓遗址位于宜城市小河镇胡湾村四组，为高出周围地表的台地。遗址于2000年做了小面积的发掘。屈家岭文化遗存分为居址和墓葬两类[①]。

居址有房址、灰坑等，地层出有少量遗物。大致可分为三段。

第一段：以H9⑤为代表；

第二段：以H9④、T6⑤A、T7⑤A为代表；

第三段：以H9③为代表。

墓葬主要为瓮棺墓，可分为两段。

第一段：W6、W7；

第二段：W8。

居址的第二、三段与墓葬的第一、二段年代相当。老鸹仓屈家岭文化可分为三段，第一段包括居址第一段；第二段包括居址第二段、墓葬第一段；第三段包括居址第三段、墓葬第二段。

依据同类器形的比较，老鸹仓第一~三段与青龙泉第二~四段大致相当。

（五）龙王山

龙王山墓地位于湖北省荆门市北面的子陵铺镇。2007年做了抢救性发掘，简报推测墓葬时代相当于大溪文化晚期至屈家岭文化时期[②]。简报主要报道了M11的信息。M11实际为屈家岭下层文化时期墓葬，其他屈家岭文化时期的墓葬未有详细报道。

（六）其他调查材料

除上述遗址外，调查发现含有屈家岭文化遗存的遗址还有襄阳的王家堤，宜城的东棚、沈家湾等[③]。

[①] 湖北省文物考古研究所、宜城市博物馆：《湖北宜城老鸹仓遗址试掘报告》，《江汉考古》2003年第1期。

[②] 湖北省文物考古研究所、荆门市文物考古研究所：《湖北荆门龙王山新石器时代墓地发掘简报》，《江汉考古》2008年第4期。

[③] 襄阳市文物考古研究所、襄阳市博物馆：《汉水中游河谷地区新石器时代遗址调查》，《襄樊考古文集（第一辑）》，科学出版社，2007年。

三、南阳盆地

（一）凤凰咀

凤凰咀遗址位于湖北省襄阳市襄州区龙王镇闫营村的东北部。经调查勘探确认为一处古城址[①]，2016年在遗址东部边缘一处被破坏的区域（凤凰寺）进行了小面积试掘[②]。

从发掘资料来看，新石器遗存可以分为两类。第一类包括H11、H12及各探方的第3~5层，典型器类有盆形鼎、折沿罐、圆柱状厚平底敞口杯、红顶钵、花边纽器盖等，与青龙泉遗址的"仰韶文化晚期"遗存面貌接近，属朱家台文化；第二类主要包括各探方的第1~2层及开口于第1层下的遗迹，典型器类有凿形足鼎、花边凹扁足鼎、高领罐、双腹豆、双腹碗、圈足杯、斜腹杯、红顶钵、缸、器盖等，属屈家岭文化。第一类在层位关系上早于第二类。

凤凰咀遗址的屈家岭文化遗存分为居址和墓葬两类。

居址遗存主要有房址、灰坑等，地层也出有较多遗物。依据地层关系和器形演变可以分为两段（图六九）。

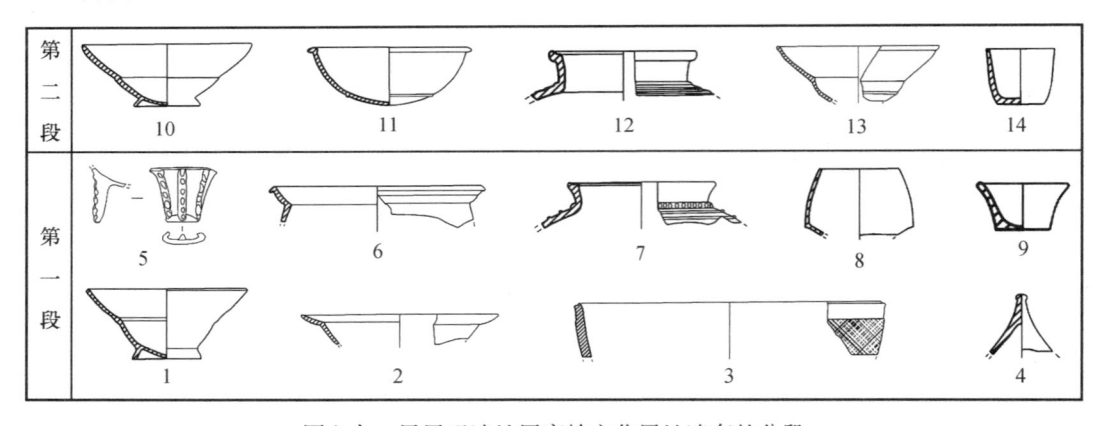

图六九　凤凰咀遗址屈家岭文化居址遗存的分段
1、10、11.碗（H3∶7、H1∶3、F1∶1）　2、13.豆（H9②∶101、T0101①∶23）　3.缸（H3∶44）
4.器盖（H9①∶85）　5.鼎足（H4∶38）　6.折沿罐（H9①∶38）　7、12.高领罐（H3∶23、T0202①∶1）
8.圈足杯（H4∶18）　9、14.斜腹杯（H9②∶142、H2∶1）

[①] 胡清波：《襄阳发现一座新石器时代城址》，《中国文物报》2018年2月9日第8版；向其芳：《襄阳凤凰咀城址的确认与意义》，《中国文物报》2019年8月9日第6版。

[②] 襄阳市文物考古研究所2016年发掘资料。

第一段：以H3、H4、H9及各探方第2层为代表；

第二段：以H1、H2、F1及各探方第1层为代表。

墓葬遗存仅1座瓮棺墓（W1），葬具为敛口瓮，上有圜底钵形器盖。大致与F1同时。

依据同类器形的比较，凤凰咀第一、二段大致与青龙泉第一~三段相当。

（二）八里岗

八里岗遗址位于河南省邓州市东约3千米的城郊乡白庄村，地处湍河南岸的二级台地上，为一坡状高岗。遗址自1991年至今经过多次发掘，公开发表的包含屈家岭文化遗存的资料有1991年发掘简报的第二期遗存[1]，1992年发掘的屈家岭文化遗存[2]，1992年、1994年和1996年三个年度发掘简报的屈家岭文化遗存[3]，1998年发掘简报的屈家岭文化中晚期遗存[4]。樊力先生在2000年发表的一篇文章中披露了个别灰坑的器物线图[5]。因无系统的报告资料和明确的层位关系，对其分析主要靠类比其他遗址材料。遗存分为居址和墓葬两类。

居址遗存主要是发现较多的灰坑、少量的房址和窑址。简报提供的遗物主要出于灰坑中，地层也有零星出土。可分为三段。

第一段：以H13、H26、H123、H776、HG2为代表；

第二段：以H2、H649为代表；

第三段：以H133、T1②B、T2③为代表。

简报提供的"屈家岭文化"墓葬仅有瓮棺，提供器物线图的有W26、W39、W41。其中W41葬具为近钢轨口折沿深腹罐，腹部饰多组凸弦纹，为典型的朱家台文化器物。其他2座墓葬特征不明显，不做分析。

依据同类器形的比较，八里岗第一~三段分别与青龙泉第二~四段大体相当。

---

[1] 北京大学考古学系、南阳地区文物研究所：《河南邓州八里岗遗址的调查与试掘》，《华夏考古》1994年第2期。

[2] 北京大学考古学系、南阳地区文物研究所：《河南邓州市八里岗遗址1992年的发掘与收获》，《考古》1997年第12期。

[3] 北京大学考古实习队、河南省南阳市文物研究所：《河南邓州八里岗遗址发掘简报》，《文物》1998年第9期。

[4] 北京大学考古文博院、南阳地区文物研究所：《河南邓州八里岗遗址1998年度发掘简报》，《文物》2000年第11期。

[5] 樊力：《豫西南地区新石器文化的发展序列及其与邻近地区的关系》，《考古学报》2000年第2期。

（三）寨茨岗

寨茨岗遗址位于河南省唐河县城郊乡肖岗村东，东距唐河1.5千米，于1958年进行了小面积的试掘[①]。遗址发现和清理了2座房址、3个窖穴和18座墓葬（含13座瓮棺墓），除1件三足钵（H2∶8）外，其他遗物均只标明探方号，没有具体出土单位信息。可以明确属屈家岭文化的有鼎（T2∶60）、大口折沿罐（T2∶61）、圈足杯（T1∶17、T2∶75）、斜腹杯（T2∶7）等，大致相当于青龙泉第三、四段。

（四）安国城

安国城遗址位于河南省镇平县安国村回族小学西、北处，曾进行过多次调查，有正式发表材料的主要是北京大学考古文博学院于2006～2007年对白河流域史前遗址的调查[②]。这次调查清理了一个屈家岭文化遗存的剖面（P4），还清理了一座墓葬（P4M1）。屈家岭文化遗物出于P4M1中，主要器形有圈足杯、豆、折沿罐、缸、器盖（图七〇），大致与青龙泉第三段相当。

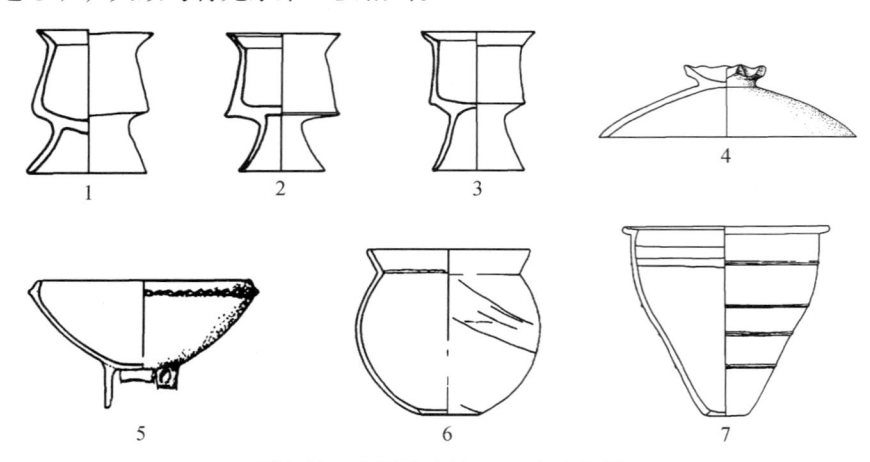

图七〇　安国城遗址P4M1出土陶器
1～3.圈足杯（P4M1∶1、P4M1∶2、P4M1∶3）　4.器盖（P4M1∶6）　5.豆（P4M1∶4）
6.折沿罐（P4M1∶5）　7.缸（P4M1∶7）

---

① 河南省文物局文物工作队：《河南唐河寨茨岗新石器时代遗址》，《考古》1963年第12期。
② 北京大学考古文博学院、南阳市文物考古研究所：《白河流域史前遗址调查报告》，文物出版社，2013年。

（五）赵湾

赵湾遗址位于河南省镇平县赵湾村，地处高出周围近20米的土丘上，1958年进行了小面积的发掘[①]。遗址主要揭露了一处多间房基，简报遗物均无出土单位信息，属屈家岭文化的有斜腹杯、三足钵等器形，大体与青龙泉第二段相当。

（六）党楼

党楼遗址位于河南省驻马店市刘阁乡党楼村北，为高出周围的坡地。遗址于1985年文物复查时发现，1992年、1993年分别进行了两次抢救性发掘[②]。屈家岭文化遗物主要见于报告所分第一期遗存后段，出有高领罐、折沿罐、圈足罐、双腹豆、圈足杯、小杯、平底壶、器盖等，同时也混杂少量秦王寨文化因素。主体属屈家岭文化，与青龙泉第三、四段相当。

（七）其他调查材料

除上述遗址外，调查发现含有屈家岭文化遗存的遗址还有邓州的太子岗、房山、郭庄、老龙冢、下岗、杨岗、竹篱陂，南阳的高河头、黄山、王李营，镇平的冢上寺、冢洼，内乡的茶庵、杨营、小河、朱岗、香花寨、寨后沟、小寨、巫马期，新野的凤凰山、邓禹台、翟官坟等[③]。

四、小　　结

鄂西北豫西南地区的屈家岭文化遗存因近年南水北调工程有了大量的发现和揭露，但一些重要遗址资料尚未完全公开发表。目前所见材料，仍以青龙泉最为丰富，器类齐全、序列完整。该地区其他可确定年代的遗址可以青龙泉遗址的分段作为标准进行串联，共分为四段，做出各段对应表（表一〇）。

---

① 河南省文化局文物工作队：《河南镇平赵湾新石器时代遗址的发掘》，《考古》1962年第1期。
② 北京大学考古系、驻马店市文物保护管理所：《河南驻马店市党楼遗址的发掘》，《考古》1996年第5期。
③ 内乡县综合博物馆：《河南内乡县部分新石器时代遗址调查简报》，《考古与文物》1992年第1期；北京大学实习队：《河南邓州太子岗遗址复查记》，《古代文明（第5卷）》，文物出版社，2006年；北京大学考古文博学院、南阳市文物考古研究所：《白河流域史前遗址调查报告》，文物出版社，2013年；徐新华、王晓杰：《河南内乡新石器时代遗址调查》，《中原文物》2014年第4期。

表一〇　鄂西北豫西南地区屈家岭文化遗存年代的串联

区域	遗址		分段			
	遗址名	性质	第一段	第二段	第三段	第四段
鄂西北山地及丹江库区	青龙泉（含梅子园）	居址	第一段	第二段	第三段	第四段
		墓葬	第一段	第二段	第三段	
	大寺	居址	第一段	第二段	第三段	
		墓葬	√	√		
	观音坪	居址	第一段	第二段	第三段	
		墓葬			√	
	中台子	居址		第一段	第二段	
	尖滩坪	居址		√		
	鲤鱼嘴	居址		√		
	黑家院	居址	√	√	√	
	郭家院	居址	√	√	√	
	七里河	居址			第一段	第二段
	明家院	居址	√			
	太山庙	居址	√	√	√	
	彭家院	居址			√	√
	玉皇庙	居址	√	√	√	
	下王岗	居址		第一段		第二段
	沟湾	居址	第一段	第二段	第三段	第四段
	单岗	居址	第一段		第二段	
		墓葬			√	
	黄楝树	居址		第一段	第二段	
	吴营	居址	√	√	√	√
	全岗	居址		第一段	第二段	第三段
		墓葬		√		
	羊鼻岭	采集				√
	梅子园	采集			√	√
	郭家道子	采集		√		
	监生坡	采集	√			

续表

区域	遗址名	性质	第一段	第二段	第三段	第四段
襄宜地区	曹家楼	居址			第一段	第二段
		墓葬				√
	三步两道桥	采集		√	√	√
	老鸦仓	居址		第一段	第二段	第三段
		墓葬			第一段	第二段
	王家堤	采集		√		
	东棚	采集		√	√	
南阳盆地	凤凰咀	居址	第一段		第二段	
	八里岗	居址		第一段	第二段	第三段
	寨茨岗	不详[①]			√	√
	安国城	墓葬			√	
	赵湾	居址		√		
	党楼	居址			√	√
	小河	采集			√	
	凤凰山	采集		√		

第六节 鄂北及鄂东北地区

鄂北及鄂东北地区主要范围西迄大洪山、涢水，北以桐柏山、大别山为界，东至倒水，南抵长江。可细分为随枣走廊、鄂东北地区两个小地理单元。

一、随枣走廊

（一）金鸡岭

金鸡岭遗址位于湖北省随州市曾都区洛阳镇金鸡岭村二组和三组，地处一不规则形岗地上。遗址于2002年调查发现，同年进行了较大面积的发掘，并出有专刊报告[②]。报告将遗址的新石器遗存分为屈家岭文化和石家河文化两大阶段，又将屈家岭文化分

---

① 简报出土遗物大多未标明出土单位。
② 湖北省文物考古研究所、随州市博物馆：《随州金鸡岭》，科学出版社，2011年。

作三期，本书基本同意，但就具体的各期遗存单位、典型器形的演变尚有异议。在此重做分析。屈家岭文化遗存包括居址和墓葬两类。

居址遗存包括房址、红烧土层、灰土层、灰沟、灰坑、窑址等，地层也出有大量遗物。典型陶器型式划分如下（表一一，图七一）。

表一一 金鸡岭遗址屈家岭文化居址遗存分段表

器类 分段	鼎	罐	碗
第三段	AaⅢ、AcⅢ、AdⅢ、BaⅢ、BbⅡ	AaⅡ、Ab、AcⅡ、BaⅢ、BbⅢ	AⅢ、BaⅡ
第二段	AaⅡ、Ab、AcⅡ、AdⅡ、BaⅡ	AaⅠ、AcⅠ、BaⅡ、BbⅡ	AⅡ、C
第一段	AaⅠ、AcⅠ、AdⅠ、BaⅠ、BbⅠ	BaⅠ、BbⅠ	AⅠ、BaⅠ、Bb

鼎 分二型。

A型 圆腹罐形鼎。分四亚型。

Aa型 窄沿，圆鼓腹，鸭嘴形足。分三式。

Ⅰ式：标本有WNT1009⑩：3（图七一，1）等。

Ⅱ式：标本有WNT1009⑨：2（图七一，2）等。

Ⅲ式：标本有WNT1504⑦：1（图七一，3）等。

Aa型鼎的演变趋势：沿变窄，腹变扁。

Ab型 宽立沿，弧腹。

标本有WNT1410⑩：37（原报告图一三三，7）等。

Ac型 深圆弧腹，圜底，多为鸭嘴形足。分三式。

Ⅰ式：标本有Y2：2（图七一，4）、烧土层24：1等。

Ⅱ式：标本有WNT1604⑫：3（图七一，5）等。

Ⅲ式：标本有WNT1504⑧：32（图七一，6）等。

Ac型鼎的演变趋势：沿微凹变为近盘口。

Ad型 圆弧腹，平底，矮凿形足。分三式。

Ⅰ式：标本有WNT1505⑨：9（图七一，7）等。

Ⅱ式：标本有烧土层15：9（图七一，8）等。

Ⅲ式：标本有WNT1505⑧：6（图七一，9）等。

Ad型鼎的演变趋势：沿面微凹变为近盘口，腹变浅。

B型 宽弧腹盆形鼎。分二亚型。

Ba型 弧腹，圜底，多为宽扁足。分三式。

Ⅰ式：标本有WNT1009⑩：2（图七一，10）等。

Ⅱ式：标本有WNT1209⑭：8（图七一，11）等。

Ⅲ式：标本有WNT1411⑧：6（图七一，12）等。

Ba型鼎的演变趋势：整体变宽浅。

Bb型　弧腹，平底。分二式。

Ⅰ式：标本有烧土层24：2（图七一，13）等。

Ⅱ式：标本有WNT1411⑦：9（图七一，14）等。

Bb型鼎的演变趋势：整体变宽浅。

罐　分二型。

A型　折沿罐。分三亚型。

Aa型　圆鼓腹，整体较矮胖。分二式。

Ⅰ式：标本有烧土层15：7（图七一，15）等。

Ⅱ式：标本有WNT1411⑦：4（图七一，16）等。

Aa型罐的演变趋势：口径变小，整体变高。

Ab型　鼓腹较高。

标本有WNT1604⑩：8（原报告图一四四，6）等。

Ac型　深弧腹，整体较瘦高。分二式。

Ⅰ式：标本有WNT1410⑩：33（图七一，17）等。

Ⅱ式：标本有WNT1110⑬：1（图七一，18）等。

Ac型罐的演变趋势：整体变瘦。

B型　高领罐。分二亚型。

Ba型　领较矮。分三式。

Ⅰ式：标本有H53：12（图七一，19）、WNT0907⑮：6等。

Ⅱ式：标本有WNT1208⑬：8（图七一，20）、WNT1209⑮：15等。

Ⅲ式：标本有WNT1008⑪：5（图七一，21）等。

Ba型高领罐的演变趋势：直口变敞口折沿，沿面下凹成盘口。

Bb型　喇叭形长领（颈）。分三式。

Ⅰ式：标本有H53：11（图七一，22）等。

Ⅱ式：标本有WNT1209⑮：6、WNT1410⑩：12（图七一，23）等。

Ⅲ式：标本有WNT1604⑨：12（图七一，24）等。

Bb型罐的演变趋势：敞口卷沿逐渐变为直口平折沿。

碗　分三型。

A型　内折沿。分三式。

Ⅰ式：标本有烧土层22：1（图七一，25）等。

Ⅱ式：标本有F8：5（图七一，26）、WNT1211⑬：5等。

Ⅲ式：标本有WNT1604⑩：12（图七一，27）等。

图七一　金鸡岭遗址屈家岭文化居址遗存的分段

1~3. Aa型Ⅰ、Ⅱ、Ⅲ式鼎（WNT1009⑨：3、WNT1009⑪：2、WNT1504⑦：1）　4~6. Ac型Ⅰ、Ⅱ、Ⅲ式鼎（Y2：2、WNT1604⑫：3、WNT1504⑧：32）　7~9. Ad型Ⅰ、Ⅱ、Ⅲ式鼎（WNT1505⑨：9、烧土层15：9、WNT1505⑧：6）　10~12. Ba型Ⅰ、Ⅱ、Ⅲ式鼎（WNT1009⑩：2、WNT1209⑭：8、WNT1411⑧：6）　13、14. Bb型Ⅰ、Ⅱ式鼎（烧土层24：2、WNT1411⑦：9）　15、16. Aa型Ⅰ、Ⅱ式罐（WNT1411⑦：4）　17、18. Ac型Ⅰ、Ⅱ式罐（WNT1410⑪：33、WNT1110⑬：1）　19~21. Ba型Ⅰ、Ⅱ、Ⅲ式罐（WNT1208⑬：8、WNT1008⑪：5）　22~24. Bb型Ⅰ、Ⅱ、Ⅲ式罐（H53：11、WNT1410⑩：12、WNT1604⑨：12）　25~27. A型Ⅰ、Ⅱ、Ⅲ式碗（烧土层22：1、F8：5、WNT1604⑩：12）　28、29. Ba型Ⅰ、Ⅱ式碗（H53：10、WNT1110⑬：15）

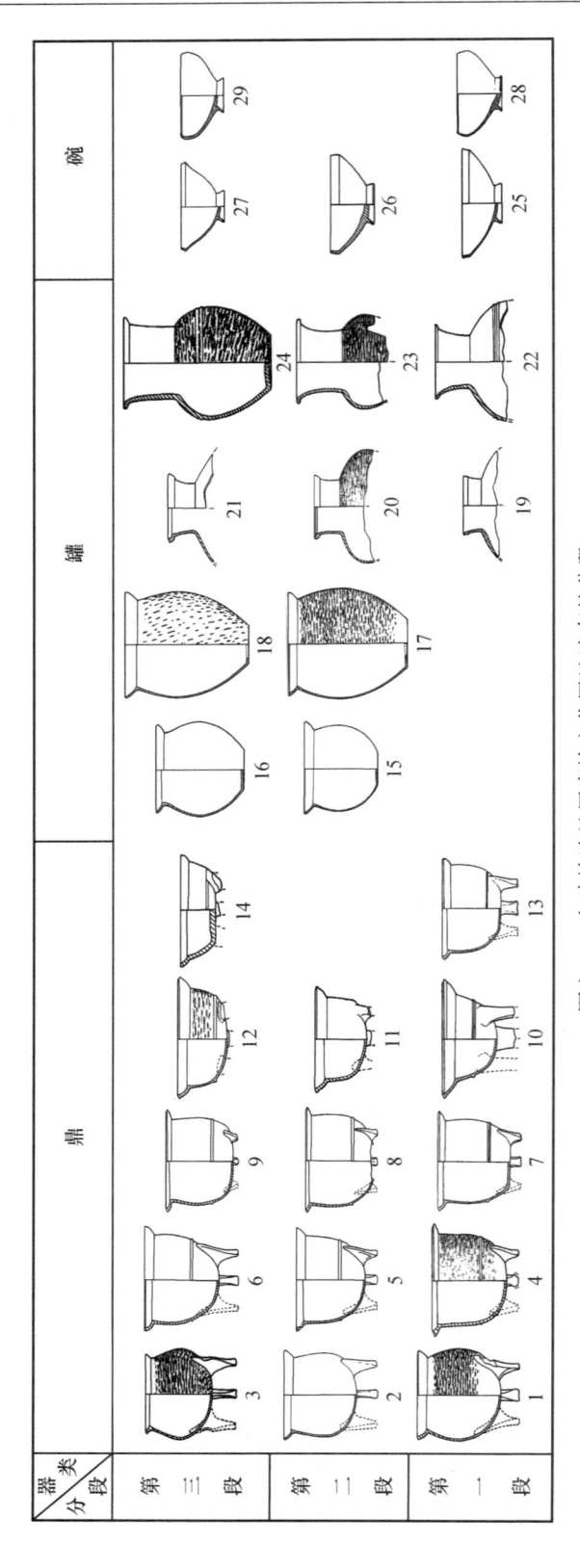

A型碗的演变趋势：腹加深。

B型　敛口。分二亚型。

Ba型　腹较深。

Ⅰ式：标本有H53∶10（图七一，28）等。

Ⅱ式：标本有WNT1110⑬∶15（图七一，29）。

Ba型碗的演变趋势：圈足加高。

Bb型　腹较浅。

标本有WNT1604⑬∶4（原报告图一八四，3）等。

C型　敞口。

标本有烧土层15∶2（原报告图一八五，2）等。

此外还有附加堆纹的钵形鼎、双腹罐、双腹豆、高圈足杯、斜腹杯、高圈足扁腹壶、折沿盆、缸等器类，因数量较少或器形过于破碎，暂不做型式划分。

依据典型陶器的型式分析、器物共存关系与层位关系，可将其分为三段。能够确认的各段遗存单位如下。

第一段：烧土层22、烧土层24、H53、G25、Y2、Y5、WNT0907⑮、WNT1009⑩、WNT1109⑩、WNT1405⑨、WNT1505⑨、WNT1604⑬；

第二段：烧土层15、F8、H45、WNT1009⑨、WNT1208⑬、WNT1209⑭、WNT1209⑮、WNT1211⑩、WNT1211⑬、WNT1410⑩、WNT1504⑩、WNT1504⑪、WNT1604⑫、EST0340②；

第三段：WNT1008⑪、WNT1110⑬、WNT1210⑭、WNT1309⑪、WNT1405⑧、WNT1411⑦、WNT1411⑧、WNT1504⑦、WNT1504⑧、WNT1505⑧、WNT1604⑨、WNT1604⑩。

墓葬遗存包括遗址的绝大部分土坑墓和瓮棺墓。土坑墓随葬品以斜腹杯为核心，少量圈足杯、矮柄杯，个别出有鼎、罐、碗等；瓮棺墓出土遗物以葬具为主，葬具多为罐、碗、鼎、缸等。以报告提供信息，两者基本无可类比的同类器串联，故分开讨论。

土坑墓依据斜腹杯的演变趋势可分为两段（图七二）。

第一段：M4、M10、M11；

第二段：M6、M7。

瓮棺墓主要依据内折沿碗、折沿罐的演变趋势可分为三段（图七二）。

第一段：W4、W5、W6；

第二段：W9、W11、W12、W13、W14、W15；

第三段：W1、W2、W3、W7、W8、W10、W16、W17。

考察其他遗址斜腹杯与内折沿碗的共出情况，可以认为土坑墓的第一、二段与瓮

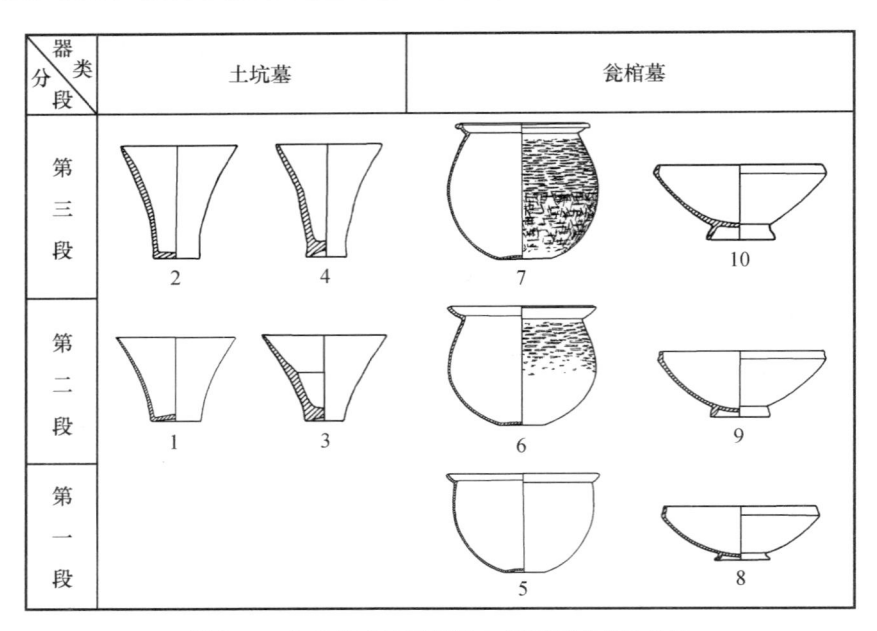

器类\分段	土坑墓		瓮棺墓	
第三段	2	4	7	10
第二段	1	3	6	9
第一段			5	8

图七二　金鸡岭遗址屈家岭文化墓葬遗存的分段

1~4. 斜腹杯（M4∶6、M7∶1、M11∶3、M7∶2）　5~7. 折沿罐（W6∶1、W11∶1、W7∶5）

8~10. 内折沿碗（W6∶4、W9∶1、W7∶2）

棺墓的第二、三段对应。金鸡岭墓葬可以分为三段，第一段包括瓮棺墓第一段；第二段包括土坑墓第一段和瓮棺墓第二段；第三段包括土坑墓第二段和瓮棺墓第三段。墓葬第一段的W6出有1件高领罐，敞口已有卷沿，晚于居址第一段；墓葬第二段的内折沿碗与居址第二段相近；居址第二段的折沿罐形态介于墓葬第一、二段之间；墓葬第三段的折沿罐、内折沿碗与居址第三段同类器相近，可以对应。

综上所述，墓葬第一、二段大体可以与居址第二段对应或略早；墓葬第三段与居址第三段对应。

（二）西花园

西花园遗址位于湖北省随州市淅河镇蒋家寨村西花园西，地处一南北向长方形台地上。遗址于1957年文物普查发现，1983年进行了发掘[①]。报告将新石器遗存分为"屈家岭（晚期）文化"和石家河文化两个阶段。"屈家岭（晚期）文化"实际包含两类不同的遗存。

第一类遗存，器形组合有鼎、曲腹杯、簋、豆、敛口钵、敛口碗、圈足罐、刻槽

---

① 武汉大学历史系考古教研室、襄樊市博物馆、随州市博物馆：《西花园与庙台子》，武汉大学出版社，1993年。

盆、矮圈足形纽器盖、翘盘形器盖、器座等（图七三）。均出于地层中，主要遗存单位有T5⑤、T15⑦、T16④B、T21④、T21⑤、T22④、T23⑥等。

第二类遗存，器形组合有盆形鼎、斜腹杯、圈足杯、高柄杯、镂孔豆、大口折沿罐、内折沿碗、高圈足扁腹壶、花边纽器盖等。遗物大多出于地层中，大致可分为两段（图七四）。

第一段：以T8④B、T23⑤为代表；

第二段：以H1、T8③B、T10④、T11④为代表。

第一类遗存主体与雕龙碑三期相似，同时共存有较多屈家岭下层文化因素；第二类遗存属屈家岭文化。依据同类器形的比较，西花园屈家岭文化遗存第一、二段分别与金鸡岭居址第二段偏晚部分、第三段或墓葬的第二、三段相当。

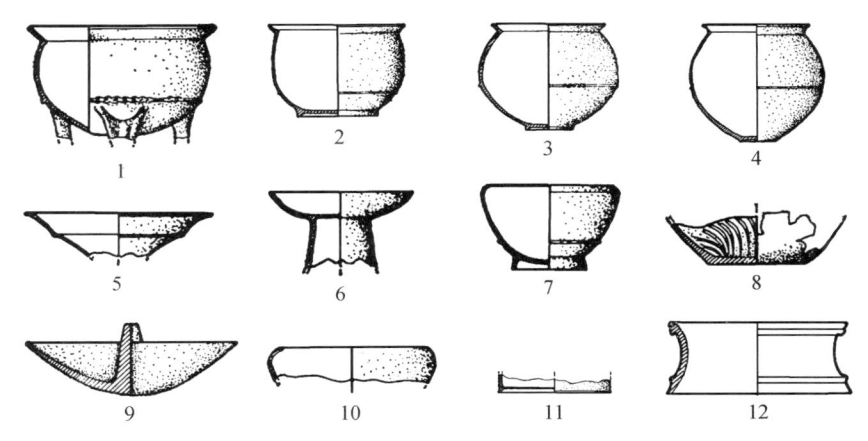

图七三 西花园遗址第一类遗存
1.鼎（T16④B：30） 2.甑（T22④：22） 3、4.圈足罐（T21⑤：59、T15⑦：37） 5、6.豆（T22④：223、T22④：55） 7.碗（T21④：67） 8.刻槽盆（T22④：233） 9.器盖（T22④：54） 10.敛口钵（T5⑤：79） 11.曲腹杯（T23⑥：61） 12.器座（T22④：22）

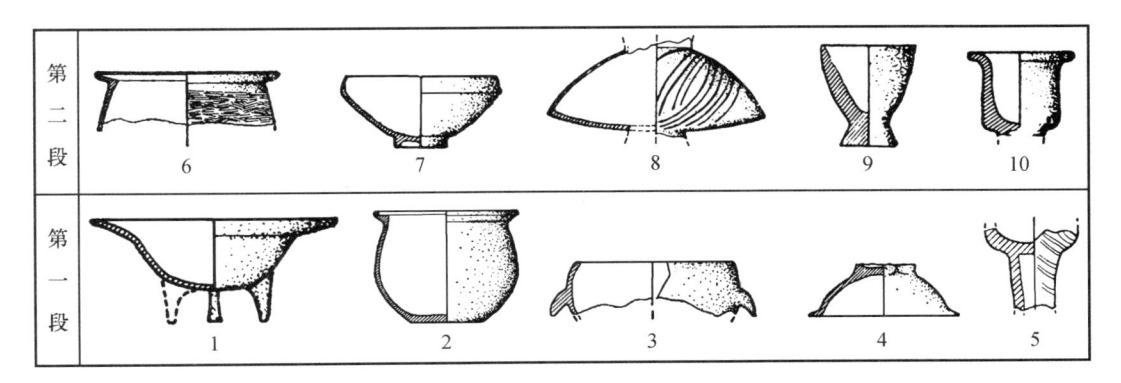

图七四 西花园遗址第二类遗存的分段
1.鼎（T8④B：177） 2、6.折沿罐（T23⑤：23、T8③B：180） 3.敛口罐（T23⑤：69） 4.器盖（T23⑤：65） 5、10.高柄杯（T23⑤：63、H1：5） 7.碗（T10④：46） 8.扁腹壶（T11④：39） 9.斜腹杯（H1：86）

（三）黄土岗

黄土岗遗址位于湖北省随州市均川镇贺氏祠村与胡家台村之间，地处一南北向长方形岗地上。遗址于1957年第一次文物普查时发现，2002~2006年，湖北省文物考古研究所进行过复查[①]，并于2005年进行了发掘[②]。明确属屈家岭文化的仅G5②一个单位，主要器形有高领罐、折沿罐、杯、盆等（图七五）。依据同类器形的比较，大致相当于金鸡岭居址第二段偏晚部分或谭家岭第三段。

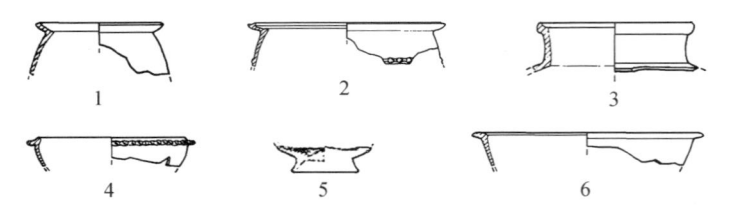

图七五　黄土岗遗址屈家岭文化居址遗存出土陶器

1. 折沿罐（G2②：8）　2、4. 盆（G5②：9、G5②：10）　3、6. 高领罐（G5②：5、G5②：3）
5. 杯圈足（G5②：14）

（四）四顾台

四顾台遗址位于湖北省广水市杨寨镇刘家畈村三组四顾台小学内，地处一高出周围地表4~5米的圆形台地上，四面环水。遗址于2006年经过调查勘探，并进行了小面积发掘[③]。其中揭露的新石器遗存均属屈家岭文化，包含居址和墓葬两类。

居址有烧土堆积、灰坑等迹象，地层也出有较多遗物。依据典型器物演变和层位关系可分为三段（图七六）。

第一段：H8、烧土3、T1⑪；

第二段：H15、H16、T1⑧、T2⑧、T2⑨；

第三段：T1⑦。

墓葬有土坑墓和瓮棺墓，仅W1提供有线图，出有2件折沿罐（图七七）。

墓葬与居址第三段对应。四顾台遗址总体分三段，第一段包括居址第一段；第二段包括居址第二段；第三段包括居址第三段和W1。依据同类器形的比较，四顾台第一~三段与金鸡岭居址第一、二段大致相当。

---

① 湖北省文物考古研究所：《湖北随州新石器时代遗址调查》，《江汉考古》2010年第1期。

② 湖北省文物考古研究所：《湖北随州市黄土岗遗址新石器时代环壕的发掘》，《考古》2008年第11期；湖北省文物考古研究所：《黄土岗遗址2005年发掘报告》，《湖北考古报告集》，《江汉考古》编辑部，2008年。

③ 湖北省文物考古研究所：《湖北广水四顾台遗址发掘简报》，《江汉考古》2012年第3期。

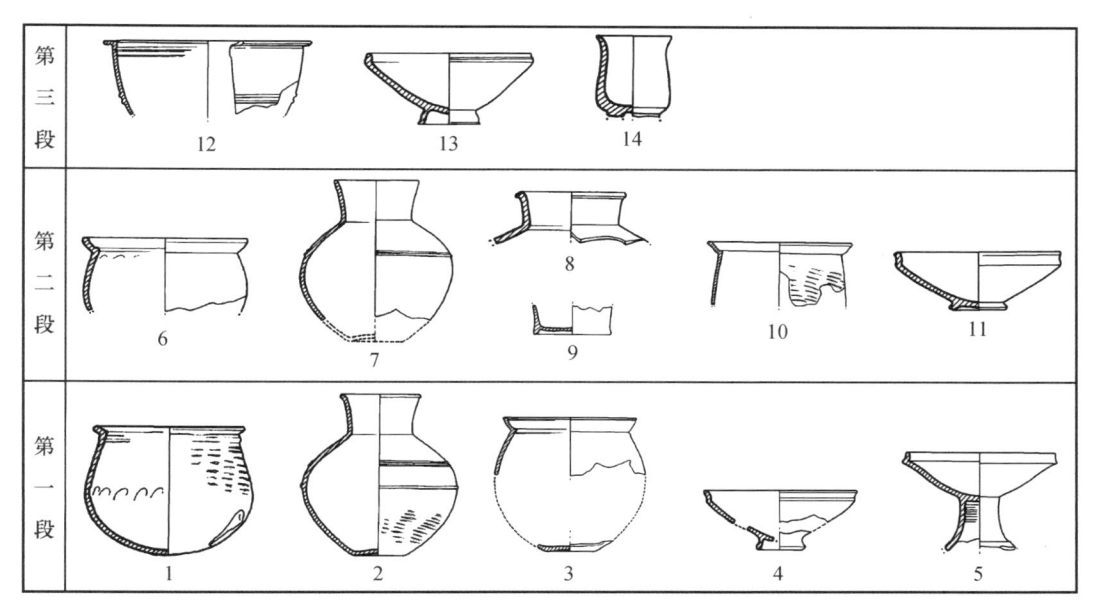

图七六　四顾台遗址屈家岭文化居址遗存的分段

1、6. 鼎（H8∶1、H16∶2）　2、7、8. 高领罐（H8∶5、H16∶1、T2⑨∶1）　3、10. 折沿罐（H8∶3、T2⑧∶6）　4、11、13. 碗（T1⑪∶6、T1⑧∶2、T1⑦∶1）　5. 豆（T1⑪∶13）　9. 斜腹杯（T2⑧∶38）　12. 盆（T1⑦∶3）　14. 高圈足杯（T1⑦∶6）

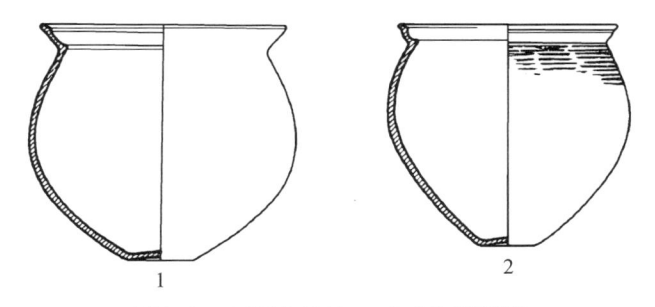

图七七　四顾台遗址W1出土陶折沿罐
1. W1∶1　2. W1∶2

（五）王古溜

王古溜遗址位于湖北省安陆市烟店镇双庙村四组，遗址于20世纪80年代初做过调查[①]，2002年和2006年湖北省文物考古研究所再次调查时确认为一处城址[②]，2015年又

[①] 孝感地区博物馆：《湖北孝感地区新石器时代遗址调查试掘》，《考古》1990年第11期。
[②] 蒋俊春、李翠萍：《安陆市王古溜新石器时代城址》，《中国考古学年鉴（2007年）》，文物出版社，2008年。

进行了一次调查，并清理了三个剖面[1]。

2015年调查和剖面清理采集的标本器形有鼎、高领罐、折沿罐、斜腹杯、圈足碗、盆、缸等。其中大半确定属屈家岭文化，少量属石家河文化。属屈家岭文化的标本依据高领罐的形态可分为两段。

第一段：以P1④为代表；

第二段：以P1③为代表。

依据同类器形的比较，大致与金鸡岭居址的第二段偏晚部分、第三段相当。

（六）余家岗

余家岗遗址位于湖北省安陆市洑水镇洑水港村余家岗湾，地处涢水与洑水交汇的二级台地上。遗址于1979~1989年做过多次调查[2]，2005年进行了小面积的发掘[3]，出有一批屈家岭文化遗存，包括居址和墓葬两类。

1979~1989年调查采集有鼎、高领罐、斜腹杯等器形，其中斜腹杯形态与金鸡岭墓葬第三段接近。

2005年发掘遗存包括居址和墓葬两类。

居址遗存包括灰坑1个，地层也出有较多遗物。可分为两段（图七八）。

第一段：H1，各探方第7、8层；

第二段：各探方第6层。

墓葬11座，均为土坑竖穴墓，开口于第7层下。仅M3提供有线图，出有罐、碗、盆等（图七九）。

从层位关系看，墓葬应该与居址第一段对应。余家岗发掘遗存可分为两段：第一段包括居址第一段和墓葬；第二段包括居址第二段。大致与金鸡岭居址的第一段、第二段偏早部分相当。

---

[1] 湖北省文物考古研究所、孝感市博物馆、安陆市博物馆：《湖北安陆王古溜城址2015年调查简报》，《湖北史前城址》，科学出版社，2015年。

[2] 孝感地区博物馆：《湖北孝感地区古文化遗址调查》，《考古》1986年第7期；孝感市博物馆：《湖北安陆市新石器时代遗址调查》，《江汉考古》1993年第4期。

[3] 湖北省文物考古研究所、孝感市博物馆、安陆市博物馆：《湖北省安陆市余家岗遗址发掘简报》，《湖北考古报告集》，《江汉考古》编辑部，2008年。

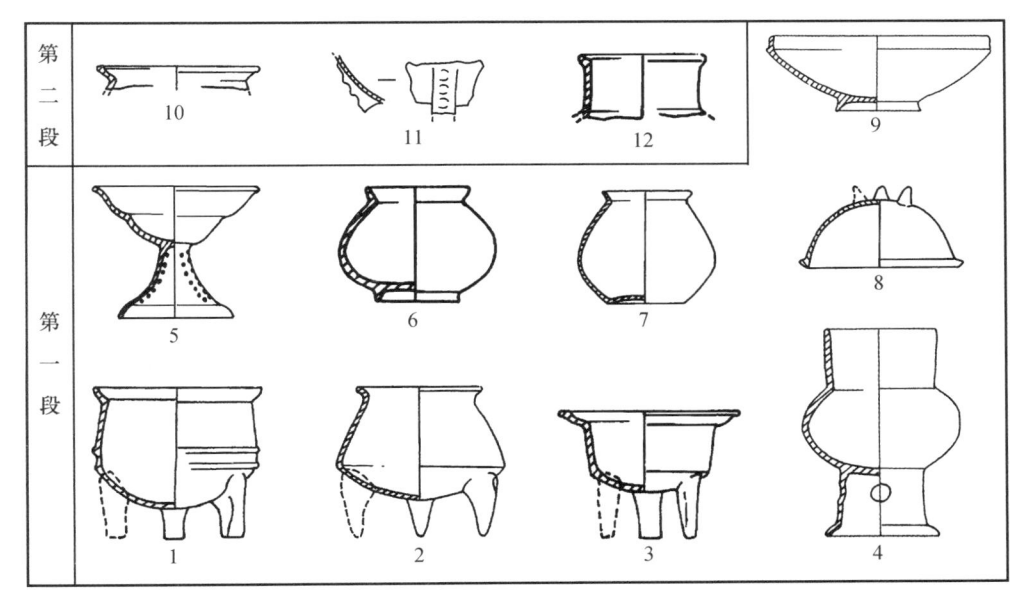

图七八　余家岗遗址屈家岭文化居址遗存的分段

1～3、10. 鼎（T2⑦：1、T2⑦：2、T2⑦：3、T2⑥：5）　4. 圈足壶（H1：7）　5. 豆（T2⑦：10）
6. 圈足罐（H1：4）　7. 凹底罐（H1：5）　8. 器盖（T2⑦：12）　9. 碗（T2⑦：7）　11. 鼎足（T1⑥：1）
12. 高领罐（T2⑥：16）

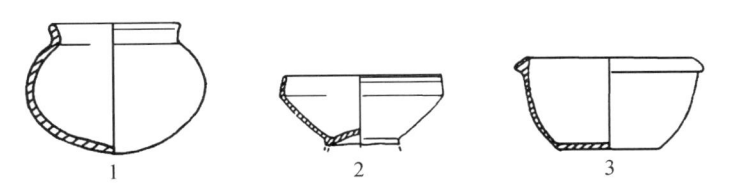

图七九　余家岗遗址M3出土陶器

1. 罐（M3：1）　2. 碗（M3：3）　3. 盆（M3：4）

（七）其他调查材料

除上述遗址外，调查发现含屈家岭文化遗存的遗址还有枣阳的陈大堰、二王庄、孙家湾[1]，随州的冷皮垭[2]、窑湾、长堰湖、周家古城、瞿家湾、梅花台[3]，广水的窝窝墩、观音畈[4]，安陆的庙墩[5]等。

---

[1] 襄樊市博物馆：《随枣走廊几处新石器时代遗址调查》，《江汉考古》1995年第4期。
[2] 襄阳地区博物馆：《随州几处古遗址调查》，《江汉考古》1985年第2期。
[3] 襄樊市博物馆：《随枣走廊几处新石器时代遗址调查》，《江汉考古》1995年第4期；湖北省文物考古研究所：《湖北随州新石器时代遗址调查》，《江汉考古》2010年第1期。
[4] 湖北省孝感地区博物馆：《1980年湖北广水市考古调查报告》1995年第2期。
[5] 孝感市博物馆：《湖北安陆市新石器时代遗址调查》，《江汉考古》1993年第4期。

二、鄂东北地区

（一）叶家庙

叶家庙遗址位于湖北省孝感市孝南区朋兴乡叶庙村和七份村，是一处古城址。遗址于20世纪80年代文物普查时发现，2008年进行了发掘，先后出有简报和专刊报告[①]。

叶家庙遗址包括叶家庙城址和西边的家山遗址，报告将发掘的新石器遗存分为三期，认为第一、二期属屈家岭文化，第三期属石家河文化。第一期均分布在家山，主要包括墓葬，少量灰坑和灰沟，主要器形组合有圈足鼎、豆、圈足罐、圜底臼、折底臼等，与第二期的遗存面貌有明显差异，归入屈家岭文化不妥，其与雕龙碑三期遗存有较大的相似性，应为同类遗存，属雕龙碑三期文化[②]。在此主要讨论报告所分第二期遗存。

叶家庙城址，包含居址和墓葬两类遗存。

居址遗存依据层位关系和典型器物的演变可分为三段（图八〇）。各段单位如下。

第一段：南城垣⑤；

第二段：F7、灰土层3、TG1⑤、TG1⑥、TG1⑦、TG1⑧；

第三段：西城垣探方的第5~8层。

墓葬遗存依据层位关系和折沿罐的演变可分两段（图八一）。各段单位如下。

第一段：W7、W9；

第二段：W1、W2。

居址的第二、三段分别与墓葬的第一、二段对应。

家山遗址，包含居址和墓葬两类遗存。

居址依据层位关系和典型器物演变可分为两段（图八二）。各段单位如下。

第一段：F9、烧土遗迹4、H15、H26；

第二段：F8、H14、H18、H21、H24。

墓葬依据层位关系和典型器物演变可分为二段（图八三）。各段单位如下。

第一段：W17、W31、W34、W35；

[①] 湖北省文物考古研究所、孝感市博物馆、孝南区博物馆：《湖北孝感市叶家庙新石器时代城址发掘简报》，《考古》2012年第8期；湖北省文物考古研究所、孝感市博物馆、孝感市孝南区博物馆：《孝感叶家庙》，科学出版社，2016年。

[②] 何强、赵宾福：《雕龙碑遗址第三期遗存的性质、年代与渊源——兼论"雕龙碑三期文化"》，《江汉考古》2014年第6期。

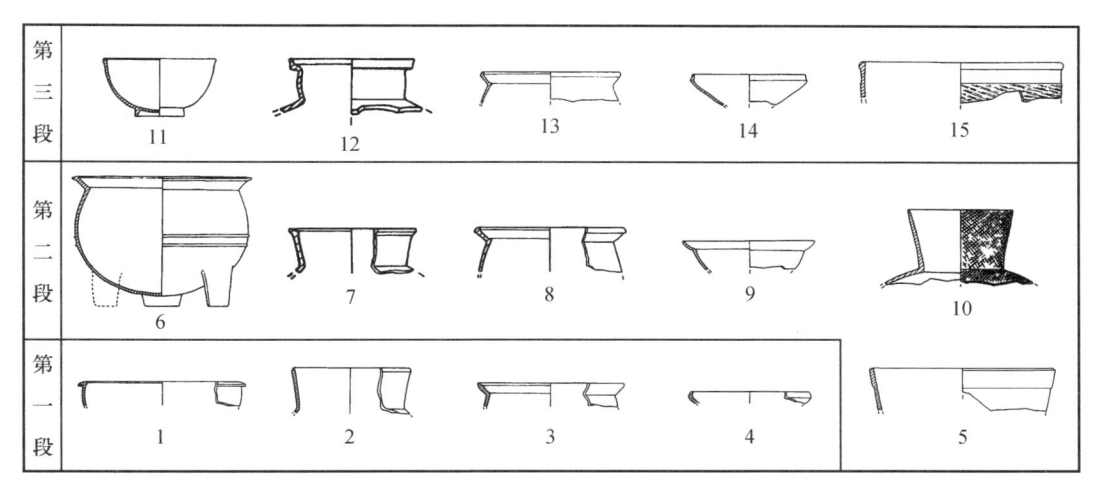

图八〇 叶家庙城址屈家岭文化居址遗存的分段
1. 盆（南城垣⑤：1） 2、7、12.高领罐（南城垣⑤：6、TG1⑦：14、WST3406⑦：78）
3、8、13.折沿罐（南城垣⑤：9、TG1⑦：31、WST3406⑦：97） 4、9、14.豆（南城垣⑤：13、F7：4、
WST3406⑧：35） 5、15.缸（灰土层3：16、WST3406⑦：133） 6.鼎（灰土层3：2）
10.扁腹壶（灰土层3：10） 11.碗（WST3206⑥：1）

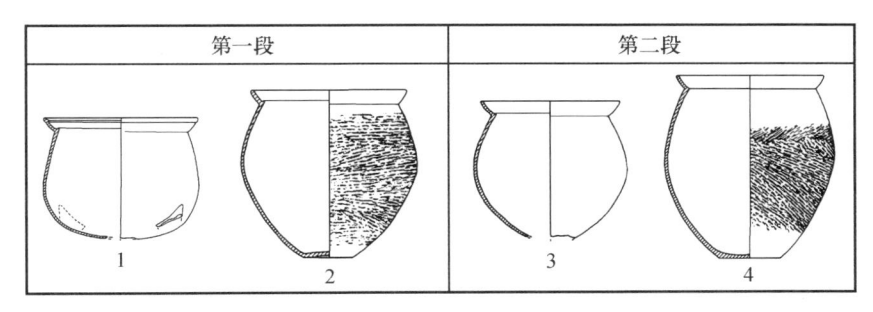

图八一 叶家庙城址屈家岭文化墓葬遗存的分段
1.鼎（W9：1） 2~4.折沿罐（W7：2、W2：2、W1：1）

第二段：M1、M2、M4、M5、M6、M9、M11、W10、W11、W12、W13、W14、W30、W32、W33、W41、W42、W43、W44、W45。

居址的第一、二段分别与墓葬的第一、二段相对应。

从高领罐的演变来看，家山居址第一段介于叶家庙城址居址第二、三段之间，家山居址第二段与叶家庙城址居址第三段相似；家山墓葬第一段的折沿深腹罐形态也介于叶家庙城址居址第二、三段之间，家山墓葬第二段的折沿罐与叶家庙城址居址第三段相似。这些说明家山居址第一段、墓葬第一段晚于叶家庙城址居址第二段、墓葬第一段；家山居址第二段、墓葬第二段与叶家庙城址居址第三段、墓葬第二段相当。

综上所述，叶家庙遗址居址可分为四段，第一段包括叶家庙城址居址第一段；第二段包括叶家庙城址居址第二段；第三段包括家山居址第一段；第四段包括叶家庙城

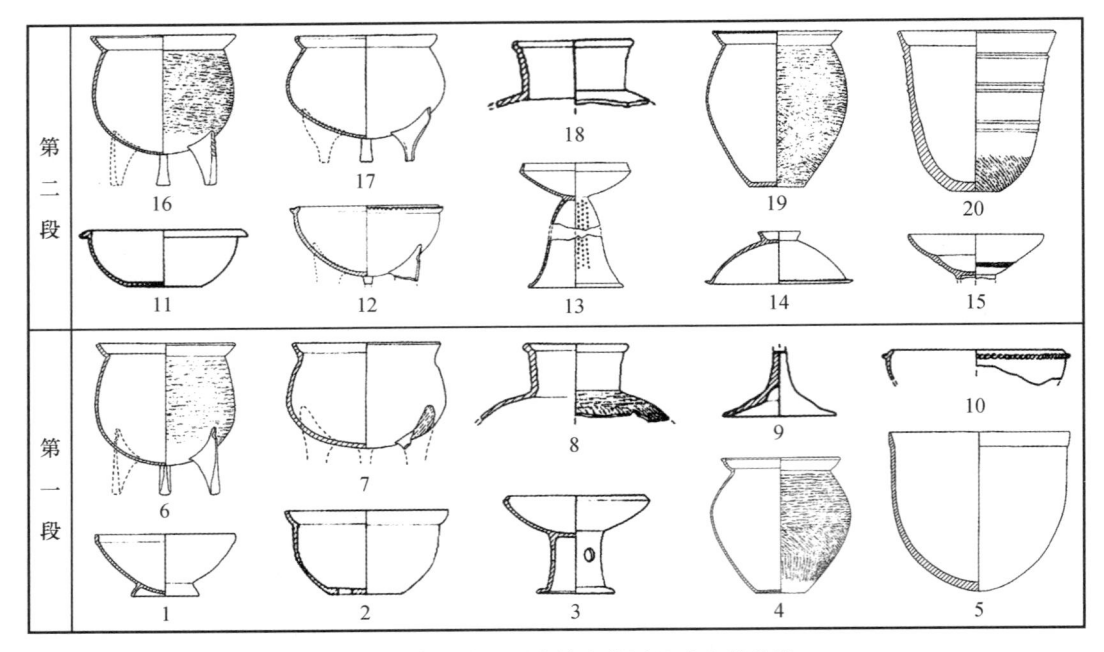

图八二　家山遗址屈家岭文化居址遗存的分段

1. 碗（H26：18）　2. 甑（H26：9）　3、13、15. 豆（H26：15、H18：3、H14：15）　4、19. 折沿罐（H26：14、H14：12）　5、20. 缸（F9：1、H14：8）　6、7、12、16、17. 鼎（H26：6、H26：11、H24：7、H14：19、H18：7）　8、18. 高领罐（H26：37、H14：60）　9、14. 器盖（H26：12、H18：42）　10. 钵（H26：23）　11. 盆（H14：13）

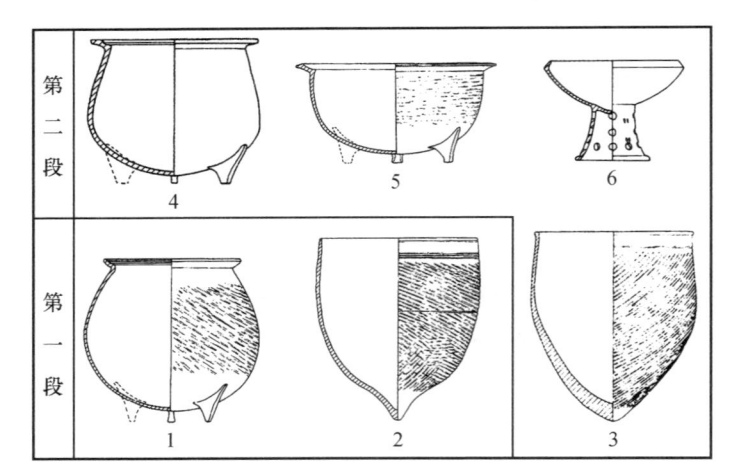

图八三　家山遗址屈家岭文化墓葬遗存的分段

1、4、5. 鼎（W34：2、M5：4、M2：2）　2、3. 缸（W31：1、W10：2）　6. 豆（M2：1）

址居址第三段、家山居址第二段。墓葬可分为三段，第一段包括叶家庙城址墓葬第一段；第二段包括家山墓葬第一段；第三段包括叶家庙城址墓葬第二段、家山墓葬第二段。墓葬的第一～三段与居址的第二～四段相对应。

（二）殷家墩

殷家墩遗址位于湖北省孝感市城北38千米的花园车站附近，处澴水东岸的一处土墩上，于1979～1981年的三省调查中清理了一个断面[①]。断面分为上、下文化层，下层属屈家岭文化，主要器形有鼎、高领罐、折沿罐、内折沿豆、斜腹杯、花边器盖等。折沿罐腹部较圆鼓，满饰篮纹，大体与叶家庙居址第二、三段相当。

（三）夏家寨

夏家寨遗址位于湖北省安陆市东南9千米处，处涢水东岸，于1979～1981年的三省调查中清理了一个断面[②]。断面分为上、下文化层，主要器形有盆形鼎、折沿罐、内折沿豆、高圈足杯、碗、盆、壶、花边器盖等，属屈家岭文化。可分为两段。

第一段：下层文化层；

第二段：上层文化层。

依据同类器形的比较，夏家寨第一、二段与叶家庙居址第一～三段大体相当。

（四）吕王城

吕王城遗址位于湖北省大悟县城东的吕王镇吕王村，地处澴水上游与吕王河交汇处。遗址前后做过两次调查和两次小面积的试掘[③]。两次发掘的资料共可分为两段（图八四）。

第一段：T1⑤～⑧；

第二段：T1③、④，T4⑥。

依据同类器形的比较，吕王城第一段与叶家庙第一、二段相当，第二段与叶家庙第三段相当。

[①] 北京大学考古专业商周组，河南省安阳、新乡地区文化局，湖北省孝感地区博物馆：《晋、豫、鄂三省考古调查简报》，《文物》1982年第7期。

[②] 北京大学考古专业商周组，河南省安阳、新乡地区文化局，湖北省孝感地区博物馆：《晋、豫、鄂三省考古调查简报》，《文物》1982年第7期。

[③] 吴泽明：《大悟县吕王城遗址调查》，《江汉考古》1981年增刊；孝感地区博物馆：《大悟吕王城重点调查简报》，《江汉考古》1985年第3期；孝感地区博物馆：《湖北大悟吕王城遗址》，《江汉考古》1990年第2期。

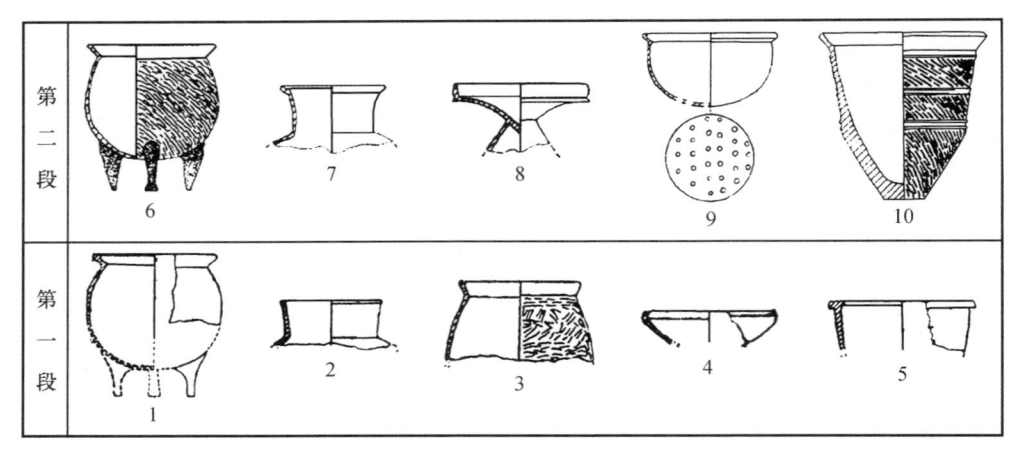

图八四　吕王城遗址屈家岭文化居址遗存的分段

1、6. 鼎（T1⑧：109、T4⑥：1）　2、7. 高领罐（T1⑧：98、T4⑥：6）　3. 折沿罐（T1⑤：55）
4、8. 豆（T1⑧：177、T4⑥：5）　5. 盆（T1⑧：116）　9. 甑（T4⑥：2）　10. 缸（T4⑥：9）

（五）土城

土城遗址位于湖北省大悟县三里镇土城湾，是一处古城址，于1982年做过重点调查，并试掘了四条探沟[①]。其中属屈家岭文化的单位有T1⑦，T2⑧、⑨，T3⑥，T4⑥。大致可分为两段（图八五）。

第一段：以T2⑧、⑨为代表；

第二段：以T3⑥为代表。

依据同类器形的比较，土城第一、二段与叶家庙第三、四段大体相当。

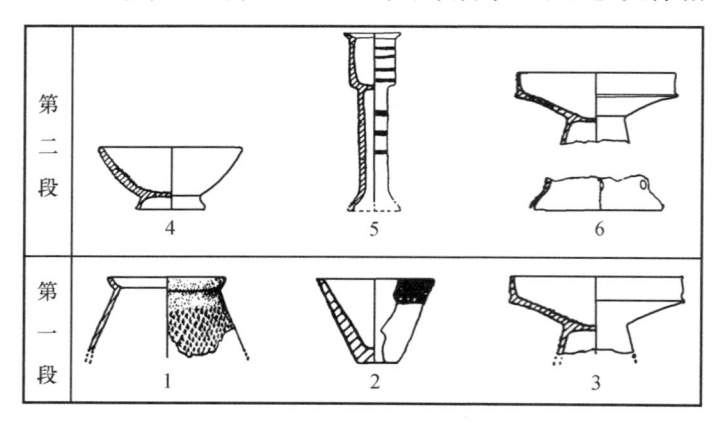

图八五　土城遗址屈家岭文化居址遗存的分段

1. 折沿罐（T2⑧：23）　2. 斜腹杯（T2⑧：16）　3、6. 豆（T2⑨：2、T3⑥：14）　4. 碗（T3⑥：9）
5. 高柄杯（T3⑥：16）

---

①　孝感地区博物馆、大悟县博物馆：《大悟县土城古遗址探掘简报》，《江汉考古》1986年第2期；大悟县博物馆：《大悟县古文化遗址调查简报》，《江汉考古》1990年第2期。

（六）北门岗

北门岗遗址位于湖北省大悟县河口镇北约100米处，地处高出周围3~7米的台地上。仅做过试掘调查，地层出有少量屈家岭文化遗物[1]。主要器形有鼎、豆、高圈足杯、小罐等（图八六）。依据同类器形的比较，大体相当于叶家庙第三段。

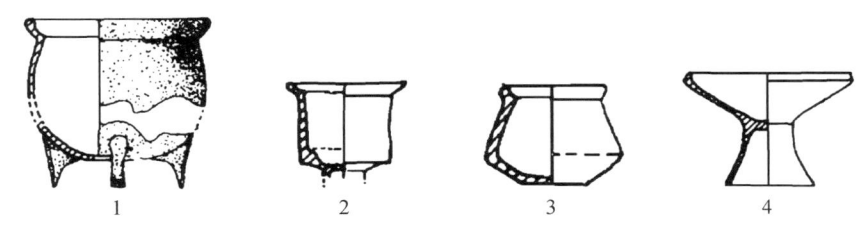

图八六　北门岗遗址屈家岭文化居址遗存出土陶器
1. 鼎（T1⑥：5）　2. 高圈足杯（T1⑥：9）　3. 小罐（T1⑥：8）　4. 豆（T1⑥：7）

（七）张西湾

张西湾遗址位于湖北省武汉市黄陂区祁家湾镇建安村，地处一东北向台地上，是一处古城址。遗址于2008年做过抢救性发掘，简报分为三期，分属"石家河文化"早、中、晚三期[2]。从发表的器物线图来看，还存在部分属屈家岭文化的单位，如T0503⑤、T0503⑥、T0603⑤、T0603⑥、T0605⑤、T0706⑥、T0806⑥、T0806⑦、T0806⑧、T0906⑥、T1006⑧、T1006⑨、T1007⑧、F1、灰烬层1、城垣2、城垣3等。这些单位出土的标本主要器形有卷边足鼎、折沿罐、高领罐、双腹豆、仰折沿豆、内折沿豆、斜腹杯、高圈足杯、缸、器盖等。依据同类器形的比较，总体特征接近叶家庙第四段。

（八）其他调查材料

除上述遗址外，调查发现含有屈家岭文化遗存的遗址还有安陆中东部的解放山[3]，孝感的大台子[4]、迴龙寺、港边程、台子湖[5]，云梦的龚寨、好石桥、斋神堡[6]，黄陂

---

[1] 孝感地区博物馆：《湖北孝感地区新石器时代遗址调查试掘》，《考古》1990年第11期。
[2] 湖北省文物考古研究所、武汉市黄陂区文物管理所：《武汉市黄陂区张西湾新石器时代城址发掘简报》，《考古》2012年第8期。
[3] 孝感市博物馆：《湖北安陆市新石器时代遗址调查》，《江汉考古》1993年第4期。
[4] 孝感市文管所：《孝感市大台子新石器时代遗址调查》，《江汉考古》1990年第2期。
[5] 李端阳、陈明芳：《湖北孝感市古文化遗址调查简报》，《考古》1994年第9期。
[6] 云梦县博物馆：《湖北云梦新石器时代遗址调查简报》，《考古》1987年第2期。

的陈门潭、铁门坎、祝家店、面前畈[1]，大悟的沈家城[2]、双河墩子畈、天灯岗[3]、桥头墩[4]、四姑墩[5]等。

三、小　　结

鄂北及鄂东北地区的屈家岭文化遗存分别可以金鸡岭、叶家庙为代表，这两处遗址器类丰富，文化面貌清晰，年代序列完整。同时参考环洞庭湖地区、江汉地区的分段，并以金鸡岭、叶家庙的分段为标准，可将该地区分为四段，其他可确定年代的遗址各段对应表一二。

表一二　鄂北及鄂东北地区屈家岭文化遗存年代的串联

区域	遗址		分段			
	遗址名	性质	第一段	第二段	第三段	第四段
随枣走廊	金鸡岭	居址	第一段	第二段		第三段
		墓葬		第一段	第二段	第三段
	西花园	居址			第一段	第二段
	黄土岗	居址			√	
	四顾台	居址	第一段	第二段	第三段	
		墓葬			√	
	王古溜	居址			第一段	第二段
	余家岗	居址	第一段	第二段		√（采集）
		墓葬	√			
	庙墩	采集		√		
	冷皮垭	采集		√	√	
	程大堰	采集				√
	二王庄	采集		√	√	√
	孙家湾	采集		√	√	
	窑湾	采集	√			

---

[1] 黄陂县文化馆：《黄陂境内的新石器时代文化遗存》，《江汉考古》1987年第2期。

[2] 孝感地区博物馆、大悟县博物馆：《大悟县几处古遗址的调查》，《江汉考古》1984年第1期；大悟县博物馆：《大悟县古文化遗址调查简报》，《江汉考古》1990年第2期；孝感地区博物馆：《湖北孝感地区新石器时代遗址调查试掘》，《考古》1990年第11期。

[3] 大悟县博物馆：《大悟县古文化遗址调查简报》，《江汉考古》1990年第2期。

[4] 孝感地区博物馆、大悟县博物馆：《大悟县几处古遗址的调查》，《江汉考古》1984年第1期。

[5] 北京大学考古专业商周组，河南省安阳、新乡地区文化局，湖北省孝感地区博物馆：《晋、豫、鄂三省考古调查简报》，《文物》1982年第7期。

续表

区域	遗址名	性质	第一段	第二段	第三段	第四段
随枣走廊	长堰湖	采集			√	√
	周家古城	采集		√	√	
	梅花台	采集			√	√
	窝窝墩	采集	√			√
鄂东北地区	叶家庙	居址	第一段	第二段	第三段	第四段
		墓葬		第一段	第二段	第三段
	殷家墩	居址		√		
	夏家寨	居址	第一段	第二段		
	吕王城	居址		第一段	第二段	
	土城	居址			第一段	第二段
	北门岗	居址			√	
	张西湾	居址				√
	四姑墩	居址		√		
	解放山	采集		√	√	
	大台子	采集			√	√
	桥头墩	采集			√	

第七节　鄂东南地区及淮河上游

鄂东南地区主要指湖北的东南部，大致包括倒水以东地区及向西南延伸至以武汉为中心的长江南岸，具体涉及麻城、罗田、新洲、武昌、江夏、黄冈、大冶、阳新等县（区）市。该地区考古发现和发掘相对较少，暂不做更细的地理划分。淮河上游主要包括河南的东南部地区，本节只涉及信阳地区。

一、鄂东南地区

（一）放鹰台

放鹰台遗址位于湖北省武汉市水果湖南岸和东湖南端的西岸湖滨，地处一南北向椭圆形台地上。遗址于1956年发现，1965年和1997年分别进行过两次发掘[①]。均包括居

[①] 湖北省文物考古研究所：《武昌放鹰台》，文物出版社，2003年；武汉市博物馆：《洪山放鹰台遗址97年度发掘报告》，《江汉考古》1998年第3期。

址和墓葬两类。

第一次发掘的屈家岭文化遗存主要包括第4层和少量墓葬。

居址类遗存，主要包括各探方第4层。器形有鼎（足）、折沿罐、豆、圈足杯、器盖等（图八七）。

墓葬遗存，均为土坑墓。主要依据高领罐的口沿特征可分为二段（图八八）。各段单位如下。

第一段：65WFM29、65WFM63、65WFM76、65WFM85、65WFM92、65WFM95；

第二段：65WFM1、65WFM34。

居址遗存与墓葬第一段年代大体一致。

第二次发掘的屈家岭文化遗存主要包括简报所分的第二阶段部分遗存和第三阶段所有遗存。

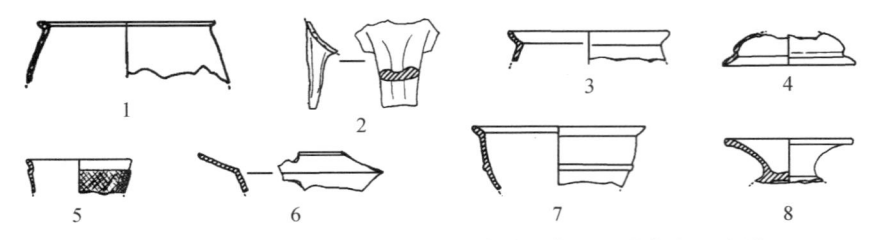

图八七　放鹰台遗址第一次发掘屈家岭文化居址遗存出土陶器
1. 鼎（65WFT59④：14）　2. 鼎足（65WFT23④：7）　3. 折沿罐（65WFT18④：11）
4、8. 器盖（65WFT37④：6、65WFT37④：7）　5. 圈足杯（65WFT59④：12）　6、7. 豆（65WFT21④：7、65WFT18④：12）

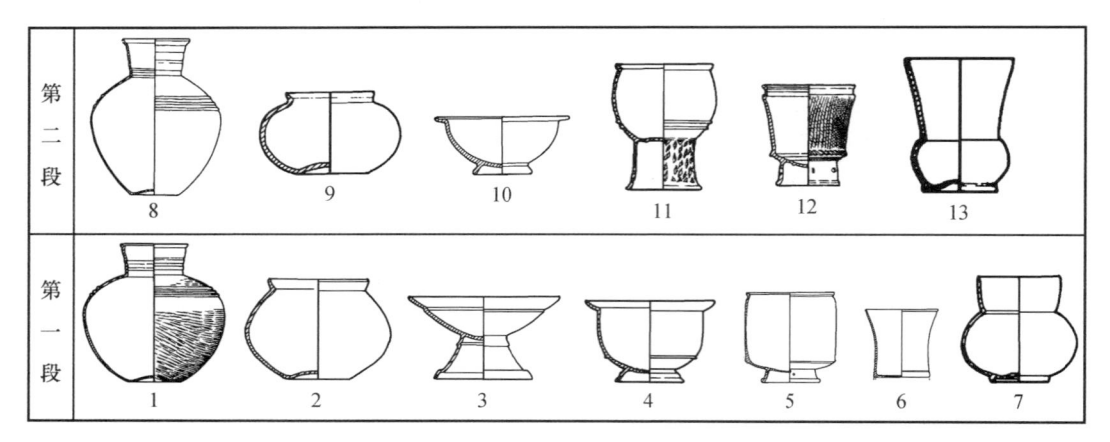

图八八　放鹰台遗址第一次发掘屈家岭文化墓葬遗存的分段
1、8. 高领罐（65WFM85：8、65WFM34：2）　2、9. 折沿罐（65WFM63：7、65WFM1：1）
3、11. 豆（65WFM63：9、65WFM1：5）　4. 簋（65WFM63：3）　5、12. 圈足杯（65WFM85：6、65WFM1：4）　6. 斜腹杯（65WFM29：5）　7、13. 鼓腹圈足壶（65WFM76：1、65WFM1：3）
10. 盆（65WFM34：3）

居址遗存以97WFH27、97WFH28为代表（图八九）。

墓葬遗存均为土坑墓。主要依据壶的演变趋势可分为四段（图九〇）。

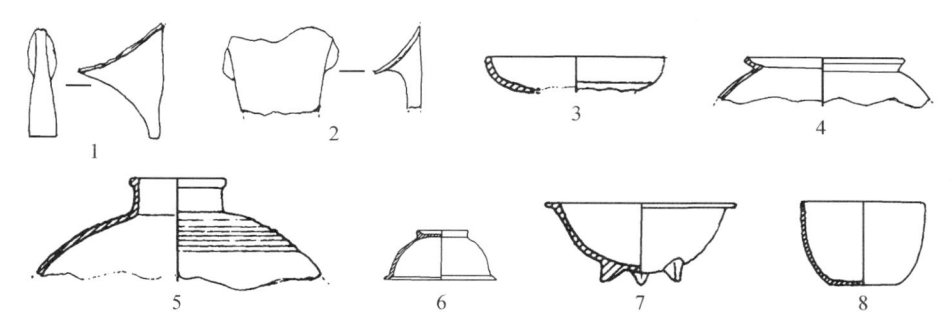

图八九　放鹰台遗址第二次发掘屈家岭文化居址遗存出土陶器

1、2.鼎足（97WFH27：12、97WFH27：13）　3.豆（97WFH27：16）　4.大口折沿罐（97WFH27：18）
5.高领罐（97WFH27：11）　6.器盖（97WFH28：4）　7.三足钵（97WFH27：3）　8.钵（97WFH27：1）

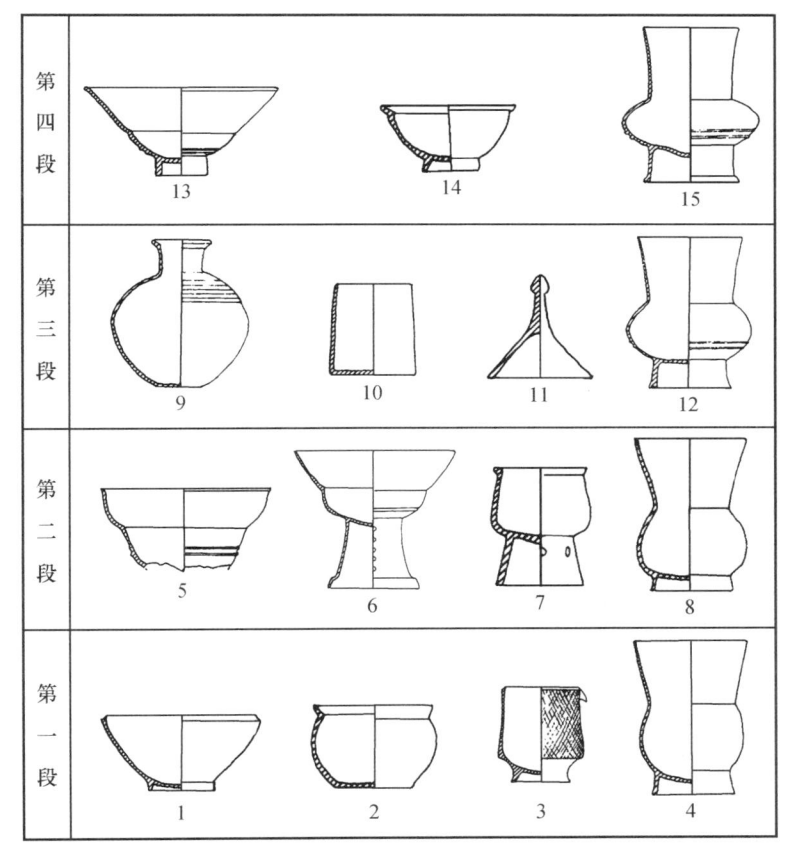

图九〇　放鹰台遗址第二次发掘屈家岭文化墓葬遗存的分段

1、5、13、14.碗（97WFM25：2、97WFM13：4、97WFM55：4、97WFM55：3）　2、9.罐（97WFM25：4、97WFM15：1）　3、7.圈足杯（97WFM25：2、97WFM13：2）　4、8、12、15.鼓腹圈足壶（97WFM25：6、97WFM24：2、97WFM49：2、97WFM55：1）　6.豆（97WFM60：6）　10.杯（97WFM49：3）
11.器盖（97WFM49：8）

第一段：97WFM25；

第二段：97WFM13、97WFM24、97WFM60；

第三段：97WFM15、97WFM49；

第四段：97WFM55。

居址年代与墓葬第二段相当。

依据同类器形的比较，同时参考谭家岭、城头山等器形丰富、演变序列完整的遗址的分段，可知放鹰台第一次发掘墓葬的第一、二段与第二次发掘墓葬的第三、四段相当。放鹰台两次发掘的屈家岭文化遗存居址可分为两段，第一段包括第二次发掘居址遗存；第二段包括第一次发掘居址遗存。墓葬可分为四段，第一段包括第二次发掘墓葬第一段；第二段包括第二次发掘墓葬第二段；第三段包括第一次发掘墓葬第一段、第二次发掘墓葬第三段；第四段包括第一次发掘墓葬第二段、第二次发掘墓葬第四段。居址第一、二段与墓葬第二、三段对应。放鹰台第一～四段与谭家岭、城头山第一～四段大体相当。

（二）潘柳村

潘柳村遗址位于湖北省武汉市江夏区五里界镇，地处一高出周围的台地上。遗址于1983年发现，1998年进行了发掘[①]。遗址的屈家岭文化遗物标本基本出于各探方的第3层，器类有鼎、高领罐、折沿罐、双腹豆、碗、盆等。

依据同类器形的比较，与放鹰台第三、四段大致相当。

（三）蟹子地

蟹子地遗址位于湖北省大冶市罗桥街道办事处王家庄村墩下庄五组，为一高出周围地表的台地。1983年调查在断面上清理出一堆陶器，推测为一座墓葬（编号为83M1），2009年对遗址进行了抢救性发掘[②]。属屈家岭文化的仅83M1共1个单位，出土陶器器形有中口罐、小罐、圈足杯等（图九一）。

依据同类器形的比较，大致与放鹰台第二段、肖家屋脊第二段相当。

---

① 武汉市博物馆、江夏区博物馆：《1998年江夏潘柳村遗址发掘报告》，《江汉考古》2000年第3期。

② 湖北省文物考古研究所、黄石市博物馆：《湖北大冶蟹子地遗址2009年发掘报告》，《江汉考古》2010年第4期。

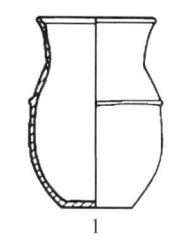

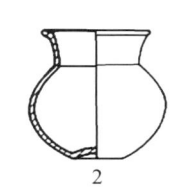

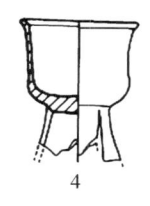

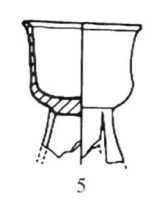

图九一　蟹子地遗址83M1出土陶器
1. 中口罐（83M1：1）　2. 小罐（83M1：2）　3~5. 圈足杯（83M1：3、83M1：4、83M1：5）

（四）大路铺

大路铺遗址位于湖北省阳新县白沙镇土库村保塰组大路铺自然村。遗址于1981年文物普查时发现，于1984~1985年、1990年、2003~2004年前后共进行了4次发掘，揭露出新石器时代、商、周、明、清多个时期的遗存，报告主要报道了新石器和商周时代遗存[①]。报告将新石器时代遗存分为两期三段，年代大致与肖家屋脊"石家河文化"相当，上限可能比肖家屋脊"石家河文化"早期略晚。

报告对大路铺的新石器遗存认识存在误差。首先，归入新石器遗存的03EF1，出有1件陶器，为鼎式鬲（03EF1：1，见原报告图九九），属商周时期的大路铺文化，应剔除。剩下的新石器遗存，从陶器器形及组合来看，至少包含三类不同性质的文化遗存。第一类主要包括北区发掘的6座墓葬（84NM1~84NM6），主要器形组合有鸭嘴形足的圆腹罐形鼎、垂腹釜形鼎、折腹平底壶、折腹圈足壶、鼓腹圈足壶、圈足罐、折腹罐、带鋬碗、敛口碗、簋、深腹小杯、豆等。这些器形均见于武穴鼓山[②]、潜山薛家岗[③]，属典型的薛家岗文化。第二类主要包括2003年东区第7~10层及其层下的遗迹，1990年东区第8、9层及其层下的遗迹，1984年东区第7、8层，1984年北区F1、1984年西区遗存，主要器形有宽扁足或凿形足的罐形鼎、宽折沿盆形鼎、大口折沿罐、高领罐、双腹豆、内折沿豆、圈足杯、盆、大口罐形甑、缸、器座、器盖等，这些都是屈家岭文化常见的器形，属屈家岭文化。第三类主要包括1990年东区第7、6层及第6层下的遗迹，以90ET233[⑦]、90EH12为代表，主要器形有鼎、粗把豆、圈足盘、细颈鬶、粗颈鬶、瓮、盆、器盖等，与通城尧家林晚期遗存[④]相近，属石家河文化。

---

① 湖北省文物考古研究所、湖北省黄石市博物馆、湖北省阳新县博物馆：《阳新大路铺》，文物出版社，2013年。

② 湖北省京九铁路考古队、湖北省文物考古研究所：《武穴鼓山——新石器时代墓地发掘报告》，科学出版社，2001年。

③ 安徽省文物考古研究所：《潜山薛家岗》，文物出版社，2004年。

④ 武汉大学历史系考古专业、咸宁地区博物馆、通城县文化馆：《湖北通城尧家林遗址的试掘》，《江汉考古》1983年第3期。

上文所分第二类遗存即屈家岭文化遗存，均为居址遗存，遗物大多出于地层中，少量出于灰坑中。依据同类器形的比较，大致与谭家岭第二段、螺蛳山第二段相当，或个别略早。

（五）香炉山

香炉山遗址位于武汉市新洲区阳逻镇香炉山上，1989～1990年发掘了两次[①]。遗址的屈家岭文化遗存较为零星，见于发掘纪要中。

发掘纪要将发掘的新石器遗存分为两期，分属"屈家岭文化"早期和"龙山文化"阶段。从发表的器物线图看，第一期实际属屈家岭下层文化；第二期部分遗存属屈家岭文化，还有未发表线图的器物，据描述应该属石家河文化。

依据同类器形的比较，香炉山屈家岭文化遗存大致与放鹰台第二段相当或略晚。

（六）螺蛳山

螺蛳山遗址位于湖北省黄冈市堵城镇北约1千米处，地处一椭圆形台地上。遗址于1956年发现，分别于1957年、1985年和1990年进行了三次发掘[②]。屈家岭文化遗存主要见于1990年发掘的2座墓葬（90HLM1、90HLM3），主要器形有罐形鼎、盆形鼎、双腹豆、双腹碗、斜腹杯、圈足壶等（图九二）。

依据同类器形的比较，螺蛳山屈家岭文化遗存与放鹰台第四段大致相当。

（七）吊尖

吊尖遗址位于湖北省麻城市凡固坑村一组，地处一椭圆形台地上，于2005～2006年进行了抢救性发掘[③]。遗址的新石器时代遗存主要为墓葬，少量红烧土堆积、灰坑，据简报中提供的随葬品线图，明确属屈家岭文化的单位有M2、W8、W11，出土器物有折腹盆形鼎、篮纹罐形鼎、斜腹杯、壶、器盖等。可分为两段（图九三）。

---

① 香炉山考古队：《湖北武汉市阳逻香炉山遗址考古发掘纪要》，《南方文物》1993年第1期；武汉大学历史系考古教研室、武汉市博物馆、新洲县文化馆：《湖北新洲香炉山遗址（南区）发掘简报》，《江汉考古》1993年第1期。

② 中国科学院考古研究所湖北发掘队：《湖北黄冈螺蛳山遗址的探掘》，《考古》1962年第7期；湖北省黄冈地区博物馆：《湖北黄冈螺蛳山遗址墓葬》，《考古学报》1987年第3期；湖北省黄冈地区博物馆：《1990年湖北黄冈螺蛳山遗址墓葬清理发掘》，《鄂东考古发现与研究》，湖北科学技术出版社，1999年。

③ 湖北省文物考古研究所、麻城市博物馆：《湖北麻城吊尖遗址发掘简报》，《江汉考古》2008年第1期。

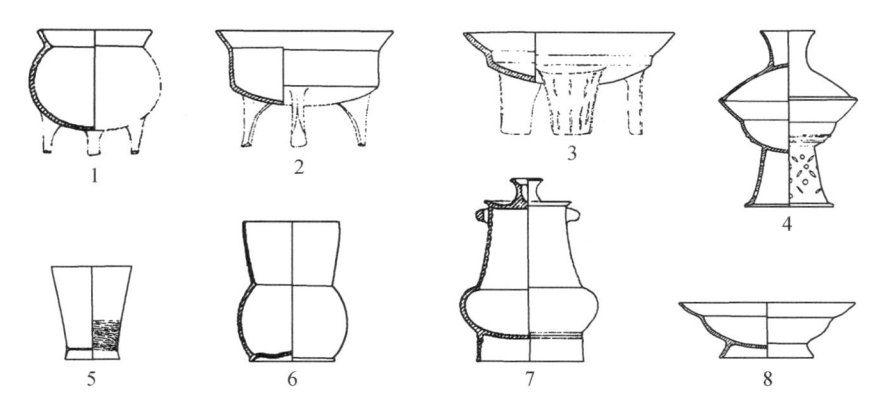

图九二 螺蛳山遗址屈家岭文化墓葬遗存出土陶器

1~3.鼎（90HLM1∶2、90HLM1∶8、90HLM1∶3） 4.豆（90HLM1∶1） 5.斜腹杯（90HLM3∶3）
6.鼓腹圈足壶（90HLM1∶4） 7.贯耳壶（90HLM1∶5） 8.碗（90HLM1∶11）

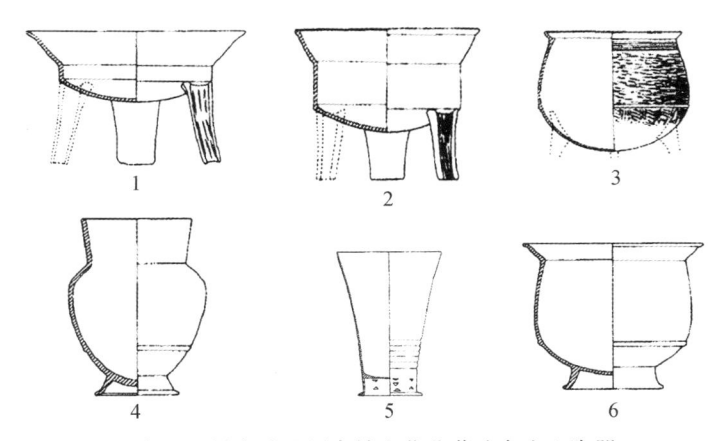

图九三 吊尖遗址屈家岭文化墓葬遗存出土陶器

1~3.鼎（M2∶4、M2∶10、W11∶1） 4.壶（M2∶6） 5.斜腹杯（M2∶12） 6.罐（M2∶8）

第一段：以W11为代表；

第二段：以M2、W8为代表。

依据同类器形的比较，吊尖第一、二段与放鹰台第三、四段大致相当，或略早。

（八）金罗家

金罗家遗址位于湖北省麻城市宋埠镇新田铺村，于1989年文物普查时发现，地面采集了较多标本，还清理了1座墓葬（J2M1）①。采集标本中有高领罐、斜腹杯、高圈足杯、碗等属屈家岭文化，J2M1出有鼎、觚形杯、豆、碗、器盖等，虽含有大汶口等

---

① 麻城市博物馆：《麻城金罗家遗址调查简报》，《江汉考古》1992年第3期。

其他文化因素，主体也应属屈家岭文化。

依据同类器形的比较，与放鹰台第四段大致相当。

（九）栗山岗

栗山岗遗址位于湖北省麻城市区北约2.5千米处，地处一高出周围2～4米的土墩上。遗址于1984年文物普查时发现，1986年进行了发掘[①]。报告将发掘的新石器遗存分为早（第5层）、晚（第3、4层）两期。其中早期遗存中部分单位属屈家岭文化，具体有T2⑤C、T2⑤D、T3⑤D、T4⑤D、T5⑤B、T5⑤C、T5⑤D、T6⑤C、T6⑤D等，主要器形有硬折腹盆形鼎、罐形鼎、斜腹杯、圈足杯、碗、甑、网格纹彩陶壶等（图九四）。

依据同类器形的比较，栗山岗的屈家岭文化遗存年代与吊尖大体相当。

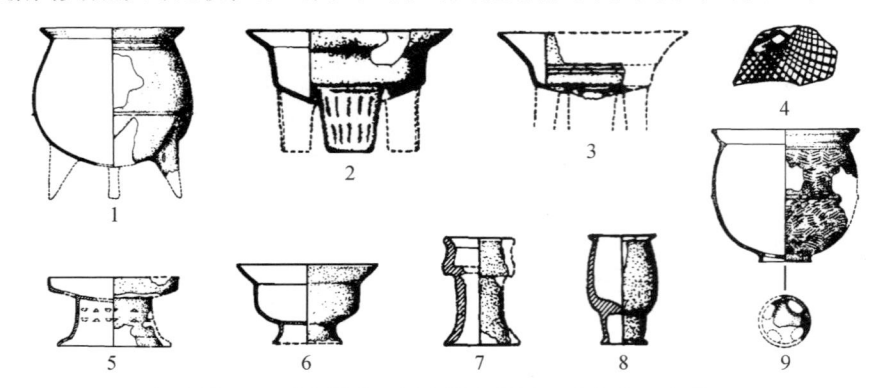

图九四　栗山岗遗址屈家岭文化居址遗存出土陶器

1～3. 鼎（T5⑤C：93、T5⑤B：96、T5⑤C：95）　4. 彩陶片（T3⑤D：49）　5. 豆（T5⑤C：98）
6. 碗（T4⑤D：40）　7、8. 圈足杯（T2⑤D：40、T5⑤C：67）　9. 甑（T3⑤D：61）

（十）庙山岗

庙山岗遗址位于湖北省罗田县三里畈镇张家湾村，地处一高出周围7～9米的小山坡上。遗址于1990年文物普查时发现，1991年进行了发掘[②]。发掘报告将新石器遗存分为早、晚两期，早期包括西北区第8、9层和F1；晚期包括西北区第7层、东区第7～9层。其中早期属屈家岭文化遗存，主要器形有盆形鼎、高领罐、折沿罐、斜腹杯、

[①] 武汉大学历史系考古教研室、黄冈地区博物馆、麻城市革命博物馆：《湖北麻城栗山岗新石器时代遗址》，《考古学报》1990年第4期。

[②] 湖北省文物考古研究所、黄冈地区博物馆、罗田县文物管理所：《湖北罗田庙山岗遗址发掘报告》，《考古》1994年第9期。

豆、甑等（图九五）。依据同类器形的比较，与放鹰台第三、四段大致相当，少量可早到第二段。

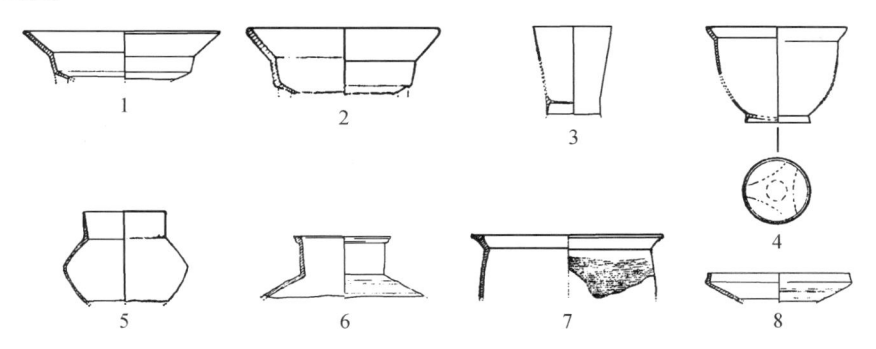

图九五　庙山岗遗址屈家岭文化居址遗存出土陶器
1、2. 鼎（T0733⑨∶6、T0833⑨∶2）　3. 斜腹杯（F1②∶62）　4. 甑（T0833⑧∶46）
5. 小罐（F1②∶47）　6. 高领罐（T0533⑧∶22）　7. 折沿罐（T0533⑨∶40）　8. 豆（T0633⑨∶3）

（十一）其他调查材料

除上述遗址外，调查发现含有屈家岭文化遗存的遗址还有麻城的余家寨[①]、英山的白石坳[②]等。另外，麻城罗家墩也发有调查简报[③]，包含屈家岭文化遗存，比对发表标本，与金罗家类同，两个遗址的位置描述似乎也在同一处。

二、淮 河 上 游

淮河上游的信阳一带出有少量屈家岭文化遗存，以李上湾为代表，其面貌与鄂东南地区较为接近，故放在此节介绍。另外，驻马店一带的屈家岭文化遗存与鄂西北豫西南地区较为接近，前文已将其放在鄂西北豫西南一节中介绍。

（一）李上湾

李上湾遗址原称堰嘴遗址，位于河南省信阳市罗山县高店乡三河村李上湾自然

---

① 湖北省文物考古研究所、黄冈市博物馆、麻城市博物馆：《湖北省麻城余家寨遗址调查简报》，《江汉考古》2006年第3期。
② 黄冈地区博物馆：《黄冈地区几处古文化遗址》，《江汉考古》1989年第1期。
③ 麻城市博物馆：《麻城罗家墩遗址调查简报》，《江汉考古》1993年第3期。

村东北约400米处，于1991年进行了小面积的发掘①。简报将发掘的新石器遗存分为两期，屈家岭文化主要见于第一期。第一期遗存的遗物均出于地层中，可以分为两类：A类以T1⑥为代表，出有圆腹鼎、扁鼓腹鼎、高领壶、豆等，应属秦王寨文化；B类以T1④、T1⑤、T2④、T2⑤为代表，出有罐形鼎、折沿盆形鼎、双腹盆形鼎、内折沿豆、内折沿碗等，属屈家岭文化。B类从层位上晚于A类。屈家岭文化遗存可以分为两段（图九六）。

第一段：T1⑤、T2⑤；

第二段：T1④、T2④。

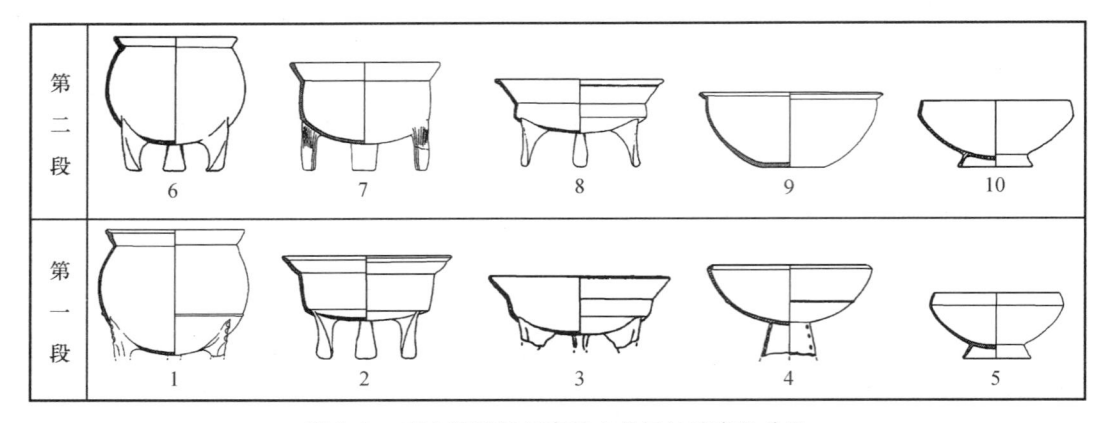

图九六　李上湾遗址屈家岭文化居址遗存的分段

1~3、6~8. 鼎（T1⑤：23、T2⑤：12、T2⑤：43、T2④：17、T1④：7、T2④：20）　4. 豆（T2⑤：13）

5、10. 碗（T1⑤：21、T2④：8）　9. 盆（T2④：6）

（二）其他调查材料

其他调查发现含有屈家岭文化遗存的遗址还有罗山的方湾②，桐柏的陡坡嘴、闵岗③等。

---

① 河南省文物研究所、信阳地区文物管理委员会、罗山县文物管理委员会：《1991年河南罗山主要考古收获》，《华夏考古》1992年第3期；河南省文物考古研究所、信阳市文物管理委员会：《河南罗山县李上湾新石器时代遗址》，《华夏考古》2000年第3期。

② 河南省文物研究所、信阳地区文物管理委员会、罗山县文物管理委员会：《1991年河南罗山主要考古收获》，《华夏考古》1992年第3期。

③ 北京大学考古实习队、河南省南阳市文物研究所：《1991年唐白河流域及淮源史前遗址的考古调查》，《江汉考古》1996年第2期。

三、小　　结

鄂东南地区的屈家岭文化遗存总体不够丰富，可能与目前的考古工作有关，更大可能性是与屈家岭文化在该地区的分布特点有关。放鹰台遗址的屈家岭文化遗存相对序列完整，可以此为标准，同时参考其他地区典型遗存的分段，对可确定年代的遗址进行串联。

淮河上游的屈家岭文化遗存正式发掘的较少，大多为调查发现，文化面貌不是十分清晰。从目前的发现来看，信阳地区的屈家岭文化遗存与鄂东南地区较为接近，都出有不同型式的硬折腹盆形鼎；驻马店地区的屈家岭文化遗存与鄂西北豫西南地区较为接近。信阳地区的屈家岭文化遗存分段可以李上湾遗存为代表，总共分为两段。依据同类器形的比较，与鄂东南地区的第二～四段大致相当。

鄂东南地区及淮河上游屈家岭文化遗存各段对应表如下（表一三）。

表一三　鄂东南地区及淮河上游屈家岭文化遗存年代的串联

区域	遗址		分段			
	遗址名	性质	第一段	第二段	第三段	第四段
鄂东南地区	放鹰台	居址		第一段	第二段	
		墓葬	第一段	第二段	第三段	第四段
	潘柳村	居址			√	√
	蟹子地	墓葬		√		
	大路铺	居址		√		
	香炉山	居址		√		
	螺蛳山	墓葬				√
	吊尖	墓葬			第一段	第二段
	金罗家	采集				√
		墓葬				√
	栗山岗	居址			√	√
	庙山岗	居址		√	√	√
	余家寨	采集		√	√	√
淮河上游	李上湾	居址		第一段		第二段

第四章 分期与年代

第一节 各地区遗存年代串联

在第三章中已经将各个地区的屈家岭文化遗存进行了分析，并将地区内各遗存的分段做了串联。本节主要就各地区之间的分段进行串联。

在此需要提到的是地区内遗存之间和地区间的分段串联的理论依据是：

> 考古学文化的多元谱系结构主要是由陶器来表达，这种结构中的主体部分是若干种最常见的、经常伴出的陶器，通常情况下这几种陶器的形态循一定规律演进，这一部分陶器可称作特征结构[①]。

反映屈家岭文化特征结构的器类主要有鼎、高领罐、折沿罐、高圈足杯、斜腹杯、双腹碗、双腹豆、扁腹壶、缸等。这些器类的演变序列在各地区各遗存基本保持一致。下面列举几例典型器类（图九七）。

鼎：在各地区因鼎腹、鼎足的形态差异而分化复杂，演变趋势分为两种：第一种为双腹或宽弧腹或硬折腹的盆形鼎，演变趋势为腹部逐渐变宽浅，主要分布在江汉平原中北部、鄂北及鄂东北地区、鄂东南地区，淮河上游也有少量分布；第二种包含除第一种以外的其他诸型鼎，有圆腹罐形、折腹或垂腹釜形、直腹（包括斜直腹）筒形鼎等，演变趋势主要为沿面逐渐下凹呈盘口，特别是圆腹罐形鼎在各地区广泛分布。

高领罐：由敞口无沿或窄沿逐渐变为折沿，沿面逐渐变宽并下凹近盘口。

折沿罐：一类为大口，腹较圆鼓，凹底，一般饰多道弦纹，演变趋势为主体变矮胖，口径逐渐增大，这类折沿罐是屈家岭文化典型器物，广泛分布于各地区；还有一类为近盆形或深弧腹，多饰篮纹，少量饰弦纹，演变趋势为主体变瘦高，口径变小，主要分布在鄂北、鄂东北地区。后一类罐可能代表了另一种谱系来源。

斜腹杯：分为平底、矮圈足等，杯身有斜直近筒形，也有外敞近伞形，演变趋

[①] 陈冰白：《陶器谱系研究的问题与前景》，《中国考古学跨世纪的回顾与前瞻》，科学出版社，2000年。

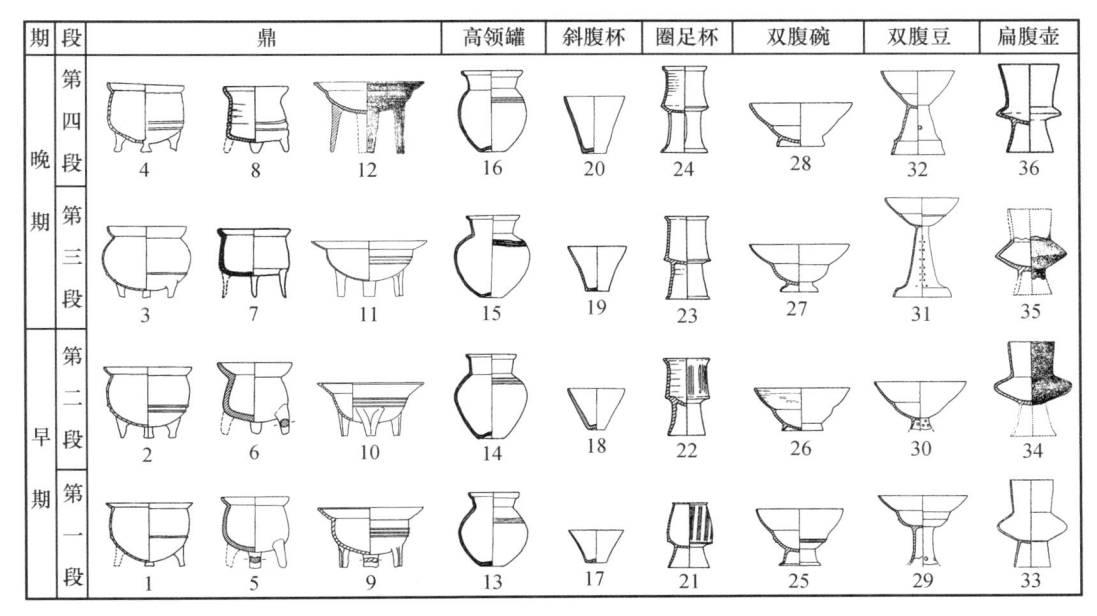

期	段	鼎			高领罐	斜腹杯	圈足杯	双腹碗	双腹豆	扁腹壶
晚期	第四段	4	8	12	16	20	24	28	32	36
	第三段	3	7	11	15	19	23	27	31	35
早期	第二段	2	6	10	14	18	22	26	30	34
	第一段	1	5	9	13	17	21	25	29	33

图九七　屈家岭文化典型陶器分期图

1~12. 鼎（谭家岭ⅣT2210⑥B：2、ⅢH16：71、ⅢH6：1、六合T39④A：10、邓家湾M39：1-2、M25：1、T21④：6、M7：3、谭家岭ⅢH1：14、ⅣH18：79、ⅢT1006③B：17、屈家岭T154②：1）　13~16. 高领罐（邓家湾M35：2、M8：1、M3：4、M7：5）　17~20. 斜腹杯（邓家湾M39：2、M25：2、M61：9、M72：1）　21~24. 圈足杯（杨家湾M27：1、M15：1、M11：4、M29：15）　25~28. 双腹碗（肖家屋脊H76：6、H531：14、H85：38、H430：8）　29~32. 双腹豆（肖家屋脊HG32：2、H531：35、H85：3、AT1917④：10）　33~36. 扁腹壶（屈家岭T95④：36、T197④：9、T129②：17、杨家湾M12：3）

势均为整体由宽浅逐渐变为瘦高。需要说明的是斜腹杯部分也有圈足，其与本书所定（高）圈足杯的区别主要在于杯身形态：（高）圈足杯杯身多与杯底斜（弧）折，有沿，喇叭状圈足明显小于杯底；斜腹杯部分带有圈足，但杯身为敞口无沿，斜腹，圈足与杯身弧接，杯底不露出。

圈足杯：卷沿变为折沿，沿面逐渐下凹近盘口；杯腹与底由弧折变为硬折，夹角逐渐变小。在环洞庭湖地区更多表现为杯形豆上[1]，其他地区均可见。

双腹碗：上、下腹深比变大，上下腹折痕逐渐不明显，整体变宽浅。

双腹豆：豆盘腹由宽浅逐渐加深，豆盘深度与豆柄长度比逐渐变大，部分呈现出双折腹折痕逐渐不明显。

扁腹壶：大致由扁鼓变为硬折，折角逐渐变小锐化。

我们据此将屈家岭文化整体分为四个阶段，各个地区的屈家岭文化遗存的分段串联如下（表一四）。

---

[1] 环洞庭湖地区典型的高圈足杯较为少见，而高柄的杯形豆与其极为相似，或为其变异器类。

表一四　屈家岭文化的分段及各地区的串联

地理单元	次级单元	分段			
		第一阶段	第二阶段	第三阶段	第四阶段
汉东平原及汉西平原北部	汉东平原	第一段	第二段	第三段	第四段
	汉西平原北部	第一段	第二段	第三段	第四段
环洞庭湖及汉西平原南部	澧水中下游	第一段	第二段	第三段	第四段
	汉西平原南部及荆江南岸	第一段	第二段	第三段	第四段
沅江中上游	沅江中上游	第一段	第二段	第三段	第四段
峡江地区	峡江地区	第一段	第二段	第三段	第四段
鄂西北豫西南地区	鄂西北山地及丹江库区	第一段	第二段	第三段	第四段
	襄宜地区		第二段	第三段	第四段
	南阳盆地	第一段	第二段	第三段	第四段
鄂北及鄂东北地区	随枣走廊	第一段	第二段	第三段	第四段
	鄂东北地区	第一段	第二段	第三段	第四段
鄂东南地区及淮河上游	鄂东南地区	第一段	第二段	第三段	第四段
	信阳地区		第一段		第二段

需要说明的是，我们虽然将屈家岭文化在时间上划分为四段，但此四段中各段的时间是否等长或各有些微甚至巨大的差异，在没有科学测年数据的辅证下是无法确定的。"即是我们以某种均匀的类型学尺度来衡量考古遗存，得到分期，每一期的时间上也可能并不是等长的。文化处于相对稳定阶段的一期可能比处在迅速变迁的一期代表的时间更长一些。"[①]文化的不稳定应该包括内部和外部两个方面，往往这两个方面是相互作用的。文化内部控制模式以及与外界是否存在不同程度的交流或碰撞均是影响文化稳定的主要因素。

第二节　分　　期

一种文化某个遗存的分段或多个遗存串联后的整体分段是在层位关系的基础上依据核心器形组合的形态演变序列推定的。这种分段的表征是物质层面的变化，代表了某种时间刻度。考古学文化不等同于物质文化，故文化的分期并不等于简单的时间分段，其往往还指向了某种文化自产生、发展到瓦解整个过程的态势。在整个过程中，文化内部是否稳态演进，在与其他文化接触过程中，对内、对外造成的影响，均会影响到更大区域范围内的文化格局。当然，这种影响往往会在物质层面得到一定程度的

---

① 余西云：《西阴文化——中国文明的滥觞》，科学出版社，2006年，第22页。

体现。

具体到屈家岭文化（屈家岭文化的发展态势详细分析见第五、六章），我们可以看到：

屈家岭文化在第一、二阶段时主要是以经营长江中游地区为主，小范围地突破到淮河上游的信阳地区。这一时期是屈家岭文化的形成和稳定期，大量吸收、融合外来文化因素，巩固自身，也存在小规模的对外扩张、渗透。

屈家岭文化在第三、四阶段时，在占据长江中游地区的基础上进行全面大规模对外扩张，广泛渗透到黄河中下游、长江下游、赣鄱等广大地区，更是深刻影响了黄河中、下游的文化格局，此阶段是屈家岭文化繁盛时期。

由此，我们可以将屈家岭文化分为早、晚两期，早期包括第一、二阶段；晚期包括第三、四阶段。

第三节　年　代

一、相对年代

长江中游地区与屈家岭文化前后相关的主要有屈家岭下层文化、朱家台文化、雕龙碑三期文化、石家河文化。

（一）与屈家岭下层文化、朱家台文化、雕龙碑三期文化的相对年代

屈家岭文化晚于屈家岭下层文化已经是学界的共识[1]，在本书第二章文化界定中也有所论述。在此简单列举几个重要遗址的层位学证据如下。

1. 屈家岭

屈家岭报告依据烧土层将遗存分为三个阶段，烧土层以下的各层（包括灰坑）属第一阶段；烧土层以上的各层属第三阶段；烧土层西部与其等高的地层属第二阶段[2]。从报告提供的地层剖面图（原报告图三）来看，第三、二、一阶段是从上到下依次叠压的。其中第一阶段属屈家岭下层文化；第二、三阶段属屈家岭文化，并包含屈家岭文化各阶段的遗存。

---

[1]　部分学者将屈家岭下层文化当作大溪文化的晚期或油子岭文化的晚期，但无不认为这类遗存早于屈家岭文化。详见第六章第一节第一小节。

[2]　中国科学院考古研究所：《京山屈家岭》，科学出版社，1965年。

2. 谭家岭

谭家岭报告将遗存分为六期[1]，其中第二、三期属屈家岭下层文化，第四期属屈家岭文化。从报告列举的Ⅲ、Ⅳ区地层和主要遗迹分期表（原报告表一）来看，归属各期的地层在各探方依次叠压。报告未提供完整的各探方层位关系表或示意图，经检索，分属第三、四期的遗迹处于同一探方的虽无直接打破关系，但在层位上有明显的早晚关系，比如ⅢT1008中属第三期的ⅢW4、ⅢW8分别开口于该探方第5C、5B层下，属第四期的ⅢF5、ⅢF6开口于该探方的第2层下，打破第3层，其他不再列举。谭家岭的屈家岭下层文化包括其各阶段遗存，屈家岭文化亦包括其各阶段遗存。

3. 龙嘴

龙嘴遗址[2]的屈家岭下层文化和屈家岭文化遗存均较少。屈家岭下层文化主要包括TG1的第6~10层；屈家岭文化遗存主要包括TG1的第5层。屈家岭文化遗存叠压于屈家岭下层文化遗存之上。

4. 六合

六合简报将新石器遗存分为四个时期，分别为"以红陶为主的较早遗存"、"屈家岭文化早期"、"屈家岭文化晚期"和石家河文化[3]。屈家岭下层文化主要包括简报所分"以红陶为主的较早遗存"、"屈家岭文化早期"遗存；屈家岭文化主要包括简报所分"屈家岭文化晚期"遗存。两个文化的遗存均包含该文化的各个阶段。简报提供的T36的地层介绍中，第5A~5D层属屈家岭下层文化；第4A、4B层属屈家岭文化，前者叠压于后者之下。此外，还可以从遗存介绍中检索出如下叠压打破关系：T32⑤→T32⑥A、⑥B，T33④A→T33⑤A，T39④A→T39⑤A、⑤B，T41④→T41⑤等。这些层位关系中，左边单位均为屈家岭文化单位；右边单位均为屈家岭下层文化单位。屈家岭文化遗存叠压于屈家岭下层文化遗存之上。

5. 城头山

城头山遗址[4]的屈家岭下层文化遗存主要见于报告所分"大溪文化"第四期、"屈

---

[1] 湖北省荆州博物馆、北京大学考古学系、湖北省文物考古研究所石家河考古队：《谭家岭》，文物出版社，2011年。

[2] 湖北省文物考古研究所、天门市博物馆：《天门龙嘴》，科学出版社，2016年。

[3] 张绪球、何德珍、王运新等：《钟祥六合遗址》，《江汉考古》1987年第2期。

[4] 湖南省文物考古研究所：《澧县城头山——新石器时代遗址发掘报告》，文物出版社，2007年。

家岭文化"第一期；屈家岭文化遗存主要包括报告所分"屈家岭文化"第二、三期。城头山的屈家岭下层文化和屈家岭文化遗存主要为墓葬，少量居址遗存。墓葬均分布在第四发掘区，从层位关系上看，屈家岭下层文化的墓葬整体叠压于屈家岭文化墓葬之下。城头山遗址的屈家岭下层文化遗存和屈家岭文化均包括其各个发展阶段。

6. 走马岭

走马岭遗址1990年、1991年进行了四次发掘[①]，屈家岭下层文化遗存主要包括简报所分居址第一期所有单位和第二期部分单位，墓葬有M6、M19；屈家岭文化遗存主要包括简报所分第二期居址部分单位和第三期居址大部分单位，墓葬有简报所分第一期个别墓葬和后三期所有墓葬。本次发掘地层编号为统一编号，如若地层划分无大错，屈家岭文化遗存基本整体叠压于屈家岭下层文化遗存之上。还有一组打破关系：M2→M6，M2属屈家岭文化，M6属屈家岭下层文化。

走马岭遗址2014~2016年的连续性发掘有更完整的层位关系，本次发掘可以将遗存分为四类，分属屈家岭下层文化、屈家岭文化、石家河文化、煤山文化[②]。屈家岭下层文化典型单位有H89、M2等；屈家岭文化典型单位有F10遗迹组、F4、H57、H65、H74④等。M2和H57、H65均位于T15中，前者被后者叠压。发掘区Ⅳ区各探方地层连通对应后，可以确定第一~三类遗存在层位上依次被叠压。

7. 放鹰台

放鹰台遗址的第一次发掘提供了较好的层位关系[③]。屈家岭下层文化的居址遗存主要包括各探方第5层，墓葬有65WFM14、65WFM15、65WFM23、65WFM24、65WFM26、65WFM48、65WFM86、65WFM4、65WFM7、65WFM32、65WFM33、65WFM44、65WFM45、65WFM59、65WFM84、65WFM9、65WFM11、65WFM16、65WFM21、65WFM30、65WFM31、65WFM57、65WFM68、65WFM89、65WFM27、65WFM38、65WFM55、65WFM66、65WFM79、65WFM82等。屈家岭文化的居址遗存主要包括各探方第4层，墓葬有65WFM29、65WFM63、65WFM76、65WFM85、65WFM92、65WFM95、65WFM1、65WFM34等。从层位关系上看，屈家岭下层文化整体叠压于屈家岭文化之下。放鹰台遗址的屈家岭下层文化遗存和屈家岭文化均包括

[①] 荆州市博物馆、石首市博物馆、武汉大学历史系考古专业：《湖北石首走马岭新石器时代遗址发掘简报》，《考古》1998年第4期。

[②] 武汉大学历史学院考古系、石首市走马岭考古遗址公园管理所：《湖北石首市走马岭新石器时代城址的发掘》，《考古》2018年第9期。

[③] 湖北省文物考古研究所：《武昌放鹰台》，文物出版社，2003年。

其各个发展阶段。

此外，屈家岭文化遗存叠压于屈家岭下层文化遗存之上的直接层位证据还见于张家山[①]、王家岗[②]、车轱山[③]、划城岗[④]、宋家台[⑤]、高坎垅[⑥]、杨家湾[⑦]等遗址，在此不再详细介绍。

屈家岭文化与朱家台文化相对年代的层位证据主要见于青龙泉、郭家院、黄楝树、下王岗等遗址。

1）青龙泉。青龙泉报告将史前遗存分为仰韶文化、屈家岭文化早期、屈家岭文化晚期、青龙泉三期遗存[⑧]。朱家台文化主要包括报告所分的所有"仰韶文化"遗存和"屈家岭文化早期"中的F6、T43⑧、T46⑧、T48⑧等单位；屈家岭文化主要包括报告所分的所有"屈家岭文化晚期"遗存和"屈家岭文化早期"中的T43⑦A、T43⑦B、T48⑦A、T54⑯、T67⑭等单位。青龙泉遗址的朱家台文化遗存和屈家岭文化遗存均包含两个文化的各个阶段。发掘分为三个区进行，三个区的层位关系均是朱家台文化遗存整体叠压于屈家岭文化遗存之下。

2）黄楝树。黄楝树报告将遗存分为三期，分别为"仰韶文化"、屈家岭文化、龙山文化[⑨]。朱家台文化主要包括报告所分"仰韶文化遗存"。报告仅介绍T6一个探方的地层，其第3层属朱家台文化，为朱家台文化晚期阶段；第2层属屈家岭文化，为屈家岭文化第三段。朱家台文化遗存叠压于屈家岭文化遗存之下。

---

① 天门市博物馆、湖北省文物考古研究所：《湖北省天门市张家山新石器时代遗址发掘简报》，《江汉考古》2004年第2期。

② 湖北省荆州地区博物馆：《湖北王家岗新石器时代遗址》，《考古学报》1984年第2期。

③ 湖南省岳阳地区文物工作队：《华容车轱山新石器时代遗址第一次发掘简报》，《湖南考古辑刊（第3集）》，岳麓书社，1986年。

④ 湖南省博物馆：《安乡划城岗新石器时代遗址》，《考古学报》1983年第4期；湖南省文物考古研究所：《湖南安乡县划城岗遗址第二次发掘简报》，《考古》2001年第4期；湖南省文物考古研究所、常德市文物处、安乡县文物管理所：《湖南安乡划城岗遗址第二次发掘报告》，《考古学报》2005年第1期。

⑤ 湖南省文物考古研究所：《湖南澧县宋家台新石器时代遗址》，《湖南考古辑刊（第7集）》，求索杂志社，1999年。

⑥ 湖南省文物考古研究所、怀化地区文物工作队：《怀化高坎垅新石器时代遗存》，《考古学报》1992年第3期。

⑦ 湖北省文物考古研究所：《宜昌杨家湾》，科学出版社，2013年。

⑧ 中国社会科学院考古研究所：《青龙泉与大寺》，科学出版社，1991年。

⑨ 长江流域规划办公室考古队河南分队：《河南淅川黄楝树遗址发掘报告》，《华夏考古》1990年第3期。

3）下王岗。下王岗遗址[①]中的朱家台文化遗存主要包括报告所分"仰韶文化"第三期遗存，大致相当于朱家台文化的早期阶段；屈家岭文化主要包括报告所分"屈家岭文化"一期遗存，大致相当于屈家岭文化的第二～四段。据报告提供的层位关系和介绍，该遗址的屈家岭文化遗存整体叠压于朱家台文化遗存之上。

此外，曹家楼[②]一期遗存可以分为两组，A组主要包括红顶钵、筒形罐、高领罐、花边纽器盖等，属朱家台文化因素；B组主要包括曲腹杯、圈足罐、三（四）足碟、簋形器等，属屈家岭下层文化。两组遗存混杂共存。第二期属屈家岭文化。第一期包括发掘区北区第4、5层，中区第6～8层；第二期包括北区第3层，中区第3～5层和南区。从北区、中区的层位看，屈家岭文化叠压在朱家台文化、屈家岭下层文化之上。

屈家岭文化与雕龙碑三期文化相对年代的层位证据主要见于家山遗址[③]。

家山遗址是叶家庙城西边的附属遗址（墓地）。报告将家山遗存分为三期，其中第一期属雕龙碑三期文化，第二期属屈家岭文化。报告提供了简化版的诸探方层位示意图，WST5402中H14、M1→W16、W18、W19、W21～W27、W37～W39；WST5405中W10、H18→M18、M19；WST5501中M5、M9→M13、M14、M21；WST5502中M2、M4→M16；WST5503中H21、W13、W30、W31、W42→W47、M24；WST5603中烧土遗迹1、W14、W30→W29、W36；WST5604中W17→W49、G2。这些层位关系中左边叠压打破的均为屈家岭文化单位，右边被叠压打破的均为雕龙碑三期文化单位。

在朱家台文化、雕龙碑三期文化的遗存中还可以见到一定数量的曲腹杯与之共存，特别是在马岭遗址朱家台文化遗存中的曲腹杯有较完整的演变序列（见图一〇三），其上下腹连接处由弧接逐渐变为硬折。曲腹杯是屈家岭下层文化的核心器类，在其发展过程中演变趋势就是上下腹连接处由弧折逐渐变为硬折（见图一〇二）。实际上屈家岭下层文化、朱家台文化和雕龙碑三期文化的因素在三个文化中都能互见，甚至直接共存，在本书第六章第一节中将有详细介绍。

上述诸多现象充分说明了屈家岭下层文化与朱家台文化、雕龙碑三期文化的年代大致相当，均整体早于屈家岭文化。

---

① 河南省文物研究所、长江流域规划办公室考古队河南分队：《淅川下王岗》，文物出版社，1989年。

② 武汉大学历史系考古教研室、襄樊市博物馆、宜城县博物馆：《湖北宜城曹家楼新石器时代遗址》，《考古学报》1988年第1期。

③ 湖北省文物考古研究所、孝感市博物馆、孝感市孝南区博物馆：《孝感叶家庙》，科学出版社，2016年。

（二）与石家河文化的相对年代

屈家岭文化早于石家河文化已是定论。在此简单列举几个重要遗址的层位学证据如下。

1. 邓家湾

邓家湾遗址[①]主要包括屈家岭文化、石家河文化两类遗存。报告对地层堆积的介绍，发掘区东部探方AT506中，第2、3层属石家河文化，第4~6层属屈家岭文化。发掘区西北部探方92T7中，第2~6层及开口于第4层下的G2属石家河文化；第7~11层及开口于第6层下的M87、M94，开口于第8层下的M99、W34，开口于第9层下的G3和开口于第11层下的G4属屈家岭文化。发掘区西南部AT1中，第2、3层及开口于第3层下的M18、M57属石家河文化，第4、5层属屈家岭文化。报告还提供了邓家湾遗址各探方地层关系对照表[②]，先不论不同探方之间的地层对应是否完全正确，至少在各单个探方内，屈家岭文化堆积均叠压在石家河文化堆积之下。邓家湾遗址的屈家岭文化和石家河文化遗存均包含了两者文化发展的各个阶段，说明石家河文化整体晚于屈家岭文化。

2. 肖家屋脊

肖家屋脊遗址[③]的石家河文化主要包括报告所分"石家河文化早期"遗存。据报告介绍，"在发掘区内，自下而上存在着屈家岭文化、石家河文化、东周楚墓三种文化遗存"[④]。报告介绍的地层堆积也可证明这一早晚关系，探方AT1216中，第2、3层及开口于第2层下的M30、M34属石家河文化；第4层及开口于第3层下M31、M32和开口于第4层下的M36、M47属屈家岭文化。探方AT1818中，第2~5层及开口于第1层下的H393，开口于第2层下的H409、H416，开口于第4层下的H434和开口于第5层下的H490、H491、H492属石家河文化；第6、7层及开口于第6层下的W87、M52、HG34和开口于第7层下的M53、HG36属屈家岭文化。肖家屋脊遗址的屈家岭文化和石家河文化遗存均包含了两者文化发展的各个阶段，说明石家河文化整体晚于屈家岭文化。

---

① 湖北省文物考古研究所、北京大学考古学系、湖北省荆州博物馆石家河考古队：《邓家湾》，文物出版社，2003年。

② 湖北省文物考古研究所、北京大学考古学系、湖北省荆州博物馆石家河考古队：《邓家湾》，文物出版社，2003年，第11页，表一。

③ 湖北省荆州博物馆、湖北省文物考古研究所、北京大学考古学系石家河考古队：《肖家屋脊》，文物出版社，1999年。

④ 湖北省荆州博物馆、湖北省文物考古研究所、北京大学考古学系石家河考古队：《肖家屋脊》，文物出版社，1999年，第9页。

3. 宋家台

宋家台遗址①对各探方地层在单独编号后又进行了统一编号。石家河文化遗存主要分布在西区、北区即报告所定的居住区。统一地层编号后，居住区的第2、3层及相应遗迹属石家河文化；第4层及相应遗迹属屈家岭文化。即使地层统一有误，至少在各单个探方内，屈家岭文化堆积均叠压在石家河文化堆积之下。

4. 青龙泉

青龙泉遗址②的石家河文化主要包括报告中的"青龙泉三期"遗存，屈家岭文化主要包括报告所分的所有"屈家岭文化晚期"遗存和"屈家岭文化早期"中的T43⑦A、T43⑦B、T48⑦A、T54⑯、T67⑭等单位。发掘分为三个区进行，石家河文化主要分布在第Ⅰ、Ⅱ区，两个发掘区的层位关系均是屈家岭文化遗存叠压于石家河文化遗存之下。

5. 金鸡岭

金鸡岭遗址③主要包括屈家岭文化和石家河文化两类遗存，均包含了两个文化的各个发展阶段。其中石家河文化中可能混含了零星煤山文化的器物。报告提供了各探方详细的层位关系表④，屈家岭文化遗存均叠压于石家河文化遗存之下。

6. 放鹰台

放鹰台第一次发掘⑤的石家河文化遗存包括各探方第3层；屈家岭文化的居址遗存主要包括各探方第4层，墓葬有65WFM29、65WFM63、65WFM76、65WFM85、65WFM92、65WFM95、65WFM1、65WFM34等。放鹰台遗址的石家河文化遗存主要属石家河文化早期，屈家岭文化遗存包含屈家岭文化各个发展阶段。屈家岭文化遗存整体叠压于石家河文化遗存之下。

此外，屈家岭文化遗存叠压于石家河文化遗存之下的直接层位证据还见于罗家柏

---

① 湖南省文物考古研究所：《湖南澧县宋家台新石器时代遗址》，《湖南考古辑刊（第7集）》，求索杂志社，1999年。
② 中国社会科学院考古研究所：《青龙泉与大寺》，科学出版社，1991年。
③ 湖北省文物考古研究所、随州市博物馆：《随州金鸡岭》，科学出版社，2011年。
④ 湖北省文物考古研究所、随州市博物馆：《随州金鸡岭》，科学出版社，2011年，第19~21页。
⑤ 湖北省文物考古研究所：《武昌放鹰台》，文物出版社，2003年。

岭[1]、三房湾[2]、张家山[3]、笑城[4]、六合[5]、城头山[6]、鸡叫城[7]、划城岗、走马岭[8]、老鸹仓[9]、黄土岗[10]、中台子[11]、下王岗[12]、官庄坪[13]、叶家庙[14]等遗址，在此不再详细介绍。

综上所述，长江中游地区早于屈家岭文化的主要有屈家岭下层文化、朱家台文化和雕龙碑三期文化；晚于屈家岭文化的主要有石家河文化。

（三）与周边地区主要文化的相对年代

屈家岭文化与周边地区主要文化的相对年代一般较少有直接的层位关系证据，主要依据彼此之间文化交流所留下的因素共存现象来判断。屈家岭文化与黄河中下游、长江下游、川西以及赣鄱等地区有广泛的文化交流活动。屈家岭文化遗存中能看到一些外来文化因素，而周边广大地区更可以看到大量的屈家岭文化因素，这将在后文中

---

[1] 湖北省文物考古研究所、中国社会科学院考古研究所：《湖北石家河罗家柏岭新石器时代遗址》，《考古学报》1994年第2期。

[2] 湖北省文物考古研究所、北京大学考古文博学院：《湖北天门市石家河古城三房湾遗址2011年发掘简报》，《考古》2012年第8期。

[3] 天门市博物馆、湖北省文物考古研究所：《湖北省天门市张家山新石器时代遗址发掘简报》，《江汉考古》2004年第2期。

[4] 湖北省文物考古研究所、天门市博物馆：《湖北天门笑城城址发掘报告》，《考古学报》2007年第4期。

[5] 张绪球、何德珍、王运新等：《钟祥六合遗址》，《江汉考古》1987年第2期。

[6] 湖南省文物考古研究所：《澧县城头山——新石器时代遗址发掘报告》，文物出版社，2007年。

[7] 湖南省文物考古研究所：《澧县鸡叫城古城址试掘简报》，《文物》2002年第5期。

[8] 荆州市博物馆、石首市博物馆、武汉大学历史系考古专业：《湖北石首市走马岭新石器时代遗址发掘简报》，《考古》1998年第4期；武汉大学历史学院考古系、石首市走马岭考古遗址公园管理所：《湖北石首市走马岭新石器时代城址的发掘》，《考古》2018年第9期。

[9] 湖北省文物考古研究所、宜城市博物馆：《湖北宜城老鸹仓遗址试掘报告》，《江汉考古》2003年第1期。

[10] 湖北省文物考古研究所：《湖北随州市黄土岗遗址新石器时代环壕的发掘》，《考古》2008年第11期；湖北省文物考古研究所：《黄土岗遗址2005年发掘报告》，《湖北考古报告集》，《江汉考古》编辑部，2008年。

[11] 湖北省文物考古研究所：《湖北郧县中台子遗址发掘报告》，《江汉考古》2011年第1期。

[12] 河南省文物研究所、长江流域规划办公室考古队河南分队：《淅川下王岗》，文物出版社，1989年。

[13] 国务院三峡工程建设委员会办公室、国家文物局：《秭归官庄坪》，科学出版社，2005年。

[14] 湖北省文物考古研究所、孝感市博物馆、孝感市孝南区博物馆：《孝感叶家庙》，科学出版社，2016年。

详细论述。屈家岭文化与周边地区主要文化的相对年代也在后文的详细论述中一一涉及。

二、绝 对 年 代

关于屈家岭文化的绝对年代推测代表性的有3100～2500BC[①]、3000～2400BC[②]、3000～2600BC[③]、3200～2500BC[④]和3400～2500BC[⑤]等。其中前四种意见对屈家岭文化的内涵界定大体一致；第五种意见是将屈家岭下层文化也归入屈家岭文化。

目前积累的屈家岭文化测年数据较以往有所增加，且树轮校正曲线、应用程序都有更新，在此重做分析。

以往的^{14}C测年数据采用的半衰期有5730年或5568年两种，本书统一采用5568年，5730年的原始数据将做相应调整[⑥]。BP为距今1950年，树轮校正曲线为incal20，所用程序为Oxcal V4.4.4。

屈家岭文化有^{14}C测年数据的主要有屈家岭[⑦]、青龙泉、黄楝树[⑧]、邓家湾[⑨]、肖家

---

① 孟华平：《长江中游史前文化结构》，长江文艺出版社，1997年，第121页。
② 陈文：《屈家岭文化的界定与分期》，《考古》2001年第4期。
③ 张绪球：《屈家岭文化》，文物出版社，2004年，第71、91～93页。
④ 郭伟民：《新石器时代澧阳平原与汉东地区的文化和社会》，文物出版社，2010年，第31～33页。
⑤ 中国社会科学院考古研究所：《中国考古学·新石器时代卷》，中国社会科学出版社，2010年，第441～443页。
⑥ ^{14}C半衰期5568年的数据（+3%）为5730年数据，可依此转换，并整数化到10年。
⑦ 中国社会科学院考古研究所：《中国考古学中碳十四年代数据集1965—1991》，文物出版社，1992年，第189页；姚凌、陶洋、张德伟等：《湖北荆门屈家岭遗址炭化植物遗存分析》，《江汉考古》2019年第6期。
⑧ 青龙泉、黄楝树共3个数据，见中国社会科学院考古研究所：《中国考古学中碳十四年代数据集1965—1991》，文物出版社，1992年，第149、182页。
⑨ 北京大学考古系碳十四实验室：《碳十四年代测定报告（九）》，《文物》1994年第4期。

屋脊①、㵲湖②、走马岭③、七星墩④等遗址。另外还有城河⑤、度家岗⑥、铁门坎⑦、尺山⑧、八里岗⑨、龙嘴⑩等几处遗址的测年数据。城河有11个测年数据，未详细列出，仅在简报中给出总体范围。度家岗、铁门坎、尺山遗址的新石器资料未公开发表，因为屈家岭文化的界定在早年比较混乱，无法确定未发表相关材料的遗存性质是否真正属屈家岭文化，在此均不列入。八里岗遗址的测年样本单位在简报中未发表，鉴于其遗址每一期的文化性质比较明确，暂列入做参考。龙嘴遗址的3个测年标本均出于TG1Z2，据报告Z2打破TG1第3层，第3层出有少量瓷片，"属于发掘过程中混入的可能性较大"⑪，暂作为参考。

依上文，比较明确的属屈家岭文化的 ^{14}C 测年数据有23个（表一五），考察重新校正后的数据，可以看到邓家湾的两个数据（BK87091、BK87092）落在4000~3400BC范围内；ZK0430（青龙泉F1）数据在3600~2500BC范围内，ZK0124（屈家岭晚一文化层）数据在2900~2300BC范围内，ZK0125（屈家岭晚期二文化层）数据在3100~2100BC范围内，㵲湖H5数据在3500~2900BC范围内，BETA549751（走马岭H75）数据在2500~2200BC范围内，其他16个数据均大体落在3300~2500BC范围内。城河最新的11个样品测年数据未详细公布，据简报均在2950~2500BC范围内。

---

① 北京大学考古系碳十四实验室：《碳十四年代测定报告（一〇）》，《文物》1996年第6期。

② 益阳市文物管理处、益阳市博物馆：《沅江㵲湖遗址发掘报告》，《先秦南洞庭——南洞庭湖古遗址发掘报告集》，科学出版社，2016年；孔昭宸、李玉梅、盛定国：《南洞庭湖史前遗址环境考古学研究的收获和初步思考》，《先秦南洞庭——南洞庭湖古遗址发掘报告集》，科学出版社，2016年。

③ 走马岭遗址屈家岭文化共4个数据，但其中一个测年数据（M26）仅见于《碳十四年代测定报告（一〇）》，M26未见于简报，性质存疑，暂不列入。参见北京大学考古系碳十四实验室：《碳十四年代测定报告（一〇）》，《文物》1996年第6期；唐丽雅、刘嘉祺、单思伟等：《湖北石首走马岭遗址史前植物遗存鉴定与研究》，《江汉考古》2021年第3期。

④ 湖南省文物考古研究所：《湖南华容县七星墩遗址2018年调查、勘探和发掘简报》，《考古》2021年第2期。

⑤ 中国社会科学院考古研究所、湖北省文物考古研究所、荆门市博物馆：《湖北沙洋县城河新石器时代城址发掘简报》，《考古》2018年第9期。

⑥ 中国社会科学院考古研究所：《中国考古学中碳十四年代数据集1965—1991》，文物出版社，1992年，第201页。

⑦ 中国社会科学院考古研究所考古科技实验研究中心：《放射性碳素测定年代报告（二三）》，《考古》1996年第7期。报告中称为坦皮塘村遗址，后正式称为铁门坎遗址。

⑧ 中国社会科学院考古研究所考古科技实验研究中心：《放射性碳素测定年代报告（二四）》，《考古》1997年第7期。

⑨ 北京大学考古系碳十四实验室：《碳十四年代测定报告（一〇）》，《文物》1996年第6期。

⑩ 湖北省文物考古研究所、天门市博物馆：《天门龙嘴》，科学出版社，2015年，附录一。

⑪ 湖北省文物考古研究所、天门市博物馆：《天门龙嘴》，科学出版社，2015年，第330页。

表一五　屈家岭文化^{14}C测年数据及树轮校正表

实验室编号	样品	遗址	单位	^{14}C年代	树轮校正年代（95.4%概率）
ZK0124	木炭	屈家岭	晚期一文化层	4030±100BP	2880~2295BC（95.4%）
ZK0125	木炭	屈家岭	晚期二文化层	4080±160 BP	3085~3055BC（0.6%） 3030~2190BC（94.1%） 2180~2140BC（0.8%）
	炭化水稻	屈家岭	H39	4480±30 BP	3345~3085BC（90.5%） 3060~3030BC（4.9%）
	炭化水稻	屈家岭	TN09W33④	4470±30 BP	3340~3205BC（50.7%） 3200~3075BC（35.5%） 3065~3025BC（9.2%）
	炭化水稻	屈家岭	TG8⑥	4440±30 BP	3335~3215BC（33.0%） 3190~3150BC（7.1%） 3135~3005BC（47.9%） 2990~2930BC（7.4%）
	炭化水稻	屈家岭	H51	4400±30 BP	3265~3240BC（2.3%） 3105~2910BC（93.2%）
	炭化水稻	屈家岭	H73	4360±30 BP	3085~3055BC（6.1%） 3030~2900BC（89.3%）
	木炭	屈家岭	TN49W03③	4160±30 BP	2880~2660BC（89.9%） 2655~2630BC（5.6%）
BK87091	木炭	邓家湾	T21④	5040±80 BP	3980~3650BC（95.4%）
BK87092	木炭	邓家湾	H9	4820±80 BP	3775~3490BC（82.3%） 3465~3375BC（13.1%）
BK90141	木炭	肖家屋脊	H430	4380±75 BP	3335~3210BC（18.5%） 3195~2885BC（77.0%）
ZK0429	木炭	青龙泉	T13⑥	4220±150 BP	3340~3205BC（6.0%） 3200~2460BC（89.4%）
ZK0430	木炭	青龙泉	F1	4370±200 BP	3620~3585BC（0.9%） 3530~2555BC（93.1%） 2540~2490BC（1.5%）
ZK0091	木炭	黄楝树	F11房基	4100±95 BP	2905~2455BC（95.4%） 2415~2410BC（0.1%）
	泥炭	漶湖	H5	4470±110 BP	3500~3435BC（3.6%） 3380~2890BC（91.9%）
BETA549751	炭化粟	走马岭	H75	3870±30 BP	2465~2280BC（87.8%） 2255~2230BC（5.1%） 2225~2205BC（2.6%）

续表

实验室编号	样品	遗址	单位	^{14}C年代	树轮校正年代（95.4%概率）
BETA549754	炭化水稻	走马岭	H12	4130 ± 30 BP	2875 ~ 2795BC（28.3%） 2785 ~ 2580BC（67.1%）
BETA549753	炭化水稻	走马岭	T11⑦	4050 ± 30 BP	2840 ~ 2815BC（2.9%） 2670 ~ 2470BC（92.6%）
BETA509842	木炭	七星墩	2018TG01Q1	4440 ± 30 BP	3335 ~ 3215BC（33.0%） 3190 ~ 3150BC（7.1%） 3135 ~ 3005BC（47.9%） 2990 ~ 2930BC（7.4%）
BETA515629	木炭	七星墩	2018TG01Q1	4430 ± 30 BP	3330 ~ 3225BC（23.6%） 3185 ~ 3150BC（4.3%） 3115 ~ 2920BC（67.5%）
BA182324	木炭	七星墩	2018TG01Q1	4310 ± 25 BP	3015 ~ 2945BC（16.5%） 2940 ~ 2880BC（78.9%）
BA182325	木炭	七星墩	2018TG01Q1	4370 ± 25 BP	3085 ~ 3060BC（6.2%） 3030 ~ 2910BC（89.2%）
BETA539963	木炭	七星墩	H134	4120 ± 30 BP	2870 ~ 2800BC（26.5%） 2780 ~ 2575BC（69.0%）

八里岗遗址可能有关的有2个数据，分别为BK92004（91DBT1F3）、BK92005（91DBT2③C），前者在测年报告中标明为屈家岭文化，后者标明为仰韶晚期。在八里岗遗址1991年发掘的简报中，F3未能查询，而T2第3层确属屈家岭文化无疑[①]。校正后的年代，BK92004在4400BC之前，远远超出前文屈家岭文化的测年数据范围；BK92005大体在3500 ~ 2900BC范围内，与上文的屈家岭文化的主要测年范围有大幅度重合。龙嘴Z2的3个存疑数据落在3100 ~ 2700BC范围内（表一六）。

表一六　屈家岭文化相关遗存^{14}C测年数据及树轮校正表

实验室编号	样品	遗址	单位	^{14}C年代	树轮校正年代（95.4%概率）
BK92004	木炭	八里岗	F3	5920 ± 200	5305 ~ 5250BC（1.9%） 5225 ~ 4435BC（91.0%） 4430 ~ 4360BC（2.5%）

---

① 北京大学考古学系、南阳地区文物研究所：《河南邓州八里岗遗址的调查与试掘》，《华夏考古》1994年第2期。

续表

实验室编号	样品	遗址	单位	^{14}C年代	树轮校正年代（95.4%概率）
BK92005	木炭	八里岗	T2③C	4500±90	3495~3455BC（2.9%） 3380~2915BC（92.6%）
BA07222	炭灰	龙嘴	Z2	4290±60	3095~2845BC（80.3%） 2815~2740BC（10.8%） 2730~2675BC（4.3%）
BA07223	炭灰	龙嘴	Z2	4260±45	3015~2845BC（66.3%） 2815~2740BC（21.7%） 2730~2675BC（7.4%）
BA07224	木炭	龙嘴	Z2	4225±40	2915~2840BC（38.9%） 2815~2670BC（58.6%）

屈家岭文化的年代测定还有关庙山遗址的5个热释光测年数据[1]。

关庙山遗址的5个数据除TK22（T23②陶片）在2500BC左右，与^{14}C测年范围接近，其他4个数据都相差甚远（表一七）。

表一七 屈家岭文化热释光测年数据

实验室编号	样品	单位	测定年代（BC）
TK22	陶片	T23②	2502±395
TK24	陶片	T35③	1709±321
TK32	陶盆	T51②	2324±401
TK33	陶罐	T51②	1710±295
TK36	高领罐	T51②	1845±317

下面将结合与屈家岭文化前后相关的其他文化的测年数据做辅助分析。

长江中游地区早于屈家岭下层文化的主要有屈家岭下层文化、雕龙碑三期文化和朱家台文化，这三种文化的年代范围应该大致相当。

屈家岭下层文化有^{14}C测年数据的主要有屈家岭、关庙山[2]、漉湖[3]三处遗址。关庙

---

[1] 中国社会科学院考古研究所实验室：《用热释光测出的关庙山遗址陶片的年龄》，《考古》1982年第4期。

[2] 屈家岭、关庙山共3个数据，见中国社会科学院考古研究所：《中国考古学中碳十四年代数据集1965—1991》，文物出版社，1992年，第185、190页。

[3] 益阳市文物管理处、益阳市博物馆：《沅江漉湖遗址发掘报告》，《先秦南洞庭——南洞庭湖古遗址发掘报告集》，科学出版社，2016年；孔昭宸、李玉梅、盛定国：《南洞庭湖史前遗址环境考古学研究的收获和初步思考》，《先秦南洞庭——南洞庭湖古遗址发掘报告集》，科学出版社，2016年。

山遗址第二次发掘的所谓"大溪文化第四期遗存"实际上已经是典型的屈家岭下层文化。表中4个数据，整体早于屈家岭文化主要测年范围，但下限有一定的重合（表一八）。

表一八　屈家岭下层文化^{14}C测年数据及树轮校正表

实验室编号	样品	遗址	单位	^{14}C年代	树轮校正年代（95.4%概率）
ZK2397	木炭	屈家岭	M2	4830±140	3970~3335BC（95.0%） 3215~3190BC（0.4%）
ZK0832	木炭	关庙山	T51③	4630±110	3640~3080BC（93.6%） 3060~3025BC（1.8%）
ZK0991	木炭	关庙山	F30	4550±80	3520~3010BC（95.4%）
	泥炭	淅湖	T2⑧	4680±115	3702~3683BC（0.7%） 3656~3092BC（94.4%） 3051~3040BC（0.3%）

雕龙碑三期文化有^{14}C测年数据的仅有雕龙碑一处遗址，共2个数据[①]。

从表一九中可以看到雕龙碑三期文化的两个数据年代范围不一致，其中ZK2507（雕龙碑H1）与屈家岭下层的主要测年数据范围大致对应；ZK2660（雕龙碑F15）则偏晚。

表一九　雕龙碑三期文化^{14}C测年数据及树轮校正表

实验室编号	样品	遗址	单位	^{14}C年代	树轮校正年代（95.4%概率）
ZK2507	木炭	雕龙碑	H1	4600±120BP	3640~3010BC（94.7%） 2980~2965BC（0.4%） 2950~2935BC（0.3%）
ZK2660	木炭	雕龙碑	F15	4280±83BP	3315~3295BC（0.6%） 3290~3240BC（1.9%） 3105~2620BC（92.3%） 2605~2580BC（0.6%）

---

① 分见中国社会科学院考古研究所考古科技实验研究中心：《放射性碳素测定年代报告（一八）》，《考古》1991年第7期；中国社会科学院考古研究所考古科技实验研究中心：《放射性碳素测定年代报告（二〇）》，《考古》1993年第7期。

朱家台文化相关的测年数据主要见于八里岗遗址[①]。据樊力先生文章提供的4个数据，分别属第二地层组和第三地层组[②]。其中第三地层组的部分单位属典型的朱家台文化第一期[③]。第三地层组有2个^{14}C测年数据，分别为5270±132BP、4965±90BP。这两个数据是原始数据还是校正后的数据无法得知，无法分析。

长江中游地区晚于屈家岭文化的主要是石家河文化。

石家河文化有^{14}C测年数据的主要有肖家屋脊[④]、屈家岭[⑤]、凤凰咀[⑥]、青龙泉、七里河[⑦]、鸡脑河[⑧]、走马岭[⑨]、岱子坪[⑩]等遗址。

表二〇中共20个测年数据，有7个数据与屈家岭文化主要测年范围有大幅度重合，分别为BK89037（肖家屋脊H42①）、BK89045（肖家屋脊H42①）、BK90142（肖家屋脊H434②）、ZK0551（七里河F8南墙下）、ZK0552（七里河F8北部台下）、ZK0549（七里河ⅠT7A③）、ZK0550（七里河ⅠT1B④），应有误。BK89038（肖家屋脊H98）、ZK0431（青龙泉T3③）、BK84070（鸡脑河H2）、BETA549757（走马岭H38）共4个数据大体晚于屈家岭文化主要测年年代范围，但有一定的重合。其他9个数据基本晚于屈家岭的主要测年范围，大体在2500BC之后。

通过上面对屈家岭文化以及与其前后相关诸文化年代数据的分析，我们认为屈家岭文化的年代范围大致在3300~2500BC。

---

① 樊力：《豫西南地区新石器文化的发展序列及其与邻近地区的关系》，《考古学报》2000年第2期。
② 樊力先生在其文章中表明测有4个数据，并注释为"中国社会科学院考古研究所：《中国考古学中碳十四年代数据集1965—1991》，文物出版社，1992年。"经查询，"数据集"中无此数据。
③ 夏笑容：《朱家台文化研究》，武汉大学硕士学位论文，2011年。
④ 共4个数据，分见北京大学考古系碳十四实验室：《碳十四年代测定报告（九）》，《文物》1994年第4期；北京大学考古系碳十四实验室：《碳十四年代测定报告（一〇）》，《文物》1996年第6期。
⑤ 姚凌、陶洋、张德伟等：《湖北荆门屈家岭遗址炭化植物遗存分析》，《江汉考古》2019年第6期。
⑥ 武汉大学历史学院考古系2020年度田野考古资料。
⑦ 青龙泉和七里河共5个数据，见中国社会科学院考古研究所：《中国考古学中碳十四年代数据集1965—1991》，文物出版社，1992年，第182、183页。
⑧ 共2个数据，见湖北省文物考古研究所：《宜都城背溪》，文物出版社，2001年，第285页。
⑨ 唐丽雅、刘嘉祺、单思伟等：《湖北石首走马岭遗址史前植物遗存鉴定与研究》，《江汉考古》2021年第3期。
⑩ 中国社会科学院考古研究所：《中国考古学中碳十四年代数据集1965—1991》，文物出版社，1992年，第201页。

表二〇　石家河文化 ^{14}C 测年数据及树轮校正表

实验室编号	样品	遗址	单位	^{14}C年代	树轮校正年代（95.4%概率）
BK89037	木炭	肖家屋脊	H42①	4140±100BP	2925~2460BC（95.4%）
BK89045	木炭	肖家屋脊	H42①	4430±80BP	3345~2910BC（95.4%）
BK89038	木炭	肖家屋脊	H98	4020±70BP	2870~2800BC（7.9%） 2770~2715BC（4.6%） 2710~2340BC（83.0%）
BK90142	木炭	肖家屋脊	H434②	4290±100BP	3330~3215BC（7.2%） 3190~3150BC（1.8%） 3125~2620BC（85.4%） 2610~2580BC（1.1%）
	木炭	屈家岭	H37	4040±30BP	2665~2650BC（1.5%） 2635~2465BC（93.9%）
	炭化水稻	屈家岭	TN26W41⑪	3990±30BP	2580~2460BC（95.4%）
BETA577497	木炭	凤凰咀	H13①	3850±30BP	2460~2270BC（72.9%） 2260~2200BC（22.6%）
BETA577498	木炭	凤凰咀	H13①	3880±30BP	2465~2280BC（91.9%） 2250~2230BC（2.6%） 2220~2210BC（0.9%）
BETA577499	木炭	凤凰咀	H13②	3880±30BP	2465~2280BC（91.9%） 2250~2230BC（2.6%） 2220~2210BC（0.9%）
BETA577500	木炭	凤凰咀	H13②	3870±30BP	2465~2280BC（87.8%） 2255~2230BC（5.1%） 2225~2205BC（2.6%）
ZK0549	木炭	七里河	T7A③	4270±200BP	3505~3430BC（1.8%） 3385~2340BC（93.6%）
ZK0550	木炭	七里河	T1B④	4010±90BP	2875~2795BC（8.8%） 2785~2290BC（86.7%）
ZK0551	木炭	七里河	F8南墙下	4470±180BP	3640~2840BC（90.9%） 2815~2740BC（2.7%） 2735~2670BC（1.8%）
ZK0552	木炭	七里河	F8北部台下	4260±120BP	3335~3215BC（6.2%） 3190~3150BC（1.7%） 3135~2565BC（86.2%） 2530~2495BC（1.4%）
ZK0431	木炭	青龙泉	T3③	3870±105BP	2630~2025BC（95.3%） 1995~1985BC（0.2%）

续表

实验室编号	样品	遗址	单位	^{14}C年代	树轮校正年代（95.4%概率）
BK84072	木炭	鸡脑河	H1	3780±120 BP	2570~2525BC（1.7%） 2500~1890BC（93.7%）
BK84070	木炭	鸡脑河	H2	3900±120 BP	2855~2805BC（1.8%） 2750~2725BC（0.7%） 2700~2030BC（92.9%）
ZK1005	泥炭	岱子坪	M3	3790±85 BP	2470~2015BC（94.0%） 2000~1975BC（1.4%）
BETA549757	炭化水稻	走马岭	H38	4050±30 BP	2840~2815BC（2.9%） 2670~2470BC（92.6%）
BETA549758	炭化水稻	走马岭	H41	4020±30 BP	2625~2595BC（5.0%） 2585~2465BC（90.4%）

第五章　地区类型划分与时空分布

　　一种文化在保有相对稳定的特征结构的基础上，会因空间、时间等因素的变化而表现出差异性。当核心特征结构遭到破坏，文化的性质就会发生改变。屈家岭文化在各地区的文化面貌并非完全一致，往往在保持相同特征结构的基础上又呈现出不同程度的个性因素。产生这些个性因素的原因可能有地理环境、文化传统、文化交流的不同等。正是这些个性因素的存在，导致了文化内部地区类型的存在。

　　本章将对屈家岭文化进行具体的地区类型划分，观察各类型的动态分布，深入了解文化的内涵和内部发展脉络。

第一节　地区类型划分

　　地区类型的差异表现在多个方面，可直接观察的主要在遗存这个层次，分为遗物和遗迹两方面。遗物中以陶器为重点，还有石器、骨器、玉器等。形态是考察要点，辅以纹饰、制法等要素。遗迹大多是考察房屋等居址的形态、墓葬的形制结构、葬俗等要素。在实际操作中，这些要素并不能一一对应、泾渭分明，成为辨识地区类型的充要条件。包含这些要素的材料在考古发现中分布的不平衡性也会影响具体分析。所以我们一般都以考古学文化的核心表达：陶器组合，作为主要分析对象，再适当辅以其他要素。

　　在此依据下，本书将屈家岭文化分为七个地区类型，分别为屈家岭类型、城头山类型、高坎垅类型、杨家湾类型、青龙泉类型、金鸡岭类型、放鹰台类型。这七个类型在屈家岭文化四个阶段均有分布。下面进行详细介绍。

（一）屈家岭类型

　　代表性遗存有屈家岭居址第一~三段、谭家岭居址第一~四段、邓家湾居址和墓葬的第一~四段、肖家屋脊居址和墓葬的第一~四段等。该类型居址和墓葬均有相对较丰富的材料，主要分布在汉东平原，汉西平原北部也有少量分布。

　　主要器形有圆腹罐形鼎、垂（折）腹釜形鼎、双腹盆形鼎、宽弧腹盆形鼎、

（斜）直腹筒形鼎、高领罐、中口罐、大口折沿罐、敞口罐、斜腹杯、圈足杯、双腹豆、外折沿豆、双腹碗、外折沿碗、内折沿碗、三足钵、盂形器、扁腹圈足壶、盆、甑、缸、器盖等。鼎足主要有卷边宽扁足、饰多道竖条附加堆纹的宽扁足、凿形足等。纹饰主要为弦纹、镂孔，少量篮纹等，弦纹多饰于各类器形的腹部或肩部；圆形或三角形镂孔多饰于豆柄或圈足上。另外，还有相当数量的彩陶杯、壶等，多为黑彩，纹样多为平行斜线、曲线、卵点、宽带等元素组成的复合图案及网格纹等。

这类遗存以屈家岭遗址最先发现，遗存也较为典型，学界以往划分类型时也称其为屈家岭类型[①]，故沿用之，命名为屈家岭类型。

（二）城头山类型

代表性遗存有城头山墓葬第一~四段、三元宫墓葬第一~三段、滩湖居址第一~三段、走马岭居址和墓葬的第一~三段等。该类型目前发现的墓葬材料十分丰富，居址材料因考古发掘原因相对单薄，主要分布在洞庭湖平原及汉西平原南部。

主要器形有折腹釜形鼎、（斜）直腹筒形鼎、高领罐、矮领罐、折沿罐、豆、杯、碗、甑、壶、釜、缸、钵、器盖等。鼎足有厚扁足、扁圆锥或圆锥足等。各类器形分化复杂，如高领罐分为高领广肩、高领圆肩、高领溜肩等；折沿罐分为深弧腹、圆鼓腹、扁垂腹等；豆的型式分化最为复杂，有弧盘仰折沿、弧盘折沿外翻、弧盘内折沿、弧折盘双腹、直折盘双腹、杯形盘、直折盘内折沿等，各型又依盘之深浅、柄之高矮粗细分化多种亚型；杯有平底、矮圈足和高柄之分；碗有双腹、外折沿、内折沿、敛口等；甑有平底、圈足，依甑腹特征有罐形、篝形、盆形等；壶有弧腹、折腹、弧折腹，颈部又有粗、细之分；釜有圆腹、深弧腹；缸有敞口弧腹、折沿折腹、折沿弧腹等。与江汉地区比较，主要纹饰为弦纹和镂孔，前者少见圆腹罐形鼎、双腹盆形鼎、宽弧腹盆形鼎和典型的高圈足杯，彩陶也不发达；但型式分化复杂的各种碗、豆、壶、釜等器形特色少见于其他地区。

这类遗存曾被称为"划城岗类型"[②]"三元宫类型"[③]等，实际上这两个遗址均不能全面反映此类型的面貌。城头山遗址发掘面积大，遗物丰富，涵盖了该类遗存的所有器形，最能呈现其特色，本书认为命名为城头山类型较为合适。

---

① 何介钧：《长江中游原始文化初论》，《湖南考古辑刊（第1集）》，岳麓书社，1982年。
② 何介钧：《长江中游原始文化初论》，《湖南考古辑刊（第1集）》，岳麓书社，1982年。
③ 孟华平：《长江中游新石器时代考古学文化谱系初探》，《长江中游史前文化暨第二届亚洲文明学术讨论会论文集》，岳麓书社，1996年。

（三）高坎垅类型

代表性遗存有高坎垅墓葬第一～四段，正式发掘的仅高坎垅一处，主要分布在沅江中上游。

其核心器类如高领罐、双腹豆、斜腹杯、内折沿碗、外折沿碗等与澧水中下游相似，但其出现数量较多的单耳杯、单耳瓮等器类，基本不见鼎的现象在澧水中下游地区较为少见，自身特点突出。

该类型因目前发现的同类遗存极少，一般很少有人将其单独列出，林邦存、孟华平等先生均提出将"高坎垅类型"作为湘西怀化地区（即沅江中上游）的屈家岭文化类型[①]。本书基本认同这一说法。

（四）杨家湾类型

代表性遗存有杨家湾墓葬第一～四段，中堡岛居址和墓葬的第一、二段，官庄坪居址第一、二段，李家湾墓葬第一～三段等。主要分布在峡江地区。该类型的居址和墓葬材料的发现均不够丰富，可能主要与其分布地区的地理环境、居住特点有关。

主要器形有圆腹罐形鼎、釜、高领罐、折沿罐、侈口罐、斜腹杯、高圈足杯、双腹豆、外折沿豆、双腹碗、内折沿碗、敛口碗、侈口碗、扁腹圈足壶、喇叭口瓶、盂形器、钵、盆、缸、器座、器盖等，其中一定数量的釜、内折沿或敛口碗、细绳纹深腹罐、喇叭口瓶等器形是其区别于其他地区类型的主要特色。

峡江或包括邻近地区的屈家岭文化遗存曾有"关庙山类型"[②]"清水滩类型"[③]等命名。其中"关庙山类型"内涵并不清晰，因为关庙山遗存本身早晚区别较大，且均与峡江地区的整体面貌有所区别，以其作为该地区的命名并不合适。清水滩遗址的屈家岭文化遗存并不丰富，也不够典型。杨家湾遗址的屈家岭文化遗存相对较为丰富，器类齐全，地区特色明显，本书认为命名为杨家湾类型较为合适。

（五）青龙泉类型

代表性遗存有青龙泉居址第一～四段和墓葬第一～三段、观音坪居址第一～三段

---

① 林邦存：《关于屈家岭文化区、系、类型问题的初步分析》，《江汉考古》1997年第1、2期合刊；孟华平：《长江中游史前文化结构》，长江文艺出版社，1997年。

② 祁国钧：《试论屈家岭的类型及相关问题》，《江汉考古》1986年第4期。

③ 孟华平：《长江中游新石器时代考古学文化谱系初探》，《长江中游史前文化暨第二届亚洲文明学术讨论会论文集》，岳麓书社，1996年。

等。该类型的居址材料比墓葬材料相对丰富些,主要分布在鄂西北豫西南地区,实际上还有一些丰富的重要发现,因材料尚未公开发表,无法分析。

主要器形有罐形鼎、近平底的盆形鼎、钵形鼎、高领罐、大口折沿罐、小罐、斜腹杯、高圈足杯、矮圈足鼓腹杯、双腹豆、外折沿豆、盂形器、扁腹圈足壶、红顶钵、内折沿钵、盆、刻槽盆、带流盆、折沿缸、敞口缸、敛口瓮、器盖等。鼎足多流行凹面足或饰三至四道竖条附加堆纹的宽扁足;鼎、盆等器腹上流行附加鸡冠形耳或錾等;盆或瓮的口沿处、高领罐的颈部下侧多饰一周及以上的附加堆纹。其中近平底附加鸡冠形耳(錾)的盆形鼎、钵形鼎、红顶钵、刻槽盆、带流盆、花边纽器盖等器形基本不见于其他地区类型。纹饰上除了常见的彩绘、弦纹、圆形或三角形镂孔、网格或多组细线的划纹、少量篮纹外,花边纹、附加堆纹极具特色。

青龙泉类型是屈家岭文化比较早识别出来的类型[①],与本书界定的内涵基本一致,在此沿用之。

(六)金鸡岭类型

代表性遗存有金鸡岭居址和墓葬第一~三段、叶家庙居址第一~四段和墓葬第一~三段等。该类型因近些年来金鸡岭遗址和叶家庙遗址的发掘得以窥清全貌,居址和墓葬材料也以这两个遗址为主要发现,其他均较为零散,主要分布在鄂北(随枣走廊)至鄂东北地区。

主要器形有罐形鼎、盆形鼎、高领罐、喇叭形长颈罐、大口折沿罐、双腹罐、双腹豆、高圈足杯、斜腹杯、内折沿碗、敛口碗、扁腹圈足壶、盂形器、折沿盆、缸、器盖等。其中盆形鼎有敞口深腹、宽弧腹以及圜底和平底之分;大口折沿罐有矮胖和深弧腹之分。鼎足多为近三角形带按窝的侧装凿形足或鸭嘴形足。喇叭形长颈罐、深弧腹的折沿罐等器形基本不见于其他地区类型;流行在鼎、折沿罐、高领罐的腹部满饰篮纹,也使其明显区分于其他地区类型。

金鸡岭类型是随着金鸡岭、叶家庙两处遗址的大规模发掘新识别出来的遗存类型。在这两处遗址发掘以前,随枣走廊地区曾被归入"青龙泉二期类型"[②];鄂东北地区的屈家岭文化遗存面貌更是模糊不清。金鸡岭遗址是该地区最早大面积发掘的含屈家岭文化遗存的遗址,遗存丰富,特色齐全,故命名为金鸡岭类型。

[①] 沈强华:《试论屈家岭文化的地域类型》,《考古与文物》1986年第2期。
[②] 樊力:《论屈家岭文化青龙泉二期类型》,《考古》1998年第11期。

（七）放鹰台类型

代表性遗存有螺蛳山墓葬、放鹰台墓葬第一～四段等。该类型的遗存总体发现均不够丰富，大多为调查材料，主要分布在鄂东南地区，淮河上游也有少量分布。

主要器形有圆腹罐形鼎、硬折腹盆形鼎、高领罐、斜腹杯、圈足杯、双腹豆、内折沿豆、双腹碗、内折沿碗、鼓腹圈足壶、盆、器盖等，此外还掺杂部分双鼻壶、觚形杯、高柄杯等其他文化因素器形。鼎足主要有凿形足和麻面瓦状足，圈足杯不似江汉地区典型，圈足较矮。多为麻面瓦状足的硬折腹盆形鼎是其主要地方特色，鄂东南地区还流行鼓腹圈足壶等器形；此外该类型遗存一般都或多或少夹杂大汶口、良渚等其他文化因素。

鄂东地区的屈家岭文化遗存因大多为调查材料，少量发掘材料又不够丰富，面貌一直不是很清晰，学界在划分屈家岭文化类型时往往避之不谈。沈强华先生曾认为鄂东地区（漳水以东的孝感、黄冈地区）可能存在单独的一个类型[1]。随着鄂东北地区遗存面貌（叶家庙遗存）的清晰，可以发现鄂东南与鄂东北地区的遗存面貌差异较大，两者大致以麻城左侧倒水流域为界限。鄂东南地区正式发掘的有相对完整演变序列的屈家岭文化遗存仅放鹰台一处，其发掘年代又相对较早，故命名为放鹰台类型。

上述七个地区类型，屈家岭类型分布在中心区，其器形组合最为典型，是屈家岭文化的核心地区类型，其他六个地区类型环绕分布在其周围，各自呈现不同程度的地方特色，是屈家岭文化的外围地区类型。

第二节　时空分布

文化内部各地区类型的发展并非绝对静态的，其在时间、空间上的分布往往处于动态模式。前一节已对屈家岭文化的七个地区类型的特征做了归纳。本节我们将在四个阶段的时间刻度上观察屈家岭文化各类型的动态分布和发展[2]。

（一）第一阶段

第一阶段屈家岭文化遗存数量较少，总体分布较为稀疏（图九八）。具体介绍如下。

---

[1] 沈强华：《试论屈家岭文化的地域类型》，《考古与文物》1986年第2期。
[2] 下文介绍和标识的不同阶段的遗存分布是根据已发表的材料分析所作，虽无法完全准确表示诸多遗址的完整年代，但可以反映屈家岭文化时空发展的趋势。

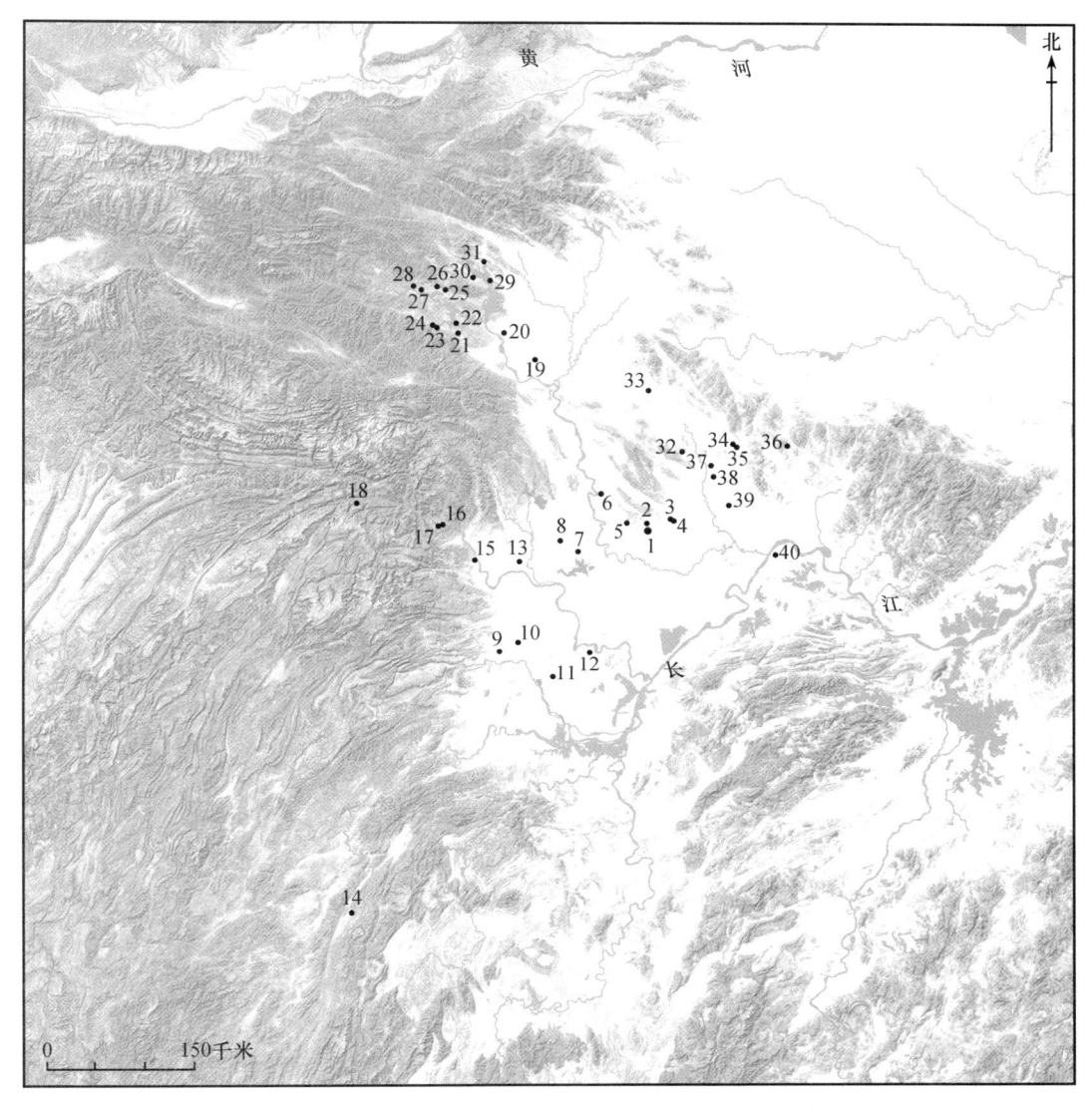

图九八　屈家岭文化第一阶段各地区类型遗存空间分布图

Ⅰ 屈家岭类型：1. 石家河遗址群　2. 油子岭　3. 张家山　4. 笑城　5. 屈家岭　6. 六合　7. 城河　8. 马家院
Ⅱ 城头山类型：9. 城头山　10. 三元宫　11. 划城岗　12. 走马岭　13. 关庙山
Ⅲ 高坎垅类型：14. 高坎垅
Ⅳ 杨家湾类型：15. 红花套　16. 杨家湾　17. 中堡岛　18. 楠木园（李家湾）
Ⅴ 青龙泉类型：19. 凤凰咀　20. 监生坡　21. 观音坪　22. 玉皇庙　23. 明家院　24. 太山庙　25. 黑家院
　　　　　　　26. 郭家院　27. 青龙泉　28. 大寺　29. 吴营　30. 单岗　31. 沟湾
Ⅵ 金鸡岭类型：32. 金鸡岭　33. 窑湾　34. 窝窝墩　35. 四顾台　36. 吕王城　37. 余家岗　38. 夏家寨　39. 叶家庙
Ⅶ 放鹰台类型：40. 放鹰台

屈家岭类型，主要集中分布在汉东平原，紧邻大洪山南麓一线，个别零星分布于汉西平原北部。具体包括石家河遗址群［谭家岭（居址第一段）、邓家湾（居址和墓葬第一段）、肖家屋脊（居址和墓葬第一段）］、屈家岭（居址第一段部分）、油子岭（居址）、张家山（居址部分）、笑城（采集）、六合（居址第一段部分、墓葬第一段）、城河（居址第一段部分）、马家院（采集）等。

城头山类型，零散分布在澧水中下游、荆江南岸及汉西平原南部枝江地区。其中靠近汉东平原的汉西平原南部虽总体与澧水中下游接近，可归入城头山类型，但或多或少含有一些屈家岭类型的特色因素。具体包括城头山（居址部分、墓葬第一段）、三元宫（墓葬第一段）、划城岗（居址第一段）、走马岭（墓葬第一段部分）、关庙山（居址第一段）等。

高坎垅类型，分布在沅江中上游。仅发现一处，为高坎垅（墓葬第一段）。

杨家湾类型，主要在三峡东段（西陵峡）宜昌地区，最西可达巫峡东段，零散分布。具体包括杨家湾（居址部分、墓葬第一段）、红花套（居址部分）、中堡岛（居址和墓葬第一段部分）、楠木园（李家湾）（居址部分、墓葬第一段）等。

青龙泉类型，主要集中分布在鄂西北山地的丹江口水库岸边四周，南阳盆地仅南缘有零星分布。具体包括青龙泉（居址和墓葬第一段）、大寺（居址第一段、墓葬部分）、观音坪（居址第一段）、黑家院（居址部分）、郭家院（居址部分）、明家院（居址部分）、太山庙（居址部分）、玉皇庙（居址部分）、沟湾（居址第一段）、单岗（居址第一段部分）、吴营（居址部分）、监生坡（采集部分）、凤凰咀（居址第一段部分）等。

金鸡岭类型，主要分布在随枣走廊通道，向南抵达孝感地区，向东最远至大别山西端。具体包括金鸡岭（居址第一段）、四顾台（居址第一段）、余家岗（居址第一段、墓葬）、窑湾（采集）、窝窝墩（采集）、叶家庙（居址第一段）、夏家寨（居址第一段）、吕王城（居址第一段部分）等。

放鹰台类型，仅在武昌地区发现放鹰台（墓葬第一段）一处。

（二）第二阶段

第二阶段屈家岭文化遗存数量成倍增加，分布密度和范围都有极大程度地加大和扩展（图九九）。具体介绍如下。

屈家岭类型，主要分布范围由汉东平原地区向东北方向进行了扩展，抵达安陆西部地区，呈新月形环绕大洪山西南麓经南麓至东南麓分布，汉水下游北岸也有少量分布；汉西平原北部进一步向西拓展到沮漳河上游。具体包括石家河遗址群［谭家岭（居址第二段）、邓家湾（居址和墓葬第二段）、肖家屋脊（居址和墓葬第二段）、

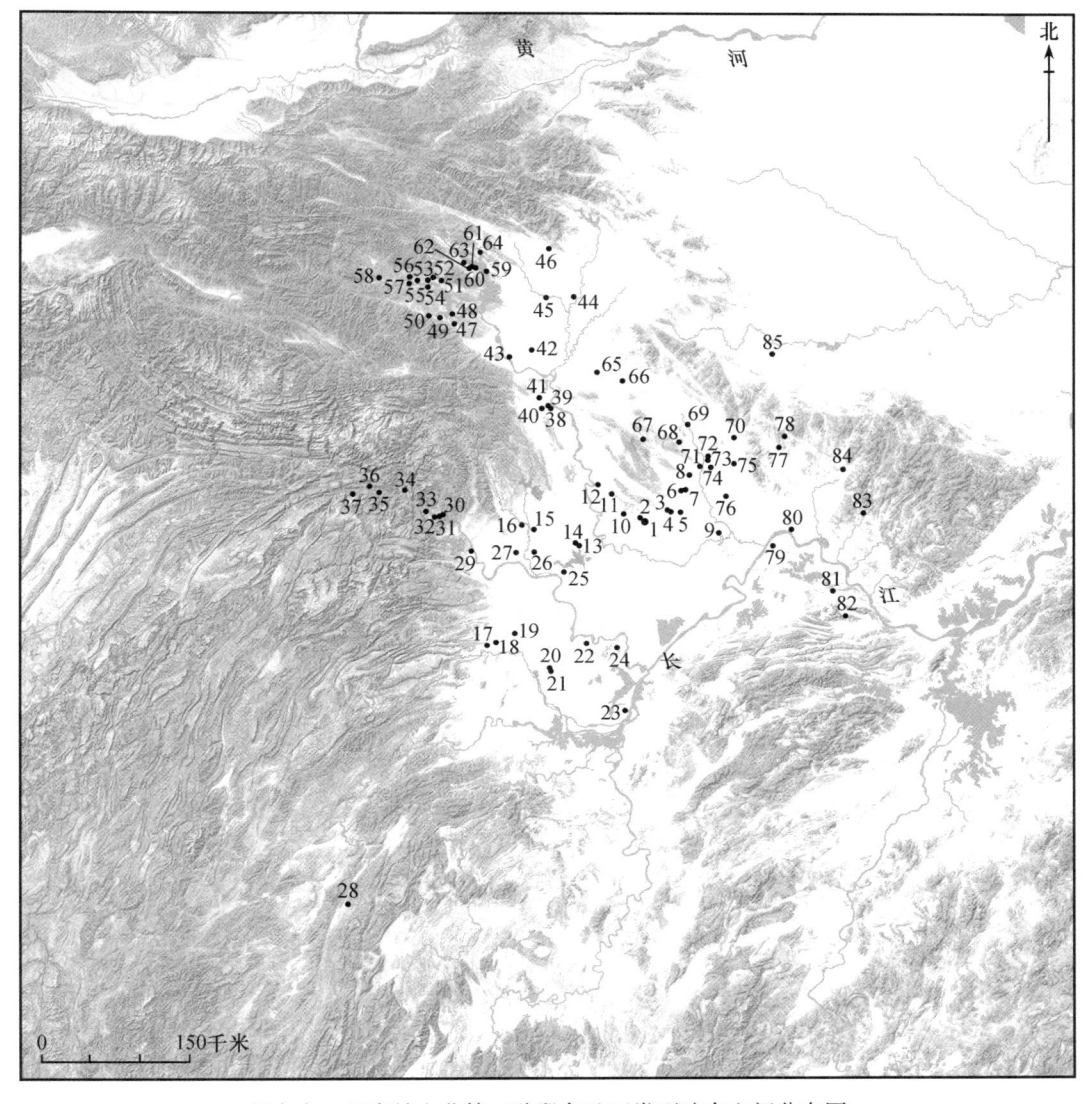

图九九　屈家岭文化第二阶段各地区类型遗存空间分布图

Ⅰ 屈家岭类型：1. 石家河遗址群　2. 熊家下湾　3. 张家山　4. 笑城　5. 赵家坡　6. 肖家坟　7. 台子周
　　　　　　　 8. 胡家山　9. 霍城　10. 屈家岭　11. 一百三十亩　12. 六合　13. 钟桥　14. 城河　15. 罗家山
　　　　　　　 16. 冯山
Ⅱ 城头山类型：17. 陆丰岗　18. 城头山　19. 三元宫　20. 划城岗　21. 子龙庵　22. 走马岭　23. 涨湖
　　　　　　　 24. 七星墩　25. 军刘台　26. 阴湘城　27. 关庙山
Ⅲ 高坎垅类型：28. 高坎垅
Ⅳ 杨家湾类型：29. 红花套　30. 清水滩　31. 杨家湾　32. 中堡岛　33. 台丘　34. 官庄坪　35. 仓坪
　　　　　　　 36. 茅寨子湾　37. 楠木园（李家湾）
Ⅴ 青龙泉类型：38. 老鸹仓　39. 曹家楼　40. 东棚　41. 三步两道桥　42. 凤凰咀　43. 王家堤　44. 凤凰山
　　　　　　　 45. 八里岗　46. 赵湾　47. 观音坪　48. 玉皇庙　49. 彭家院　50. 太山庙　51. 黑家院
　　　　　　　 52. 郭家院　53. 郭家道子　54. 尖滩坪　55. 青龙泉　56. 大寺　57. 鲤鱼嘴　58. 中台子
　　　　　　　 59. 吴营　60. 下王岗　61. 全岗　62. 单岗　63. 黄楝树　64. 沟湾
Ⅵ 金鸡岭类型：65. 二王庄　66. 孙家湾　67. 冷皮垭　68. 金鸡岭　69. 周家古城　70. 四顾台　71. 解放山
　　　　　　　 72. 余家岗　73. 庙墩　74. 夏家寨　75. 殷家墩　76. 叶家庙　77. 四姑墩　78. 吕王城
Ⅶ 放鹰台类型：79. 放鹰台　80. 香炉山　81. 蟹子地　82. 大路铺　83. 庙山岗　84. 余家寨　85. 李上湾

三房湾（居址第一段）、罗家柏岭（居址第一段）]、屈家岭（居址第一段部分、第二段部分）、一百三十亩（居址）、张家山（居址部分）、笑城（墓葬第一段）、赵家坡（居址第一、二段）、六合（居址第一段部分、第二段部分，墓葬第二段）、熊家下湾（采集）、肖家坟（采集部分）、台子周（采集部分）、胡家山（采集部分）、霍城（采集）、城河（居址第一段部分）、钟桥（居址）、冯山（居址部分）、罗家山（采集部分）等。

城头山类型，澧水中下游的屈家岭文化向东南方向进行了扩展，到达东洞庭湖南侧；汉西平原南部遗存数量和分布范围也有所增加。同时屈家岭类型的因素进一步向南影响，到达荆江南岸地区，如走马岭可见屈家岭类型典型的双腹盆形鼎。具体包括城头山（居址部分、墓葬第二段）、三元宫（居址部分、墓葬第二段）、划城岗（居址第二段、墓葬第一段）、子龙庵（居址部分）、涟湖（居址第一段）、陆丰岗（采集）、七星墩（居址）、走马岭（居址第一段、墓葬第一段部分）、阴湘城（居址部分）、军刘台（采集）、关庙山（居址第二段）等。

高坎垅类型，分布在沅江中上游。仅发现一处，为高坎垅（墓葬第二段）。

杨家湾类型，与上一阶段比较虽最西分布未超出巫峡东段，但从宜昌至巴东沿线分布数量和密度都有较大增加。具体包括杨家湾（居址部分、墓葬第二段）、红花套（居址部分）、清水滩（居址）、中堡岛（居址和墓葬第一段部分）、官庄坪（居址第一段）、仓坪（居址部分）、台丘（居址部分）、茅寨子湾（居址部分）、楠木园（李家湾）（居址部分、墓葬第二段部分）等。

青龙泉类型，除了密集分布在鄂西北山地的丹江口水库岸边四周外，南面到达襄宜通道中北部，东面和东北面分别扩张到南阳盆地中部和北部的白河流域。具体包括青龙泉（居址和墓葬第二段）、大寺（居址第二段、墓葬部分）、观音坪（居址第二段）、中台子（居址第一段）、尖滩坪（居址）、鲤鱼嘴（居址）、黑家院（居址部分）、郭家院（居址部分）、太山庙（居址部分）、彭家院（居址）、玉皇庙（居址部分）、下王岗（居址第一段部分）、沟湾（居址第二段）、单岗（居址第一段部分）、黄楝树（居址第一段）、吴营（居址部分）、全岗（居址第一段、墓葬）、郭家道子（采集）、曹家楼（居址第一段部分）、三步两道桥（采集部分）、老鸦仓（居址第一段）、王家堤（采集）、东棚（采集）、凤凰咀（居址第一段部分、第二段部分）、八里岗（居址第一段）、赵湾（居址）、凤凰山（采集）等。

金鸡岭类型，与上一阶段比较总体分布范围变化不大，但遗存数量有极大增加，密度增大。具体包括金鸡岭（居址第二段部分、墓葬第一段）、四顾台（居址第二段）、余家岗（居址第二段）、庙墩（采集）、冷皮垭（采集部分）、二王庄（采集部分）、孙家湾（采集部分）、周家古城（采集部分）、叶家庙（居址第二段、墓葬第一段）、殷家墩（居址部分）、夏家寨（居址第二段部分）、吕王城（居址第一段部分）、四姑墩（居址部分）、解放山（采集部分）等。

放鹰台类型，分布范围向东、南、北方向都有极大扩展，除较为分散地分布在武汉东湖沿岸和举水、巴水流域外，还越过大别山，到达淮河上游的信阳地区，东南方向黄石大冶、阳新等地也有发现。具体包括放鹰台（居址第一段、墓葬第二段）、蟹子地（墓葬）、大路铺（居址）、香炉山（居址）、庙山岗（居址部分）、余家寨（采集部分）、李上湾（居址第一段部分）等。

（三）第三阶段

第三阶段屈家岭文化遗存数量和分布密度、范围进一步增加和扩大（图一〇〇）。具体介绍如下。

屈家岭类型，总体分布范围变化不大，汉东平原主要是东北方向的遗存更加密集，东南方向的汉水下游北岸地区不见该类遗存，可能与考古工作（该地区只有调查，未有正式发掘）有关；汉西平原北部遗存数量也有所增加。具体包括石家河遗址群［谭家岭（居址第三段）、邓家湾（居址和墓葬第三段）、肖家屋脊（居址和墓葬第三段）、三房湾（居址第二段）、罗家柏岭（居址第二、三段）］、屈家岭（居址第二段部分、第三段部分）、龙嘴（居址）、张家山（居址部分）、笑城（居址、墓葬第二段）、陶家湖（居址第一段）、六合（居址第二段部分、墓葬第三段）、肖家坟（采集部分）、台子周（采集部分）、熊家嘴（采集）、胡家山（采集部分）、八字坟（采集）、汉堰台（采集）、钟桥（墓葬）、城河（居址第二段部分）、冯山（居址部分）、罗家山（采集部分）、三百钱港（采集）等。这一阶段分布在其中心的龙嘴（居址）、笑城（居址）两处遗址可见明显的金鸡岭类型因素，如满饰篮纹的罐形鼎、折沿罐等，应该是受到该类型的影响。

城头山类型，与上一阶段相比较，分布范围变化不大，遗存数量进一步增加。屈家岭类型因素持续影响江汉平原西南部至荆江南岸局部地区。具体包括城头山（居址部分、墓葬第三段）、三元宫（墓葬第三段）、宋家台（居址部分，墓葬第一段、第二段部分）、划城岗（墓葬第二段）、子龙庵（居址部分）、漉湖（居址第二段）、邹家山（采集部分）、走马岭（居址和墓葬第二段）、车轱山（墓葬一段）、扈家岗（采集）、阴湘城（居址部分）、关庙山（居址第三段）等。

高坎垅类型，分布在沅江中上游。仅发现一处，为高坎垅（居址、墓葬第三段）。

杨家湾类型，分布范围有了较大程度的扩大，主要是沿长江向西扩展到了瞿塘峡段，呈线形分布。具体包括杨家湾（居址部分、墓葬第三段）、红花套（居址部分）、中堡岛（居址和墓葬第二段部分）、官庄坪（居址第二段、墓葬）、沙湾（居址）、仓坪（居址部分）、台丘（居址部分）、茅寨子湾（居址部分）、楠木园（李

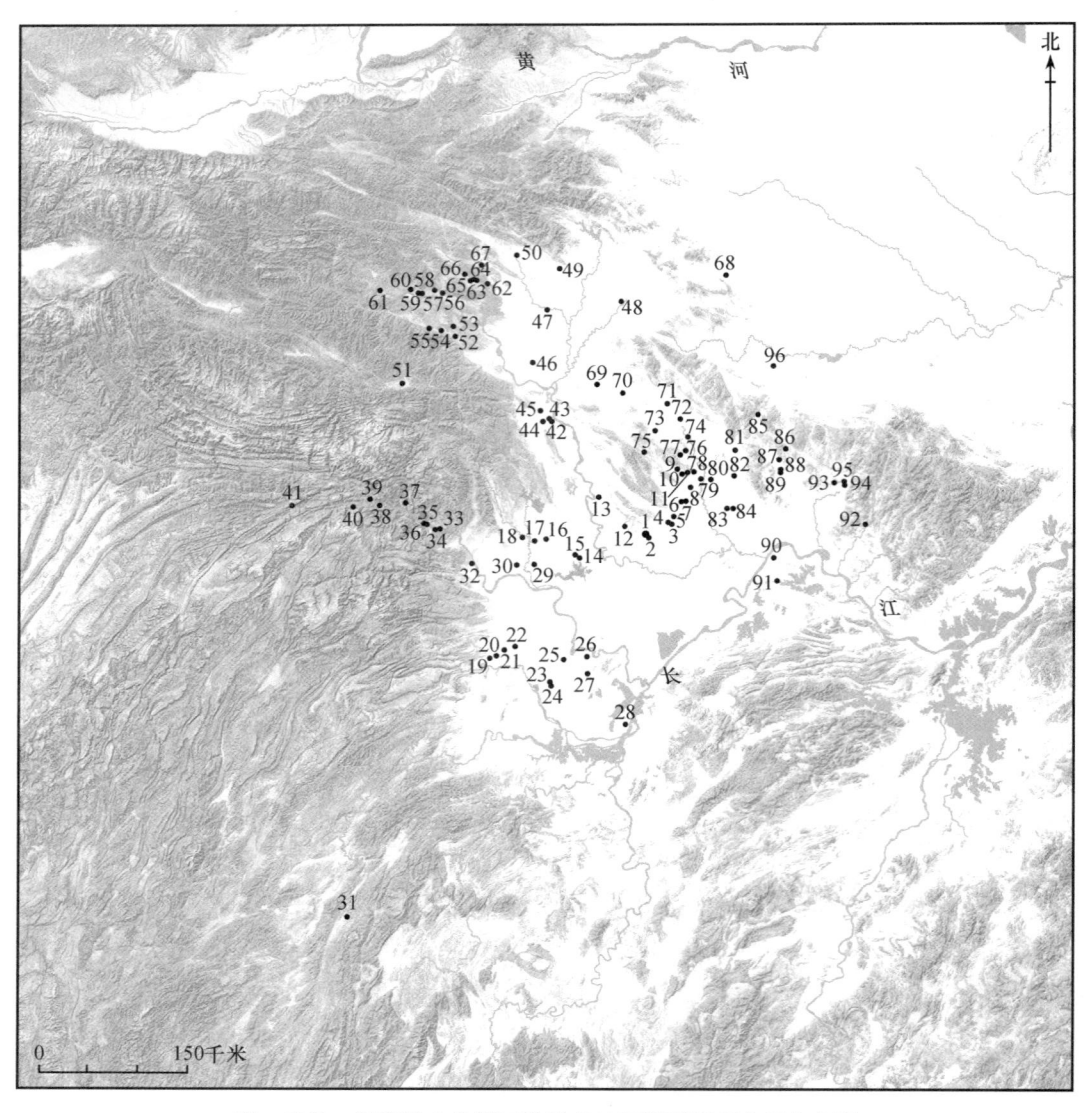

图一〇〇 屈家岭文化第三阶段各地区类型遗存空间分布图

Ⅰ 屈家岭类型：1. 石家河遗址群 2. 龙嘴 3. 笑城 4. 张家山 5. 陶家湖 6. 肖家坟 7. 台子周 8. 胡家山
9. 汉堰台 10. 熊家嘴 11. 八字坟 12. 屈家岭 13. 六合 14. 钟桥 15. 城河
16. 三百钱港 17. 罗家山 18. 冯山

Ⅱ 城头山类型：19. 邹家山 20. 城头山 21. 宋家台 22. 三元宫 23. 划城岗 24. 子龙庵 25. 扈家岗
26. 走马岭 27. 车轱山 28. 澧湖 29. 阴湘城 30. 关庙山

Ⅲ 高坎垅类型：31. 高坎垅

Ⅳ 杨家湾类型：32. 红花套 33. 杨家湾 34. 中堡岛 35. 台丘 36. 沙湾 37. 官庄坪 38. 仓坪
39. 茅寨子湾 40. 楠木园（李家湾） 41. 大溪

Ⅴ 青龙泉类型：42. 老鸦仓 43. 曹家楼 44. 东棚 45. 三步两道桥 46. 凤凰咀 47. 八里岗 48. 寨茨岗
49. 安国城 50. 小河 51. 七里河 52. 观音坪 53. 玉皇庙 54. 彭家院 55. 太山庙
56. 黑家院 57. 郭家院 58. 梅子园 59. 青龙泉（梅子园） 60. 大寺 61. 中台子
62. 吴营 63. 下王岗 64. 全岗 65. 单岗 66. 黄楝树 67. 沟湾 68. 党楼

Ⅵ 金鸡岭类型：69. 二王庄 70. 孙家湾 71. 长堰湖 72. 西花园 73. 黄土岗 74. 周家古城 75. 冷皮垭
76. 梅花台 77. 金鸡岭 78. 王古溜 79. 解放山 80. 夏家寨 81. 四顾台 82. 殷家墩
83. 叶家庙 84. 大台子 85. 土城 86. 吕王城 87. 四姑墩 88. 北门岗 89. 桥头墩

Ⅶ 放鹰台类型：90. 放鹰台 91. 潘柳村 92. 庙山岗 93. 吊尖 94. 栗山岗 95. 余家寨 96. 李上湾

家湾)(居址部分、墓葬第二段部分和第三段部分)、大溪(墓葬)等。

青龙泉类型,分布范围有了进一步的扩大,除了依旧密集分布在鄂西北山地的丹江口水库岸边四周外;南面不仅囊括襄宜通道中北部,还继续向南影响到江汉平原西南部沮漳河流域的下游,如关庙山(墓葬)出有典型的青龙泉类型的盆形鼎;东面和东北面在继续占据南阳盆地中部和北部的白河流域外,还分布到唐河中上游,并开始越过伏牛山一线,在驻马店也有少量分布。可以说,到了这一阶段,屈家岭文化基本占据了南阳盆地,并突破了伏牛山一线。具体包括青龙泉(含梅子园)(居址和墓葬第三段)、大寺(居址第三段)、观音坪(居址第三段部分、墓葬部分)、中台子(居址第二段部分)、黑家院(居址部分)、郭家院(居址部分)、七里河(居址第一段)、太山庙(居址部分)、彭家院(居址部分)、玉皇庙(居址部分)、下王岗(居址第一段部分、第二段部分)、沟湾(居址第三段)、单岗(居址第二段部分、墓葬部分)、黄楝树(居址第二段部分)、吴营(居址部分)、全岗(居址第二段)、梅子园(采集部分)、曹家楼(居址第一段部分)、三步两道桥(采集部分)、老鸹仓(居址第二段、墓葬第一段)、东棚(采集部分)、凤凰咀(居址第二段部分)、八里岗(居址第二段)、寨茨岗(部分遗存)、安国城(墓葬)、小河(采集)、党楼(居址部分)等。

金鸡岭类型,与上一阶段相比较,遗存数量有较大增加。分布范围也有较大程度的扩大,除了延续上一阶段的随枣走廊至孝感地区以及大别山西端外,还向东影响到举水流域,如麻城吊尖所出篮纹鼎。具体包括金鸡岭(居址第二段部分、墓葬第二段)、西花园(居址第一段)、黄土岗(居址)、四顾台(居址第三段、墓葬)、王古溜(居址第一段)、冷皮垭(采集部分)、二王庄(采集部分)、孙家湾(采集部分)、长堰湖(采集部分)、周家古城(采集部分)、梅花台(采集部分)、叶家庙(居址第三段、墓葬第二段)、殷家墩(居址部分)、夏家寨(居址第二段部分)、吕王城(居址第二段)、土城(居址第一段)、北门岗(居址)、四姑墩(居址部分)、解放山(采集部分)、大台子(采集部分)、桥头墩(采集)等。

放鹰台类型,零散分布在武汉东湖、梁子湖沿岸、举水、巴水流域和淮河上游的信阳地区。具体包括放鹰台(居址第二段、墓葬第三段)、潘柳村(居址部分)、吊尖(墓葬第一段)、栗山岗(居址部分)、庙山岗(居址部分)、余家寨(采集部分)、李上湾(居址第一段部分)等。

(四)第四阶段

第四阶段的屈家岭文化遗存总体数量有较大程度的减少,分布密度减小,分布范围也有所收缩(图一〇一)。具体介绍如下。

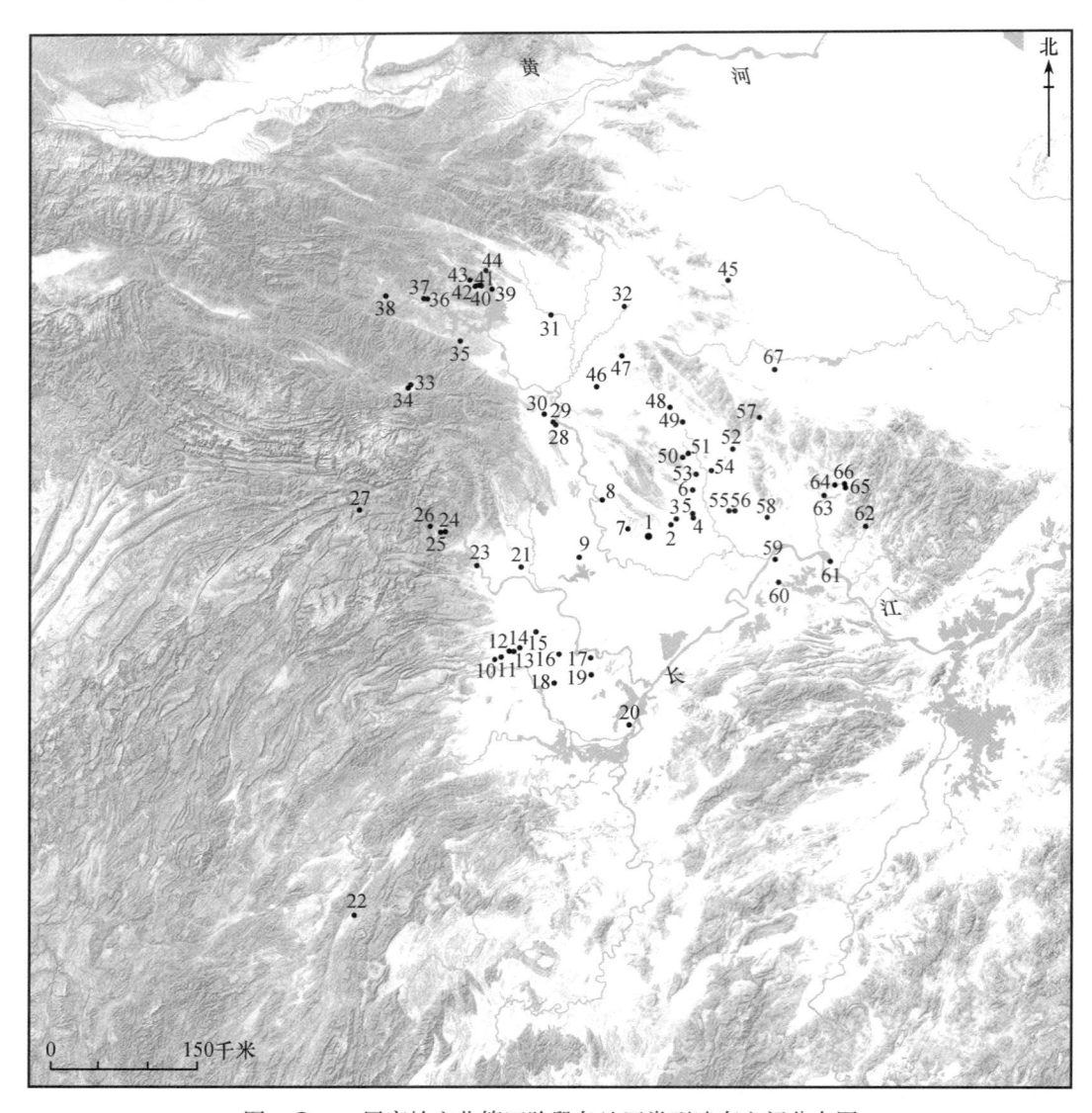

图一○一　屈家岭文化第四阶段各地区类型遗存空间分布图

Ⅰ 屈家岭类型：1. 石家河遗址群　2. 张家山　3. 陶家湖　4. 门板湾　5. 保丰　6. 胡家山　7. 屈家岭　8. 六合　9. 城河

Ⅱ 城头山类型：10. 邹家山　11. 城头山　12. 宋家台　13. 鸡叫城　14. 三元宫　15. 鸡鸣城　16. 王家岗　17. 走马岭　18. 划城岗　19. 车轱山　20. 澧湖　21. 关庙山

Ⅲ 高坎垅类型：22. 高坎垅

Ⅳ 杨家湾类型：23. 红花套　24. 杨家湾　25. 中堡岛　26. 渡口　27. 楠木园（李家湾）

Ⅴ 青龙泉类型：28. 老鸦仓　29. 曹家楼　30. 三步两道桥　31. 八里岗　32. 寨茨岗　33. 羊鼻岭　34. 七里河　35. 观音坪　36. 梅子园　37. 青龙泉（梅子园）　38. 中台子　39. 吴营　40. 下王岗　41. 全岗　42. 单岗　43. 黄楝树　44. 沟湾　45. 党楼

Ⅵ 金鸡岭类型：46. 程大堰　47. 二王庄　48. 长堰湖　49. 西花园　50. 金鸡岭　51. 梅花台　52. 窝窝墩　53. 王古溜　54. 余家岗　55. 叶家庙　56. 大台子　57. 土城　58. 张西湾

Ⅶ 放鹰台类型：59. 放鹰台　60. 潘柳村　61. 螺蛳山　62. 庙山岗　63. 金罗家　64. 吊尖　65. 栗山岗　66. 余家寨　67. 李上湾

屈家岭类型，整体沿汉东平原大洪山南麓呈新月形分布。具体包括石家河遗址群［谭家岭（居址第四段）、邓家湾（居址和墓葬第四段）、肖家屋脊（居址和墓葬第四段）］、屈家岭（居址第三段部分）、张家山（居址部分）、陶家湖（居址第二段）、门板湾（采集）、六合（居址第三段）、城河（居址第二段部分）、保丰（采集）、胡家山（采集部分）等。

城头山类型，与上一阶段比较变化不大。具体包括城头山（居址部分、墓葬第四段）、三元宫（墓葬第四段）、宋家台（墓葬第二段部分、第三段）、划城岗（居址和墓葬第三段）、鸡叫城（居址）、漉湖（居址第三段）、邹家山（采集部分）、走马岭（居址和墓葬第三段）、车轱山（墓葬第二段）、王家岗（居址）、鸡鸣城（居址）、关庙山（居址第四段、墓葬）等。

高坎垅类型，分布在沅江中上游。仅发现一处，为高坎垅（墓葬第四段）。

杨家湾类型，遗存数量大幅减少。分布范围也有较大收缩，从宜都经西陵峡段至巫峡东段沿长江两岸呈线形分布，巫峡以西不见该类遗存。具体包括杨家湾（居址部分、墓葬第四段）、红花套（居址部分）、中堡岛（居址和墓葬第二段部分）、渡口（居址）、楠木园（李家湾）（居址部分、墓葬第三段部分）等。

青龙泉类型，遗存数量略有减少。分布范围大体不变，主要分布在鄂西北山地丹江口库区四周、南阳盆地、襄宜通道北部。具体包括青龙泉（含梅子园）（居址第四段）、观音坪（居址第三段部分、墓葬部分）、中台子（居址第二段部分）、七里河（居址第二段）、下王岗（居址第二段部分）、沟湾（居址第四段）、单岗（居址第二段部分、墓葬部分）、黄楝树（居址第二段部分）、吴营（居址部分）、全岗（居址第三段）、羊鼻岭（采集）、梅子园（采集部分）、曹家楼（居址第二段、墓葬）、三步两道桥（采集部分）、老鸹仓（居址第三段、墓葬第二段）、八里岗（居址第三段）、寨茨岗（部分遗存）、党楼（居址部分）等。

金鸡岭类型，与上一阶段相比较，遗存数量大幅减少，分布范围大体不变。具体包括金鸡岭（居址和墓葬第三段）、西花园（居址第二段）、王古溜（居址第二段）、余家岗（采集）、程大堰（采集）、二王庄（采集部分）、长堰湖（采集部分）、梅花台（采集部分）、窝窝墩（采集部分）、叶家庙（居址第四段、墓葬第三段）、土城（居址第二段）、张西湾（居址）、大台子（采集部分）等。

放鹰台类型，与上一阶段相比较，遗存数量略有增加。零散分布在武汉东湖、梁子湖沿岸、举水、巴水流域和淮河上游的信阳地区。具体包括放鹰台（墓葬第四段）、潘柳村（居址部分）、螺蛳山（墓葬）、吊尖（墓葬第二段）、金罗家（采集部分、墓葬）、栗山岗（居址部分）、庙山岗（居址部分）、余家寨（采集部分）、李上湾（居址第二段）等。

第六章　屈家岭文化的形成

第一节　屈家岭文化形成前长江中游地区的文化格局

在屈家岭文化之前，长江中游地区主要分布有屈家岭下层文化、朱家台文化、雕龙碑三期文化三种文化。

一、屈家岭下层文化

屈家岭下层文化是指以京山屈家岭第二次发掘的下层遗存（报告称屈家岭文化早期遗存）[1]及以同类遗存为代表的文化。这类遗存曾长期被学界当作"屈家岭文化"的早期[2]，也有学者认为归入"大溪文化"晚期更为准确[3]。孟华平先生曾称其为"屈家岭早期文化"，与"屈家岭晚期文化"属两种不同文化[4]，后又将之纳入油子岭文化，作为油子岭文化的晚期[5]。余西云先生认为学界将以鼎、外折沿簋、曲腹杯为核心器形组合的一类遗存归入"屈家岭文化"早期有所不妥，其与屈家岭文化晚期遗存有质的差别，应单独命名为"屈家岭下层文化"[6]。实际上屈家岭下层及同类遗存的主要器形组合有鼎、折沿簋、曲腹杯、圈足壶、平底壶、罐、喇叭形捉手器盖等，其文化内涵既与以油子岭遗址第一、二期遗存[7]、龙嘴报告中除TG1以外的其他遗存[8]为代表的

---

[1] 中国科学院考古研究所：《京山屈家岭》，科学出版社，1965年。

[2] 中国科学院考古研究所：《京山屈家岭》，科学出版社，1965年，第72页；何介钧：《长江中游原始文化初论》，《湖南考古辑刊（第1集）》，岳麓书社，1982年；屈家岭考古发掘队：《屈家岭遗址第三次发掘》，《考古学报》1992年第1期。

[3] 向绪成：《屈家岭遗址下层及同类遗存文化性质讨论》，《考古》1985年第7期。

[4] 孟华平：《试论大溪文化》，《考古学报》1992年第4期。

[5] 孟华平：《长江中游史前文化结构》，长江文艺出版社，1997年。

[6] 余西云：《长江中游新石器时代的陶鼎研究》，《华夏考古》1994年第2期。

[7] 湖北省荆州地区博物馆：《湖北京山油子岭新石器时代遗址的试掘》，《考古》1994年第10期。

[8] 湖北省文物考古研究所、天门市博物馆：《天门龙嘴》，科学出版社，2015年。

第六章　屈家岭文化的形成

油子岭文化有区别，又与以屈家岭遗址第二次发掘晚期遗存为代表的典型的屈家岭文化明显区分，本书在第二章文化界定中已做论述，应单独命名为屈家岭下层文化较为合适。

较为典型的屈家岭下层文化遗存有京山屈家岭第二次发掘的下层遗存[1]，第三次发掘的第三期遗存[2]，天门谭家岭报告第二、三期遗存[3]，澧县城头山报告中的"大溪文化"第四期遗存和"屈家岭文化"第一期的大部分遗存[4]，武昌放鹰台1965年发掘报告的各探方第5层和大部分墓葬[5]等。屈家岭下层文化的居址遗存并不丰富，其分段主要依据墓葬所作，可以屈家岭第三次发掘的第三期墓葬的分段为代表。典型陶器型式划分如下（表二一，图一〇二）。

表二一　屈家岭第三次发掘屈家岭下层文化遗存墓葬分段表

器类 分段	鼎	甑	曲腹杯
第四段	AⅣ、BbⅢ	BbⅢ	AⅢ
第三段	AⅢ、BaⅡ、BbⅡ	AⅢ、BaⅡ、BbⅡ	AⅡ
第二段	AⅡ、BbⅠ	AⅡ、BbⅠ	
第一段	AⅠ、BaⅠ、C	AⅠ、BaⅠ	AⅠ、B

鼎　分三型。

A型　圆腹罐形。分四式。

Ⅰ式：标本有M15:2（图一〇二，1）等。

Ⅱ式：标本有M3:4（图一〇二，2）等。

Ⅲ式：标本有M2:1（图一〇二，3）等。

Ⅳ式：标本有M9:8（图一〇二，4）等。

A型鼎的演变趋势：卷沿变为折沿，沿面较平到沿面微凹。

B型　垂腹釜形。分二亚型。

Ba型　腹较宽浅。分二式。

Ⅰ式：标本有M12:7（图一〇二，5）等。

Ⅱ式：标本有M2:26（图一〇二，6）等。

---

[1]　中国科学院考古研究所：《京山屈家岭》，科学出版社，1965年。
[2]　屈家岭考古发掘队：《屈家岭遗址第三次发掘》，《考古学报》1992年第1期。
[3]　湖北省荆州博物馆、北京大学考古学系、湖北省文物考古研究所石家河考古队：《谭家岭》，文物出版社，2011年。
[4]　湖南省文物考古研究所：《澧县城头山——新石器时代遗址发掘报告》，文物出版社，2007年。
[5]　湖北省文物考古研究所：《武昌放鹰台》，文物出版社，2003年。

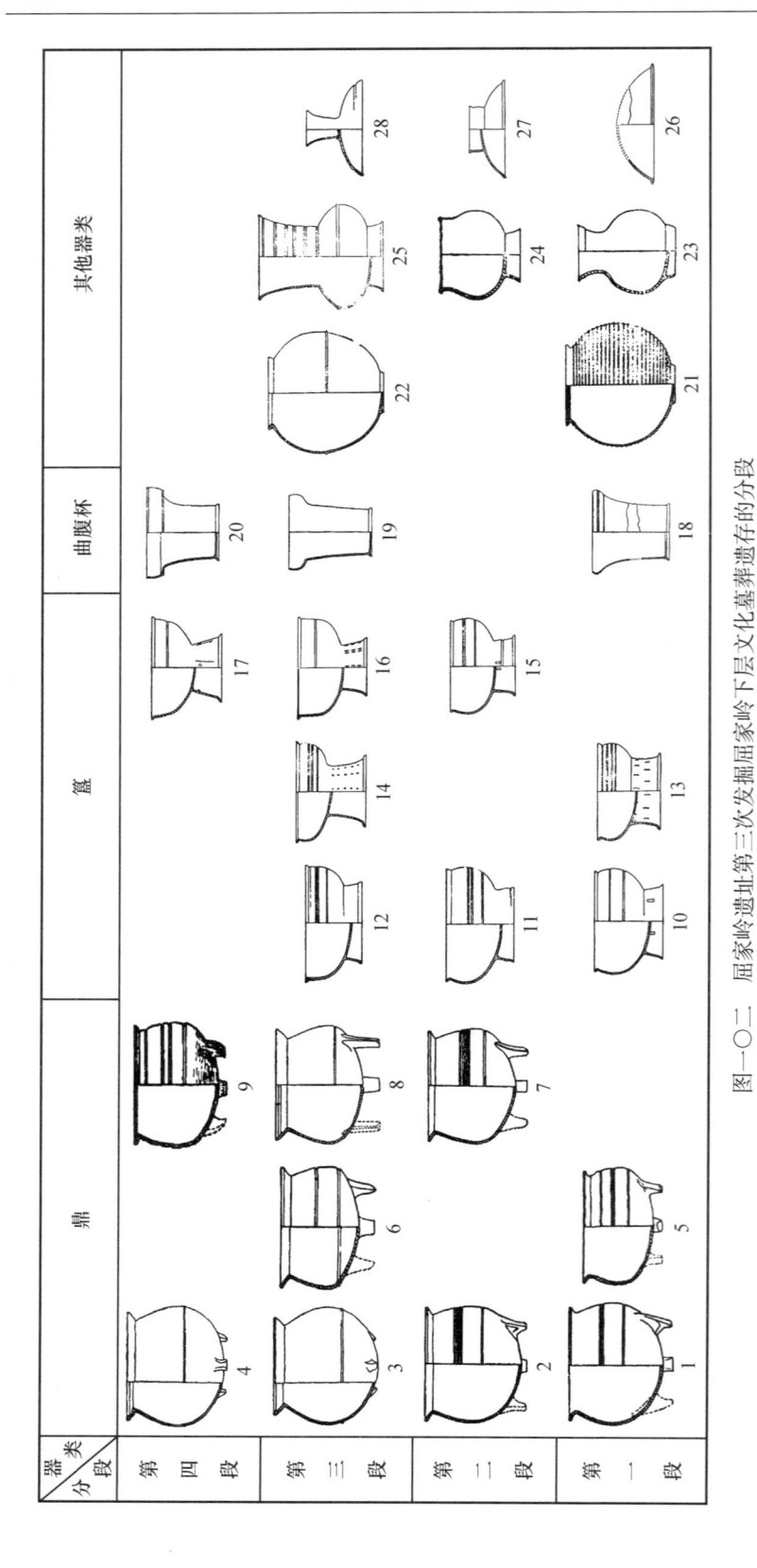

图一〇二 屈家岭遗址第三次发掘屈家岭下层文化墓葬遗存的分段

1~4. A型Ⅰ、Ⅱ、Ⅲ、Ⅳ式鼎（M15：2、M3：4、M2：1、M9：8） 5、6. Ba型Ⅰ、Ⅱ式鼎（M12：7、M2：26） 7~9. Bb型Ⅰ、Ⅱ、Ⅲ式鼎（M6：13、M2：2、M9：5） 10~12. A型Ⅰ、Ⅱ、Ⅲ式簋（M15：7、M3：3、M2：42） 13、14. Ba型Ⅰ、Ⅱ式簋（M2：6、M2：10） 15~17. Bb型Ⅰ、Ⅱ、Ⅲ式簋（M6：12、M2：44、M9：3） 18~20. A型Ⅰ、Ⅱ、Ⅲ式曲腹杯（M12：29、M2：51、M9：6） 21、22. 圈足瓮（M12：35、M2：12） 23~25. 圈足壶（M12：4、M6：3、M2：6） 26~28. 器盖（M12：45、M6：6、M2：13）

Ba型鼎的演变趋势：卷沿变为折沿。

Bb型　腹较深。分三式。

Ⅰ式：标本有M6：13（图一〇二，7）等。

Ⅱ式：标本有M2：2（图一〇二，8）、M2：38等。

Ⅲ式：标本有M9：5（图一〇二，9）等。

Bb型鼎的演变趋势：卷沿变为折沿，沿面较平到沿面微凹。

C型　弧腹盆形。

标本有M12：37（原报告图一六，5）等。

簋　分二型。

A型　圈足较矮。分三式。

Ⅰ式：标本有M15：7（图一〇二，10）等。

Ⅱ式：标本有M3：3（图一〇二，11）、M6：9等。

Ⅲ式：标本有M2：42（图一〇二，12）等。

A型簋的演变趋势：敛口变敞口，卷沿变折沿，沿面逐渐微凹。

B型　圈足较高。分二亚型。

Ba型　腹较宽浅。分二式。

Ⅰ式：标本有M12：6（图一〇二，13）等。

Ⅱ式：标本有M2：10（图一〇二，14）等。

Ba型簋的演变趋势：敛口变敞口，卷沿变折沿。

Bb型　腹较深。分三式。

Ⅰ式：标本有M6：12（图一〇二，15）、M8：1等。

Ⅱ式：标本有M2：24、M2：44（图一〇二，16）等。

Ⅲ式：标本有M9：3（图一〇二，17）等。

Bb型簋的演变趋势：敛口变敞口。

曲腹杯　分二型。

A型　敛口。分三式。

Ⅰ式：标本有M12：29（图一〇二，18）等。

Ⅱ式：标本有M2：51（图一〇二，19）等。

Ⅲ式：标本有M9：6（图一〇二，20）等。

A型曲腹杯的演变趋势：上、下腹连接处由弧接变为硬折。

B型　敞口。

标本有M12：49、M12：69（分见原报告图一八，4、6）等。

还有少量圈足瓮、圈足壶、器盖等器类，暂不作详细型式划分（图一〇二，21~28）。

依据典型陶器的形态演变和组合关系，可将墓葬分为四段。

第一段：M12、M15；

第二段：M3、M6、M8；

第三段：M2；

第四段：M9。

谭家岭、城头山、放鹰台等遗址的同类遗存均可分为四段（后两个遗存分段分别见图一一五~图一一八、图一二〇），核心器类鼎、折沿簋、曲腹杯的演变序列均保持一致，具体为鼎由卷沿逐渐变为折沿，沿面较平到沿面微凹；折沿簋由敛口逐渐变为敞口，卷沿变为折沿，沿面逐渐微凹；曲腹杯上下腹连接处由弧接逐渐变为硬折。在此不详细叙述。依据核心器类的演变规律，上述几处典型遗址的第一~四段均可一一对应。据此可将整个屈家岭下层文化分为四段。

屈家岭下层文化大体可以分为三个地区类型。一是屈家岭类型，也是屈家岭下层文化的核心类型，以屈家岭第三次发掘第三期遗存，谭家岭第二、三期遗存等为代表，还包括天门龙嘴TG1⑥~⑩[1]，朱家咀上、中、下三层[2]，张家山第5~7层[3]，钟祥六合简报所分"以红陶为主的较早遗存""屈家岭文化早期遗存"[4]等，主要分布在汉东平原。二是城头山类型，以城头山报告"大溪文化"第四期、"屈家岭文化"第一期大部分遗存为代表，还包括安乡划城岗第一次发掘报告所分早二期遗存、中一期大部分墓葬[5]及第二次发掘的少量墓葬[6]，澧县丁家岗M1[7]，三元宫M11、M12、M15~M17[8]，宋家台第4B层和东区大半墓葬[9]，车轱山的大部分墓葬[10]，石首走马岭

---

[1] 湖北省文物考古研究所、天门市博物馆：《天门龙嘴》，科学出版社，2015年。

[2] 湖北省文物管理委员会：《湖北京山朱家咀新石器遗址第一次发掘》，《考古》1964年第5期。

[3] 天门市博物馆、湖北省文物考古研究所：《湖北省天门市张家山新石器时代遗址发掘简报》，《江汉考古》2004年第2期。

[4] 张绪球、何德珍、王运新等：《钟祥六合遗址》，《江汉考古》1987年第2期。

[5] 湖南省博物馆：《安乡划城岗新石器时代遗址》，《考古学报》1983年第4期。

[6] 湖南省文物考古研究所、常德市文物处、安乡县文物管理所：《湖南安乡划城岗遗址第二次发掘报告》，《考古学报》2005年第1期。

[7] 湖南省博物馆：《澧县东田丁家岗新石器时代遗址》，《湖南考古辑刊（第1集）》，岳麓书社，1982年。

[8] 湖南省博物馆：《澧县梦溪三元宫遗址》，《考古学报》1979年第4期。

[9] 湖南省文物考古研究所：《湖南澧县宋家台新石器时代遗址》，《湖南考古辑刊（第7集）》，求索杂志社，1999年。

[10] 湖南省岳阳地区文物工作队：《华容车轱山新石器时代遗址第一次发掘简报》，《湖南考古辑刊（第3集）》，岳麓书社，1986年。

20世纪90年代发掘的第一期居址遗存和M6、M19①，以及2014~2016年发掘简报所分第一类遗存②、公安王家岗第二期墓葬③、杨家湾"屈家岭文化早期"中的部分遗存（M16、M24、M30、M34、M44）④等，主要分布在澧阳平原及汉西至峡江地区。三是以放鹰台1965年发掘报告的各探方第5层和大部分墓葬等为代表，还包括黄冈螺蛳山1985年清理的墓葬⑤、新洲香炉山简报所分"屈家岭文化"墓葬⑥等，主要分布在鄂东南地区。至于沅江中上游的高坎垅遗址⑦，也有相当数量的屈家岭下层文化遗存，其除了不见鼎外，其他器类基本与城头山类型内涵一致，是否需要单独列出，有待更多的材料论证。

屈家岭下层文化主要承袭油子岭文化而来。油子岭文化向屈家岭下层文化的转化应该是油子岭文化与西阴文化在随枣走廊的长期接触中（见雕龙碑一期、二期遗存）吸取了部分西阴文化因素蜕变而导致的⑧。与油子岭文化相比较，屈家岭下层文化在北部范围有较大收缩，退出了随枣走廊至孝感地区（被雕龙碑三期文化占据），但向东、西和南部有了大范围的拓展。

二、朱家台文化

朱家台文化遗存最初是被当作仰韶文化来认识的⑨，到20世纪80年代末至90年代初才被正式命名为朱家台文化⑩。朱家台文化的主要器类有盆形鼎、罐形鼎、壶形鼎、大

---

① 荆州市博物馆、石首市博物馆、武汉大学历史系考古专业：《湖北石首市走马岭新石器时代遗址发掘简报》，《考古》1998年第4期。

② 武汉大学历史学院考古系、石首市走马岭考古遗址公园管理所：《湖北石首市走马岭新石器时代城址的发掘》，《考古》2018年第9期。

③ 湖北省荆州地区博物馆：《湖北王家岗新石器时代遗址》，《考古学报》1984年第2期。

④ 湖北省文物考古研究所：《宜昌杨家湾》，科学出版社，2013年。

⑤ 湖北省黄冈地区博物馆：《湖北黄冈螺蛳山遗址墓葬》，《考古学报》1987年第3期。

⑥ 香炉山考古队：《湖北武汉市阳逻香炉山遗址考古发掘纪要》，《南方文物》1993年第1期；武汉大学历史系考古教研室、武汉市博物馆、新洲县文化馆：《湖北新洲香炉山遗址（南区）发掘简报》，《江汉考古》1993年第1期。

⑦ 湖南省文物考古研究所、怀化地区文物工作队：《怀化高坎垅新石器时代遗址》，《考古学报》1992年第3期。

⑧ 屈家岭下层文化的核心器类之一曲腹杯应该就是西阴文化的曲腹钵逐渐演变而来，八里岗所出钵（M14∶5）与屈家岭下层文化最早阶段的曲腹杯十分接近，大致是其原形。

⑨ 长办文物考古队直属工作队：《一九五八至一九六一年湖北郧县和均县发掘简报》，《考古》1961年第10期。

⑩ 王劲：《鄂西北仰韶文化及同时期文化分析》，《华夏考古》1987年第2期；沈强华：《试论朱家台文化》，《江汉考古》1992年第2期。

口折沿罐、高领罐、筒形罐、红顶钵、带流盆、敛口瓮、器盖等，存在较多平底的罐形鼎、盆形鼎，流行装饰花边、凸弦纹、附加堆纹等，少量器腹带錾。典型的朱家台文化遗存有淅川马岭朱家台文化遗存[1]、均县朱家台少量"仰韶早期"遗存和所有"仰韶晚期"遗存[2]、郧县青龙泉1959~1962年发掘报告中的"仰韶文化"遗存和部分"屈家岭文化早期"遗存[3]等，其次正式发掘的邓州八里岗[4]、淅川下王岗[5]、沟湾[6]、黄楝树[7]、郧县胡家窝[8]、郭家道子[9]、尖滩坪[10]、三明寺[11]、宜城曹家楼[12]等遗址中均发现有朱家台文化遗存。

这些遗址中，马岭的朱家台文化遗存最为丰富，层位关系也较清晰，分期应该较为可靠。夏笑容将马岭的朱家台文化遗存分为三期[13]，基本代表了整个朱家台文化的分段（图一〇三）。

朱家台文化含有强烈的本地区西阴文化的因素，应该是起源于本地区的西阴文化。少量带流或带錾的风格可能来自中原地区。大汶口文化从早期到中期偏早阶段向西的持续渗透和大规模推进，与西阴文化在豫中地区发生了激烈的碰撞，造成了西阴

---

[1] 夏笑容：《朱家台文化研究》，武汉大学硕士学位论文，2011年。

[2] 中国社会科学院考古所长江工作队：《湖北均县朱家台遗址》，《考古学报》1989年第1期。

[3] 中国社会科学院考古研究所：《青龙泉与大寺》，科学出版社，1991年。

[4] 北京大学考古实习队、河南省南阳市文物研究所：《河南邓州八里岗遗址发掘简报》，《文物》1998年第9期；北京大学考古文博院、南阳地区文物研究所：《河南邓州八里岗遗址1998年度发掘简报》，《文物》2000年第11期。

[5] 河南省文物研究所、长江流域规划办公室考古队河南分队：《淅川下王岗》，文物出版社，1989年。

[6] 郑州大学历史学院考古系等：《河南淅川县沟湾遗址仰韶文化遗存发掘简报》，《考古》2010年第6期。

[7] 长江流域规划办公室考古队河南分队：《河南淅川黄楝树遗址发掘报告》，《华夏考古》1990年第3期。

[8] 湖北省文物局南水北调办公室、武汉大学考古系、郧县博物馆：《湖北省郧县胡家窝遗址发掘报告》，《江汉考古》2009年第3期。

[9] 湖北省文物考古研究所：《湖北省郧县郭家道子遗址2006~2007年发掘简报》，《湖北南水北调工程考古报告集（第一卷）》，科学出版社，2013年。

[10] 武汉大学历史学院考古系、郧县博物馆：《湖北郧县尖滩坪遗址发掘简报》，《江汉考古》2015年第3期。

[11] 武汉大学历史学院考古系、湖北省文物局南水北调办公室：《湖北郧县三明寺遗址新石器时代遗存发掘简报》，《江汉考古》2016年第1期。

[12] 武汉大学历史系考古教研室、襄樊市博物馆、宜城县博物馆：《湖北宜城曹家楼新石器时代遗址》，《考古学报》1988年第1期。

[13] 夏笑容：《朱家台文化研究》，武汉大学硕士学位论文，2011年。

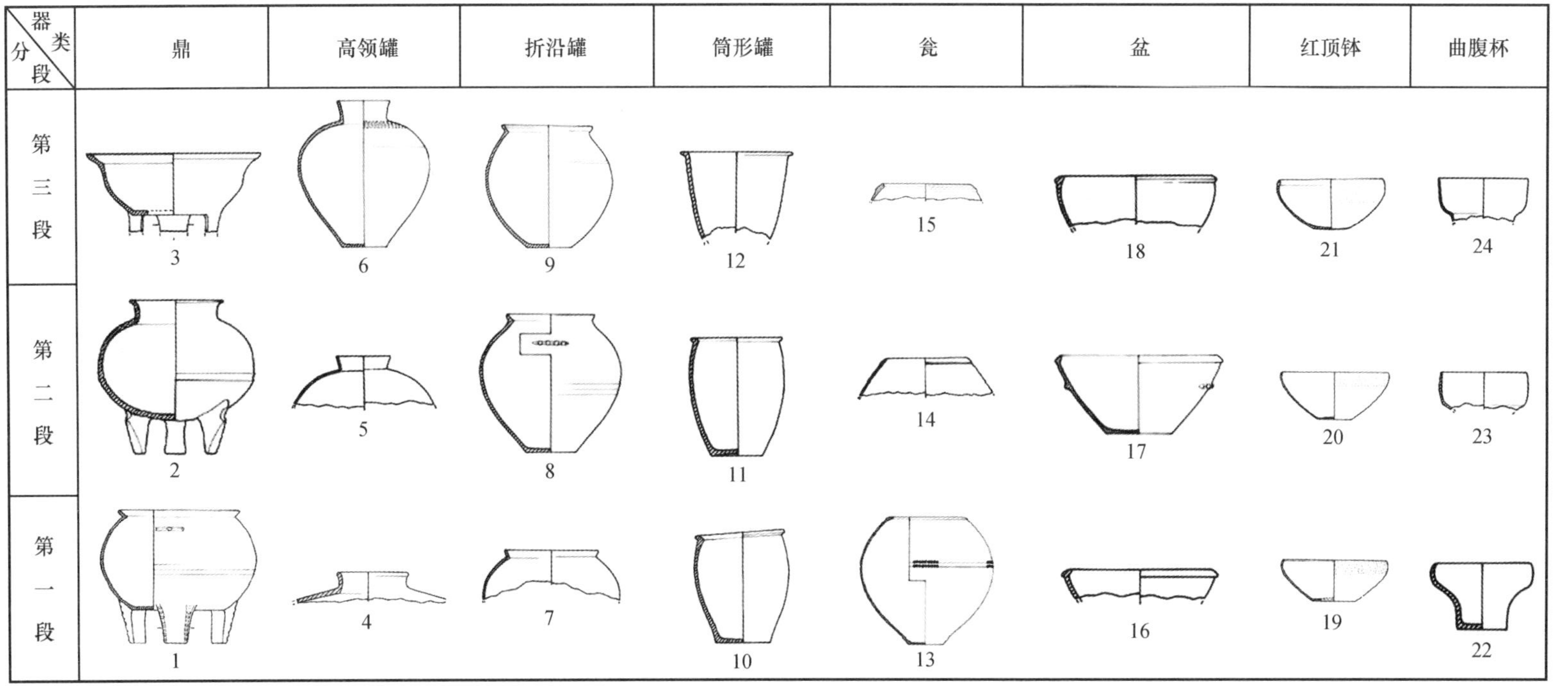

图一〇三 马岭遗址朱家台文化遗存的分段

1~3. 鼎（H178：7，H350：16，H648：1） 4~6. 高领罐（H1032②：5，H14⑤：10，F20：1） 7~9. 折沿罐（T5534⑨：1，H14：18，W18：2） 10~12. 筒形罐（H32：2，H14⑤：3，J2①：2） 13~15. 瓮（H178：1，H2④：1，H1011：4） 16~18. 盆（H580：3，H59：1，H271：8） 19~21. 红顶钵（H32：1，H14：31，G23：3） 22~24. 曲腹杯（T5732④：11，H14：30，F30：16）

（据夏笑容：《朱家台文化研究》，武汉大学硕士学位论文，2011年，图十八改制）

文化的全面瓦解[1]。各地的西阴文化纷纷向下一阶段的文化转化。朱家台文化就是在这一背景下形成的。

三、雕龙碑三期文化

雕龙碑三期文化是以枣阳雕龙碑第三期遗存[2]为代表的文化。这类遗存主要器形有罐形鼎、盆形鼎、壶形鼎、矮圈足折沿罐、矮圈足高领罐、折沿罐、镂孔豆、钵、内折沿碗、矮圈足盆、平底盆、刻槽盆、瘦长腹缸、器盖等。其中器表除了较多的素面和凸弦纹外，还流行满腹装饰斜行篮纹。还有在部分器类如鼎、罐、盆等器底加装矮圈足的风格，使其显著区别于周边其他文化。正式发掘的与之相近的还有孝感家山第一期遗存[3]。对以雕龙碑第三期为代表的遗存的性质的认识，主要有仰韶文化和屈家岭文化的混合体[4]、屈家岭文化的地区类型[5]和单独命名为雕龙碑三期文化[6]三种看法。本书认为雕龙碑三期遗存有其特定可辨识且相对稳定的器形组合和装饰风格，有一定的分布空间，单独命名为雕龙碑三期文化是合理的。

雕龙碑第三期遗存提供的层位关系有四组，其中出有2件及以上器物的仅F17→F19一组。F17、F19两个单位出土陶器整体风格接近，无法进行分段。似乎雕龙碑三期遗存整体时间较短，不具备分段意义。从雕龙碑三期出土的少量曲腹杯来看，有上下腹弧接（T2015②C∶18）和上下腹近硬折（F15Ⅱ∶38）两种，这两种曲腹杯在屈家岭下层文化中是前后演变的关系。说明雕龙碑三期遗存应该存在一定时间段的演变。由此我们进一步观察，发现出土于探方第3层（以T2313、T2618、T2810为代表）的矮圈足罐分为两类，一类较矮胖，一类较瘦高，满腹饰较稀疏的篮纹；而开口于T2618第2A层下的F19及与之整体接近的F15（开口于T2315第2A层下）的圈足罐也有相同的两类，与前者相比较，后者的两类矮圈足罐整体较瘦高，满腹饰相对密集的篮纹。串联相关探方层位后，前者的年代应该早于后者。由此规律扩展到整个雕龙碑三期遗存，大致可将雕龙碑三期遗存分为两段（图一〇四）。

---

[1] 余西云：《西阴文化——中国文明的滥觞》，科学出版社，2006年，第211页。
[2] 中国社会科学院考古研究所：《枣阳雕龙碑》，科学出版社，2006年。
[3] 湖北省文物考古研究所、孝感市博物馆、孝感市孝南区博物馆：《孝感叶家庙》，科学出版社，2016年。
[4] 中国社会科学院考古研究所：《枣阳雕龙碑》，科学出版社，2006年，第343页。
[5] 林邦存：《关于屈家岭文化区、系、类型问题的初步分析》，《江汉考古》1997年第1、2期。
[6] 王杰：《雕龙碑新石器时代遗址发掘收获》，《江汉考古》1995年第3期；何强、赵宾福：《雕龙碑遗址第三期遗存的性质、年代与渊源——兼论"雕龙碑三期文化"》，《江汉考古》2014年第6期。

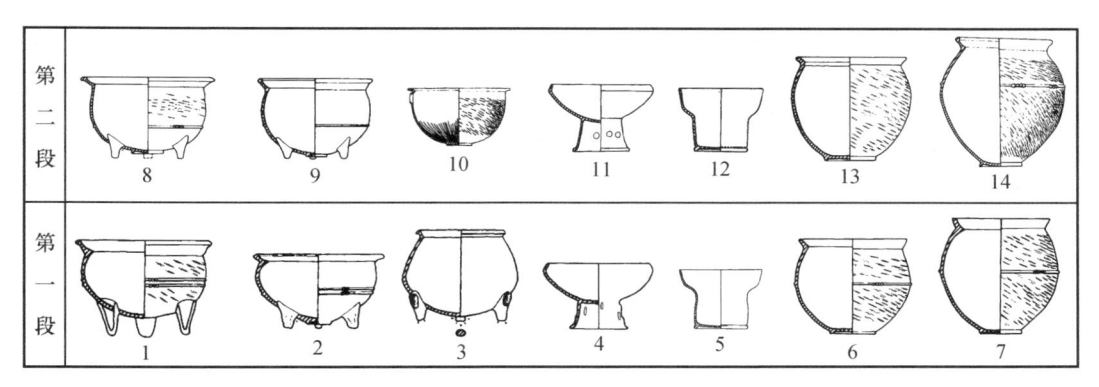

图一〇四　雕龙碑遗址第三期居址遗存的分段

1~3、8、9. 鼎（T2810③：3、F13：17、T1909③：7、F19Ⅴ：68、F17：3）　4、11. 豆（F13：13、F19Ⅰ：4）
5、12. 曲腹杯（T2015②C：18、F15Ⅱ：38）　6、7、13、14. 矮圈足罐（T2618③：18、T2810③：6、
F15Ⅱ：36、F19Ⅳ：49）　10. 刻槽盆（F15Ⅴ：74）

第一段：以T1909③、T2015②C、T2313③、T2618③、T2810③、F13为代表；

第二段：以F15、F17、F19、F20为代表。

第一段还残留有油子岭文化风格的扁锥足带按窝纹素面罐形鼎；盆形鼎分二型，A型鼎腹饰凸弦纹，B型鼎腹饰凸弦纹加篮纹；圈足罐分二型，A型整体较矮胖，B型整体较瘦高。第二段时，盆形鼎、矮圈足罐腹部均加深，篮纹更加密集。此外，第二段时还出现了少量来自中原地区秦王寨文化早期的因素，如肩部饰一周附加堆纹的硬折肩罐、带錾的高领壶等。说明到了雕龙碑三期遗存第二段时，秦王寨文化已经影响到随枣走廊地区。据此可将雕龙碑三期遗存的两段作为雕龙碑三期文化的早、晚两期。

雕龙碑三期文化的形成一般认为是来自北方的"仰韶文化晚期"与南方的油子岭文化碰撞融合的产物。这有一定的道理，但是作为雕龙碑三期文化最具辨识性的矮圈足鼎、矮圈足罐等在器底加装矮圈足的装饰习惯并非前述两者的特征，其来源从目前的材料来看尚无从得知。其满腹饰斜行篮纹的风格出现并流行的时间也早于其他地区。

四、文化格局

实际上在屈家岭下层文化、朱家台文化和雕龙碑三期文化之前，汉水以西包括峡江地区、环洞庭湖地区还以大溪文化为主；汉东平原至孝感地区及鄂东南地区以油子岭文化为主，而鄂西北豫西南地区至随枣走廊北部以西阴文化为主。

屈家岭下层文化第一、二段时开始逐步占据汉西平原局部、洞庭湖平原并渗透到峡江地区。屈家岭下层文化对峡江地区的渗透对大溪文化造成了较大冲击，导致大溪文化向晚期的转变。而洞庭湖平原的大溪文化已经完全被屈家岭下层文化取代。到屈家岭下层文化第三、四段时，峡江地区的屈家岭下层文化多以较纯净的遗存单位出现，虽然遗存数量不多，但该地区的大溪文化基本瓦解（具体论述见本书第七章第一节）。据此文化态势可将屈家岭下层文化分为早、晚两期：早期包括屈家岭下层文化的第一、二段，晚期包括屈家岭下层文化的第三、四段。与此大致同时，鄂西北豫西南地区的西阴文化转化为朱家台文化，随枣走廊至孝感地区出现了雕龙碑三期文化。

屈家岭下层文化分布范围最广，以汉东平原为中心对外扩张，最西至峡江地区的瞿塘峡段，最东至鄂东南的黄冈地区，西南除了完全占据澧水中下游外，还远徙至沅江中上游地带，北界除在襄宜地区有部分因素存在外似乎未完全越过大洪山一线。朱家台文化主要分布在鄂西北山地（丹江库区）至南阳盆地地区。雕龙碑三期文化主要分布在随枣走廊至鄂东北的孝感地区，与屈家岭下层文化以涢水为界。

长江中游的三个文化相互之间存在密切的交流。

一方面，朱家台文化、雕龙碑三期文化中均发现较多的曲腹杯和少量的折沿簋。曲腹杯是屈家岭下层文化的核心器类之一，这类器形应该是借鉴了西阴文化曲腹钵的造型改造而成为屈家岭下层文化的器物，在屈家岭下层文化中大量存在，发展序列最为完整。而朱家台文化遗存中如下王岗遗址的罐形簋（T20⑤∶117）[①]，青龙泉遗址的罐形簋（T45⑦B∶58）、盆形簋（T59⑭∶41）[②]等；雕龙碑三期文化中如雕龙碑遗址第三期所出罐形簋（F19Ⅰ∶10、F13∶19等）[③]，这些应该也都来自屈家岭下层文化。

朱家台文化与雕龙碑三期文化的文化因素也互见，如下王岗遗址朱家台文化遗存中出土的加装矮圈足的罐形鼎（F50∶3）等；雕龙碑三期遗存中出土的带流刻槽盆等。

另一方面，屈家岭下层文化中也能见到少量朱家台文化、雕龙碑三期文化的因素。如龙嘴遗址的屈家岭下层文化遗存[④]中出有朱家台文化的高领罐（TG1⑨∶3），类似器形还见于六合遗址的屈家岭下层文化遗存[⑤]。在此需要说明的是，早于屈家岭下层文化的油子岭文化也有高领罐，油子岭文化的高领罐多为厚胎、厚圆唇或尖唇，颈部多满饰弦纹，与朱家台文化高领罐的薄唇素面或肩部饰附件堆纹或数道弦纹的风格属不同类型。另外，屈家岭、张家山[⑥]、六合等遗址的屈家岭下层文化遗存中均发现雕

---

① 河南省文物研究所、长江流域规划办公室考古队河南分队：《淅川下王岗》，文物出版社，1989年。

② 中国社会科学院考古研究所：《青龙泉与大寺》，科学出版社，1991年。

③ 中国社会科学院考古研究所：《枣阳雕龙碑》，科学出版社，2006年。

④ 龙嘴遗址的屈家岭下层文化遗存仅在TG1发现，单位有TG1⑥~⑩。见湖北省文物考古研究所、天门市博物馆：《天门龙嘴》，科学出版社，2015年。

⑤ 张绪球、何德珍、王运新等：《钟祥六合遗址》，《江汉考古》1987年第2期。

⑥ 天门市博物馆、湖北省文物考古研究所：《湖北省天门市张家山新石器时代遗址发掘简报》，《江汉考古》2004年第2期。

龙碑三期文化风格的矮圈足罐。

在襄宜地区还能看到朱家台、雕龙碑三期、屈家岭下层三个文化混杂共存的现象。以宜城曹家楼遗址[①]为例，报告分为两期，其中第一期遗存内涵复杂，依据不同的文化因素可分为三类：A类包括红顶钵、筒形罐、带流刻槽盆、花边纽器盖等；B类包括曲腹杯、折沿簋等；C类包括矮圈足罐（部分饰斜行篮纹）等。A类属朱家台文化，B类属屈家岭下层文化，C类属雕龙碑三期文化。三者混杂共存（图一〇五）。

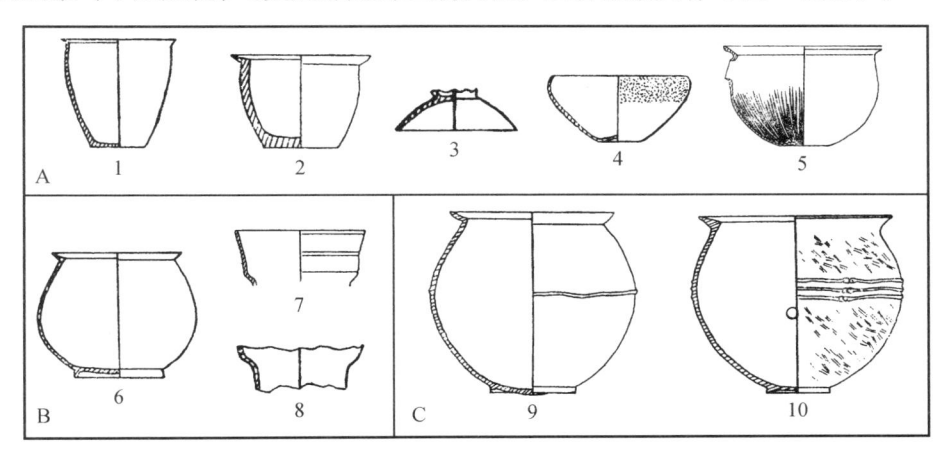

图一〇五　曹家楼遗址第一期遗存的分类
A. 朱家台文化：1、2. 筒形罐（T1⑦B：4、T18⑥A：1）　3. 花边纽器盖（T3⑦A：2）
　　　　　　　4. 红顶钵（T13⑦A：3）　5. 带流刻槽盆（W10：1）
B. 屈家岭下层文化：6. 簋（T15⑥A：3）　7、8. 曲腹杯（T18⑦A：1、T1⑦B：13）
C. 雕龙碑三期文化：9、10. 圈足罐（T13⑦A：2、T1⑦B：3）

以上三个文化同处长江中游，互相邻近，彼此接壤，相互联系较为密切。屈家岭下层文化的分布范围更为广阔，在三者相互交流过程中，其对朱家台、雕龙碑三期文化的文化因素输入相对更多，处于较强势的地位。

屈家岭下层文化除了向北扩散外，与朱家台文化、雕龙碑三期文化发生了联系；还向西进入峡江地区渗透到大溪文化；向东到鄂东南武穴一带，渗透到薛家岗文化鼓山类型；向南渗透到赣都地区的石峡文化。这在后文会分别有详细论述。

---

① 武汉大学历史系考古教研室、襄樊市博物馆、宜城县博物馆：《湖北宜城曹家楼新石器时代遗址》，《考古学报》1988年第1期。

第二节　大汶口文化中期持续西进

大汶口文化向西渗透开始于大汶口文化早期，如在郑州大河村第二期等遗存中可见一些敛口下腹带凸棱的豆、敛口矮圈足钵、大口缸等器物[①]。在大汶口文化持续渗透和大规模西进过程中，中原地区的西阴文化与之碰撞、融合、重组后形成了秦王寨文化[②]。秦王寨文化形成后，大汶口文化的西进进程并未停止，而是与秦王寨文化在豫东地区发生了长时间的争夺。

大汶口文化中期在豫东地区分布有虞城营郭、夏邑三里堌堆[③]、郸城段寨[④]、商水章华台[⑤]、尉氏椅圈马[⑥]等遗存，这些遗存均以大汶口文化因素为主，多以墓葬形式存在，也有灰坑等居址遗迹现象，可能代表了大汶口人群的迁徙。与之相对峙的秦王寨文化在豫东地区也有分布，如发掘的有杞县鹿台岗的"仰韶文化"遗存[⑦]，调查的有尉氏大桥、程庄、冉家、断头岗、大辛庄、靳村和杞县竹林等[⑧]。从发现来看，秦王寨文化多密集分布在豫东的西部地区。

总体来说，大汶口文化中期应该已经占据了豫东东部地区。两个文化的遗存在豫东西部地区交错分布，似乎表明两者都没有完全控制该区域，形成了两个文化的模糊边界。但在秦王寨文化早期略晚时期，文化因素曾一度突破到皖北的亳州地区，这一地区与豫东东部地区接壤，属同一地理小单元。在安徽亳州付庄遗址发现了一些秦王寨文化因素与大汶口文化中期因素共存的墓葬[⑨]（图一〇六）。此外，在山东地区大汶口文化的分布核心区也能见到一些秦王寨文化风格的彩陶[⑩]。秦王寨文化因素最东到达

---

① 魏兴涛：《新中国成立以来河南新石器时代考古发现与研究》，《华夏考古》2012年第2期。
② 余西云：《西阴文化——中国文明的滥觞》，科学出版社，2006年，第213页。书中称"西山文化"。
③ 孙明：《商丘地区仰韶文化初探》，《中原文物·论仰韶文化》1986年特刊。
④ 郸城县文化馆：《河南郸城段砦出土大汶口文化遗物》，《考古》1981年第2期；曹桂岑：《郸城段寨遗址试掘》，《中原文物》1981年第3期。
⑤ 商水县文化馆：《河南商水发现一处大汶口文化墓地》，《考古》1981年第1期。
⑥ 郑州大学考古系、开封市文物工作队、尉氏县文物保管所：《河南尉氏县椅圈马遗址发掘简报》，《华夏考古》1997年第3期。
⑦ 郑州大学文博学院、开封市文物工作队：《豫东杞县发掘报告》，科学出版社，2000年。
⑧ 魏兴涛：《豫东西部地区考古文化概论》，《河南文物考古论集》，河南人民出版社，1996年。
⑨ 孔玥：《安徽省亳州付庄新石器时代遗址发掘报告》，武汉大学硕士学位论文，2014年。
⑩ 孙祖初：《秦王寨文化研究》，《华夏考古》1991年第3期。

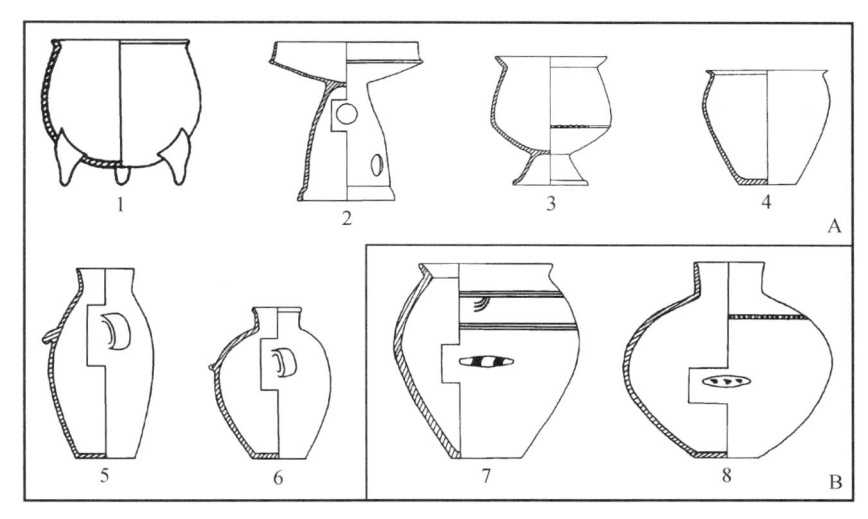

图一〇六　付庄遗址秦王寨文化因素与大汶口文化中期因素共存的墓葬
A. 大汶口文化因素：1. 鼎（M6：18）　2. 折盘豆（M6：20）　3. 盂形豆（M6：26）
　　　　　　　　4. 折沿罐（M6：27）　5、6. 背壶（M6：4、M13：7）
B. 秦王寨文化因素：7. 折沿深腹罐（M13：3）　8. 高领壶（M6：28）

苏北，见于新沂花厅，出有1件带鋬高领壶（花厅M41：12）[1]。

大汶口文化在与秦王寨文化的接触过程中，应该更为强势。除了文化板块式推进，大汶口文化中期向西的渗透范围更为广泛，如郑州大河村[2]、荥阳点军台[3]、洛阳王湾[4]、渑池笃忠[5]、禹县谷水河[6]、临汝北刘庄[7]等遗址的秦王寨文化早期遗存中均可见到较多的大汶口文化因素，有双耳壶、背壶、宽肩壶、筒形罐、镂孔豆、尊形杯、带凸棱杯、缸等器形（图一〇七）。据研究，在中原、豫中、豫北、豫西晋西南乃至关中地区都有大汶口中期因素的发现，涉及黄河中游多个文化类型[8]。

除此外，长江中游的朱家台文化遗存中也有少量大汶口文化中期的因素，如淅川

---

[1] 南京博物院：《花厅：新石器时代墓地发掘报告》，文物出版社，2003年。
[2] 郑州市文物考古研究所：《郑州大河村》，科学出版社，2001年。
[3] 郑州市博物馆：《荥阳点军台遗址1980年发掘报告》，《中原文物》1982年第4期。
[4] 北京大学考古文博学院：《洛阳王湾——考古发掘报告》，北京大学出版社，2002年。
[5] 河南省文物考古研究所：《河南渑池笃忠遗址2006年发掘简报》，《华夏考古》2010年第3期。
[6] 刘式今：《河南省禹县谷水河遗址发掘简报》，《河南文博通讯》1977年第2期；河南省博物馆：《河南禹县谷水河遗址发掘简报》，《考古》1979年第4期。
[7] 河南省文物研究所：《河南临汝北刘庄遗址发掘报告》，《华夏考古》1990年第2期。
[8] 靳松安：《河洛与海岱地区考古学文化的交流与融合》，科学出版社，2006年，第152页。

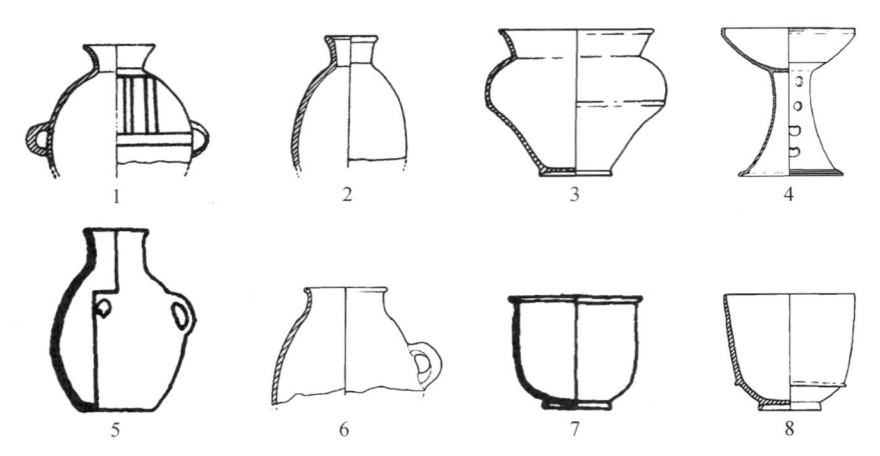

图一〇七　大汶口文化中期向西、西南扩散器物举例

1、2. 壶（大河村T43⑧：27、大河村T43⑨：29）　3. 宽肩壶（大河村F20：10）　4. 镂孔豆（笃忠H72：1）
5、6. 背壶（北刘庄T23④：23、马岭H784③：1）　7. 尊形杯（北刘庄T22④：4）　8. 带凸棱杯（笃忠H75：5）

马岭遗址所出溜肩的背壶（马岭H784③：1）等[①]。这说明大汶口文化中期西进过程中还往西南对长江中游局部地区进行了少量渗透。

第三节　秦王寨文化向南发展

秦王寨文化在20世纪60～90年代以前先后有"秦王寨类型"[②]"大河村类型"[③]，或被拆分为"秦王寨类型"和"大河村类型"[④]两种类型等认识。在此期间，已有学者在相关论文中使用"秦王寨文化"这一称呼[⑤]。也有学者采用"大河村文化"的命名[⑥]，只是其内涵远远超出了一种考古学文化所能涵盖的范围。至90年代初，开始有学者著文正式界定了秦王寨文化的标准器形和内涵，系统论证了秦王寨文化的分期与源流[⑦]。本书对秦王寨文化的界定采用其标准，"将以折肩罐和以网纹、星形纹弧线三角为框的窗棂纹的彩陶罐的出现作为秦王寨文化开始形成的标志；把空三足器的出现定

[①]　夏笑容：《朱家台文化研究》，武汉大学硕士学位论文，2011年。
[②]　杨建芳：《略论仰韶文化和马家窑文化的分期》，《考古学报》1962年第1期。
[③]　安志敏：《裴李岗、磁山和仰韶——试论中原新石器文化的渊源及发展》，《考古》1979年第4期。
[④]　李昌韬：《试论"秦王寨类型"和"大河村类型"》，《史前研究》1985年第3期。
[⑤]　张忠培：《客省庄文化及其相关诸问题》，《考古与文物》1980年第4期。
[⑥]　河南省文物研究所：《河南考古四十年》，河南人民出版社，1994年。
[⑦]　孙祖初：《秦王寨文化研究》，《华夏考古》1991年第3期。

为秦王寨文化的终止"①。

秦王寨文化的主要分布区在郑州地区、伊洛盆地和颍河上游，典型遗存有郑州大河村三、四期遗存②，西山第四~七组遗存③，禹县谷水河第一~三期遗存④，洛阳王湾第二期遗存⑤等。秦王寨文化的分期主要有孙祖初先生分的六期⑥和许永杰先生分的五期⑦两种意见。两位学者对秦王寨文化的分期所呈现的主要器物的演变规律大体接近，只是后者是在更大范围内占有更多材料的前提下通盘考虑所归纳出的，更能全面准确地表现出秦王寨文化遗存发展的阶段性。在此借用许永杰先生对秦王寨文化的分期，其所分五期作为本书对秦王寨文化所分的五段。秦王寨文化在第一~三段时主要含有较多的大汶口文化因素；在第四、五段时除了持续保留大汶口文化因素外，新出现了较多的屈家岭文化因素，如高圈足杯、斜腹杯、双腹碗、双腹豆等。屈家岭文化在秦王寨文化第四、五段时向北大量渗透到中原地区。与之相应的是秦王寨文化遗存数量也开始相应减少，逐渐衰落（详见后文第七章第二节）。据此文化态势，将秦王寨文化分为早晚两期，早期包括第一~三段，晚期包括第四、五段。

秦王寨文化是受到大汶口文化冲击重组的新的文化，并在其形成后仍不断受到大汶口文化的渗透。上一节中也介绍了秦王寨文化在豫东地区与大汶口文化持续争夺。正是秦王寨文化在东面受到大汶口文化的阻挠，导致其将主要发展方向转向南方。

秦王寨文化向南发展主要分为两大块。

一是豫中地区即颍河上游。分布有长葛石固⑧、禹县谷水河⑨、临汝北刘庄⑩等遗址，这一区域的遗存在秦王寨文化早期都经有一定时间的发展，是秦王寨文化较为稳定的范围。

二是豫东南地区即淮河上游，主要包括驻马店、信阳地区。驻马店党楼遗址简报将遗存分为三期，并认为第一期遗存既与屈家岭文化相近，又与黄河流域的北刘庄二期、大汶口文化晚期遗存有相近的一面，同时又有地方特色，暂定为"党楼一期文

---

① 孙祖初：《秦王寨文化研究》，《华夏考古》1991年第3期。
② 郑州市文物考古研究所：《郑州大河村》，科学出版社，2001年。
③ 国家文物局考古领队培训班：《郑州西山仰韶时代城址的发掘》，《文物》1999年第7期。
④ 刘式今：《河南省禹县谷水河遗址发掘简报》，《河南文博通讯》1977年第2期；河南省博物馆：《河南禹县谷水河遗址发掘简报》，《考古》1979年第4期。
⑤ 北京大学考古文博学院：《洛阳王湾——考古发掘报告》，北京大学出版社，2002年。
⑥ 孙祖初：《秦王寨文化研究》，《华夏考古》1991年第3期。
⑦ 许永杰：《黄土高原仰韶晚期遗存的谱系》，科学出版社，2007年。
⑧ 河南省文物研究所：《长葛石固遗址发掘报告》，《华夏考古》1987年第1期。
⑨ 刘式今：《河南省禹县谷水河遗址发掘简报》，《河南文博通讯》1977年第2期；河南省博物馆：《河南禹县谷水河遗址发掘简报》，《考古》1979年第4期。
⑩ 河南省文物研究所：《河南临汝北刘庄遗址发掘报告》，《华夏考古》1990年第2期。

化"①。其实党楼一期遗存跨越两个阶段，需要分开讨论。简报也将一期遗存分为前段和后段，前段包括探方第6层；后段包括探方第4、5层。后段遗存在本书第三章第五节第三小节中已做分析，主体属屈家岭文化，相当于屈家岭文化晚期。前段主要出有折腹釜形鼎、内折沿盆、斜直腹盆、饰篮纹的方唇钵、深腹罐等（图一〇八），属较纯净的典型的秦王寨文化，折腹釜形鼎的形态相当于秦王寨文化早期一段或略晚。党楼一期的前后段之间并非连续发展的，而是具有一定时间跨度，且前后文化内涵有较大差别，不宜混在一起讨论。此外，还有信阳地区的罗山李上湾第一期T1⑥②，出有罐形鼎、高领壶、折沿盆等器形，属秦王寨文化，大致相当于秦王寨文化早期二段。

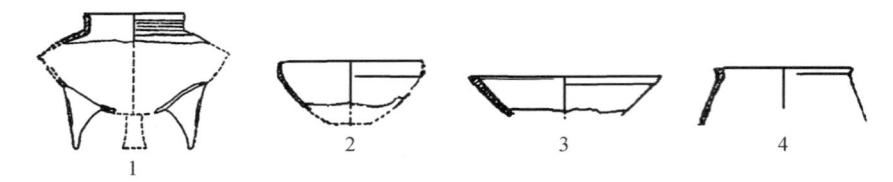

图一〇八　党楼遗址一期前段遗存出土主要陶器
1. 釜形鼎（T102⑥∶1）　2. 内折沿盆（T101⑥∶8）　3. 斜直腹盆（T101⑥∶16）　4. 深腹罐（T102⑥∶6）

这些遗存的分布说明秦王寨文化在早期一、二段已经到了豫东南地区，而该地区与之同时期的其他文化遗存暂未发现。

秦王寨文化早期一、二段向南方发展，其分布范围从颍河上游到驻马店、信阳地区，西南未跨过伏牛山一线，东南未跨过大别山脉，整体呈弧线式分布，并以此为基础对分布在长江中游的朱家台文化、雕龙碑三期文化和屈家岭下层文化进行渗透。

朱家台文化部分遗存中发现秦王寨文化因素，如马岭③、八里岗④的内折沿盆［马岭H59∶1、H14⑤∶16，八里岗F21（1A）∶1等］，青龙泉彩陶壶（T8⑪∶76）上的平行条纹加圆点、网格纹等。

雕龙碑三期文化晚期开始出现少量饰一周附加堆纹的折肩罐（雕龙碑F15Ⅶ∶89）、带鋬的高领壶（雕龙碑F19Ⅳ∶48）以及睫毛纹、网纹的彩陶纹样（雕龙碑T2013③∶3、T2616③∶6）等秦王寨文化因素。

---

①　北京大学考古系、驻马店市文物保护管理所：《河南驻马店市党楼遗址的发掘》，《考古》1996年第5期。
②　见本书第三章第七节第二小节对罗山李上湾遗存的分析。
③　夏笑容：《朱家台文化研究》，武汉大学硕士学位论文，2011年。
④　北京大学考古实习队、河南省南阳市文物研究所：《河南邓州八里岗遗址发掘简报》，《文物》1998年第9期。

钟祥六合"屈家岭早期"①、天门谭家岭第三期②等属屈家岭下层文化的遗存中也能看到少量睫毛纹、网格纹等秦王寨文化风格的彩陶纹样（图一〇九）。

上述因素的年代均超不出秦王寨文化早期一、二段的范围，与秦王寨文化早期一、二段在南方分布的态势相吻合。本书将秦王寨文化早期一、二段称为秦王寨文化早期偏早阶段，早期三段称为早期偏晚阶段。也说明了秦王寨文化早期偏早阶段大体与朱家台文化、雕龙碑三期文化、屈家岭下层文化年代相当。

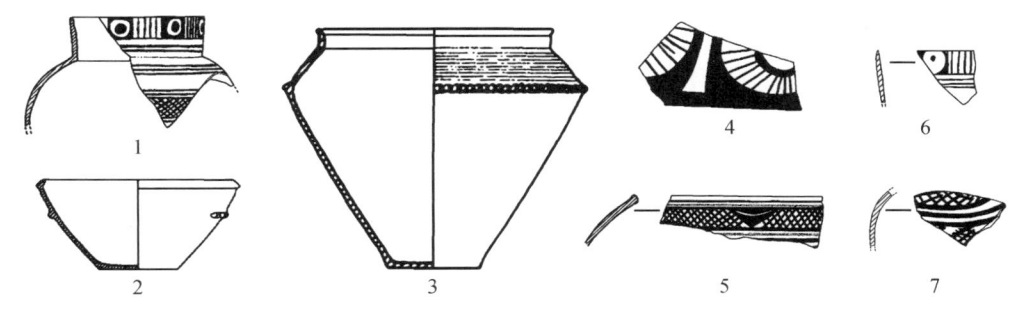

图一〇九　朱家台文化、雕龙碑三期文化、屈家岭下层文化遗存中的秦王寨文化因素举例
1、6.彩陶壶（青龙泉T8⑪：76、谭家岭ⅢT1106⑤A：234）　2.盆（马岭H59：1）　3.折肩罐（雕龙碑F15Ⅶ：89）　4、7.彩陶片（雕龙碑T2013③：3、谭家岭ⅢT1006⑥：3）　5.彩陶瓮（雕龙碑T2616③：6）

第四节　屈家岭文化的形成

屈家岭文化的形成应该与上述文化态势密切相关。这也能从屈家岭文化主要陶器器形、组合和纹饰风格上得到印证。

屈家岭文化主要分布区域大体与前一阶段的屈家岭下层文化、朱家台文化、雕龙碑三期文化的总分布范围接近。其主要器形组合有各型式的罐形鼎、釜形鼎、盆形鼎、筒形鼎、高领罐、折沿罐、斜腹杯、圈足杯、尊形杯、双腹碗、双腹豆、扁腹壶、盂形器、甑、缸、器盖等。

屈家岭文化的鼎型式分化较为复杂，在各地区分布中都有一定差异。除呈双腹或宽弧腹或硬折腹的盆形鼎的演变趋势为鼎腹逐渐变宽浅外，其他罐形鼎、釜形鼎、筒形鼎等各型鼎的主要演变趋势均为折沿，沿面微凹到逐渐下凹呈盘口。

实际上，长江中游的罐形鼎可以向前追溯到后冈一期文化的南传，边畈文化的形成及与黄鳝嘴文化的交流融合后重组的油子岭文化（主要吸收了黄鳝嘴文化的弦纹装饰风格及部分器形），再到屈家岭下层文化，整体演变趋势为：深弧腹逐渐变为宽浅

---

① 张绪球、何德珍、王运新等：《钟祥六合遗址》，《江汉考古》1987年第2期。
② 湖北省荆州博物馆、北京大学考古学系、湖北省文物考古研究所石家河考古队：《谭家岭》，文物出版社，2011年。

鼓腹，卷沿逐渐变为折沿，沿面从较鼓到较平再逐渐下凹呈盘口，素面到上腹饰数道弦纹，弦纹再逐渐下移（图一一〇）。釜形鼎、筒形鼎等也可向前追溯到屈家岭下层文化乃至油子岭文化（图一〇二、图一二二）。这些鼎的演变趋势均是在同一条链条上均匀演变，趋势为：卷沿逐渐变为折沿，沿面从较鼓到较平再逐渐下凹呈盘口。

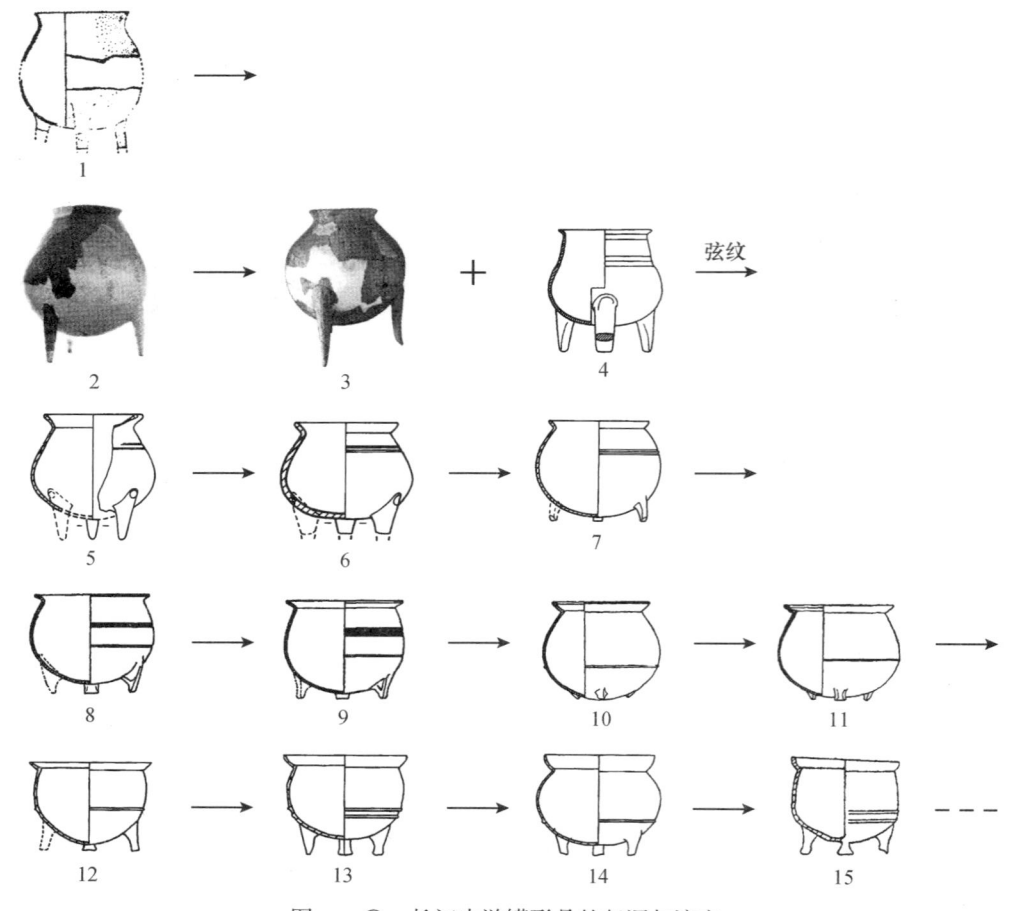

图一一〇　长江中游罐形鼎的起源与演变
（边畈文化—油子岭文化—屈家岭下层文化—屈家岭文化）

1. 后冈一期文化（下王岗M285:4）　2、3.边畈文化（引自郭文图二六①，单位不详）　4.黄鳝嘴文化（塞墩M203:3）　5~7.油子岭文化（龙嘴ⅡT0707⑤:1、ⅡT0833⑥:7、F8②:10）　8~11.屈家岭下层文化（屈家岭第三次发掘M15:2、M3:4、M2:1、M9:8）　12~15.屈家岭文化（谭家岭ⅣT2210⑥B:2、ⅢH16:71、ⅢH6:1、六合T39④A:10）

屈家岭文化中罐形鼎、釜形鼎、筒形鼎等鼎类的源流反映了长江中游汉东地区文化谱系在较大程度上的连续性和传承性。

---

① 郭伟民：《新石器时代澧阳平原与汉东地区的文化和社会》，文物出版社，2010年，第68页。

屈家岭文化中的双腹盆形鼎以及其他呈双腹特征的器类如双腹豆、双腹碗等极具特色。相似特征的器形不见于前一阶段长江中游及周边地区的其他文化，来源似乎无法知晓。这种双腹造型其实可以解构为弧折双曲腹或宽弧折沿加外曲腹，其上端的曲腹实际是口沿的宽大型，主要是起到口沿的功能；下端的曲腹才是真正的腹部。屈家岭下层文化的曲腹杯也是由上、下腹两部分组成，上腹多为外曲腹，下腹则有内曲腹、斜直腹、直腹等多种。屈家岭文化很有可能借鉴了屈家岭下层文化曲腹杯上下腹结构和上腹外弧曲的造型，将之移植到宽弧腹盆形鼎、弧盘豆、圈足碗等器形之上，创造出屈家岭文化特色的双腹风格（图———）。硬折腹盆形鼎整体与双腹盆形鼎相似，应该是这种双腹盆形鼎的地方变异体。

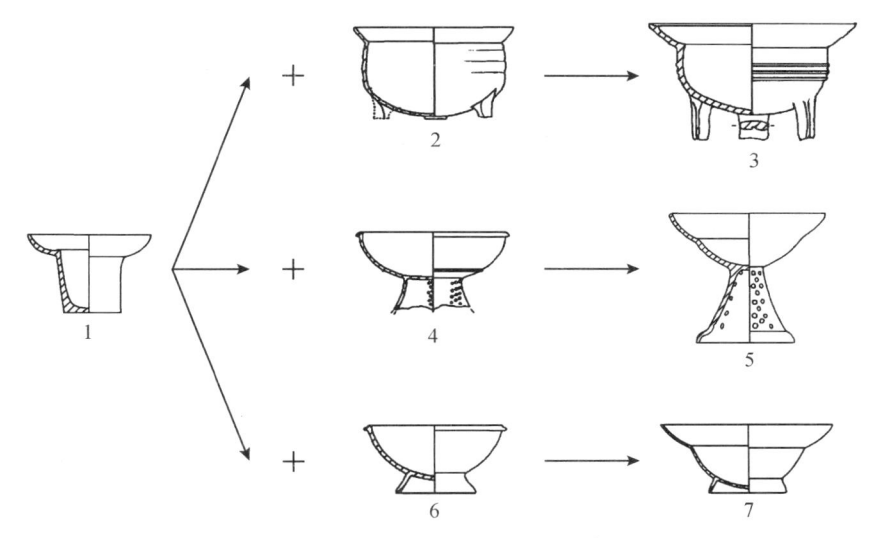

图——— 屈家岭文化双腹器的产生

1.曲腹杯（谭家岭ⅢT1106④B：22） 2、3.盆形鼎（谭家岭ⅢT1007②B：7、谭家岭ⅢH1：14）
4、5.豆（谭家岭ⅢT1007④：13、谭家岭ⅣH18：32） 6、7.碗（谭家岭ⅢH1：13、谭家岭ⅢT1107②B：27）

屈家岭文化的宽弧腹盆形鼎多为大口，折沿较宽，宽弧腹，圜底较缓，腹部饰弦纹。这类鼎在前一阶段的屈家岭下层文化中极为少见，屈家岭第三次发掘第三期遗存有1件（M12：37）[1]，但应该不是屈家岭下层文化自身器类。雕龙碑三期文化中的盆形鼎腹底多有圈足，且腹部多饰篮纹，整体差异较大。朱家台文化有两类盆形鼎，一类为平底，一类为圜底，多饰有弦纹，其圜底盆形鼎与屈家岭文化的宽弧腹盆形鼎整体造型与装饰相似。屈家岭文化的宽弧腹盆形鼎应该来自朱家台文化。

高领罐在屈家岭文化中占有重要地位，是其核心器类之一。长江中游早于屈家岭文化的朱家台文化也有较多高领罐。朱家台文化的高领罐多为高领，弧腹下收，平

---

[1] 屈家岭考古发掘队：《屈家岭遗址第三次发掘》，《考古学报》1992年第1期。

底，肩部多饰数道凸弦纹或附加堆纹；其主要演变趋势为口沿从直口到敞口，肩部由广肩变为圆肩。屈家岭文化的高领罐整体造型、装饰风格均与之相近，主要演变趋势为敞口无沿或窄沿逐渐变为折沿，沿面逐渐变宽并下凹呈近盘口，肩部由圆肩变为溜肩，整体小型化。可以看到从朱家台文化的高领罐到屈家岭文化的高领罐是同一型器物的匀速演变，处于同一条演变链条中，趋势为：直口到敞口，无沿到折沿，沿面逐渐下凹呈盘口，广肩到圆肩或溜肩，平底到凹底（图一一二）。前文也举例说明了朱家台文化的高领罐在前一阶段就已经少量传播到江汉平原地区。故基本可以断定屈家岭文化的高领罐直接由朱家台文化发展而来。

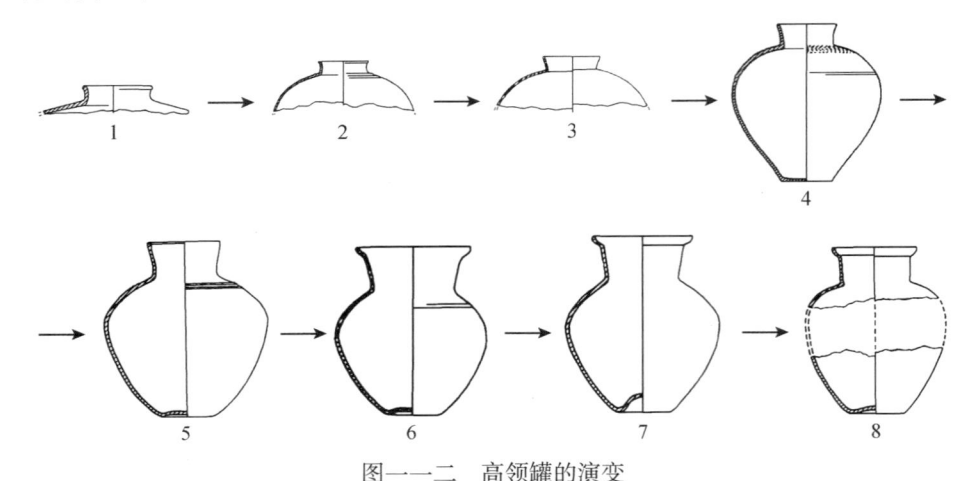

图一一二　高领罐的演变

1~4.朱家台文化（马岭H1032②：5、H854④：1、H14⑤：10、F20：1）　5~8.屈家岭文化（肖家屋脊M22：2、M21：7、M47：5、M32：5）

屈家岭文化对朱家台文化的吸收并非只有宽弧腹盆形鼎、高领罐两种器形。只是将这两种器类的吸收采纳上升到整个屈家岭文化共享的核心器类；而对其他器类的吸收大多只呈现在特定的地区类型中。

此外，屈家岭文化器表多饰弦纹和豆柄、圈足饰密集或稀疏圆形小镂孔的装饰风格是屈家岭下层文化常见的装饰习惯，应该是延续了屈家岭下层文化的风格。

屈家岭文化还有一些高圈足杯、尊形杯、大口缸（或尊）等器形和圈足或豆柄上发达的三角形加圆形、菱形镂孔装饰风格。这些器形和特色的装饰风格在山东及邻近地区的大汶口文化中期较为常见。前文介绍大汶口文化中期持续向西渗透，并开始渗透到长江中游局部地区。屈家岭文化的形成吸收了大量的大汶口文化中期因素（图一一三）。甚至有学者认为屈家岭文化基本借鉴了大汶口文化的全部内涵[1]。

---

[1]　余西云：《长江中游新石器时代的陶鼎研究》，《华夏考古》1994年第2期。

第六章　屈家岭文化的形成

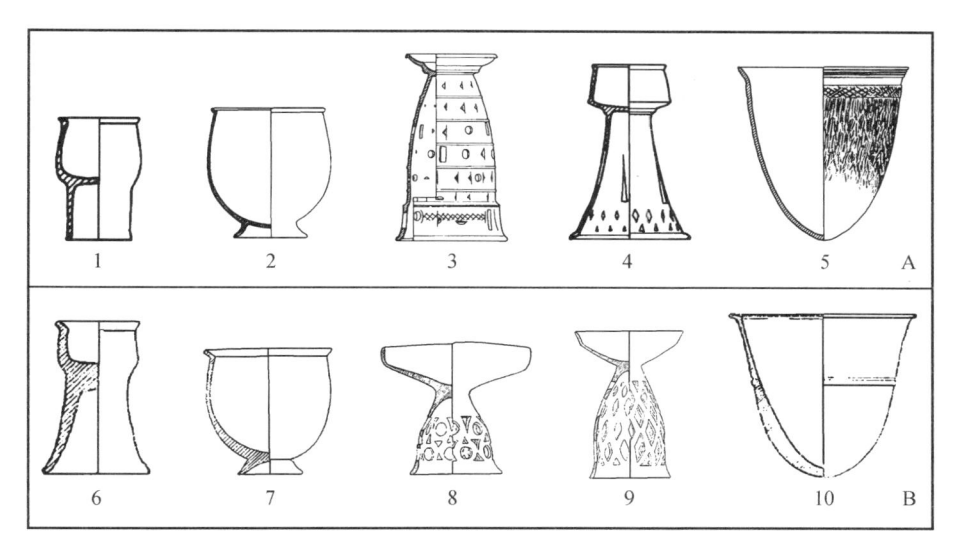

图一一三　屈家岭文化与大汶口文化中期部分器形与装饰风格的对比
A. 屈家岭文化：1. 高圈足杯（邓家湾T6④：20）　2. 尊形杯（青龙泉H11：34）　3. 豆（城头山M707：1）（豆柄饰三角形加圆形镂孔）　4. 杯形豆（城头山M485：8）（豆柄饰菱形镂孔）
5. 缸（邓家湾H96：14）
B. 大汶口文化：6. 高圈足杯（大汶口M98：1）　7. 尊形杯（大汶口M13：13）　8. 豆（大汶口M53：5）
（豆柄饰三角形加圆形镂孔）　9. 豆（大汶口M13：24）（豆柄饰菱形镂孔）　10. 缸（大汶口M59：15）

屈家岭文化存在一些彩陶，彩陶纹样主要有平行斜线、曲线、卵点、宽带、菱格纹、网格纹，还有少量睫毛纹等。这里面平行斜线、曲线、卵点、宽带、菱格纹等从油子岭文化到屈家岭下层文化都有延续，是长江中游本土纹样风格的承袭；而网格纹、睫毛纹显然来自秦王寨文化。特别是网格纹被广泛采用到屈家岭文化的扁腹壶中，成为其重要特色（图一一四）。

至于斜腹杯、扁腹壶、盉形器等器形从目前的材料看尚不能追溯到其来源，属屈家岭文化自身创造的可能性比较大。只是斜腹杯演变的晚期形态中有部分与大汶口文化的筒形杯较为接近，表明其在发展演变过程中受到了大汶口文化的影响。

综上所述，我们认为屈家岭文化是分布在长江中游的屈家岭下层文化、朱家台文化在秦王寨文化南下发展和大汶口文化持续西进的影响下，内部相互融合，主要是在

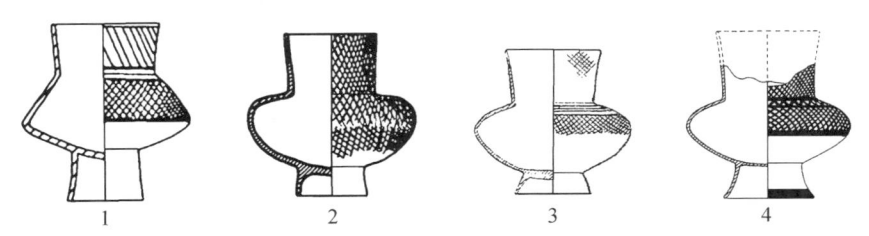

图一一四　屈家岭文化中的网格纹扁腹壶举例
1. 谭家岭Ⅲ H23：20　2. 谭家岭H11：69　3. 六合H15：19　4. 关庙山T70②：12

屈家岭下层文化的基础上融合朱家台文化的因素，同时吸收了大量大汶口文化因素和少量秦王寨文化因素，加以改造、重组而成。屈家岭文化各地区类型则是在这一形成前提下，各自承袭本地文化传统或受周边其他文化因素影响而形成，如主要分布在鄂北至鄂东北的雕龙碑三期文化因素主要被融入屈家岭文化的金鸡岭类型中，其他将在下一节中详细分析。

从屈家岭文化的形成过程中，我们可以看到在秦王寨文化向南发展和大汶口文化持续西进的影响下，长江中游地区的文化采取的应对策略：①加强彼此联系，将核心器类进行合并吸收，对优势因素加以继承，主要是屈家岭下层文化和朱家台文化两者之间；②吸收若干外来优势文化（大汶口文化、秦王寨文化）因素。在这两点的基础上形成新的文化——屈家岭文化。屈家岭文化形成后，经过一定时间的巩固，即开始了对外扩张的历程，其重点方向就是北方，不得不令人深思。

以往学者对一种文化的起源或形成的研究多单线条地追溯到同一分布地区前一阶段的文化，不同文化比较时类比器类也多有选择性。实际情况可能更加复杂，我们应该在更大区域范围内考察文化形成的背景和动因；而在比较不同文化时，应该主要类比文化内具有辨识性高度共享的核心器类和装饰风格。

第五节　屈家岭文化各地区类型的成因

文化是有多层结构的，探讨一个文化的起源可以分为两个层面：①文化的核心特征结构的渊源；②文化各地区类型差异性因素的渊源。屈家岭文化主要分为屈家岭、城头山、高坎垅、杨家湾、青龙泉、金鸡岭、放鹰台七个地区类型。这些地区类型除了共享屈家岭文化的核心特征结构外，均各自呈现出较强的自身特色。本节将分析这些区别于其他类型特色因素的来源。

（一）屈家岭类型的成因

屈家岭类型是屈家岭文化的核心地区类型，主要体现在三个方面：①从遗存面貌上来看，是屈家岭文化各类型中最为单纯、典型的遗存类型；②处于屈家岭文化分布范围的中心区；③从聚落形态和空间分布来看，当时的中心应该在屈家岭类型范围内。

屈家岭类型的形成基本等同于屈家岭文化的形成，大体为屈家岭下层文化在汉东平原类型的基础上融合朱家台文化因素，同时吸收了若干大汶口文化因素和少量秦王寨文化因素重组而成。特别是存在一定数量的薄胎彩陶杯，其彩陶纹样和风格从该地区的油子岭文化至屈家岭下层文化一直在承袭，表明汉东平原地区文化更替过程中地区自身文化传统牢固的传承性和连续性。

（二）城头山类型的成因

城头山类型的特色主要是鼎多为折腹釜形或（斜）直腹筒形，少见罐形鼎、盆形鼎，鼎足多为厚扁足、扁圆锥或圆锥足等；少见（高）圈足杯，有大量与之形态相近的高柄杯形豆，应该是据圈足杯改造的形态；流行细颈的平底壶、圈足壶；还有少量的釜和内折沿的碗等。

这些造型的鼎、细颈的壶等在澧水中下游地区的屈家岭下层文化中都能找到原型，基本延续了该地区屈家岭下层文化（以城头山报告"大溪文化"第四期、"屈家岭文化"第一期大部分遗存为代表）的传统。至于少量的釜、内折沿的碗等也是由该地区的屈家岭下层文化承袭大溪文化而来，一直都有延续（图一一五~图一一八）。

澧水中下游及荆江南岸地区在屈家岭下层文化之前，主要为大溪文化，核心器类为釜、内折沿的矮圈足盘、高圈足盘、豆等。以鼎、簋、曲腹杯为核心器类的屈家岭下层文化形成后基本取代了大溪文化在这一地区的分布。该地区，从屈家岭下层文化到屈家岭文化的转变，相对比较平稳。

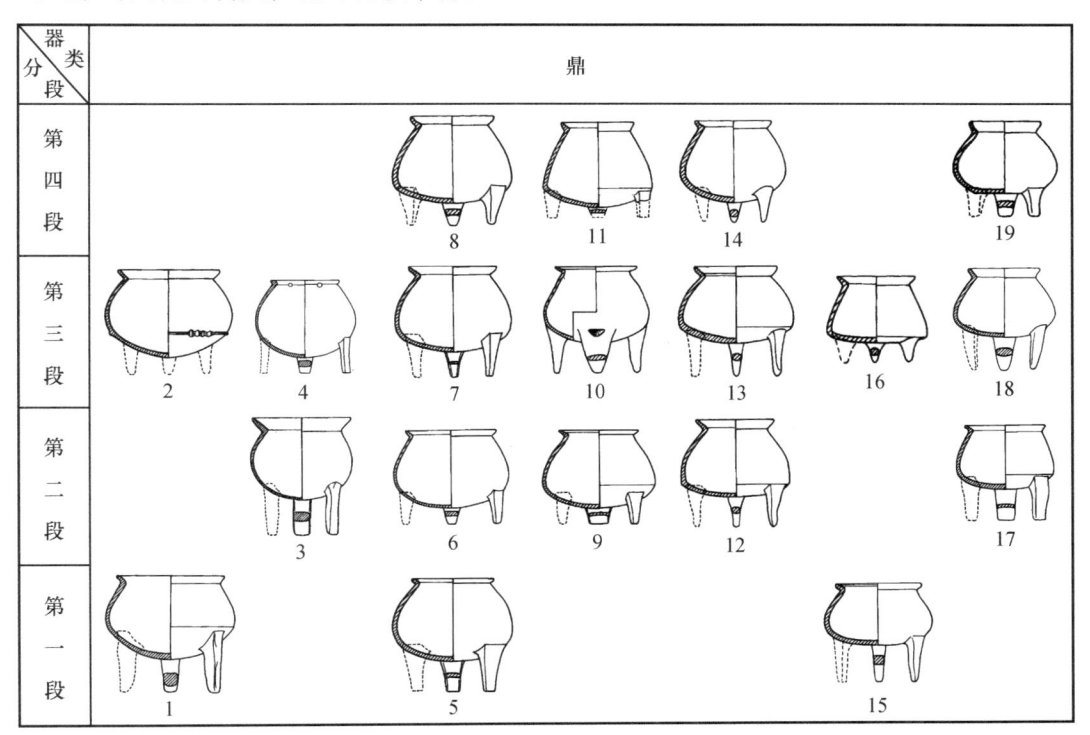

图一一五　城头山遗址屈家岭下层文化墓葬遗存的分段（一）

1~19.鼎（M802:7、M850:6、M844:2、M879:4、M447:1、M849:6、M867:3、M854:1、M890:1、M869:1、M877:2、M833:1、M886:8、M356:1、M491:2、M554:3、M881:1、M394:2、M456:2）

图一一六 城头山遗址屈家岭下层文化墓葬遗存的分段（二）

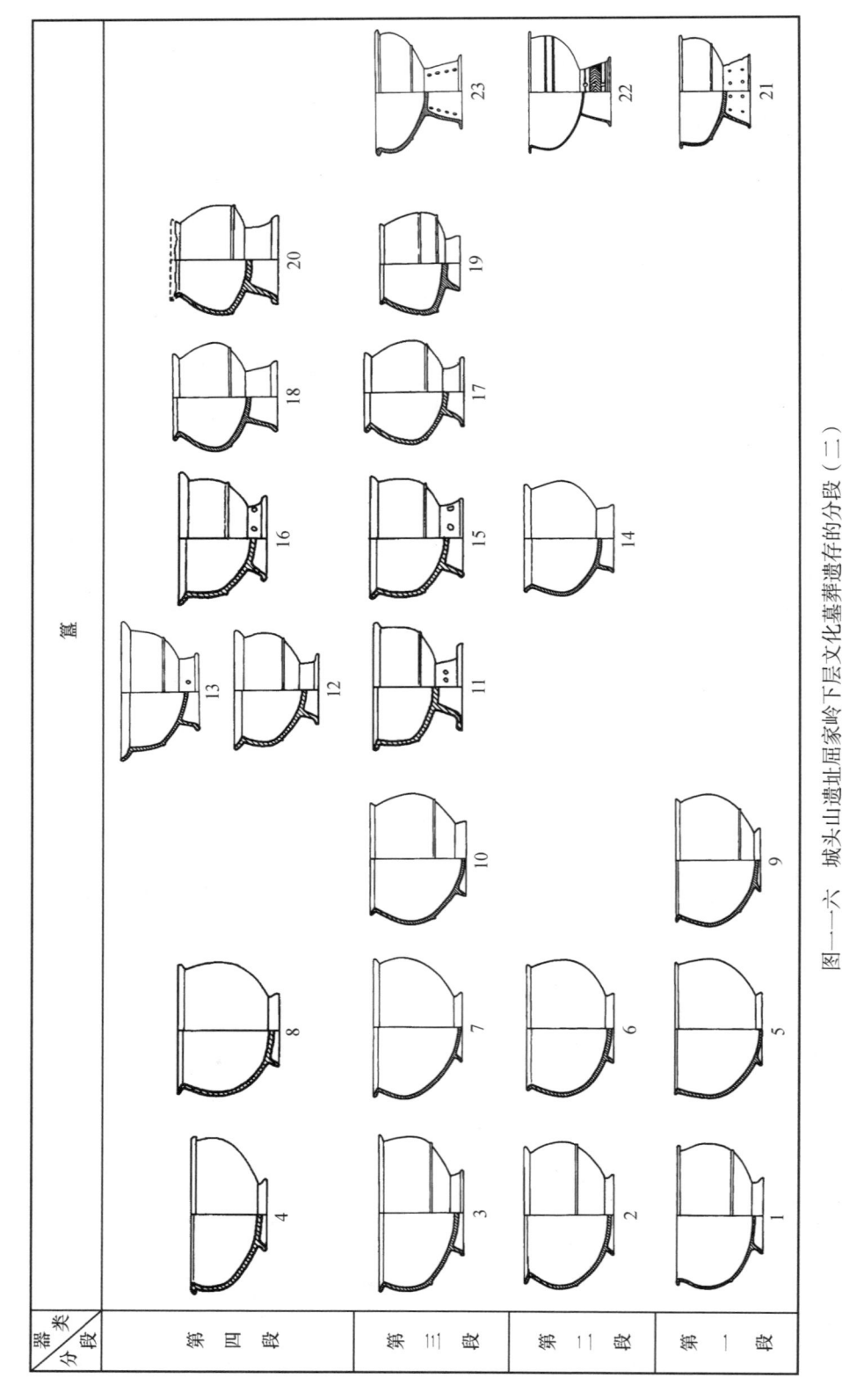

1~23.簋（M445:6、M808:3、M867:2、M836:3、M822:3、M881:14、M872:4、M395:9、M895:1、M843:2、M812:6、M854:3、M594:8、M829:1、M554:1、M402:1、M812:3、M557:4、M318:5、M461:4、M823:3、M819:1、M866:5）

第六章　屈家岭文化的形成

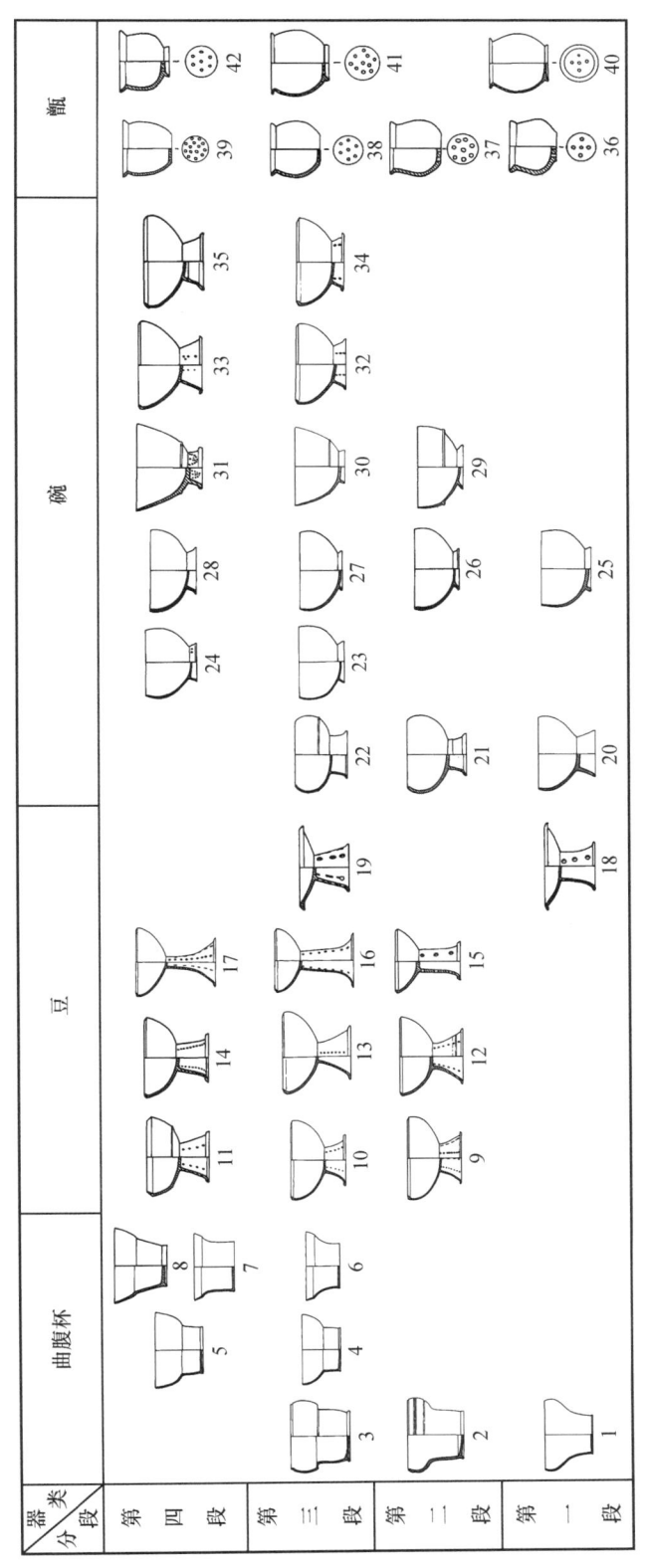

图一一七　城头山遗址屈家岭下层文化墓葬遗存的分段（三）

1~8. 曲腹杯（M803：1，M427：1，M869：7，M271：4，M855：1，M482：5，M461：1，M511：4）　9~19. 豆（M815：5，M840：1，M395：1，M881：5，M886：4，M160：3，M569：3，M809：8，M838：3，M871：2，M866：3）　20~35. 碗（M822：2，M829：2，M318：8，M871：6，M869：8，M826：1，M885：1，M860：3，M472：3，M821：8，M847：3，M449：3，M846：6，M397：1，M831：1，M397：3）　36~42. 甑（M491：4，M569：6，M886：5，M160：1，M895：4，M866：7，M511：1）

图一一八 城头山遗址屈家岭下层文化墓葬遗存的分段（四）

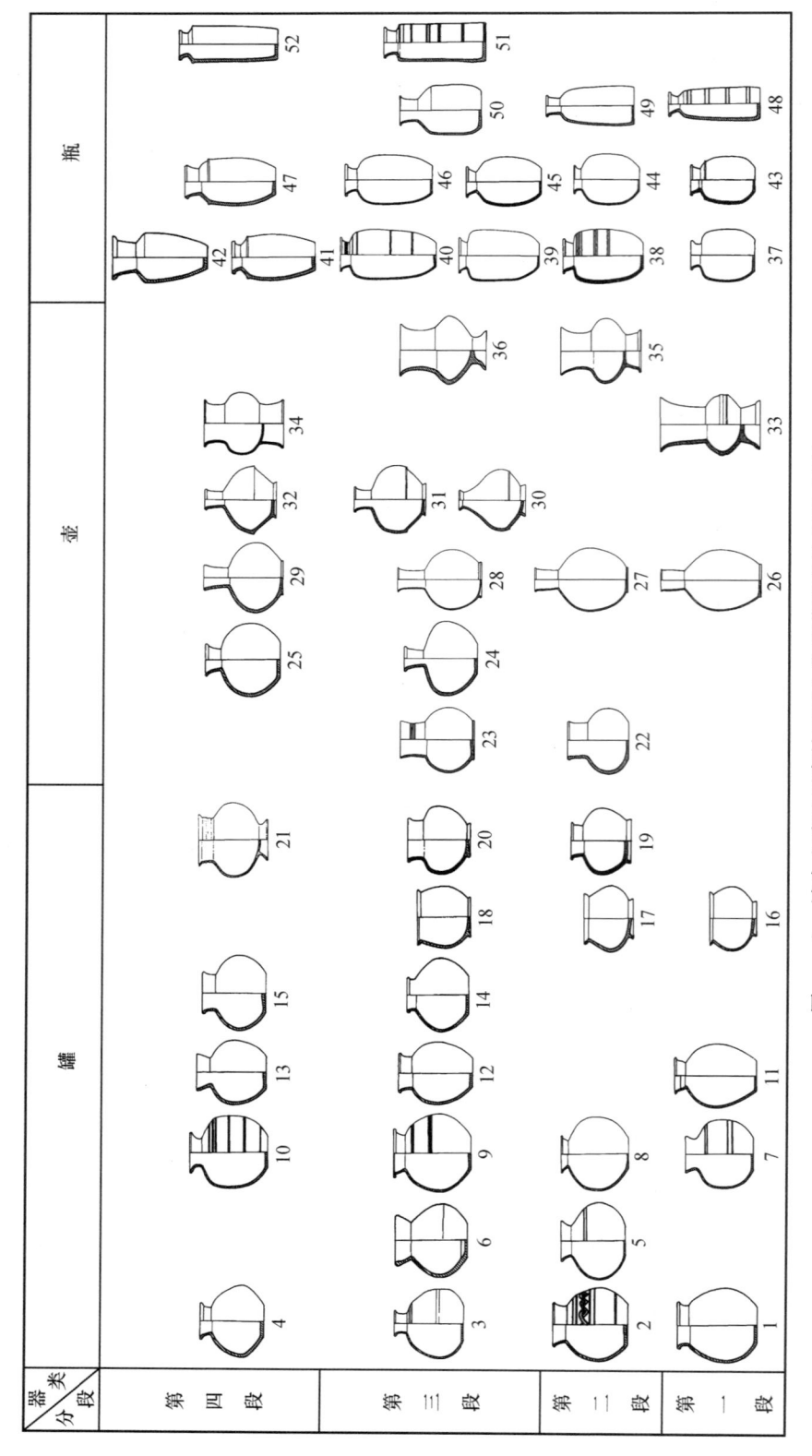

1~21.罐（M889:2、M808:1、M886:6、M449:2、M821:4、M872:5、M871:4、M849:1、M856:3、M472:2、M447:2、M392:1、M456:1、M850:5、M460:1、M895:7、M299:6、M876:3、M805:1、M879:6、M824:1） 22~36.壶（M844:1、M812:8、M468:3、M871:12、M444:3、M869:5、M623:1、M847:4、M813:10、M160:9、M822:4、M577:2、M887:7、M876:4） 37~52.瓶（M895:5、M818:4、M872:1、M846:2、M836:2、M395:6、M826:3、M499:1、M865:1、M862:1、M356:1、M823:1、M819:2、M843:6、M866:4、M576:1）

（三）高坎垅类型的成因

高坎垅类型的主要特色是基本不见鼎，有少量釜，流行加装单耳的杯、瓮等。从公开发表的材料看，沅江中上游地区正式发掘的屈家岭文化遗址仅高坎垅一处。高坎垅遗址的遗存主要分为两类，第一类包括各探方第4层和报告所分分属三期的16座墓葬（M4、M9、M15、M16、M17、M21、M27、M28、M29、M30、M32、M33、M34、M37、M38、M47），主要器形组合有簋、曲腹杯、碗、豆、壶、瓶、釜、器盖等，属屈家岭下层文化；第二类包括各探方第3层和报告所分分属三期的18座墓葬，属屈家岭文化。

沅江中游地区早于屈家岭文化的应该就是屈家岭下层文化。该地区的屈家岭下层文化没有类似的在器腹加装单耳的装饰习惯。这种装饰风格限于目前材料难以解释。但鼎却是屈家岭下层文化核心器类之一，高坎垅遗址的屈家岭下层文化也不见鼎，零星发现有釜。实际上，不见鼎类炊器是该地区一直以来的传统。这种传统可以追溯到更早时期的属大溪文化偏早阶段的麻阳火车站遗址，该遗址主要出土釜、罐、盆等器形，不见三足器、尖底器等[①]。此外该地区的屈家岭下层文化和屈家岭文化都有内折沿的豆、碗等器类，与澧水中下游相同，应该是承袭了大溪文化的因素。

屈家岭下层文化、屈家岭文化主要发源于汉东平原，沅江中上游的此二文化主要接近澧水中下游，但没有完全接受其所有的文化内涵，而是延续了本地圜底器的传统。

（四）杨家湾类型的成因

杨家湾类型的主要特色是包含一定数量的釜、内折沿或敛口碗、菱格纹深腹罐、喇叭口平底瓶等器形。实际上这些器类可以分为两组，第一组为釜、内折沿或敛口碗；第二组为菱格纹深腹罐、喇叭口平底瓶。第一组明显属大溪文化因素；第二组属哨棚嘴文化因素。

峡江地区在屈家岭文化之前，主要有两类遗存，第一类为屈家岭下层文化，第二类为哨棚嘴文化。大溪文化在屈家岭下层文化晚期基本全面瓦解，但并没有完全消失，多以少量因素的形式存在于部分遗存中，一直到屈家岭文化时期仍在延续分布。哨棚嘴文化在其早期曾深入峡江地区，留下一些较为纯净的遗存，在屈家岭文化时期基本退出峡江地区，但仍残存少量因素被屈家岭文化吸收，构成了屈家岭文化杨家湾类型的一个元素[②]。

---

① 曾志鸿：《麻阳县火车站新石器时代遗址》，《中国考古学年鉴（1989年）》，文物出版社，1990年。

② 屈家岭下层文化、哨棚嘴文化在峡江地区的发展详细分析见本书第七章第一节。

（五）青龙泉类型的成因

青龙泉类型的主要特色是存在一组如近平底附加鸡冠形耳（錾）的盆形鼎、钵形鼎、红顶钵、刻槽盆、带流盆、花边纽器盖等器形，以及于鼎、盆等器腹上流行附加鸡冠形耳或錾和在盆或瓮的口沿处、高领罐的颈部下侧多饰一周及以上的附加堆纹等风格。这些器形和装饰风格如果没有与屈家岭文化的核心组合共存，都可以认为是朱家台文化的延续。

朱家台文化虽然作为重要参与者的角色与其他文化共同促使了屈家岭文化的形成，甚至部分器类演变成屈家岭文化的核心器类，但一些极具地方特色的器形和装饰风格并没有被更高层次吸收和共享，仍旧保留在特定地域，成为屈家岭文化的地区类型。

（六）金鸡岭类型的成因

金鸡岭类型的主要特色是大量腹部满饰篮纹的鼎、高领罐、折沿罐等。其中鼎主要有罐形、盆形，除了圜底外，还有一类平底的罐形、盆形鼎；鼎足除了少量宽扁足外，多为侧装近三角形凿形足或鸭嘴形足，大体经历了从矮到高的变化。据现有材料，长江中游地区最早流行腹部饰篮纹的就是在随枣走廊地区，以雕龙碑遗址第三期遗存最为典型。雕龙碑第三期遗存即雕龙碑三期文化，与屈家岭下层文化、朱家台文化年代大致相当，其文化特色除了大量在鼎、罐等器类底部加装矮圈足外，就是在器腹满饰篮纹，经历了从早期的较为稀疏的斜行篮纹演变为晚期的密集的斜行篮纹的过程。与之同时期的其他文化均很少见于器腹满饰篮纹的风格；处于同一地区的屈家岭文化金鸡岭类型最早也有一些密集的斜行篮纹，逐渐演变为密集的横行篮纹（图一一九）。所以金鸡岭类型大量的满腹饰篮纹的风格应该是继承了当地雕龙碑三期文化的传统。最早出现在随枣走廊地区的篮纹随着屈家岭文化的扩张迅速渗透到周边地区，被周边地区文化吸收，影响广泛，这将在后文中详细论述。

还有一些圜底的罐形鼎、盆形鼎也能在雕龙碑三期文化中找到相似器形，侧装近三角形鼎足也是雕龙碑三期文化的重要特征，只是于器底加装矮圈足的装饰习惯自此

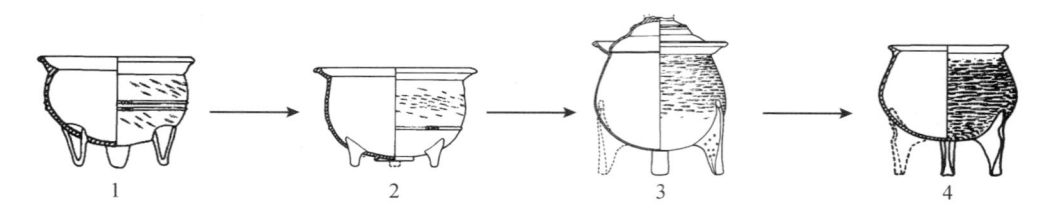

图一一九　长江中游篮纹的演变

1~4.鼎（雕龙碑T2810③：3、雕龙碑F19Ⅴ：68、金鸡岭W14：1、金鸡岭WNT1504⑦：1）

消失。而平底风格的罐形鼎、盆形鼎在屈家岭文化之前不见于该地区，是邻近地区朱家台文化的主要特色之一，应该是吸收了朱家台文化的因素再结合自身改造而成。

（七）放鹰台类型的成因

放鹰台类型的主要特色是硬折腹的盆形鼎、鼓腹圈足壶等器形（图一二〇）。

屈家岭文化放鹰台类型相比前一阶段的屈家岭下层文化在该地区的分布范围有了较大的扩展，主要表现在往北越过大别山，在淮河上游有所分布。鼓腹圈足壶在该地区的屈家岭下层文化中也有较多的存在，这类器形延续到屈家岭文化放鹰台类型中。实际上，鼓腹圈足壶并非屈家岭下层文化的典型器类，在屈家岭下层文化其他地区类型中也很少见。相反，主要分布在皖西南至鄂东南黄梅、武穴一带的薛家岗文化的核心器类之一就是这种鼓腹圈足壶。薛家岗文化延续时间较长，前后大致与长江中游的油子岭文化、屈家岭下层文化、屈家岭文化都有较长时间的交集。屈家岭下层文化时期，两者就有一定程度的交流，如武穴鼓山墓地的薛家岗文化墓葬就存在不少屈家岭下层文化的曲腹杯等器形[1]；而屈家岭下层文化鄂东南地区类型中也含有较多来自薛家岗文化的鼓腹圈足壶，并一直延续到屈家岭文化放鹰台类型中。硬折腹盆形鼎整体宽浅，与双腹盆形鼎整体形态接近，应是后者的变异形态。

---

[1] 湖北省京九铁路考古队、湖北省文物考古研究所：《武穴鼓山——新石器时代墓地发掘报告》，科学出版社，2001年。

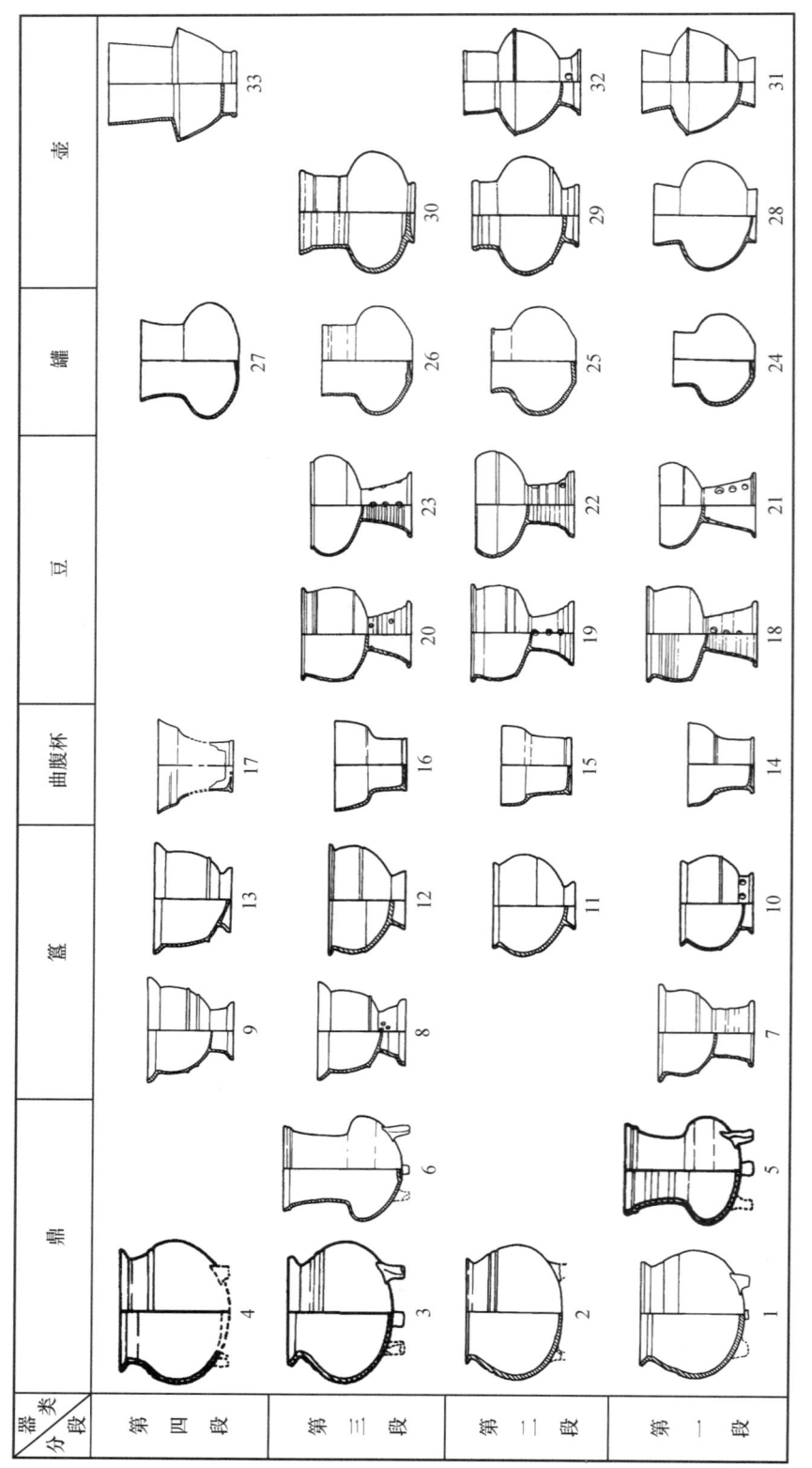

图一二〇 放鹰台遗址1965年发掘屈家岭下层文化墓葬遗存的分段

1~6.鼎（65WFM86：3、65WFM7：10、65WFM11：2、65WFM27：12、65WFM23：9、65WFM16：10） 7~13.簋（65WFM14：3、65WFM57：3、65WFM79：7、65WFM15：9、65WFM7：4、65WFM21：2、65WFM79：1） 14~17.曲腹杯（65WFM24：11、65WFM33：2、65WFM16：9、65WFM55：2） 18~23.豆（65WFM23：1、65WFM45：4、65WFM31：5、65WFM24：2、65WFM33：7、65WFM16：1） 24~27.罐（65WFM15：13、65WFM7：14、65WFM31：4、65WFM27：7） 28~33.壶（65WFM23：2、65WFM44：6、65WFM30：3、65WFM15：1、65WFM32：4、65WFM82：6）

第七章　屈家岭文化的发展及与周边文化的关系

第一节　屈家岭文化对长江中游地区的整合

一、汉东文化系统对汉西至峡江地区的逐步控制

一般认为长江中游地区在新石器时代存在两个文化系统，最早显示的是汉水以东地区（地域范围基本等同于本书的汉东平原）以鼎为核心炊器的文化系统和汉水以西地区以釜为核心炊器的文化系统[①]。虽然现在认识到东、西两地区在不同阶段有不同的文化属性和或多或少的不同的外来文化谱系，但均保留很大的文化传承性，长江中游地区史前汉东、汉西两大文化系统的划分仍然不失其准确性。属汉西文化系统的先后主要有彭头山文化、城背溪文化和皂市下层文化、柳林溪文化[②]和汤家岗文化、大溪文化；属汉东文化系统的先后主要有边畈文化、油子岭文化、屈家岭下层文化、屈家岭文化、石家河文化。同时需要补充的是同属长江中游地区的鄂西北豫西南地区在屈家岭文化之前一直存在着第三个文化系统——北方文化系统，先后主要分布有来自北方地区的老官台文化、后冈一期文化、西阴文化、朱家台文化。

从前文对屈家岭文化时空分布的介绍中可以看到屈家岭文化时期汉东文化系统已经基本分布于整个长江中游地区。但在屈家岭文化之前，汉东文化系统与汉西文化系统一直存在动态的模糊边界，东、西两地区文化差异显著。同时，汉东文化系统与北方文化系统也有相对稳定的边界，后者主要分布于鄂西北豫西南地区，短时期内还向南拓展到鄂北及鄂东北局部地区。屈家岭文化实现对长江中游地区完全整合的实质是汉东文化系统逐步拓展到汉西文化系统、北方文化系统分布区，先后取代后两者并统一整个长江中游的文化变迁过程。

汉东文化系统自边畈文化时开始出现，至油子岭文化时，正式形成并开始逐渐

[①] 孟华平：《长江中游史前文化结构》，长江文艺出版社，1997年，第172页。
[②] 柳林溪文化的内涵、时空结构参见罗运兵：《试论柳林溪文化》，《2003三峡文物保护与考古学研究学术研讨会论文集》，科学出版社，2003年。

强势，并对外扩张，历经屈家岭下层文化至屈家岭文化时期基本整合了整个长江中游地区。在这一过程中，对汉西至峡江地区的控制是其重点。在此依据不同时期的不同控制范围，可将汉东地区文化系统对汉西至峡江地区逐步推进的过程分为五个阶段来说明，即边畈文化时期、油子岭文化时期、屈家岭下层文化早期、屈家岭下层文化晚期、屈家岭文化时期。涉及的四个文化虽然前后吸收有不同的外来文化谱系，但均是以汉东地区为核心分布区，且文化内涵有较强的前后承袭性。

第一阶段：边畈文化时期。边畈文化是汉东文化系统开始出现的时期。其是来自汉西地区的城背溪文化晚期对汉东地区扩张与来自北方地区的后冈一期文化向长江中游地区的扩张相碰撞、融合形成的以鼎为核心炊器的文化（图一二一）。在边畈文化时期，汉东文化系统自身特征不明显，也较为弱势，基本龟缩在钟祥地区，特别是在其晚期同时受到来自长江下游的黄鳝嘴文化和汉西文化系统的柳林溪文化的渗透。在边畈文化晚期可以见到较多的柳林溪文化因素，如扁腹罐、折腹碗、圜底碟等器形，新流行的刻划纹、戳印纹等均来自柳林溪文化；此外，还有相当数量的里勾弯足鼎来

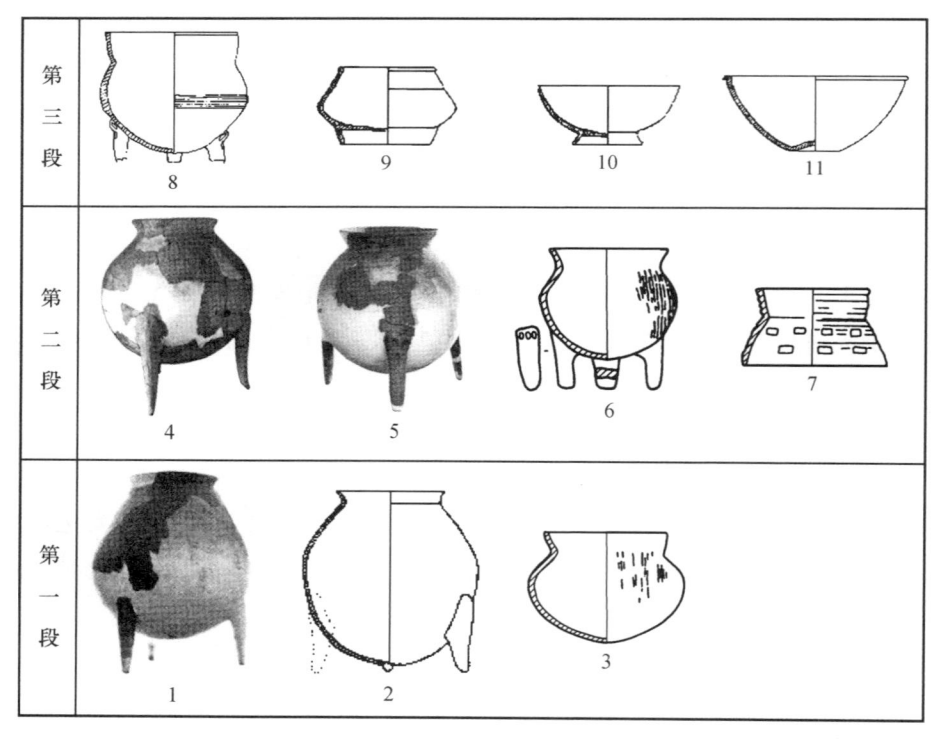

图一二一　边畈文化的分段
1、4、5. 鼎（引自郭文图二六①，单位不详）　2、6、8. 鼎（M14、M9、M6）　3. 釜（T5④）
7. 器座（T30⑧）　9. 扁腹罐（T5③）　10. 碗（T4③）　11. 盆（M7）（均无具体编号）

---

① 郭伟民：《新石器时代澧阳平原与汉东地区的文化和社会》，文物出版社，2010年，第68页。

自黄鳝嘴文化[①]。一定程度上反映了汉西文化系统与来自长江下游地区的文化对汉东地区的争夺。在边畈文化的基础上吸收了大量黄鳝嘴文化因素的油子岭文化自此形成。

第二阶段：油子岭文化时期。油子岭文化器形组合完整，装饰风格独特，形成了自身独特的文化面貌，也有较大较稳定的空间范围，代表汉东文化系统的正式确立。油子岭文化遗存以天门龙嘴遗址[②]最为丰富、序列完整，其分段可以龙嘴居址遗存的分段为代表，分为三段（图一二二）。油子岭文化时期开始跨过汉水，占据了汉水以西的沙洋地区，与属汉西文化系统的大溪文化以汉西平原江陵一带为模糊边界。汉西平原的油子岭文化遗存分布包括三种情况。

第一种在沙洋地区出现一些以油子岭文化因素为主的遗存，如江家咀第一期遗存[③]、钟桥油子岭文化遗存[④]等。该地区紧邻汉水，与汉东平原的油子岭文化连成一片。

第二种在江陵地区出现油子岭文化与大溪文化混杂共存的现象，如阴湘城遗址[⑤]。阴湘城1995年发掘简报将遗存分为三期，分属"大溪文化"、屈家岭文化、石家河文化。"大溪文化"遗存又分为早、中、晚三段。原纳入"大溪文化"早期的单位H67，仅出有1件鼎，为夹炭红陶，平卷沿，圆腹较宽扁，圆锥状足跟有按窝，腹中饰有一道凸弦纹，为典型的油子岭文化器物，应剔除所谓的"大溪文化"早期。

简报"大溪文化"中、晚期遗存（包括剔除的H67）包含两组不同的文化因素：A组主要器形有圆腹罐形鼎、圈足罐、外敞口圈足盘、彩陶碗等；B组主要器形有釜、内折沿碗、敛口碗、内折沿圈足盘、筒形瓶等（图一二三）。

这两组分属油子岭文化和大溪文化，混杂共存。可分为两段，一段包括原"大溪文化"中期遗存和H67；二段包括原"大溪文化"晚期遗存。

第三种在江陵地区还出现油子岭文化与大溪文化共存一处遗址但不共存同一遗存

---

① 本书将边畈三期遗存都纳入边畈文化范畴，第一、二期属边畈文化的早期；第三期属边畈文化晚期。边畈遗址的材料主要参见张绪球：《汉江东部地区新石器时代文化初论》，《考古与文物》1987年第4期；张绪球：《长江中游新石器时代文化概论》，湖北科学技术出版社，1992年，第108、164~166页；郭伟民：《新石器时代澧阳平原与汉东地区的文化和社会》，文物出版社，2010年，第68页。

② 湖北省文物考古研究所、天门市博物馆：《天门龙嘴》，科学出版社，2015年。

③ 襄阳市文物考古研究所：《沙洋江家咀新石器遗存考古发掘简报》，《湖北省南水北调工程考古报告集（第五卷）》，科学出版社，2014年。

④ 潜江市博物馆：《沙洋钟桥遗址考古发掘简报》，《湖北省南水北调工程考古报告集（第五卷）》，科学出版社，2014年。

⑤ 江陵县文物局：《江陵阴湘城的调查与探索》，《江汉考古》1986年第1期；荆州博物馆、福冈教育委员会：《湖北荆州市阴湘城遗址东城墙发掘简报》，《考古》1997年第5期；荆州博物馆：《湖北荆州市阴湘城遗址1995年发掘简报》，《考古》1998年第1期。

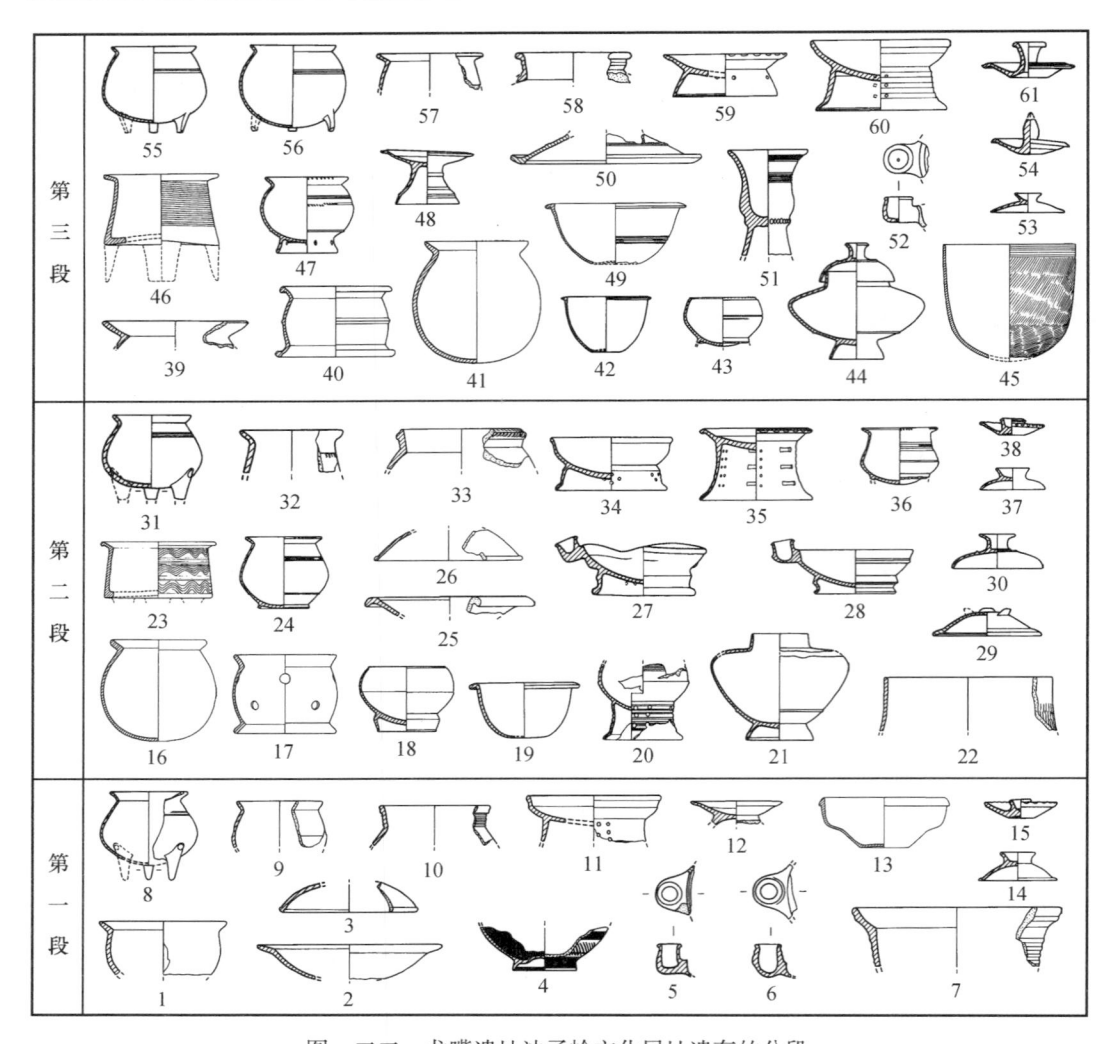

图一二二　龙嘴遗址油子岭文化居址遗存的分段

1、2、13、19、25、42、49. 盆（ⅡT0706⑤：8、ⅡT0706⑤：7、ⅡT0707⑤：2、ⅡT0710④：1、ⅡT0710④：8、ⅡT0705③：7、ⅡT0705③：8）　3、14、15、26、29、30、37、38、50、53、54、61. 器盖（ⅡT0806⑥：1、ⅡT0706⑤：16、ⅡT0606⑤：1、ⅡT0707④：11、F3：1、ⅡT0805④：3、ⅡT0705④：8、ⅡT0606④：3、H13：3、活动面Ⅰ：11、活动面Ⅰ：13、活动面Ⅰ：9）　4. 彩陶碗（ⅡT0808⑥：13）　5、6、27、28、52. 附耳杯圈足盘（ⅡT0806⑥：3、ⅡT0808⑥：14、Ⅰ1707③：5、H36：2、ⅡT0709③：11）　7、22、45. 缸（ⅡT0710⑤：5、ⅡT0707④：13、ⅡT0705③：9）　8、23、31、46、55、56. 鼎（ⅡT0707⑤：1、G3：5、ⅡT0833⑥：7、H13：2、H13：6、F8②：10）　9、32、57. 折沿罐（ⅡT0706⑤：20、ⅡT0705④：20、活动面Ⅰ：18）　10、33、58. 矮领罐（ⅡT0808⑥：11、ⅡT0705④：11、F8②：21）　11、34、35、59、60. 圈足盘（ⅡT0706⑤：15、ⅡT0606④：2、ⅡT0606④：1、F8②：1、F8②：2）　12、20、43、48. 豆（ⅡT0706⑤：14、ⅡT0833⑥：26、ⅡT0435④：5、活动面Ⅰ：5）　16、39、41. 釜（F3：2、F8②：17、ⅡT0435④：3）　17、40. 器座（Ⅱ0707④：1、ⅡT0704③：2）　18. 碗（H36：3）　21、44. 折肩壶（H28：1、活动面Ⅰ：8）　24. 圈足罐（ⅡT0707④：2）　36、47. 簋（ⅡT0705④：7、活动面Ⅰ：3）　51. 杯（F8①：8）

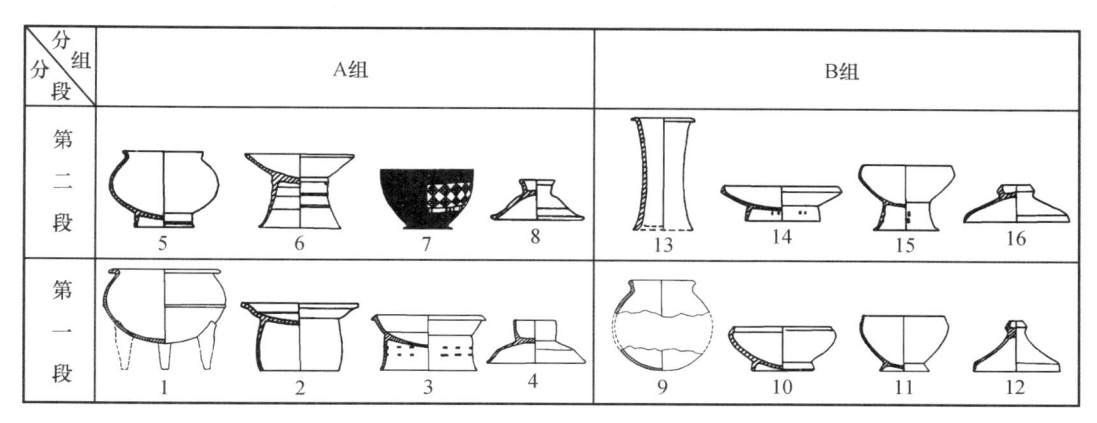

第七章　屈家岭文化的发展及与周边文化的关系

分组分段	A组	B组
第二段	5　6　7　8	13　14　15　16
第一段	1　2　3　4	9　10　11　12

图一二三　阴湘城遗址"大溪文化"中、晚期遗存的分组

A组（油子岭文化）：1. 鼎（H67：1）　2、3. 圈足盘（H68②：1、H62：5）　4、8. 器盖（H53②：2、H23②：14）
　　　　　　　　　5. 圈足罐（H51②：1）　6. 豆（H23②：10）　7. 彩陶碗（H23②：4）
B组（大溪文化）：9. 釜（H53②：6）　10、11、15. 碗（H52②：3、H53②：10、H69：1）
　　　　　　　　12、16. 器盖（H62：6、H23②：1）　13. 筒形瓶（H54①：5）　14. 圈足盘（H27：3）

单位的现象，典型的如朱家台1991年发掘的第二期遗存[①]。朱家台遗址先后经过调查和三次发掘[②]。1991年的发掘报告分为三期，据简报第一期属柳林溪文化[③]，第二期属大溪文化，第三期属屈家岭下层文化。又将第二期遗存分为早晚两段。本书基本同意这一分期意见。第二期遗存实际可分为不同文化内涵的两组（图一二四）。

A组，主要器形有鼎、外敞口（或外折沿）圈足盘、碗、器座等。鼎多为红衣陶，圆腹，圆锥形足跟有圆窝；圈足盘多为敞口或外折沿，圈足饰较多的圆形镂孔；器座为腰鼓形。主要单位有Y1、H37、H38等。

依简报分期意见，分为两段。

第一段：以Y1为代表；

第二段：以H37、H38为代表。

B组，主要器形有釜、内折沿圈足盘、内折沿碗等。釜多为夹砂红陶，少量夹炭陶，多施红衣；圈足盘多为内折沿；碗内折沿或折壁。依简报分期意见，分为两段。

第一段：以H84、H94、H132为代表；

[①] 湖北省文物考古研究所、武汉大学历史系考古教研室：《湖北江陵朱家台遗址1991年的发掘》，《考古学报》1996年第4期。

[②] 纪南城考古工作站：《江陵朱家台遗址调查简报》，《江汉考古》1988年第4期；湖北省文物考古研究所：《湖北江陵朱家台遗址发掘简报》，《江汉考古》1991年第3期；湖北省文物考古研究所、武汉大学历史系考古教研室：《湖北江陵朱家台遗址1991年的发掘》，《考古学报》1996年第4期。

[③] 文中称"关庙山一期文化"，等同于柳林溪文化。

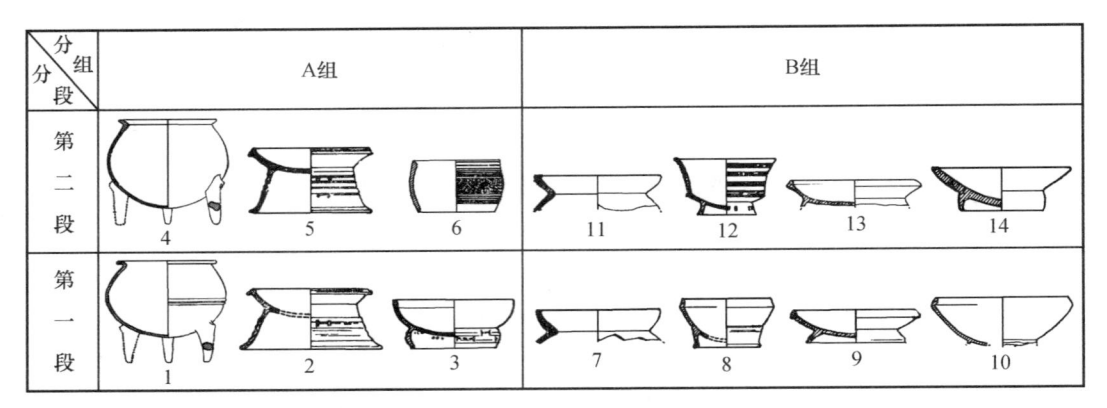

分组\分段	A组	B组
第二段	4　5　6	11　12　13　14
第一段	1　2　3	7　8　9　10

图一二四　朱家台遗址第二期遗存的分组

A组（油子岭文化）：1、4. 鼎（Y1∶1、H38∶3）　2、5. 圈足盘（Y1∶2、H37∶1）　3. 碗（Y1∶3）
　　　　　　　　6. 器座（H38∶2）
B组（大溪文化）：7、11. 釜（H94∶9、H64∶2）　8、10、12、14. 碗（H84∶6、H132∶4、H40∶1、H64∶1）
　　　　　　　　9、13. 圈足盘（H94∶5、H93∶1）

第二段：以H40、H64、H93为代表。

A组应为油子岭文化，B组为大溪文化。两者大致同时，但不共存于同一遗存单位。

三种情况的发生在油子岭文化时期均不是很早，大体相当于油子岭文化偏晚阶段。大体反映了油子岭文化向西推进过程中与大溪文化接触、碰撞的不同情形。

第三阶段：屈家岭下层文化早期。属汉东文化系统的屈家岭下层文化继续向西推进，基本占据了沙洋、江陵一带，并渗透到枝江地区及沿长江往西的峡江地区。

这一时期沙洋、江陵地区的遗存均以屈家岭下层文化为主，如沙洋江家咀第二期遗存、江陵朱家台第三期遗存、毛家山H2[①]等，但也残留少量大溪文化因素。

枝江地区以关庙山遗址[②]为代表。关庙山报告将"大溪文化"分为四期，其中第二、三期主体属大溪文化，但开始出现少量鼎、篮、曲腹杯、彩陶碗等属屈家岭下层文化的器形。这一时期枝江地区仍以大溪文化为主，开始出现一些屈家岭下层文化因素（图一二五）。

再沿长江往西的峡江地区，主要是汉西文化系统大溪文化的分布区，主要有宜都红花套第一～三期遗存[③]，杨家湾"大溪文化"晚期遗存[④]，清水滩两次发掘的第二期

[①] 纪南城文物考古发掘队：《江陵毛家山发掘记》，《考古》1977年第3期。

[②] 中国社会科学院考古研究所湖北工作队：《湖北枝江县关庙山新石器时代遗址发掘简报》，《考古》1981年第4期；中国社会科学院考古研究所湖北工作队：《湖北枝江关庙山遗址第二次发掘》，《考古》1983年第1期；中国社会科学院考古研究所：《枝江关庙山》，文物出版社，2017年。

[③] 林春：《长江西陵峡远古文化初探》，《葛洲坝工程文物考古成果汇编》，武汉大学出版社，1990年；红花套考古发掘队：《红花套遗址发掘简报》，《史前研究》1990～1991年合刊。

[④] 湖北省文物考古研究所：《宜昌杨家湾》，科学出版社，2013年。

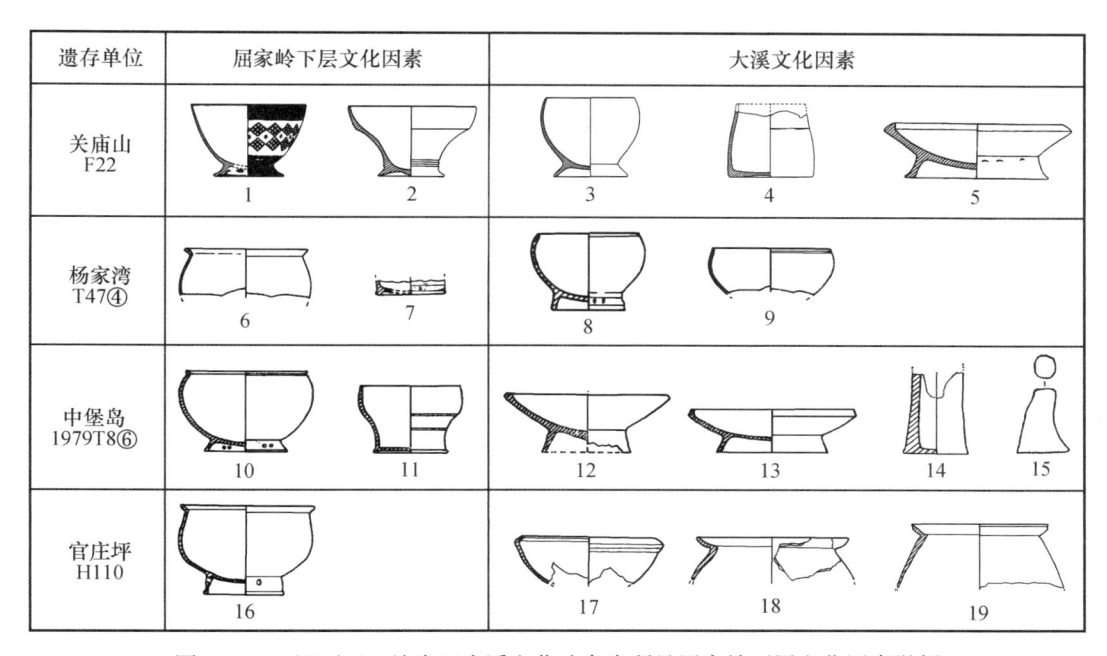

遗存单位	屈家岭下层文化因素	大溪文化因素
关庙山 F22	1　2	3　4　5
杨家湾 T47④	6　7	8　9
中堡岛 1979T8⑥	10　11	12　13　14　15
官庄坪 H110	16	17　18　19

图一二五　汉西至三峡库区大溪文化遗存中所见屈家岭下层文化因素举例

1. 彩陶碗（关F22：38）　2、7、11. 曲腹杯（关F22：37、杨T47④：27、中1979T8⑥：28）
3、8、9、17. 敛口碗（关F22：327、杨T47④：9、杨T47④：23、官H110：22）　4. 平底罐（关F22：40）
5、12、13. 圈足盘（关F22：44、中1979T8⑥：66、中1979T8⑥：89）　6、10、16. 簋（杨T47④：28、中1979T8⑥：204、官H110：2）　14. 筒形瓶（中1979T8⑥：49）　15. 支座（中1979T8⑥：52）
18、19. 釜（官H110：19、官H110：21）

遗存[1]，白狮湾部分墓葬M4、M10、M11等[2]，中堡岛第一次发掘的第三、四期和第二次发掘的第一～三期遗存[3]，窝棚墩大溪文化遗存[4]，秭归官庄坪H110[5]，巫山大溪第三次发掘的M106、M115、M119、M144、M151等和第四次发掘的第三、四期遗存[6]

---

[1] 湖北省宜昌地区博物馆、四川大学历史系考古专业：《宜昌县清水滩新石器时代遗址的发掘》，《考古与文物》1983年第2期；武汉大学历史系考古专业：《清水滩遗址1984年发掘简报》，《江汉考古》1988年第3期。

[2] 湖北省文物考古研究所：《长江三峡工程坝区白狮湾遗址发掘简报》，《江汉考古》1999年第1期。

[3] 湖北省宜昌地区博物馆、四川大学历史系：《宜昌中堡岛新石器时代遗址》，《考古学报》1987年第1期；国家文物局三峡考古队：《朝天嘴与中堡岛》，文物出版社，2001年。

[4] 湖北省文物考古研究所：《宜昌窝棚墩遗址的调查与发掘》，《江汉考古》1994年第1期。

[5] 国务院三峡工程建设委员会办公室、国家文物局：《秭归官庄坪》，科学出版社，2005年。

[6] 四川省博物馆：《巫山大溪遗址第三次发掘》，《考古学报》1981年第4期；重庆市文物考古所等：《巫山大溪遗址勘探发掘报告》，《重庆库区考古报告集（2000卷）》，科学出版社，2007年。

等。这些以大溪文化为主的遗存也开始出现一些屈家岭下层文化的因素，如宽扁足鼎、曲腹杯、折沿簋、细颈壶等器形（图一二五）。

我们将这一阶段的大溪文化遗存作为大溪文化的晚期来处理。正是屈家岭下层文化早期的渗透，导致了大溪文化早期向晚期的转变。枝江至峡江地区的屈家岭下层文化因素多含有折肩瓶、细颈壶等属洞庭湖地区类型的特色器形。

与此同时，来自峡西地区的哨棚嘴文化也开始向东发展，在峡江地区留下少量遗存（具体见第二小节）。

第四阶段：屈家岭下层文化晚期。屈家岭下层文化进一步向西推进，基本占据汉西平原，并在峡江地区也有部分相对纯净的屈家岭下层文化遗存存在，与哨棚嘴文化早期遗存交错分布。

枝江关庙山报告"大溪文化"第四期遗存主要器形有鼎、簋、曲腹杯、豆、细颈壶、瓶、甑等，主要文化因素属屈家岭下层文化，年代相当于屈家岭下层文化晚期，仅残留少量釜、内折沿圈足盘等大溪文化因素。此时期枝江地区应该是以屈家岭下层文化为主，地区类型与洞庭湖平原较为接近。

峡江地区从西陵峡往西至瞿塘峡东口也零散分布有一些以屈家岭下层文化为主的遗存，具体有宜昌杨家湾纳入"屈家岭文化早期"的少量地层和M16、M24、M30、M34、M44等墓葬，巫山大溪第一、二次发掘的M5等[①]（图一二六）。

与此同时，哨棚嘴文化也继续沿长江向峡江地区深入，最东到达宜昌地区，与屈家岭下层文化交错分布（具体见第二小节）。

这一时期峡江地区汉西文化系统的大溪文化基本瓦解，只在部分遗存中残留若干

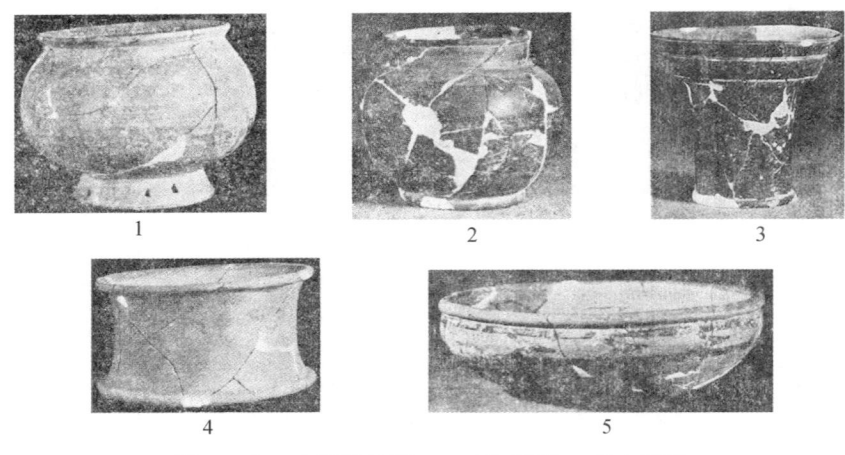

图一二六　大溪遗址第一、二次发掘M5出土陶器
（简报无编号）

---

① 四川长江流域文物保护委员会文物考古队：《四川巫山大溪新石器时代遗址发掘记略》，《文物》1961年第11期。

第七章　屈家岭文化的发展及与周边文化的关系

因素。而汉东文化系统的屈家岭下层文化也没有完全占据峡江地区。

第五阶段：屈家岭文化时期。属汉东文化系统的屈家岭文化完全占据峡江地区，实现了对汉西至峡江地区的全面控制，并对峡西地区（即峡江以西地区）进行一定程度的渗透。

这一时期的汉西平原至峡江地区广泛分布有屈家岭文化遗存（具体见本书第五章），同时不见其他文化遗存。目前可见典型的屈家岭文化遗存最西到达瞿塘峡东口的大溪遗址，瞿塘峡段内的情况从目前的材料来说不是很清晰。

但屈家岭文化并没有止步于此，而是进一步对峡西地区进行了渗透。万州的涪溪口[①]、苏和坪[②]，忠县的哨棚嘴[③]等遗址均能看到少量屈家岭文化因素。苏和坪第一次发掘的下层文化遗存中出有高圈足杯（T206⑨：37），涪溪口第二次发掘的下层文化遗存中的缸（T4636⑥：30）、哨棚嘴1999年发掘的第二期晚段遗存中出有扁腹壶（99ZGST322⑪：4）等（图一二七）。这些屈家岭文化的器形年代大致相当于屈家岭文化晚期，与之共存的主体为哨棚嘴文化晚期遗存。

汉东文化系统对其他方向的推进在此也做简要的梳理。

洞庭湖地区，在边畈文化时期主要分布有属汉西文化系统的汤家岗文化。在油子岭文化时期，澧水中下游已有一定数量的油子岭文化遗存分布，如城头山第四发掘区存在部分以罐形鼎、圈足罐、外折沿圈足盘或豆等器形为主要组合的墓葬，具体以M806、M807、M894、M900等为代表[④]，这些墓葬中还同时共出敛口的碗、筒形瓶等属大溪文化因素的器形；但与此同时该地区主要广泛分布的是大溪文化，油子岭文化只是对该地区进行了少量的渗透。屈家岭下层文化时期，该地区大溪文化基本瓦解

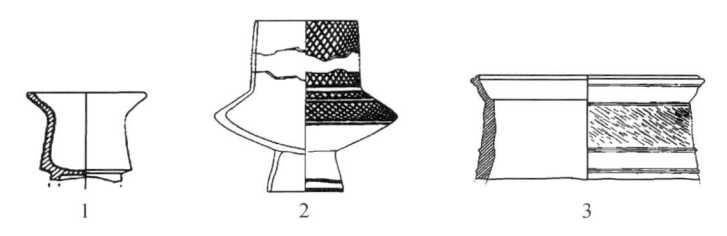

图一二七　峡西地区所见屈家岭文化因素举例
1. 圈足杯（苏和坪T206⑨：37）　2. 扁腹壶（哨棚嘴99ZGST322⑪：4）　3. 缸（涪溪口T4636⑥：30）

[①] 福建省考古队、重庆万州区文物保管所：《万州涪溪口遗址发掘报告》，《重庆库区考古报告集（1998卷）》，科学出版社，2003年。

[②] 重庆市博物馆、万州区文管所：《万州苏和坪遗址发掘报告》，《重庆库区考古报告集（1999卷）》，科学出版社，2006年。

[③] 北京大学考古学研究中心、北京大学考古文博学院三峡考古队、重庆市忠县文物管理所：《忠县哨棚嘴遗址发掘报告》，《重庆库区考古报告集（1999卷）》，科学出版社，2006年。

[④] 湖南省文物考古研究所：《澧县城头山——新石器时代遗址发掘报告》，文物出版社，2007年。

（大溪文化在洞庭湖地区的瓦解早于峡江地区），屈家岭下层文化完全占据该地区，并向南到达沅江中上游。屈家岭文化时期基本继承了屈家岭下层文化在这一地区的分布范围。

鄂西北及豫西南地区，在边畈文化时期主要分布有属北方文化系统的后冈一期文化。油子岭文化时期主要分布有属北方文化系统的西阴文化。屈家岭下层文化时期主要分布有属北方文化系统的朱家台文化。屈家岭文化时期汉东文化系统基本实现对该地区的控制，分布范围也有较大拓展。

鄂北及鄂东北地区，在边畈文化时期局部地区分布有属北方文化系统的后冈一期文化。油子岭文化时期，汉东文化系统已经分布到孝感地区，如云梦胡家岗遗址采集有部分标本[1]，器形有锥形鼎足、宽扁鼎足，都带有按窝纹，还有有领罐、内折圈足器等，属油子岭文化范畴，并进一步向北与属北方文化系统的西阴文化在随枣走廊地区发生接触。枣阳雕龙碑二期[2]以西阴文化遗存为主，可见若干油子岭文化因素，如带按窝锥足罐形鼎、附杯圈足盘、圈足盘等器形。同时，油子岭文化遗存中也能见到一些西阴文化因素。屈家岭下层文化时期，汉东文化系统分布范围往南收缩，随枣走廊及孝感地区主要分布有南北文化系统碰撞融合的雕龙碑三期文化。屈家岭文化时期汉东文化系统基本实现了对这一地区的控制。

鄂东南地区，油子岭文化时期，汉东文化系统在黄冈地区有少量存在，如螺蛳山1957年试掘的1号墓[3]，主要出有按窝扁足鼎、圈足盘、碗等属油子岭文化的器形，同时还共出彩绘有圆点、曲线组成的图案的曲腹盆等属典型的西阴文化器形。屈家岭下层文化时期，武昌、新洲至黄冈地区已为相对单纯的屈家岭下层文化遗存，而偏东北方向的麻城地区文化面貌不甚明朗，偏东南方向的罗田至黄梅、武穴、阳新地区主要为来自长江下游的薛家岗文化，同时存在少量屈家岭下层文化的因素，如武穴鼓山墓地[4]等。屈家岭文化时期，麻城、新洲至黄冈、大冶、阳新地区均为汉东文化系统屈家岭文化范围，罗田至黄梅、武穴地区仍以薛家岗文化为主。

本小节虽然重点论述了汉东地区文化系统对峡江地区的逐步推进和控制的过程，实际上也对汉东地区文化系统从最开始龟缩在钟祥地区到逐步扩大到最后控制了整个长江中游地区的过程做了初步系统性的梳理（图一二八～图一三二）。屈家岭文化时期是汉东文化系统先后取代汉西文化系统、北方文化系统，实现对长江中游地区文化整合和全面控制的高峰。

---

① 云梦县博物馆：《湖北云梦新石器时代遗址调查简报》，《考古》1987年第2期。
② 中国社会科学院考古研究所：《枣阳雕龙碑》，科学出版社，2006年。
③ 中国科学院考古研究所湖北发掘队：《湖北黄冈螺蛳山遗址的探掘》，《考古》1962年第7期。
④ 湖北省京九铁路考古队、湖北省文物考古研究所：《武穴鼓山——新石器时代墓地发掘报告》，科学出版社，2001年。

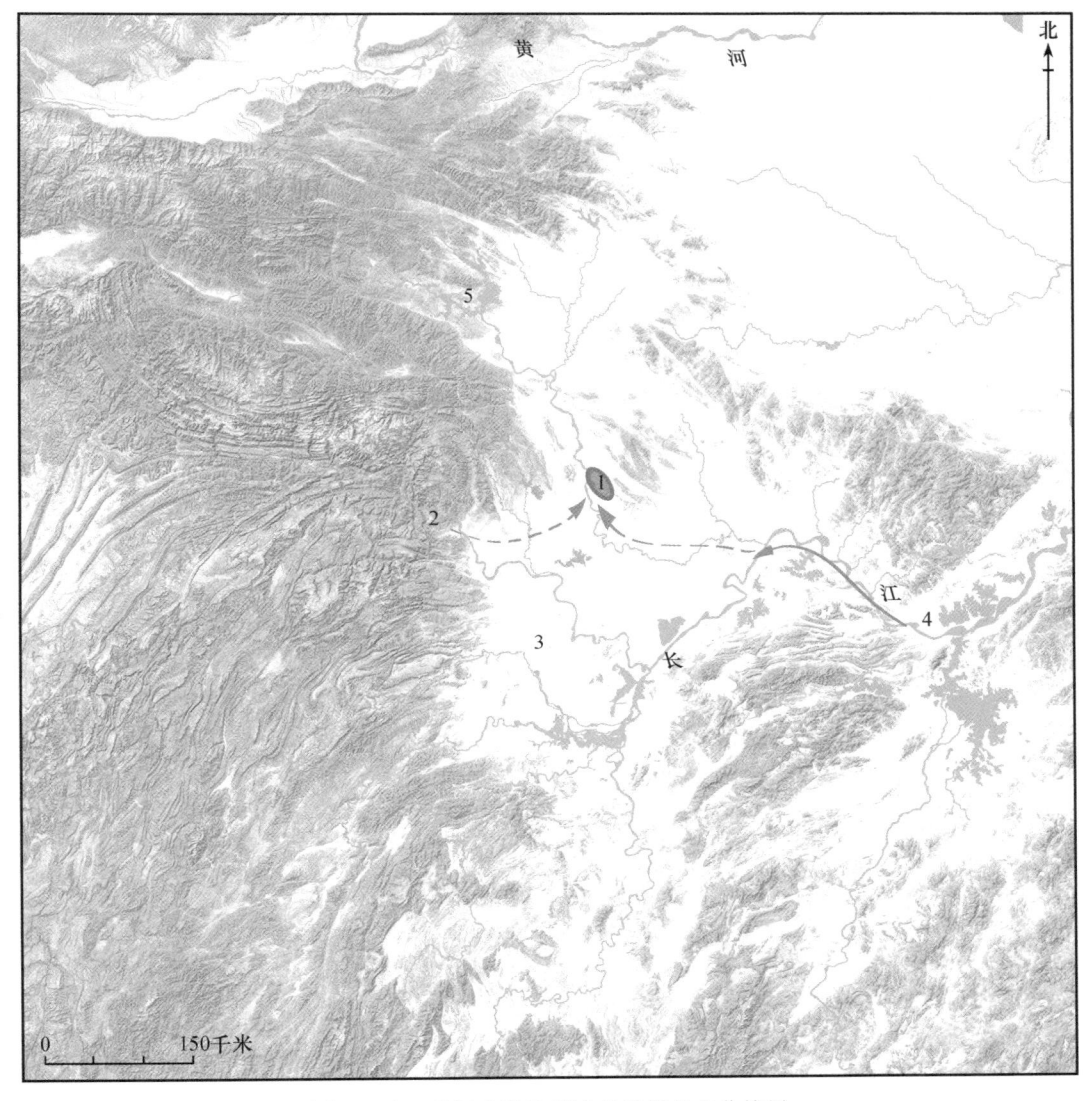

第七章　屈家岭文化的发展及与周边文化的关系

图一二八　长江中游边畈文化晚期的文化格局
1.边畈文化　2.柳林溪文化　3.汤家岗文化　4.黄鳝嘴文化　5.后冈一期文化
（说明：虚线箭头表示文化因素的渗透或扩散，实线箭头表明文化的扩张，后图同）

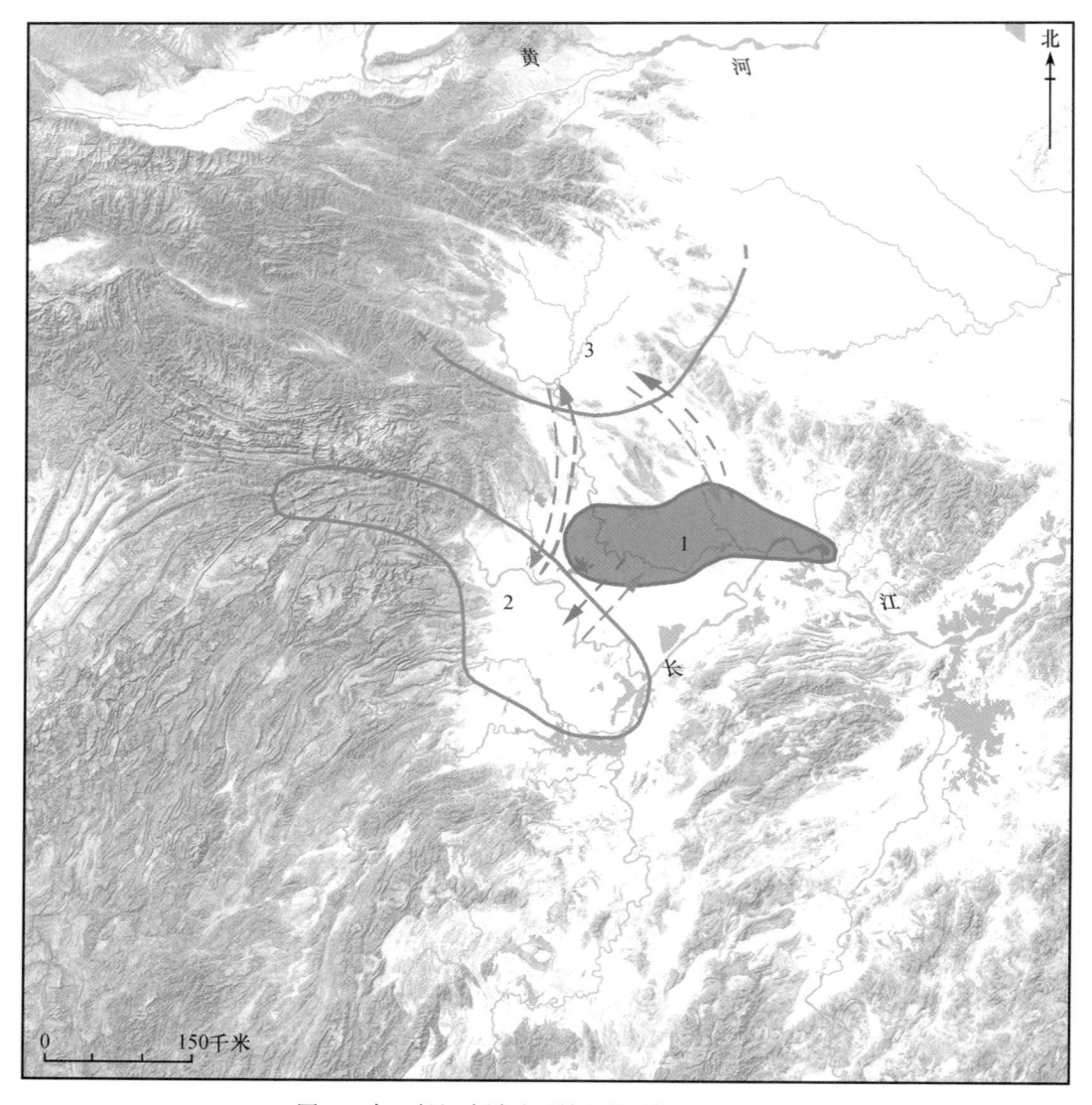

图一二九　长江中游油子岭文化时期的文化格局
1. 油子岭文化　2. 大溪文化　3. 西阴文化八里岗类型

（说明：双向虚线箭头表示相互文化交流或渗透，后图同。油子岭文化、大溪文化与西阴文化八里岗类型三者遗存内互见对方文化因素，存在密切的文化交流。本书略有涉及，其他著作也有专门论述[①]。鄂东南武穴、黄梅一带至皖西南地区同时分布有薛家岗文化，其与油子岭文化在两者接触地带彼此可见双方文化因素，后文将论述，在此暂不标示）

---

① 余西云：《西阴文化——中国文明的滥觞》，科学出版社，2006年；何强：《汉水中游新石器文化编年序列及其与邻近地区的互动关系》，吉林大学博士学位论文，2015年。

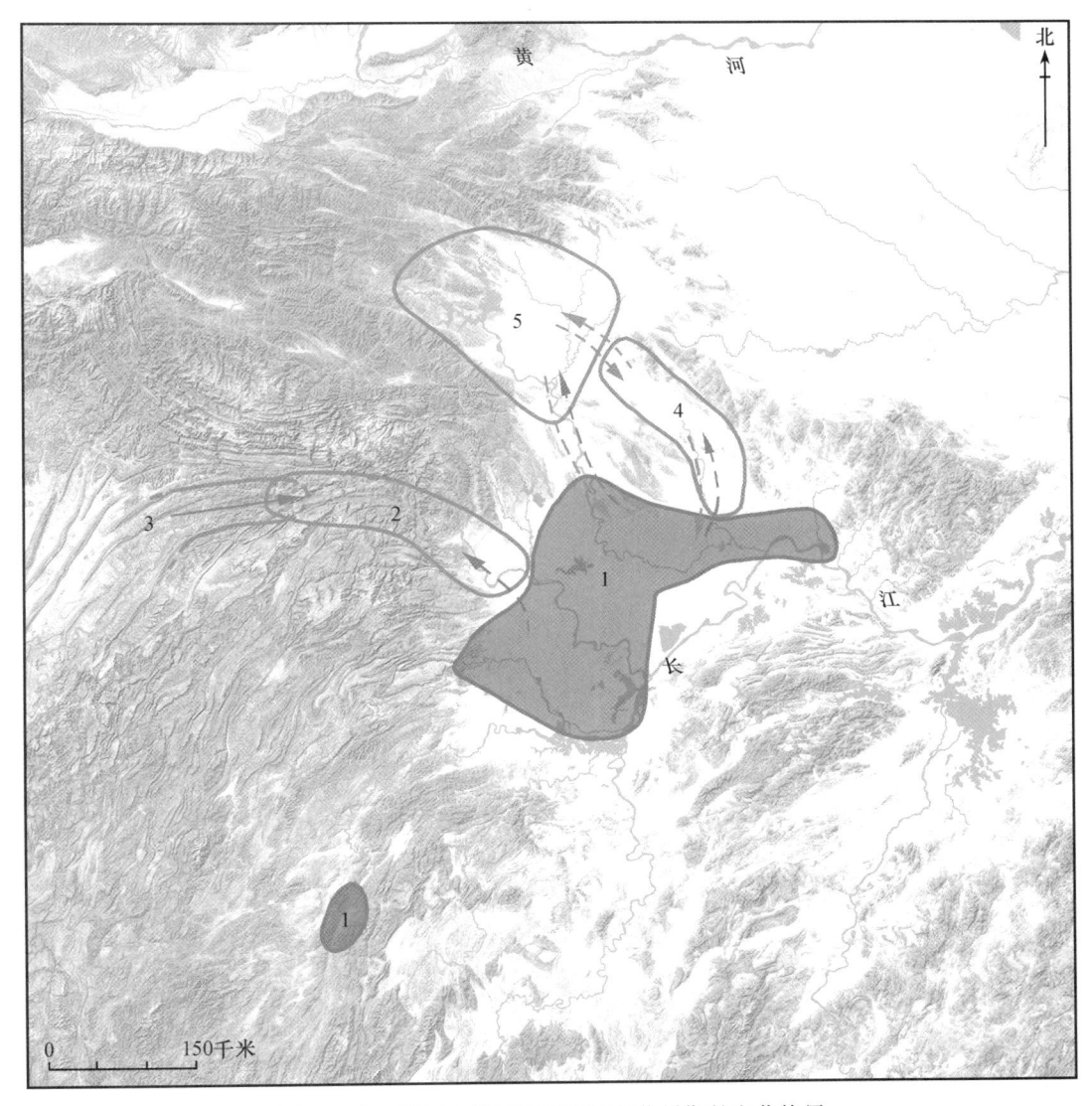

图一三〇　长江中游屈家岭下层文化早期的文化格局
1.屈家岭下层文化　2.大溪文化　3.哨棚嘴文化早期　4.雕龙碑三期文化　5.朱家台文化
（说明：鄂东南武穴、黄梅一带至皖西南地区同时分布有薛家岗文化，其与屈家岭下层文化在两者接触地带彼此可见双方文化因素，后文将论述，在此暂不标示）

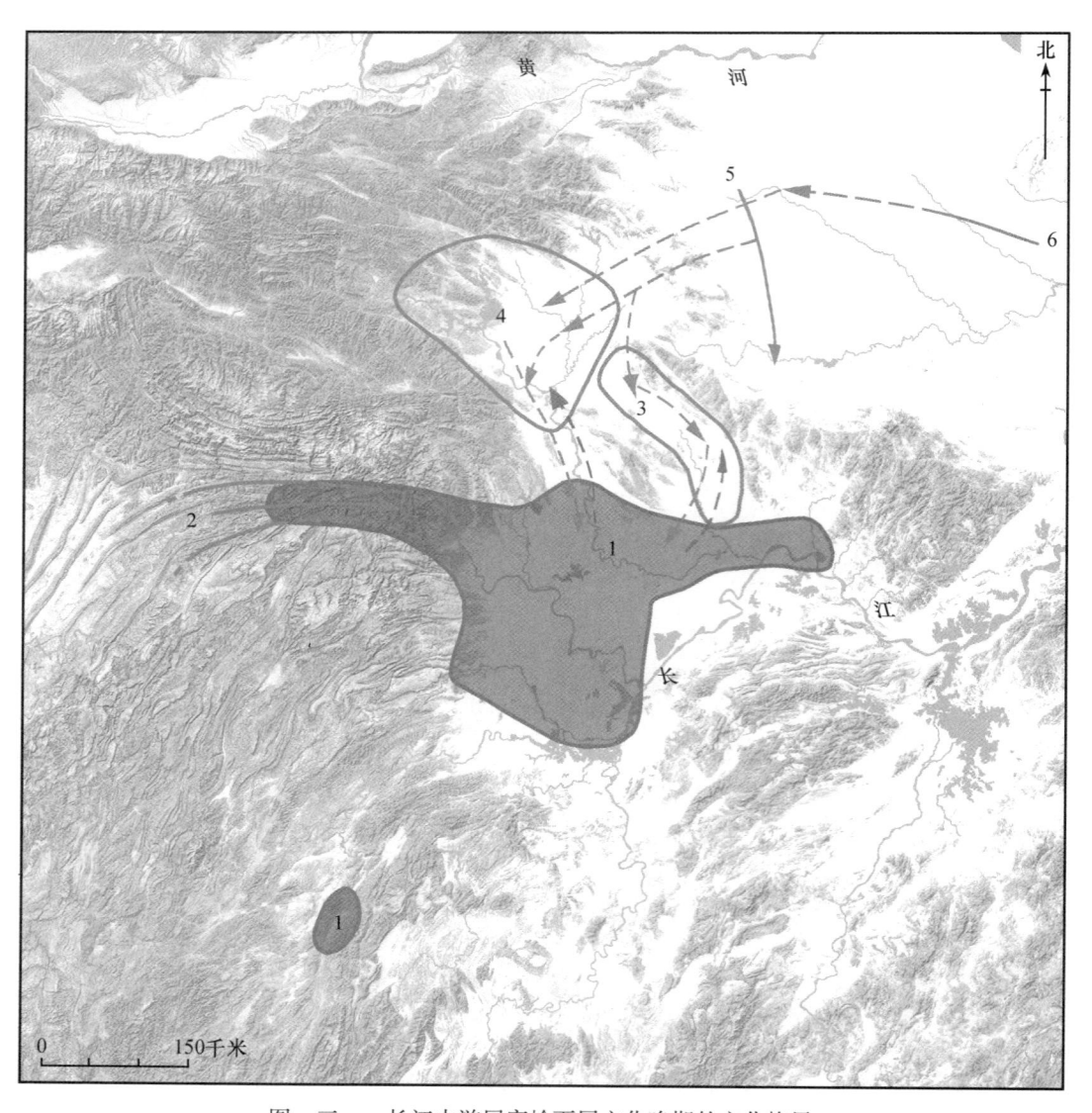

图一三一　长江中游屈家岭下层文化晚期的文化格局

1. 屈家岭下层文化　2. 哨棚嘴文化　3. 雕龙碑三期文化　4. 朱家台文化　5. 秦王寨文化　6. 大汶口文化

（说明：鄂东南武穴、黄梅一带至皖西南地区同时分布有薛家岗文化，其与屈家岭下层文化在两者接触地带彼此可见双方文化因素，后文将论述，在此不做标示）

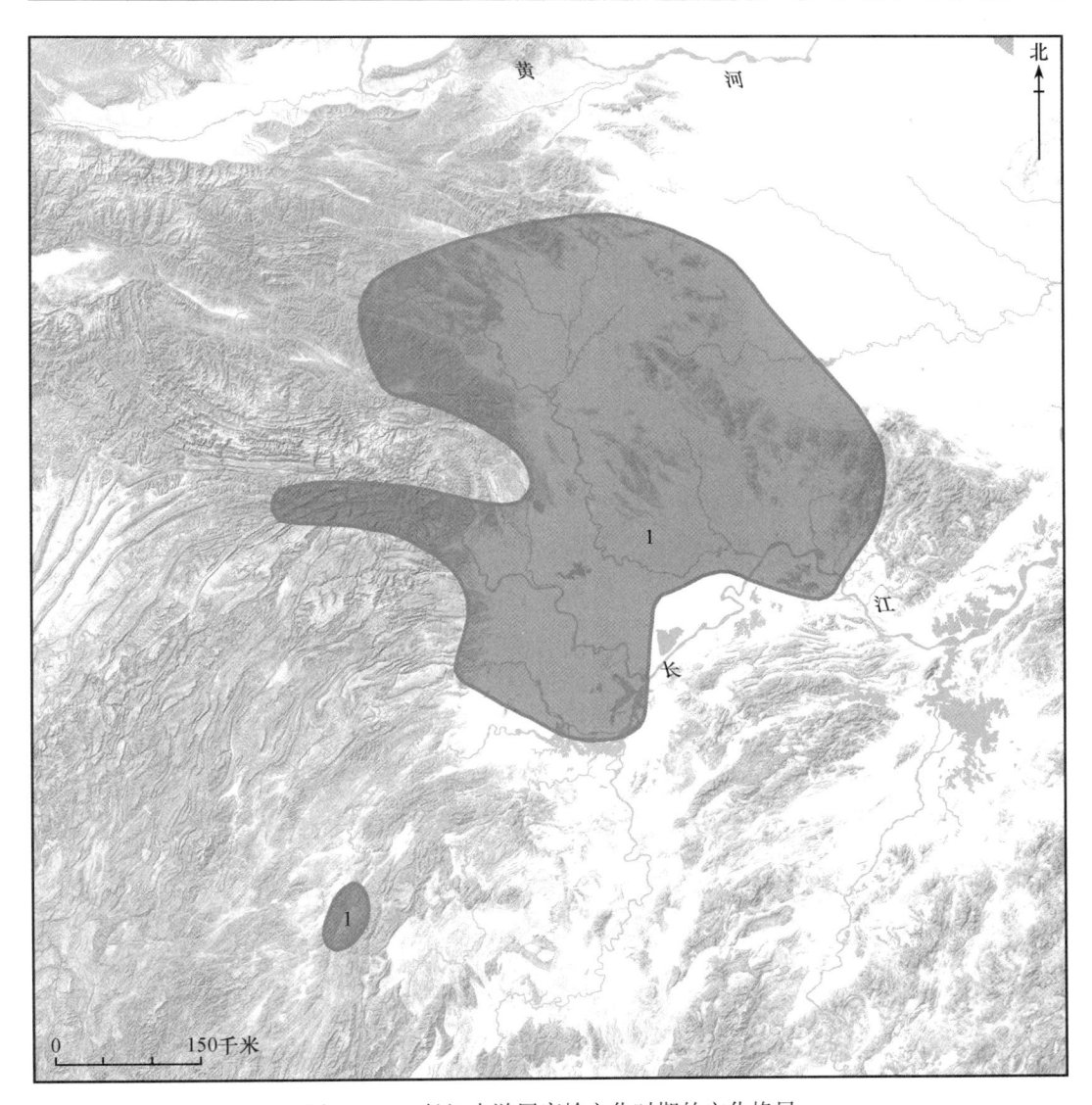

图一三二　长江中游屈家岭文化时期的文化格局
1. 屈家岭文化

（说明：为了行文的前后逻辑性，屈家岭文化时期与周边文化的关系、交流示意将在后文呈现，在此不做标示。本书将屈家岭文化分为四段，各段的时空分布见图九八～图一〇一，此图仅是主要分布范围示意）

二、哨棚嘴文化在峡江地区的进退

哨棚嘴文化以峡西地区的忠县哨棚嘴遗址命名。典型遗存以哨棚嘴1999年发掘报告的第一、二期遗存为代表[1]，其主要器形组合有小口平底瓶、花边口罐、深腹罐、敛口钵、盆、直口深腹圜底缸等。瓶、罐器表多饰交错细绳纹构成的菱格纹、附加堆纹；钵上腹多饰凹弦纹等。这类遗存曾被拆分为"哨棚嘴一期文化"和"哨棚嘴二期文化"[2]，或与哨棚嘴1997年第一期遗存、1999年发掘第三期遗存、中坝遗存、老关庙下层遗存等诸多遗存合并一起统称为"哨棚嘴文化"[3]。实际上，哨棚嘴1997年第一期遗存[4]、1999年第三期遗存、中坝1998年早中期遗存[5]的主要器形组合为直口或敞口的长筒形小平底罐、大敞口的高领瓮（或壶）、盘口器等，与哨棚嘴1999年发掘第一、二期整体面貌已有质的变异，应属不同的考古学文化。而哨棚嘴1999年发掘第一、二期遗存之间的差异更多的是同类器形的演变，不宜过细拆分为两种考古学文化。本书赞同余西云先生对哨棚嘴文化的界定，将哨棚嘴1999年第一、二期为代表的遗存作为哨棚嘴文化的基本内涵[6]。

哨棚嘴1999年发掘报告将第一、二期遗存各分为早、晚两段，基本代表了哨棚嘴文化的所有分段，即本书对哨棚嘴文化所分的四段（图一三三）。

哨棚嘴文化四段内器形演变规律：小口平底瓶由退化重唇口变为平唇口再变为喇叭口；花边口罐、深腹罐由卷沿变为折沿，沿面圆鼓变斜平，腹部由一周附加堆纹变为多周附加堆纹；钵分为宽浅腹和深腹两种，均由敛口或内弧折沿变为内硬折沿，沿下素面逐渐变为饰以多道凹弦纹。特别是小口平底瓶的演变规律基本与黄河中游地区仰韶晚期的小口尖底瓶的演变规律一致，器形组合也较为接近，暗示了其文化来源和年代对应关系。

---

[1] 北京大学考古学研究中心、北京大学考古文博学院三峡考古队、重庆市忠县文物管理所：《忠县哨棚嘴遗址发掘报告》，《重庆库区考古报告集（1999卷）》，科学出版社，2006年。

[2] 北京大学考古学研究中心、北京大学考古文博学院三峡考古队、重庆市忠县文物管理所：《忠县哨棚嘴遗址发掘报告》，《重庆库区考古报告集（1999卷）》，科学出版社，2006年。

[3] 江章华：《关于哨棚嘴文化的几个问题》，《四川文物》2010年第2期。

[4] 北京大学考古文博学院三峡考古队、重庆市三峡库区田野考古培训班、忠县文物管理所：《忠县瞢井沟遗址群哨棚嘴遗址发掘简报》，《重庆库区考古报告集（1997卷）》，科学出版社，2001年。

[5] 四川省文物考古研究所、重庆市文物局三峡办、忠县文物保护管理所：《忠县中坝遗址Ⅱ区发掘简报》，《重庆库区考古报告集（1998卷）》，科学出版社，2003年。

[6] 余西云：《巴史——以三峡考古为证》，科学出版社，2010年，第123页。

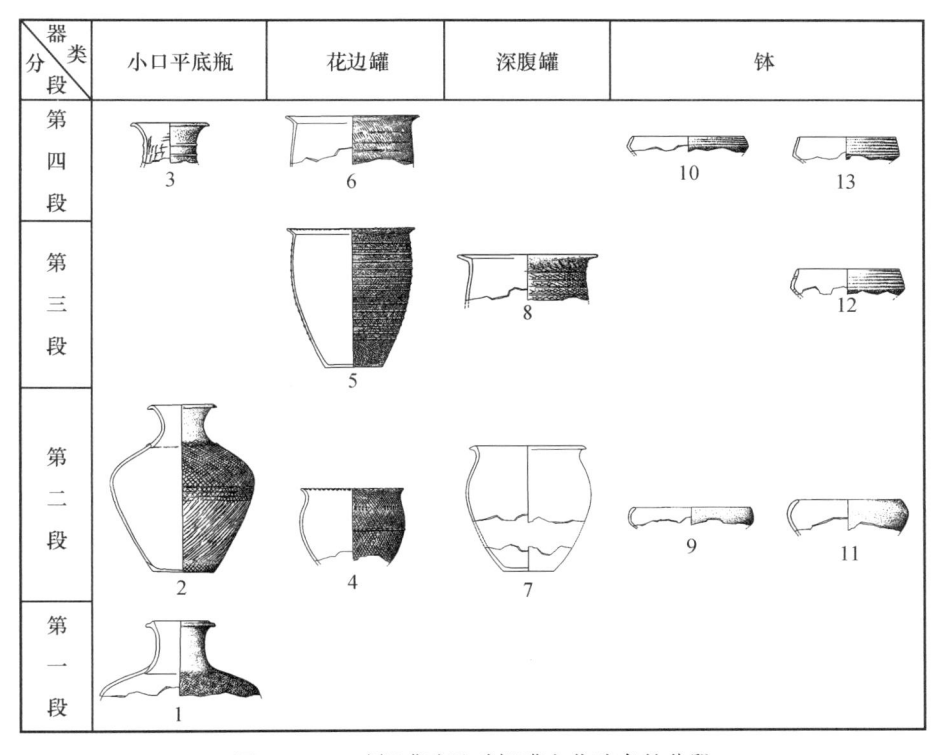

第七章　屈家岭文化的发展及与周边文化的关系

器类\分段	小口平底瓶	花边罐	深腹罐	钵
第四段	3	6	10	13
第三段		5	8	12
第二段	2	4	7	9　11
第一段	1			

图一三三　哨棚嘴遗址哨棚嘴文化遗存的分段

1~3.小口平底瓶（99ZGSH89：2、99ZGST312⑯B：1、99ZGST322⑪：7）　4~6.花边罐（99ZGST322⑲：4、99ZGST312⑪：1、99ZGST322⑮：8）　7、8.深腹罐（99ZGST312⑯B：2、99ZGST312⑪：2）　9~13.钵（99ZGST332㉓：11、99ZGST302⑨：2、99ZGST332㉓：13、99ZGSH87：1、99ZGST322⑪：11）

　　哨棚嘴文化的四段内第一、二段与第三、四段之间具有一定的差异，前两段多为卷沿；后两段基本为折沿，还出现了一些屈家岭化的器形如扁腹壶（哨棚嘴99ZGST322⑪：4）等。据此将哨棚嘴文化分为早、晚两期，早期以哨棚嘴1999年第一、二段为代表，晚期以哨棚嘴1999年第三、四段为代表。哨棚嘴文化的早、晚期之划分在其早、晚的文化分布态势上也有相应的表现。

　　在哨棚嘴文化早期，其除了主要在峡西地区的忠县、万州及重庆等地有分布外，还深入峡江地区。大致分为两个阶段，分别为哨棚嘴文化早期一段和早期二段。

　　哨棚嘴文化早期一段时，向东到达瞿塘峡东口。巫山大溪遗址第四次发掘揭露了部分典型的哨棚嘴文化遗存[1]。简报将哨棚嘴文化遗存分为两期，其中第二期的盘口器（ⅠT0503⑪：169）应与哨棚嘴1999年第三期为同类遗存，不属哨棚嘴文化范畴，剔除。第一期的小口平底瓶有退化重唇口、平唇口两种，应属不同阶段。据

---

[1]　重庆市文物考古所、重庆市文物局、巫山县文物管理所：《巫山大溪遗址勘探发掘简报》，《重庆库区考古报告集（2000卷）》，科学出版社，2007年。

此将大溪第四次发掘的哨棚嘴文化遗存重新分为两段，第一段以退化重唇口平底瓶（ⅠT0402㉔：208）、敞口卷沿深腹罐（ⅠT0502⑮：98、ⅠT0502⑮：104）等为代表；第二段以平唇口平底瓶（ⅠT0604⑥：59）、卷折沿深腹罐（ⅠF1：37）为代表。这两段与哨棚嘴1999年第一、二段大致相当，属哨棚嘴文化早期一、二段。

哨棚嘴文化早期二段时，沿长江向东继续深入，在巫峡、西陵峡都有分布。巴东楠木园"大溪文化及其后续文化遗存"中的W1、H127属相对单纯的哨棚嘴文化遗存[①]，出有卷折沿或平卷沿带一周附加堆纹的深腹罐、内弧折的钵等，大致与哨棚嘴1999年第二段相当或略晚，属哨棚嘴文化早期二段。宜昌中堡岛第四期的H284[②]，出有卷折沿带一周附加堆纹的深腹罐、平唇口小口平底瓶、小罐、曲腹杯、器盖等（图一三四），其主要因素属哨棚嘴文化，同时含有个别屈家岭下层文化早期因素，年代相当于哨棚嘴1999年发掘第二段或略晚，属哨棚嘴文化早期二段。

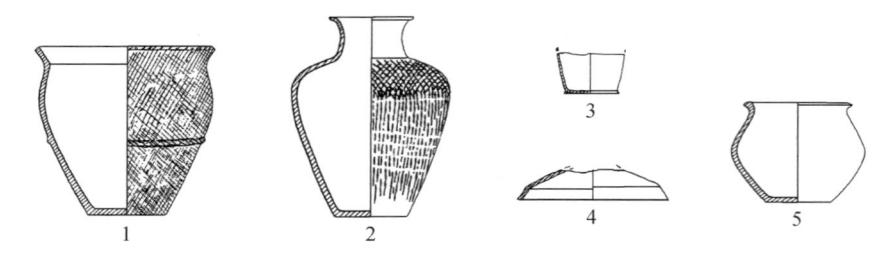

图一三四　中堡岛遗址H284出土陶器
1. 深腹罐（H284：17）　2. 小口平底瓶（H284：2）　3. 曲腹杯（H284：20）　4. 器盖（H284：24）　5. 小罐（H284：103）

在哨棚嘴文化晚期，其主要龟缩在峡西地区，峡江地区基本不见纯净的哨棚嘴文化遗存，多以少量因素的形式与屈家岭文化遗存共存，构成屈家岭文化杨家湾类型的一个元素。

总体来说，哨棚嘴文化早期大致与屈家岭下层文化的年代相当，晚期则大致与屈家岭文化年代相当或部分延续更晚。当屈家岭下层文化早期开始向峡江地区渗透时，该地区的大溪文化遗存中开始出现少量屈家岭下层文化因素。此时，哨棚嘴文化已经开始在瞿塘峡东口有所分布，与大溪文化晚期共存于同一遗址，但不共存于同一遗存单位。到屈家岭下层文化晚期时，峡江地区的大溪文化基本瓦解，峡江地区开始出现一些相对纯净的屈家岭下层文化遗存。与此同时，哨棚嘴文化早期也继续向东深入。两者在峡江地区交错分布，都留有居址和墓葬两种形式的遗存。表明两个文化都没有完全占据峡江地区。到屈家岭文化时期，峡江地区基本被屈家岭文化占据，不再见其他文化遗存，哨棚嘴文化也退出了峡江地区。

---

① 国务院三峡工程建设委员会办公室、国家文物局：《巴东楠木园》，科学出版社，2006年。

② 国家文物局三峡考古队：《朝天嘴与中堡岛》，文物出版社，2001年。

第二节　屈家岭文化向北扩张

屈家岭文化形成后，首先完成了对长江中游地区的文化整合。在此基础上，屈家岭文化开始了对外扩张的历程。其中最重要的方向就是北方，具体分为三条主要路线：①沿丹江上游溯流而上至渭河盆地及邻近地区；②越过伏牛山一线，往北至中原地区；③从淮河上游顺流而下至皖北，再北上、东进到达山东及邻近地区。这三条路线主要针对的是黄河中、下游自西向东四个不同的文化：泉护文化和庙底沟二期文化、秦王寨文化、大汶口文化。三条路线也并非完全同时，第三条最早开始于屈家岭文化早期一段，第一条最早开始于屈家岭文化早期二段，均延续至屈家岭文化晚期；第二条主要集中在屈家岭文化晚期。但屈家岭文化全面大范围的扩张主要发生在屈家岭文化晚期。下面大体按开始时间的先后分别论述。

一、淮河至海岱地区——大汶口文化

在屈家岭文化之前，淮河上游属秦王寨文化向南分布的边缘区。屈家岭文化形成后进入淮河上游，对秦王寨文化在豫东南地区的分布造成了挤压。

首先，在淮河上游出现了以罗山擂台子T2④为代表的含少量屈家岭文化因素的遗存。擂台子遗址位于河南省信阳市罗山县高店乡三河村刘小寨自然村，于1991年进行了小面积的发掘[①]。简报将发掘的新石器至西周遗存一共分为三期，又将第一期遗存分为早、晚两段，早段包括T1第10、11层和T2第4层；晚段包括T1第7～9层和T2第2、3层，整体相当于"仰韶文化"最晚阶段。擂台子第一期早段还有进一步细分的必要。T2第4层主要出有鼎、高领罐、深腹罐、豆、盆、器盖等；T1第10、11层主要出有篮纹盆形鼎、厚胎斜腹杯、圈足杯、盆、缸等。两者文化性质和年代都有较大差别，前者的鼎、深腹罐、豆、盆等器形与秦王寨文化较接近，大体相当于秦王寨文化早期偏晚阶段，并开始出有饰弦纹的高领罐（T2④：5）这类屈家岭文化典型器形，其特征相当于屈家岭文化早期一段；后者的器形应该到了石家河文化时期，两者之间有缺环，需要区分开。与擂台子邻近的还有罗山李上湾[②]，本书在第三章第七节第二部分中将李上

[①] 河南省文物研究所、信阳地区文物管理委员会、罗山县文物管理委员会：《1991年河南罗山主要考古收获》，《华夏考古》1992年第3期；河南省文物考古研究所、信阳市文物管理委员会：《河南罗山县擂台子遗址发掘简报》，《华夏考古》2003年第2期。

[②] 河南省文物研究所、信阳地区文物管理委员会、罗山县文物管理委员会：《1991年河南罗山主要考古收获》，《华夏考古》1992年第3期；河南省文物考古研究所、信阳市文物管理委员会：《河南罗山县李上湾新石器时代遗址》，《华夏考古》2000年第3期。

湾第一期遗存分为两类，A类属秦王寨文化，B类属屈家岭文化，B类叠压在A类之上。李上湾的屈家岭文化遗存分为两段，相当于屈家岭文化的早期二段至晚期四段。总体来看，在屈家岭文化早期一段时，淮河上游仍以秦王寨文化为主，但开始出现少量屈家岭文化因素；到屈家岭文化早期二段时，淮河上游的信阳地区基本以屈家岭文化遗存为主，秦王寨文化开始退出这一地区。

其次，偏北的驻马店地区。驻马店党楼遗址[①]，本书在第三章第五节中已做分析，认为简报所分的第一期后段属屈家岭文化晚期。实际上第一期的前、后段跨越不同时段。前段属典型的秦王寨文化早期遗存。后段虽以屈家岭文化因素为主，但文化内涵不单纯，具体可分为两组：A组高领罐、折沿罐、圈足罐、双腹豆、圈足杯、小杯、平底壶、器盖等；B组，弧折腹的釜形鼎、敛口瓮、带小錾的钵及带镂孔的锛形鼎足等（图一三五）。A组为屈家岭文化因素，属屈家岭文化晚期；B组为秦王寨文化因素，属秦王寨文化晚期。屈家岭文化因素的比重远超过秦王寨文化因素。

近年来河南省文物考古研究院发掘的驻马店国楼是一处以屈家岭文化遗存为主的遗址，该遗址还有石家河文化、煤山文化至二里头文化时期的遗存[②]。上蔡十里铺于1977年做了小面积的发掘[③]，其第一期遗存较为零星，主要有圆腹罐形鼎、壶、盆等器形，大体属屈家岭文化，鼎的形态接近屈家岭第三段，属屈家岭文化晚期。

据此，至屈家岭文化晚期，淮河上游被屈家岭文化完全占据，秦王寨文化在豫东

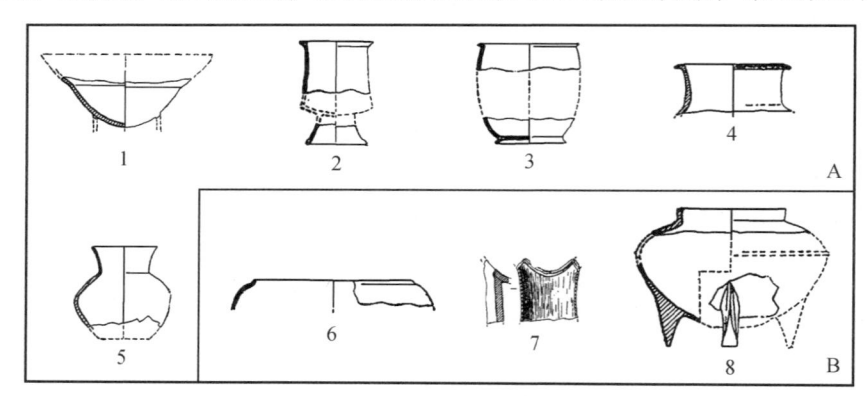

图一三五　党楼遗址第一期后段遗存的分组
A. 屈家岭文化：1. 双腹豆（T101⑤∶5）　2. 圈足杯（T101⑤∶9）　3. 圈足罐（T101④∶62）
4. 高领罐（T101④∶23）　5. 平底壶（T101④∶1）
B. 秦王寨文化：6. 敛口瓮（T101④∶40）　7. 锛形鼎足（T102⑤∶1）　8. 釜形鼎（T101④∶3）

---

① 北京大学考古系、驻马店市文物保护管理所：《河南驻马店市党楼遗址的发掘》，《考古》1996年第5期。

② 河南省文物考古研究院发掘资料。

③ 河南省驻马店地区文管会：《河南上蔡十里铺新石器时代遗址》，《考古学集刊（第3集）》，中国社会科学出版社，1983年。

南地区持续受到挤压，进一步往北收缩，基本退出豫东南地区。屈家岭文化在淮河上游占有较多据点后，最重要的扩张路线是从淮河顺流经皖北再向北、东渗透到山东及苏北地区的大汶口文化。

在这里有必要对大汶口文化的分期与分布做一个简略的补充介绍。大汶口文化是以山东省泰安县与宁阳县交界的大汶口遗址（也曾称宁阳堡头）命名的文化[1]，由夏鼐先生正式提出和命名[2]。大汶口文化的分期主要有山东博物馆的三大阶段共十一期[3]、高广仁先生的早、中、晚三期[4]，吴汝祚先生的早、晚两期[5]，栾丰实先生的三大阶段六期十一段[6]等。本书基本赞同栾丰实先生对大汶口文化的界定和三大阶段的划分，将之作为本书所讲的早、中、晚三期。大汶口文化早期主要器形组合有大宽沿折腹釜形鼎、圆腹罐形鼎、带把鼎、盂形豆、内折沿（或敛口）豆、觚形杯、三足钵、带把盆或钵、折沿盆、双耳罐等，鼎足多为带按窝的圆锥足，豆盘外壁多饰一条凸棱，豆柄多鼓起一道箍或呈多节式，流行八角星纹等彩陶纹样等；中期主要器形组合有窄沿或无沿的折腹釜形鼎（分平底、圜底两型）、圆腹罐形鼎（分平底、圜底两型）、外拱起豆柄的敛口或折盘豆、高圈足杯、尊形杯、筒形杯、折沿罐、背壶、宽肩壶、双鼻壶、实足鬹、矮胖平底盉、大口缸等，鼎足多为侧装三角形凿形足，豆柄流行装饰高度发达的大圆形、三角形、菱形镂孔等；晚期主要器形组合有素面罐形鼎、釜形鼎、平底宽沿盆形鼎、篮纹罐形鼎、盆形鼎、篮纹深腹罐、高柄杯、背壶、宽肩壶、长颈瓶、长颈罐、空足鬹[7]、三足盉、长颈平底盉、圈足尊、大口尊、甗等，器表开始大量流行满饰篮纹的装饰风格[8]。从以上描述可以看到，大汶口文化的早期到中期、中期到晚期都有一些器形前后延续，显示出其传承性；但还有数量较大的器形和装饰习惯属于各阶段新出或独有的，存在不同的谱系来源。大汶口文化三期之间的文化面貌差异较大，是否需要进一步解构值得深思。

---

[1] 山东省文物管理处、济南市博物馆：《大汶口——新石器时代墓葬发掘报告》，文物出版社，1974年。

[2] 夏鼐：《解放后中国原始社会史的研究》，《历史教学》1963年第4期；夏鼐：《碳-14测定年代和中国史前考古学》，《考古》1977年第4期。

[3] 山东省博物馆：《谈谈大汶口文化》，《文物》1978年第4期。

[4] 高广仁：《试论大汶口文化的分期》，《考古学报》1978年第4期。

[5] 吴汝祚：《论大汶口文化的类型与分期》，《考古学报》1982年第3期。

[6] 栾丰实：《大汶口文化的分期和类型》，《海岱地区考古研究》，山东大学出版社，1997年。

[7] 大汶口文化晚期虽以空足鬹的出现和流行为重要特征，但此时期实足鬹并未消失，一直都有延续、演变，如以梁王城为代表的一类遗存。参见南京博物院、徐州博物馆、邳州博物馆：《梁王城遗址发掘报告·史前卷》，文物出版社，2013年。

[8] 具体器形可参见栾丰实：《大汶口文化的分期和类型》，《海岱地区考古研究》，山东大学出版社，1997年，图一~图三。

大汶口文化早期的豆流行带箍的豆柄或多节式豆柄，应该来自长江下游的崧泽文化，还能零星见到一些西阴文化风格的彩陶纹样，三者年代大体相当；大汶口文化中期出现数量较多的圆鼓腹平底双鼻壶，应该来自长江下游的良渚文化，与良渚文化早期相当，而其偏早阶段的溜肩背壶也见于秦王寨文化早期偏早阶段，两者年代相当；大汶口晚期的空足鬶等器形传播广泛，在长江中下游、黄河中游都有发现，与之年代大致相当的有良渚文化晚期、屈家岭文化晚期至石家河文化、秦王寨文化晚期至大河村五期遗存、庙底沟二期文化等，这里面的年代并不完全对等，仅做大致参考。

屈家岭文化在其早期就与大汶口文化发生了接触，对后者的渗透从屈家岭文化的早期一直延续到晚期。

首先，在与皖北邻近的河南淮滨地区发现了1座出土大部分接近屈家岭文化器形的墓葬。淮滨沙冢M1[①]，于1979年发掘，主要出土器类有瓦状足盆形鼎、釜形鼎、高柄镂孔杯、镂孔豆、矮柄豆、壶形豆、折腹小罐、直领小罐、圈足盘、圈足壶等（图一三六）。其中盆形鼎、釜形鼎、壶形豆、折腹小罐、直领小罐、圈足壶等都能在屈家岭文化中找到类似器形，但有所变异；而高柄镂孔杯等器形应该来自大汶口文化。从盆形鼎等器形的形态来看，相当于屈家岭文化早期。

其次，在皖北地区发现了一批屈家岭文化与大汶口文化因素共存的遗址，以亳州

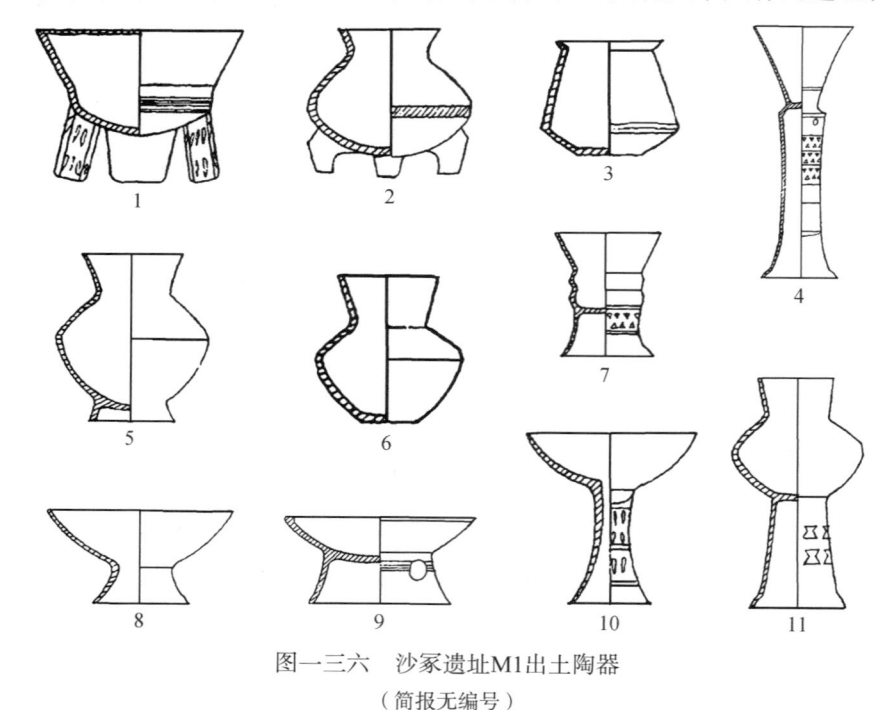

图一三六　沙冢遗址M1出土陶器
（简报无编号）

---

① 信阳地区文管会、淮滨县文化馆：《河南淮滨发现新石器时代墓葬》，《考古》1981年第1期。

付庄、萧县金寨[①]等为代表。

付庄遗址于1982年做了抢救性发掘，共发现和清理出12座"大汶口文化"墓葬，材料未正式发表，见于武汉大学一篇硕士论文中[②]。这12座墓葬依据层位关系和器形组合的差异大致可分为三段：第一段以M6、M13为代表，第二段以M2、M5、M8、M9、M10为代表，第三段以M4、M12为代表。第一段主要器形有素面圆腹罐形鼎、折盘豆、钵形豆、折沿罐、小罐、背壶、带錾折沿深腹罐、带錾高领壶、杯等；第二段主要器形有硬折腹盆形鼎（分圜底和平底两型）、双腹豆、折盘豆、尊形杯、圈足杯、折沿罐、折腹罐、背壶、带錾高领壶、圈足壶、平底壶、折腹盆、平底盉；第三段主要器形有饰斜行篮纹的罐形鼎、豆、背壶、带錾高领壶、平底壶、折腹盆、长颈瓶等（图一三七）。三段中都有的背壶、高领壶等器形大致经历了溜肩或圆肩到鼓肩、耸肩的演变历程，其中第二段还可以进一步细分，在此不做详说。关于属第一段的M6、M3，本书已在第六章第二节做过分析，主要反映的是秦王寨文化的渗透及与大汶口文化中期共存的现象。第二段除了延续少量秦王寨文化的因素如带錾高领壶、折腹盘和较多的大汶口文化因素如折盘豆、尊形杯、背壶、平底盉等器形外；还出现了大量的屈家岭文化因素，如硬折腹的盆形鼎、双腹豆、圈足杯、折腹罐、平底壶等。第二段器物器表仍以素面为主，豆柄或圈足一般饰圆形镂孔，未发现篮纹，背壶多为圆鼓肩，相当于大汶口文化中期偏晚阶段[③]；而从屈家岭文化的因素来看也相当于屈家岭文化早期偏晚阶段或略晚。第三段开始出现篮纹罐形鼎，观察其特征相当于大汶口文化晚期偏早阶段。

金寨遗址西区G6、G8，北区M37、M43及部分灰坑既出有袋足鬶、背壶、长颈

---

① 张小雷：《安徽萧县金寨新石器时代遗址》，《黄淮七省考古新发现（2011—2017年）》，大象出版社，2019年；安徽省文物考古研究所、萧县博物馆：《安徽萧县金寨新石器时代遗址西区2016年发掘简报》，《东南文化》2020年第3期；安徽省文物考古研究所、萧县博物馆：《安徽萧县金寨新石器时代遗址北区2017年发掘简报》，《东南文化》2020年第3期。

② 孔玥：《安徽省亳州付庄新石器时代遗址发掘报告》，武汉大学硕士学位论文，2014年。

③ 本书所称大汶口文化中期偏早阶段大体相当于栾丰实先生所分中期阶段第5、6段，主要特征为鼎多为无沿或小卷沿，豆之豆柄外拱且装饰大量浮夸的镂孔，实足鬶无流，背壶多为溜肩；中期偏晚阶段相当于其所分中期阶段第7段，主要特征为鼎开始出现窄折沿，实足鬶开始演变出明显的流，背壶为圆鼓肩。所称大汶口晚期偏早阶段、偏晚阶段分别大体相当于栾丰实先生所分晚期阶段第8、9段和第10、11段，也分别相当于霍东峰对尉迟寺分的第一、二组和第三、四组，偏早阶段主要特征为空足鬶居中或略偏向一侧，流前倾，袋足与腹部接痕明显，鼎腹整体较矮胖，高柄杯杯腹下部凸起明显，柄细长，豆柄还保留较多镂孔装饰，盉颈部相对较短；偏晚阶段空足鬶足部与鬲接近，颈偏向一侧与肩部无明显转折，冲天流，鼎整腹变深，高柄杯杯腹加深，柄变矮，豆柄镂孔减少，多为一个或两个，盉颈较长，甗开始在部分地区盛行。参见栾丰实：《大汶口文化的分期和类型》，《海岱地区考古研究》，山东大学出版社，1997年；霍东峰：《尉迟寺遗址中"尉迟寺类型"遗存的分期与年代》，《华夏考古》2010年第4期。

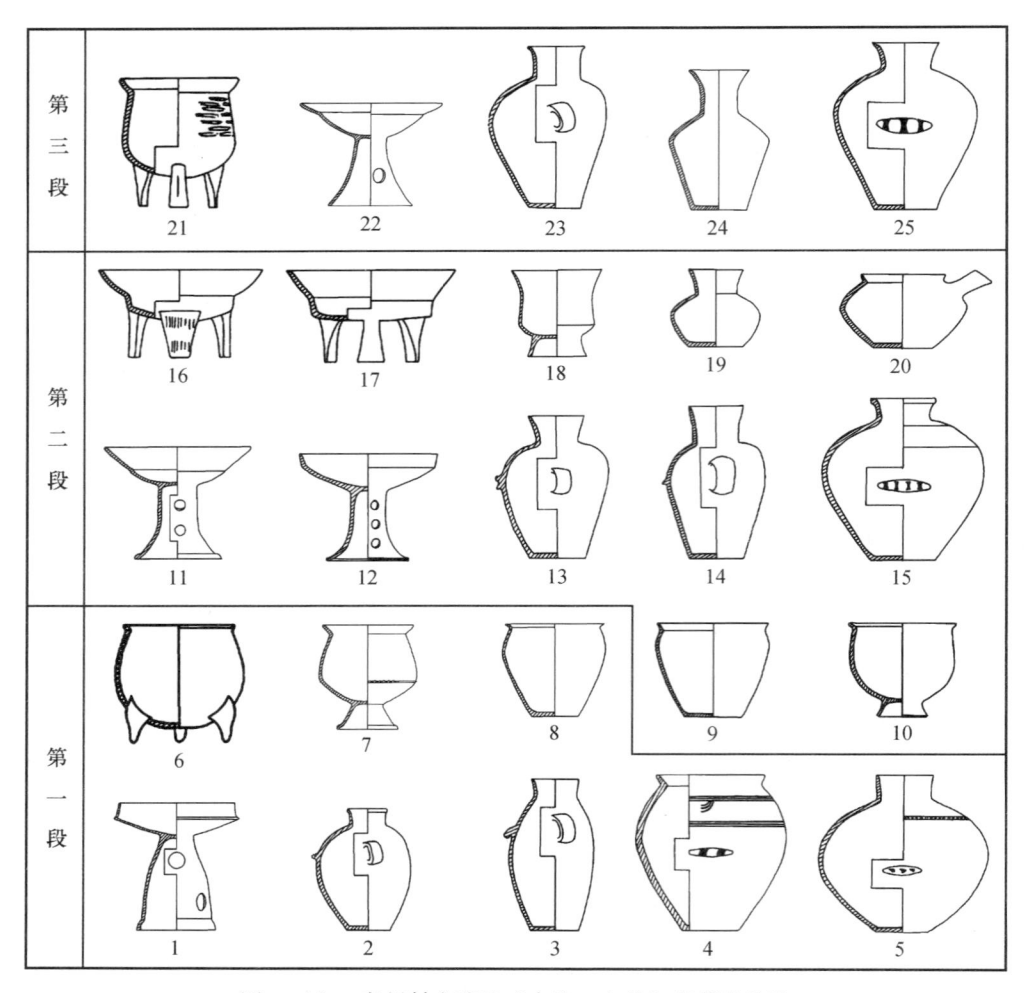

图一三七　亳州付庄遗址"大汶口文化"墓葬的分段

1、12. 折盘豆（M6：20、M8：54）　2、3、13、14、23. 背壶（M13：7、M6：4、M5：32、M5：25、M4Ⅰ：5）　4. 带錾折沿深腹罐（M13：3）　5、15、25. 带錾高领壶（M6：28、M5：37、M12：1）　6、21. 罐形鼎（M6：18、M4Ⅰ：2）　7. 盂形豆（M6：26）　8、9. 折沿罐（M6：27、M8：48）　10. 尊形杯（M5：15）　11、22. 双腹豆（M8：38、M4Ⅰ：13）　16、17. 盆形鼎（M5：40、M8：46）　18. 圈足杯（M5：3）　19. 平底壶（M8：43）　20. 平底盉（M8：17）　24. 长颈瓶（M4Ⅰ：6）

瓶、大口尊等大汶口文化器形，也有盆形鼎、双腹豆、圈足杯、扁腹壶等屈家岭文化器形（图一三八）。前者相当于大汶口文化晚期偏早阶段，后者相当于屈家岭文化晚期。两个文化因素的比重基本相当。

由上可知，大致在大汶口文化中期偏晚阶段，屈家岭文化因素已经开始从淮河上游顺流而下再北上到达皖北地区。这一路上不断地与大汶口文化发生接触，并与之混杂共存。屈家岭文化因素的比重越往东相应有所减少。

屈家岭文化因素从皖北北上、东下到达山东、苏北地区广泛渗透到大汶口文化，

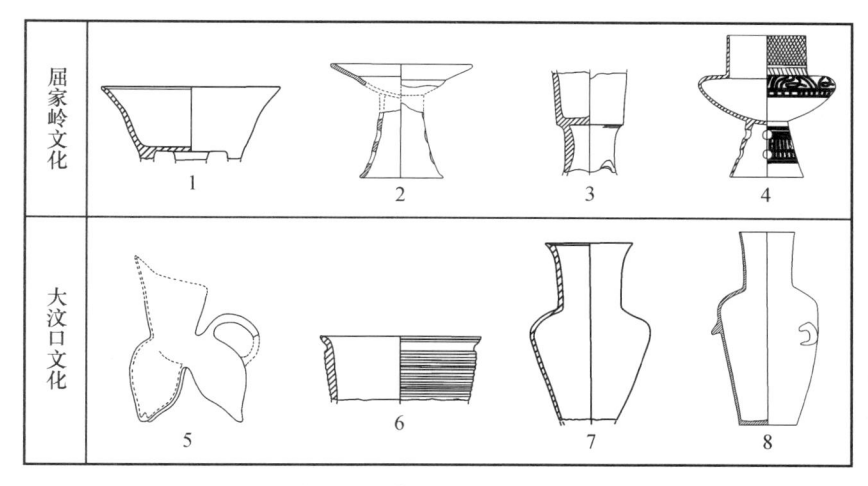

第七章　屈家岭文化的发展及与周边文化的关系

图一三八　金寨遗址屈家岭文化与大汶口文化共存器形
1. 盆形鼎（G6②：21）　2. 双腹豆（M37：5）　3. 圈足杯（G6⑥：115）　4. 扁腹壶（G8⑦：30）
5. 袋足鬶（M37：2）　6. 大口尊（G6②：10）　7. 长颈瓶（G6④：34）　8. 背壶（M37：6）

主要发生在屈家岭文化晚期，也相当于大汶口文化晚期偏早阶段。屈家岭文化对大汶口文化的影响主要体现在两个方面：①双腹器、硬折腹盆形鼎、直腹筒形鼎的输入；②篮纹的吸收和大量使用。

在大汶口文化很多晚期遗存中都能发现双腹豆的存在，大致统计有蒙城尉迟寺第二次发掘F71[1]；泰安大汶口M25、M47[2]；曲阜的西夏侯第一次发掘M1、M3、M5、M11[3]，第二次发掘M13[4]；兖州六里井M13[5]；邹县野店M66、M73、M84[6]；费县左家王庄M2[7]；滕县岗上村M5、M8[8]；滕州西公桥M21、M38、M42[9]；枣庄建新F13、

---

[1] 中国社会科学院考古研究所、安徽省蒙城县文化局：《蒙城尉迟寺（第二部）》，科学出版社，2007年。
[2] 山东省文物管理处、济南市博物馆：《大汶口——新石器时代墓葬发掘报告》，文物出版社，1974年。
[3] 中国科学院考古研究所山东队：《山东曲阜西夏侯遗址第一次发掘报告》，《考古学报》1964年第2期。
[4] 中国科学院考古研究所山东队：《西夏侯遗址第二次发掘报告》，《考古学报》1986年第3期。
[5] 国家文物局考古领队培训班：《兖州六里井》，科学出版社，1999年。
[6] 山东省博物馆、山东省文物考古研究所：《邹县野店》，文物出版社，1985年。
[7] 山东省文物考古研究所、费县文物管理所：《费县左家王庄遗址发掘报告》，《海岱考古（第二辑）》，科学出版社，2007年。
[8] 山东省博物馆：《山东滕县岗上村新石器时代墓葬试掘报告》，《考古》1963年第7期。
[9] 山东省文物考古研究所：《山东滕州市西公桥大汶口文化遗址发掘简报》，《考古》2000年第10期；山东省文物考古研究所：《滕州西公桥遗址考古发掘报告》，《海岱考古（第二辑）》，科学出版社，2007年。

H163、M4、M16、M19、M21、M37、M41、M85[①]；邳州梁王城M89、M97、M99、M101、M110、M111、M118、M119、M120、M129、M139、M140、M143、M146、M147、M148、M151、M152、M153、M154、M159、M160、M271[②]；新沂花厅M20[③]；胶县三里河M124[④]；济南焦家M17[⑤]等（图一三九）。这些单位大部分处于大汶口文化晚期偏早阶段甚至个别略早（图一四〇）。性质以墓葬为主，少量居址遗存，应该与大汶口文化遗存的发现本身大多为墓葬有关。主要分布在泰山以南的山东南部、皖北、苏北地区，最东到达胶州。

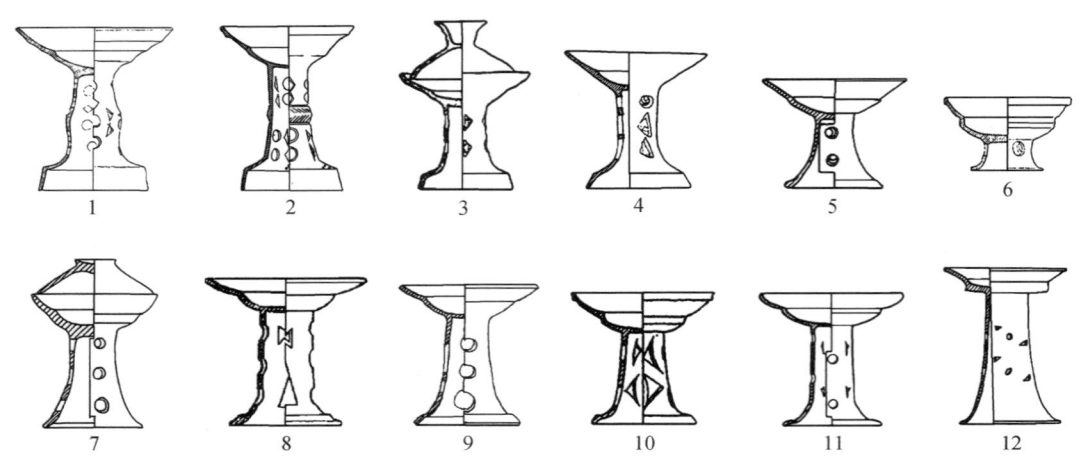

图一三九　大汶口文化中的双腹豆举例
1. 大汶口M25∶34　2. 野店M84∶1　3. 西夏侯第一次M1∶15　4. 西夏侯第二次M13∶24　5. 六里井M13∶4　6. 大汶口M47∶10　7. 左家王庄M2∶6　8. 岗上村M5∶17　9. 西公桥M21∶7　10. 建新M16∶8　11. 梁王城M111∶16　12. 花厅M20∶32

屈家岭文化的双腹豆融入大汶口文化后，并没有被大汶口文化完全照搬，而是借鉴了这种双腹豆盘的造型并有一定的改造，其演变也与屈家岭文化不一致。具体表现在：大致分为细高柄和矮粗柄两型，前者较多见，后者发现较少，豆盘腹整体较宽浅；豆柄饰圆形、三角形镂孔，整体造型与大汶口其他类型豆的豆柄相近；细高柄豆在以汶河、泗河中上游流域为代表的山东中南部豆座多为硬折呈台阶状，在皖北、苏北至山东东南部的枣庄、临沂地区豆座与豆柄一体呈喇叭状；大多数年代分布较为集

---

① 山东省文物考古研究所、枣庄市文化局：《枣庄建新》，科学出版社，1996年。
② 南京博物院、徐州博物馆、邳州博物馆：《梁王城遗址发掘报告·史前卷》，文物出版社，2013年。
③ 南京博物院：《花厅——新石器时代墓地发掘报告》，文物出版社，2003年。
④ 中国社会科学院考古研究所：《胶县三里河》，文物出版社，1988年。
⑤ 山东大学考古学与博物馆学系、济南市章丘区城子崖遗址博物馆：《济南市章丘区焦家遗址2016~2017年大型墓葬发掘简报》，《考古》2019年第12期。

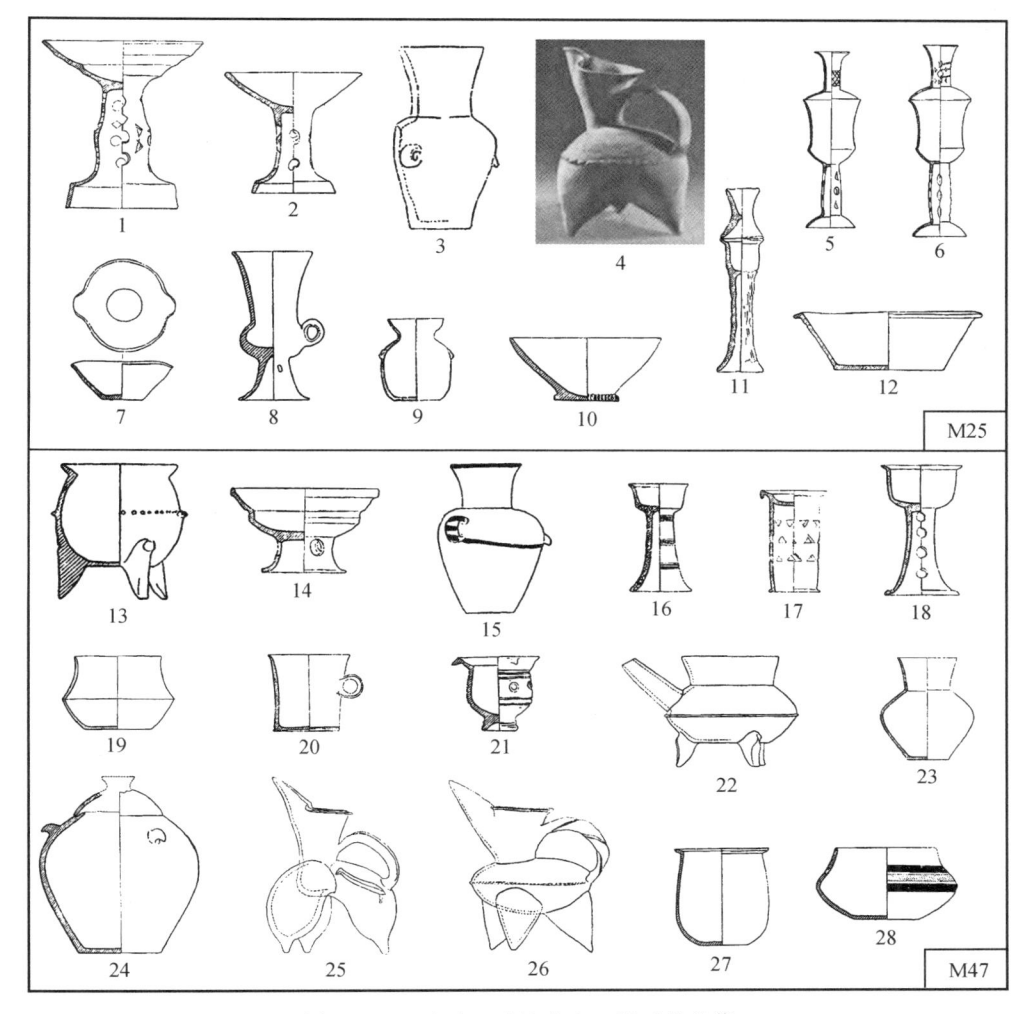

图一四〇 大汶口遗址出土双腹豆的墓葬

1、14. 双腹豆（M25：34、M47：10） 2. 弧盘豆（M25：30） 3、15. 背壶（M25：25、M47：23）
4、25、26. 鬶（M25：21、M47：34、M47：付24） 5、6、11、16、18. 高柄杯（M25：1、M25：27、
M25：43、M47：47、M47：21） 7. 匜（M25：23） 8. 单耳壶（M25：19） 9. 小壶（M25：3）
10. 碗（M25：65） 12. 盆（M25：20） 13. 鼎（M47：43） 17. 筒形豆（M47：45） 19. 折腹罐（M47：付23）
20. 单耳杯（M47：40） 21. 小杯（M47：2） 22. 盉（M47：付20） 23. 平底壶（M47：5）
24. 鸟喙罐（M47：35） 27. 尊形罐（M47：付22） 28. 扁腹罐（M47：付4）

中，演变不明显，大体的演变趋势是豆柄镂孔装饰逐渐变少。

大汶口文化晚期流行一些盆形鼎、筒形鼎。盆形鼎分为二型：A型为圜底，可分为二亚型：Aa型为宽浅硬折腹，鼎足多为饰麻面或细线条纹的瓦状足，以枣庄建新H46：1，红土埠采集盆形鼎[①]，新沂花厅M18：29、M21：18、M34：18为代表等；

---

① 枣庄市文物管理站：《枣庄市南部地区考古调查纪要》，《考古》1984年第4期。

Ab型直腹较深，鼎足多为饰细线条纹或素面高扁足，以枣庄建新H46：1、M3：11、M50：4、M85：5，滕州西公桥M43：1等为代表。B型为平底，以滕州西公桥H88：3等为代表。筒形鼎均为深直腹，鼎足多为饰细线条纹或素面高扁足，以枣庄建新M8：20、M35：1、M37：5等为代表，还在滕州西公桥M38、M42、M47中都有较多发现。上文讨论的亳州付庄也有同类鼎出现，相当于大汶口文化中期偏晚阶段，应该是最早的含大汶口文化因素遗存中出现的此类鼎。除付庄等大汶口文化与屈家岭文化混合共存的遗存外，这两类鼎基本不见于大汶口文化中期其他遗存，主要出现在大汶口晚期偏早阶段，集中分布在皖北至山东东南部、苏北一线。硬折腹盆形鼎、深腹盆形鼎实际是屈家岭文化放鹰台类型的核心器类，平底的盆形鼎主要见于屈家岭文化金鸡岭类型、青龙泉类型；直腹筒形鼎也在屈家岭文化屈家岭类型、城头山类型中较为常见。从分布的时间和空间来说，大汶口文化的这些硬折腹盆形鼎、直腹筒形鼎应该都是屈家岭文化从淮河上游这条线路逐渐传播而来（图一四一）。只是就鼎足而言发生了一些变化，除瓦状足基本与屈家岭文化相同外，饰细线条纹的高扁足不见于屈家岭文化，应该是大汶口文化自身的一种改造。

大汶口文化晚期还有一个显著的特征就是开始出现流行满饰篮纹的装饰风格，多饰于鼎、深腹罐、小口罐、盆、缸、甗等器形的器表（图一四二）。在此之前的大汶口文化主要为素面，部分饰镂孔、附加堆纹、弦纹等，基本不见篮纹。从目前的材料来看，篮纹最早发生在长江中游的随枣走廊地区，以雕龙碑遗址第三期遗存最为典型，其在雕龙碑三期文化中发育、成熟，并被屈家岭文化继承（主要是屈家岭文化金

器类 文化	Aa型盆形鼎	Ab型盆形鼎	B型盆形鼎	筒形鼎
大汶口文化	1	2	3	4
屈家岭文化	5	6	7	8

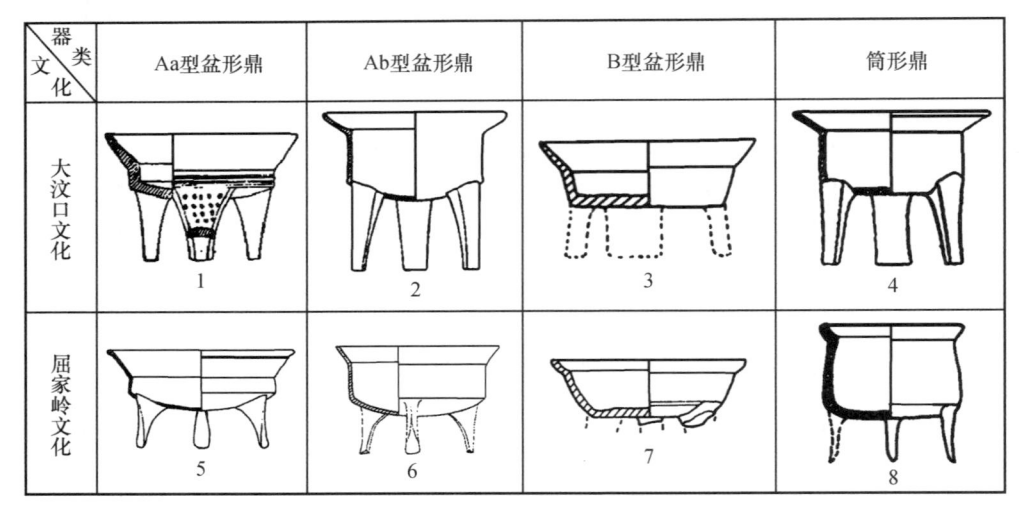

图一四一　大汶口文化晚期与屈家岭文化的盆形鼎、筒形鼎对比

大汶口文化：1. Aa型盆形鼎（红土埠采集）　2. Ab型盆形鼎（建新M3：11）　3. B型盆形鼎（西公桥H88：3）　4. 筒形鼎（建新M8：20）

屈家岭文化：5. Aa型盆形鼎（李上湾T2④：20）　6. Ab型盆形鼎（螺蛳山90HLM1：8）　7. B型盆形鼎（金鸡岭WNT1411⑦：9）　8. 筒形鼎（邓家湾T21④：6）

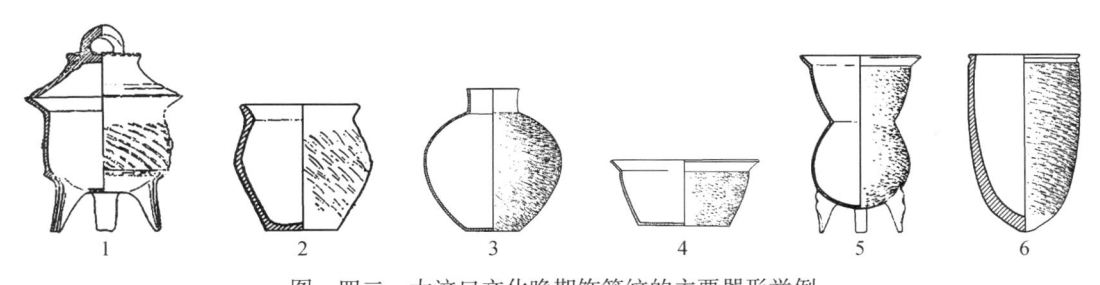

第七章　屈家岭文化的发展及与周边文化的关系 ·245·

图一四二　大汶口文化晚期饰篮纹的主要器形举例
1. 鼎（大汶口M123：6）　2. 深腹罐（野店M66：8）　3. 小口罐（尉迟寺F88：6）　4. 盆（尉迟寺F71：12）
5. 甗（尉迟寺F82：8）　6. 缸（尉迟寺F81：16）

鸡岭类型），主要演变为从最初稀疏的斜行篮纹逐渐变为密集的斜行篮纹再到密集的横行篮纹（见图一一九）。从本书的诸多相关分析中可以归纳出雕龙碑三期文化的年代大致相当于秦王寨文化早期偏早阶段、大汶口文化中期偏早阶段；屈家岭文化早期的年代大致相当于大汶口文化中期偏晚阶段、秦王寨文化早期偏晚阶段；屈家岭文化晚期的年代大致相当于大汶口文化晚期偏早阶段、秦王寨文化晚期。在大汶口文化中期及与之相当的秦王寨文化早期、良渚文化早期等同时期的周边文化均基本不见篮纹。由此，可以推断出大汶口文化晚期盛行的篮纹装饰风格无疑来自屈家岭文化，亳州付庄"大汶口文化"墓葬三段的鼎所饰篮纹应该是大汶口文化最早吸收篮纹装饰风格的遗存。

大汶口文化从中期到晚期的转变，既有较多原有器形的自然演进，也有大量新出器形，其中不乏外来因素的吸收和融合。其最突出的特点就是：空足鬶的发生；篮纹的大量使用，与之伴随的还有一些双腹豆、硬折腹盆形鼎、直腹筒形鼎等器形。前者的发生与发展在大汶口文化中有明确的谱系和完整的演变序列，是大汶口文化中自身演进的结果，并有清晰的对外传播路线，对周边文化产生了重大影响[①]；后者的发生均与屈家岭文化有关，应该是屈家岭文化扩张和渗透的结果。屈家岭文化与大汶口文化中期偏晚阶段就发生了少量接触，再到大汶口文化晚期偏早阶段大量吸收屈家岭文化因素融合成自身文化内涵，可以说屈家岭文化对大汶口文化产生了深刻的影响，较大程度上促进了大汶口文化从中期向晚期的转变。

---

① 高广仁、邵望平：《史前陶鬶初论》，《考古学报》1981年第4期；陈冰白：《新石器时代空足三足器源流新探》，《中国考古学会第八次年会论文集》，文物出版社，1996年；张忠培：《黄河流域空三足器的兴起》，《华夏考古》1997年第1期。

二、丹江上游至渭河盆地及邻近地区
——泉护文化、庙底沟二期文化

屈家岭文化经丹江上游渗透到渭河盆地及邻近地区，先后与泉护文化、庙底沟二期文化发生了接触。本书所用的泉护文化概念，包括学界一般定义的"西王村类型""半坡四期文化""泉护二期文化""西王村Ⅲ期文化"等表示多个阶段或不同地区多个文化或类型遗存，这些文化或类型的主要器形组合有"小口尖底瓶、小口壶、夹砂绳纹罐、泥质素面瓮、侈沿盆、敛口盆等"，可归纳为同一种考古学文化，学界所用不同的称呼主要代表同一种考古学文化的不同发展阶段或不同地区的差异[①]。许永杰先生所归纳的黄土高原小口尖底瓶经历的退化重唇口绳纹尖底—平唇口绳纹尖底—喇叭口绳纹尖底—喇叭口篮纹钝底四个发展阶段可以代表泉护文化的四期，本书将前两期称为早期，后两期称为晚期。本书的庙底沟二期文化主要采用罗新、田建文两位先生对"庙底沟二期文化系统"的界定，包括卜工先生所分以庙底沟二期的B群遗存为代表的遗存、"陶寺文化"早期遗存、白燕二期遗存、案板三期遗存（GBH26除外）等，主要器形组合有盆形鼎、罐形鼎、斝、小口平底瓶、釜灶、饰多道附加堆纹的筒形罐、深腹罐、盆等[②]。庙底沟二期文化的分期主要有早、晚两期[③]和早、中、晚三期[④]两种意见。上述分期意见对庙底沟二期文化的内涵界定、分期标准都有差异。总体来看，庙底沟二期文化典型器类演变趋势有：盆形鼎腹变宽浅，沿逐渐不明显；斝口径小于腹径到口径大于腹径，三空足从内聚到离散；小口平底瓶弧溜肩变为硬折肩，颈变短；釜灶的灶与釜结合处逐渐抬高；筒形罐口沿逐渐消失。以此演变规律可将庙底沟二期文化大致分为早、晚两大期，早期包含较多屈家岭文化晚期因素；晚期包含较多石家河文化因素，石家河文化中也有较多前者较晚形态的器形如斝等。早期

---

① 许永杰：《黄土高原仰韶晚期遗存的谱系》，科学出版社，2007年。
② 卜工：《庙底沟二期文化的几个问题》，《文物》1990年第2期；罗新、田建文：《庙底沟二期文化研究》，《文物季刊》1994年第2期。
③ 梁星彭：《试论陕西庙底沟二期文化》，《考古学报》1987年第4期；罗新、田建文：《庙底沟二期文化研究》，《文物季刊》1994年第2期；靳松安：《庙底沟遗址第二期遗存再分析》，《江汉考古》2000年第4期。
④ 张岱海、高天麟：《晋南庙底沟二期文化分期试探》，《史前研究》1984年第2期；张素琳：《试论垣曲古城东关庙底沟二期文化》，《文物季刊》1995年第4期；魏兴涛：《庙底沟二期文化再研究——以豫西晋西南地区为中心》，《考古与文物》2016年第5期。

大体可与魏兴涛先生所分早、中期对应,晚期与其所分晚期对应[1]。

屈家岭文化在其早期时就在丹江上游留下少量遗存,以商县紫荆为代表。紫荆遗址位于陕西省商县城东南的紫荆村,地处丹江南岸的二级台地上。遗址于1953年发现,于1977~1978年和1982年分别进行了两次发掘[2]。屈家岭文化遗存主要见于第一次发掘简报的第四期部分遗存和第二次发掘简报归入第四期的F2。均为居址遗存。

第一次发掘简报的第四期遗存文化内涵复杂,包含多种文化不同时期的遗存,已有学者做了分析[3]。其中的屈家岭文化遗存呈现出较为复杂的存在形式。

1)与其他文化因素共存。以出土器物最多的H124为例,H124遗物可分为两组,A组包括直腹筒形鼎(H124:54)、尊形杯(H124:51)、三足钵(H124:55)、饰篮纹的折沿深腹罐(H124:15、H124:18)、缸(H124:13)等器形,属屈家岭文化;B组包括小口尖底瓶(H124:20)、小口壶(H124:10)、盂(H124:52)、饰附加堆纹的筒形深腹罐(H124:22)、侈沿盆(H124:04、H124:06)等器形,属泉护文化,二者文化因素比重大致相当(图一四三)。

2)似乎存在少量以屈家岭文化因素为主的遗存单位,如H8、H19、H29、T13④、T26③等。但这些单位本身出土遗物较少,多为1件,无法确认其遗存单位遗物是否完全发表,暂存疑。

根据屈家岭文化鼎类的演变规律,H19、H124的鼎折沿,沿面微凹,H29的鼎口沿已变为盘口;前者明显早于后者。再参考其他器形的演变,可将紫荆遗址的屈家岭文化遗存分为两段(图一四四)。

第一段:H124、H19、T13④;

第二段:H8、H29、T26③。

第二次发掘的F2大致与第一次发掘的第二段相当。

紫荆遗址屈家岭文化遗存的第一段大致相当于屈家岭文化早期二段;第二段大致相当于屈家岭文化晚期。

丹江上游目前发表的经过正式发掘的含有典型屈家岭文化遗存的仅紫荆遗址一处。其他还发现一些含有屈家岭文化因素的遗址,如商南黄州奎、过风楼等遗址[4],但

---

[1] 魏兴涛:《庙底沟二期文化再研究——以豫西晋西南地区为中心》,《考古与文物》2016年第5期。

[2] 商县图书馆、西安半坡博物馆、商洛地区图书馆:《陕西商县紫荆遗址发掘简报》,《考古与文物》1981年第3期;王世和、张宏彦:《1982年商县紫荆新石器时代遗址的发掘》,《文博》1987年第3期。

[3] 梁星彭、陈超:《商县紫荆第四期文化遗存分析》,《考古与文物》1984年第3期。

[4] 商洛地区考古调查组:《丹江上游考古调查简报》,《考古与文物》1981年第3期;周星、王昌富:《简述丹江上游新石器时代遗址》,《文博》1992年第3期。

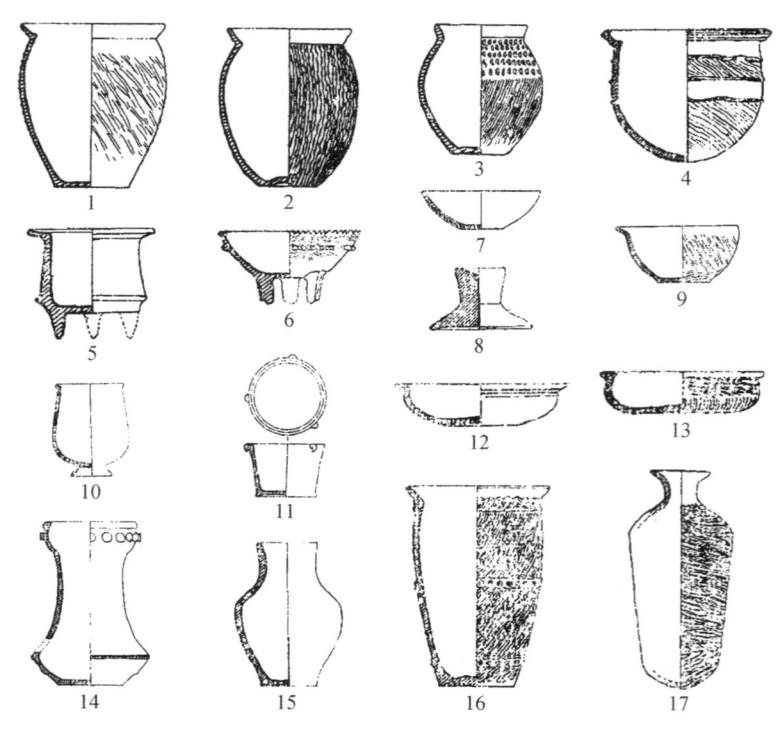

图一四三　紫荆遗址H124出土陶器

1~3.折沿深腹罐（H124：18、H124：15、H124：22）　4.缸（H124：13）　5.鼎（H124：54）　6.三足钵（H124：55）　7.钵（H124：09）　8.器盖（H124：53）　9.带流盆（H124：14）　10.尊形杯（H124：51）　11.盂（H124：52）　12、13.侈沿盆（H124：06、H124：04）　14.鼓（H124：16）　15.小口壶（H124：10）　16.筒形罐（H124：22）　17.小口尖底瓶（H124：20）

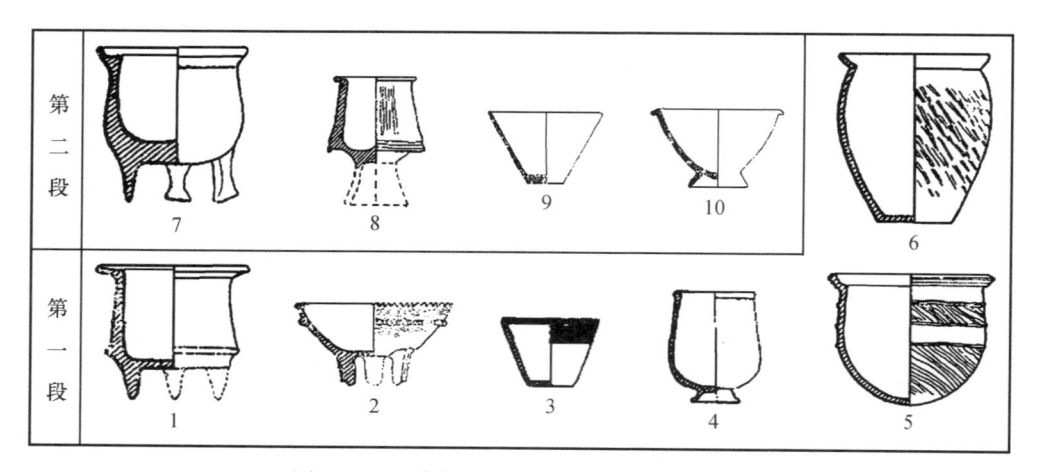

图一四四　紫荆遗址屈家岭文化遗存的分段

1、2、7.鼎（H124：54、H124：55、H29：13）　3、9.斜腹杯（T13④：01、H29：04）　4.矮圈足杯（H124：51）　5.缸（H124：13）　6.折沿罐（H124：18）　8.高圈足杯（T26③：01）　10.碗（H8：01）

发表的陶片过于零碎，无法辨明年代；商州庾原H16出土的圈足杯（原简报图六，3）大致相当于屈家岭文化早期二段[1]；洛南焦村采集的斜腹杯、双腹豆盘等（原简报图八，9、1）[2]，大致与紫荆遗址屈家岭文化遗存第一段相当；丹凤巩家湾H20出土了1件斜腹杯（H20：2，原简报图一一，10）[3]，整体瘦高呈喇叭状，已属屈家岭文化晚期四段，与之共存的主要为庙底沟二期文化遗物。据调查，邻近的河南卢氏县采集有较丰富、较典型的屈家岭文化陶片，有的遗址甚至仅见较单纯的屈家岭文化遗存[4]。在偏西的安康地区旬阳红号、白河张家庄遗址也采集有少量屈家岭文化的遗物[5]。调查采集陶片有其局限性，可能无法涵盖一个遗址的全部文化内涵，但可以表明该地区广泛存在屈家岭文化因素。

从目前的发现来看，在屈家岭文化早期二段前后，丹江上游似乎曾广泛分布有屈家岭文化因素，虽然紫荆遗址出有数量较多的典型的屈家岭文化遗物，但更多的是与其他文化接触、共存，并没有完全占据该地区的迹象和确定性证据。

屈家岭文化在其早期就有少量因素通过丹江进入渭河盆地及邻近地区，并延续到屈家岭文化晚期，持续对渭河盆地及邻近地区的文化进行渗透、介入。具体过程可以分为两个阶段。

第一阶段，相当于泉护文化晚期。渭河盆地主要在长安花楼子[6]、蓝田新街[7]、临潼姜寨[8]、华县泉护村[9]、眉县白家[10]、宝鸡福临堡[11]、关桃园[12]等遗址发现一些典型

---

[1] 董雍斌：《陕西商州市庾原遗址调查》，《考古》1995年第10期。
[2] 卫迪誉、王宜涛：《陕西南洛河上游古文化遗址调查》，《考古与文物》1981年第3期。
[3] 陕西省考古研究所、商洛地区文管会：《陕西丹凤县巩家湾遗址发掘简报》，《考古与文物》2001年第6期。
[4] 魏兴涛：《豫西晋西南地区仰韶文化晚期遗存研究》，《考古学研究（十）》，科学出版社，2012年。
[5] 安康地区博物馆：《1987—1989年陕西安康地区新石器时代遗址调查》，《考古》1994年第6期。
[6] 郑洪春、穆海亭：《陕西长安花楼子客省庄二期文化遗址发掘》，《考古与文物》1988年第5、6期。
[7] 陕西省考古研究院：《陕西蓝田新街遗址发掘简报》，《考古与文物》2014年第4期。
[8] 西安半坡博物馆、陕西省考古研究所、临潼县博物馆：《姜寨——新石器时代遗址发掘报告》，文物出版社，1988年。
[9] 北京大学考古学系：《华县泉护村》，科学出版社，2003年。
[10] 陕西省考古研究所：《陕西眉县白家遗址发掘简报》，《考古与文物》1996年第6期。
[11] 宝鸡市考古工作队、陕西省考古研究所宝鸡工作站：《宝鸡福临堡——新石器时代遗址发掘报告》，文物出版社，1993年。
[12] 陕西省考古研究院、宝鸡市考古工作队：《宝鸡关桃园》，文物出版社，2007年。

的屈家岭文化因素。具体如花楼子的圈足杯（H15②：16），新街仰韶二期遗存的圈足杯（H13：1），泉护第二期遗存中的圈足杯（H903：602），姜寨第四期遗存中的斜腹杯（T9③：23、T130②：01）、扁腹壶（T101②：01），白家"仰韶文化"遗存中的斜腹杯（T1③：7、采集：16），福临堡第三期遗存中的斜腹杯（H130：8、H108：5、T4②：3），关桃园"仰韶文化"晚期的斜腹杯（H196：1、H85：2）等。

此时期与渭河盆地同属泉护文化分布范围内的晋西南地区也发现一些屈家岭文化因素，具体有襄汾陈郭村的斜腹杯（H4：8）[①]、河津固镇第二期遗存中的斜腹杯（H25：7）[②]、天马-曲村"仰韶文化"第二期第二段中的双腹豆（赵南T2⑤：15）[③]、天马-曲村报告"仰韶文化"遗存中的双腹碗（T0262⑦：1）[④]、襄汾陶寺"庙底沟二期文化"遗存中的斜腹杯（F332：1）[⑤]等（图一四五）。

上述列举屈家岭文化因素有少量可以早到屈家岭文化早期二段，大部分到了屈家岭文化晚期，大致相当于屈家岭文化晚期三段前后，反映了从早期有少量渗透到晚期大量介入的过程。而与之共存的遗存主体均属泉护文化晚期。

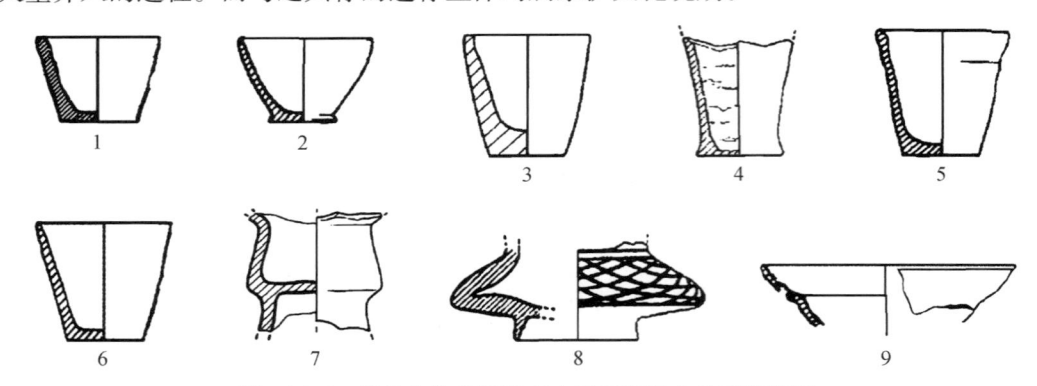

图一四五　泉护文化晚期遗存中的屈家岭文化因素举例
1~6. 斜腹杯（姜寨T9③：23、白家采：16、关桃园H196：1、陈郭村H4：8、白家T1③：7、福临堡T4②：3）　7. 圈足杯（新街H123：1）　8. 扁腹壶（泉护T101②：01）　9. 双腹豆（赵南T2⑤：15）

---

① 山西省考古研究所、襄汾县博物馆：《山西襄汾陈郭村新石器时代遗址与墓葬发掘简报》，《考古》1993年第2期。

② 山西省考古研究所：《山西河津固镇遗址发掘报告》，《三晋考古（第二辑）》，山西人民出版社，1996年。

③ 北京大学历史系考古专业山西实习组、山西省文物工作委员会：《翼城曲沃考古勘察记》，《考古学研究（一）》，文物出版社，1992年。

④ 北京大学考古学系商周组、山西省考古研究所：《天马-曲村（1980—1989）》，科学出版社，2000年。

⑤ 中国社会科学院考古研究所、山西省临汾市文物局：《襄汾陶寺：1978—1985年考古发掘报告》，文物出版社，2015年。注：该报告所分"庙底沟二期文化"其组合和器形特征实际属泉护文化晚期，而所分"陶寺文化"早期遗存属庙底沟二期文化范畴。

第七章　屈家岭文化的发展及与周边文化的关系　　·251·

泉护文化中还存在一些盆形鼎，如华县泉护村H161：372、蓝田新街H333：20、侯马东呈王H31：12①、河津固镇H25：4等。其特征为折沿，弧腹下收，平底或圜底近平，腹部满饰绳纹或篮纹，并多有一周或以上附加堆纹。这类鼎主要出现在泉护文化晚期，在其早期基本不见。盆形鼎并非渭河盆地及邻近地区的传统器形，学界一般认为其来自大汶口文化②或秦王寨文化③。大汶口文化中的盆形鼎其实并不多见，且非其原生器物，前一小节分析过其少量盆形鼎是来自屈家岭文化。与之相邻的秦王寨文化则主要流行圆腹罐形鼎、折腹罐形鼎、高领折腹（或弧折腹）釜形鼎，其自身的少量盆形鼎也与前者造型差异较大，还有少量屈家岭文化风格的盆形鼎是屈家岭文化向北推进的结果。来自长江中游的屈家岭文化的金鸡岭类型、青龙泉类型中都有较多数量的平底或圜底的盆形鼎，是其较为核心的器类，与泉护文化的同类器形相近（图一四六）。泉护文化的平底盆形鼎的数量并不多，尚构不成该文化的核心要素，应该是屈家岭文化渗透的结果，只是其器表满饰绳纹和饰附加堆纹的风格则是泉护文化自

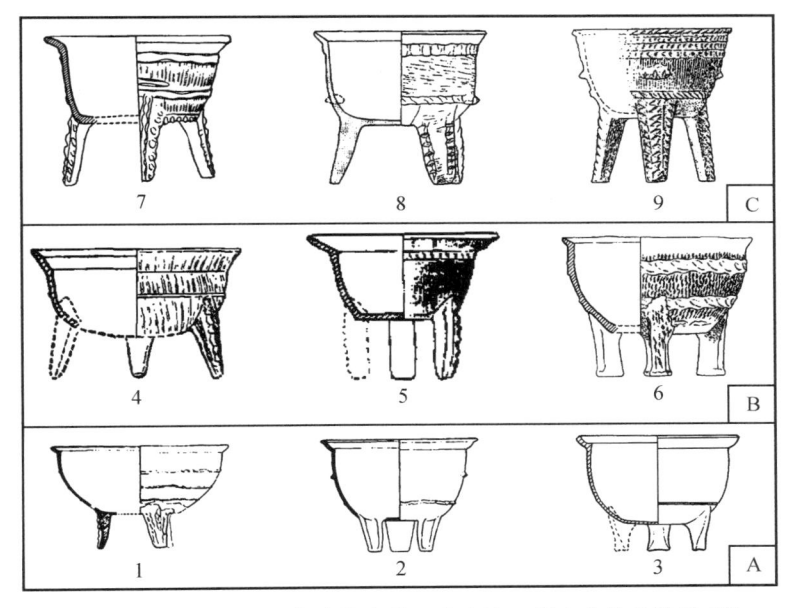

图一四六　屈家岭文化与泉护文化、庙底沟二期文化的盆形鼎对比
A.屈家岭文化：1.青龙泉T9⑧：132　2.青龙泉T7⑦：65　3.金鸡岭烧土层24：2
B.泉护文化：4.东呈王H31：12　5.固镇H25：4　6.泉护H161：372
C.庙底沟二期文化：7.庙底沟H588：50　8.许西庄H31：1　9.白燕F14：40

---

① 山西省考古研究所、山西大学历史系考古专业：《山西侯马东呈王新石器时代遗址》，《考古》1991年第2期。
② 卜工：《庙底沟二期文化的几个问题》，《文物》1990年第2期；魏兴涛：《豫西晋西南地区仰韶文化晚期遗存研究》，《考古学研究（十）》，科学出版社，2012年。
③ 许永杰：《黄土高原仰韶晚期遗存的谱系》，科学出版社，2007年。

身的装饰习惯。

泉护文化传统的装饰纹饰主要有绳纹、线纹、附加堆纹等，还有少量弦纹、戳印纹、划纹等，在其晚期开始逐渐出现一些篮纹，主要装饰在小口尖底瓶、鼎、罐等器表。与大汶口文化晚期篮纹的来源相同，泉护文化晚期出现的篮纹应该也是来自最早流行篮纹的长江中游地区，受到屈家岭文化影响而出现。在泉护文化晚期开始流行的篮纹到了庙底沟二期文化时期大量盛行。本书以案板二期遗存、泉护二期遗存、东关庙底沟二期文化早期遗存分别属泉护文化早期、泉护文化晚期和庙底沟二期文化早期的三处遗存的陶器纹饰统计对比来呈现该地区陶器装饰纹饰不同时期的变化[①]（表二二）。此外，来自屈家岭文化的盆形鼎等器形虽在泉护文化中数量不算多，但在主要承袭于泉护文化的庙底沟二期文化中成为其主流器形。从这方面看，屈家岭文化从丹江上游进入渭河盆地及邻近地区，从开始有所渗透到后期大量介入，对泉护文化向庙底沟二期文化的转化起到了较大的作用。而屈家岭文化对渭河盆地及邻近地区的影响也延续到庙底沟二期文化时期，也是下文的第二阶段。

表二二　泉护文化早、晚期及庙底沟二期文化陶器纹饰统计对比

遗存	纹饰/%									
	篮纹	绳纹	附加堆纹	弦纹	磨光	方格纹	划纹	戳印纹	线纹	素面	彩陶
案板二期遗存		34.45	5.92	0.78			1.09	0.26	3.03	54.38	0.09
泉护二期遗存	21.4	58.7	?	0.5	0.5			0.7	4.2	13	1
东关庙底沟二期早期遗存	25.2	34	11.63	0.03	9.1	0.04				20	

第二阶段，相当于庙底沟二期文化早期。渭河盆地主要在蓝田新街、华县泉护、陕县庙底沟[②]、武功浒西庄[③]、扶风案板、灵宝涧口[④]等遗址发现一些屈家岭文化因素。具体举例如新街"龙山时代"遗存中的双腹豆（H257∶1、H88∶10、H153∶27）、斜腹杯（H268∶2），泉护三期遗存中的斜腹杯（H309∶04），庙底沟二期遗存中的斜腹杯（T71∶04、H561∶16），浒西庄庙底沟二期文化遗存中的双腹豆（H30∶9、T19③∶4），案板三期遗存中的斜腹杯（F2∶4、H7∶82、H7∶98、

[①]　三处遗存的陶器纹饰统计表数据分别来自三个遗址的发掘报告，参考：西北大学文博学院考古专业：《扶风案板遗址发掘报告》，科学出版社，2000年；北京大学考古学系：《华县泉护村》，科学出版社，2003年；中国历史博物馆考古部、山西省考古研究所、垣曲县博物馆：《垣曲古城东关》，科学出版社，2001年。

[②]　中国科学院考古研究所：《庙底沟与三里桥》，科学出版社，1959年。

[③]　中国社会科学院考古研究所：《武功发掘报告——浒西庄与赵家来遗址》，文物出版社，1988年。

[④]　河南省文物研究所：《河南灵宝涧口遗址发掘报告》，《华夏考古》1989年第4期。

H10∶21、H20∶41）、圈足杯（H10∶13），灵宝涧口二、三期遗存中的双腹豆（H3∶4，报告称为器盖）、斜腹杯（H1∶4、H3∶28、H5∶28）等。

需要说明的是，案板三期存在一个以GBH26为代表的来自陇西地区的常山下层文化为主的单位。GBH26主要出有单耳罐、双耳罐、浅腹盆、深腹罐、筒形罐、斜腹杯等器形。该单位出土大量的单耳罐、双耳罐，往往容易被作为命名"案板三期文化"的重要依据，实际上应该是常山下层文化的一度进入[①]。以案板三期为代表的渭河盆地西部地区整体遗存面貌属庙底沟二期文化无疑。GBH26所出斜腹杯有二型，A型杯身近伞形（H26∶54），B型杯身斜直近筒形（H26∶1），两型的斜腹杯均为屈家岭文化典型器形，相当于屈家岭文化晚期。

同属庙底沟二期文化分布地区的豫西晋西南地区也有较多屈家岭文化因素的发现。以垣曲古城东关[②]为代表，具体如东关庙底沟二期文化早期遗存中的双腹豆（ⅠH28∶38、ⅠH237∶15、ⅠH262∶22、ⅠH266∶4、ⅢH11∶35）、圈足杯（ⅠH262∶10、ⅠH251∶13、ⅠH251∶48）、斜腹杯（ⅠH28∶18、ⅢH11∶6）等。此外还有新安冢子坪庙底沟二期文化遗存中的斜腹杯（H45∶2）[③]，垣曲丰城庙底沟二期文化遗存中的斜腹杯（T212③C∶18、T212③C∶21）[④]，宁家坡H3066所出双腹豆（H3066∶3）、斜腹杯（H3066∶4）[⑤]，河津固镇第三期遗存中的双腹豆（H1∶3），平陆西侯H1出土的斜腹杯（无编号）[⑥]，襄汾杨威庙底沟二期文化遗存中的斜腹杯（H24∶16）[⑦]，新绛孝陵庙底沟二期文化遗存中的双腹豆（ⅡH13①∶21、ⅡH14∶16）[⑧]等（图一四七）。

上述列举的屈家岭文化因素，与之共存的主要为庙底沟二期文化早期遗存（图一四八）。庙底沟二期文化晚期遗存中也存在一定数量的斜腹杯、圈足杯等器形，但

---

① 罗新、田建文：《庙底沟二期文化研究》，《文物季刊》1994年第2期。
② 中国历史博物馆考古部、山西省考古研究所、垣曲县博物馆：《垣曲古城东关》，科学出版社，2001年。
③ 赵清、韩朝会：《新安冢子坪》，《黄河小浪底水库考古报告（一）》，中州古籍出版社，1999年。
④ 中国社会科学院考古研究所山西工作队：《山西垣曲丰村新石器时代遗址的发掘》，《考古学集刊（第5集）》，中国社会科学出版社，1987年。
⑤ 山西省考古研究所：《垣曲宁家坡陶窑址发掘简报》，《文物》1998年第10期；薛新明、宋建忠：《宁家坡遗址发掘追记（上）》，《文物世界》2004年第4期；薛新明、宋建忠：《宁家坡遗址发掘追记（下）》，《文物世界》2004年第6期。
⑥ 王志敏：《山西平陆县西侯新石器时代遗址调查》，《考古》1990年第3期。
⑦ 山西省考古研究所、临汾市文物局、襄汾县文物局：《襄汾杨威遗址发掘报告》，《三晋考古（第四辑）》，上海古籍出版社，2012年。
⑧ 山西省考古研究所：《新绛孝陵陶窑址》，上海古籍出版社，2015年。

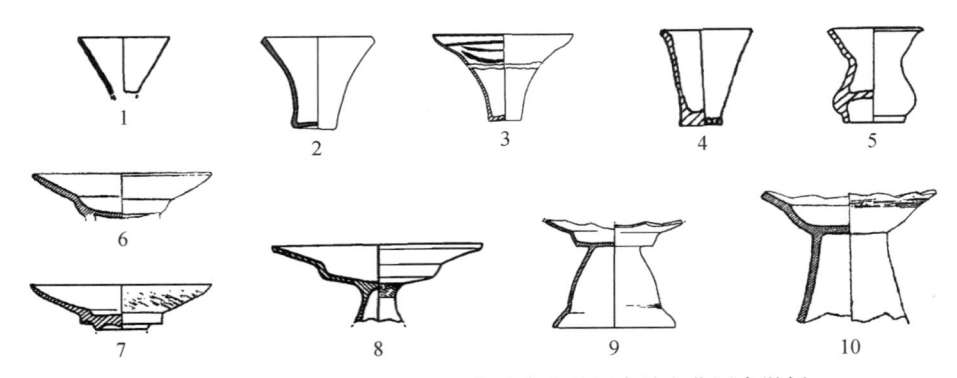

图一四七　庙底沟二期文化早期遗存中的屈家岭文化因素举例

1~4. 斜腹杯［新街H268：2、庙底沟T71：04、涧口H3：28、西侯H1（无编号）］　5. 圈足杯（案板H10：13）　6~10. 双腹豆（浒西庄H30：9、固镇H1：9、涧口H3：4、新街H257：1、浒西庄T19③：9）

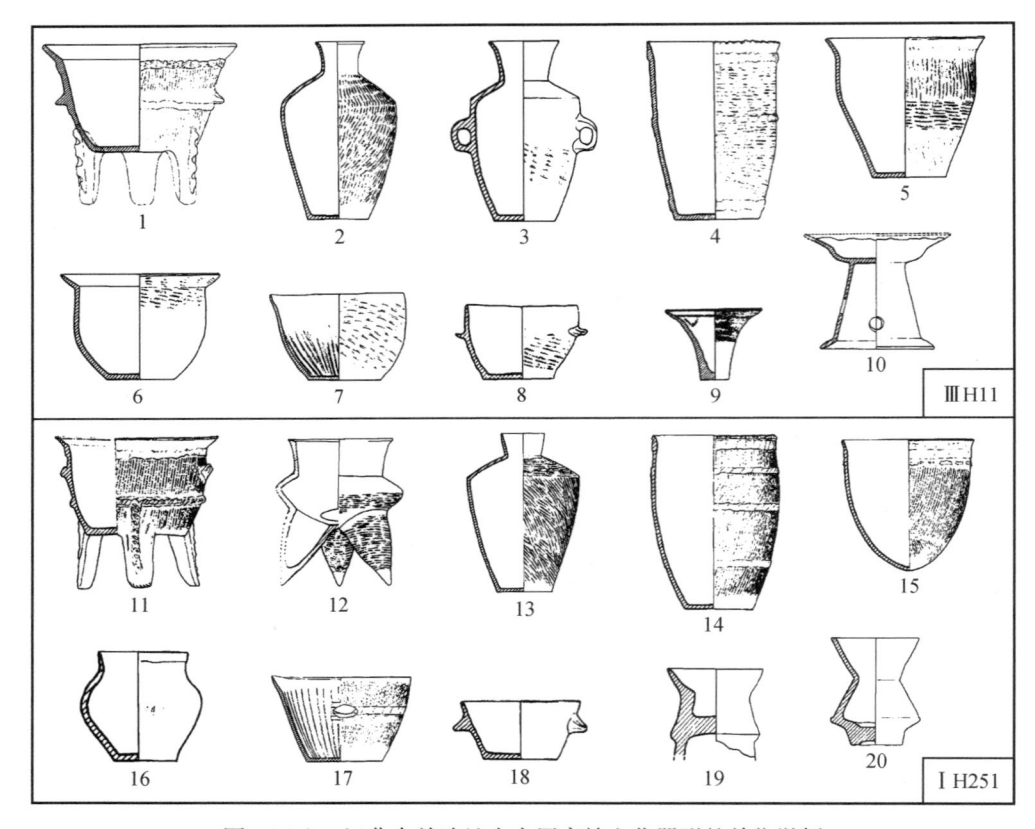

图一四八　垣曲东关遗址出有屈家岭文化器形的单位举例

1、11. 盆形鼎（ⅢH11：40、ⅠH251：43）　2、13. 小口平底瓶（ⅢH11：23、ⅠH251：54）　3. 双耳瓶（ⅢH11：9）　4、14. 筒形罐（ⅢH11：20、ⅠH251：68）　5. 大口罐（ⅢH11：49）　6. 宽沿盆（ⅢH11：64）　7、17. 刻槽盆（ⅢH11：41、ⅠH251：57）　8、18. 带鋬盆（ⅢH11：10、ⅠH251：46）　9. 斜腹杯（ⅢH11：6）　10. 双腹豆（ⅢH11：35）　12. 斝（ⅠH251：62）　15. 釜灶（ⅠH251：52）　16. 小罐（ⅠH251：70）　19、20. 圈足杯（ⅠH251：13、ⅠH251：48）

（屈家岭文化器形有双腹豆、斜腹杯、圈足杯等）

已发生了较大程度变异,且此时期同出的斝三空足分离的形态也见于石家河文化,大致到了石家河文化时期,超出屈家岭文化年代范围,在此不详细列举。屈家岭文化的斜腹杯传播极为广泛,最北可能到达了河套地区,准格尔旗官地遗址就出有1件(H30:2)[①]。渭河盆地及邻近地区自西阴文化时期一直也有一种小杯延续,这种小杯一般有外折沿、斜直壁、平底,属该地区传统器形,与屈家岭文化的斜腹杯形态有差别。

庙底沟二期文化中较为常见的盆形鼎在其前面的泉护文化中就有少量出现,前文已有说明,乃是受屈家岭文化影响加以改造的产物;到庙底沟二期文化时这类鼎开始得到较大发展和广泛利用,成为其核心器类之一。庙底沟二期文化的这些盆形鼎鼎足为宽扁足,饰以多道竖行堆纹,这种鼎足风格也与屈家岭文化中流行的花边扁足有异曲同工之妙。

三、中原地区——秦王寨文化

中原地区所见屈家岭文化因素已有多篇文章有专门论述[②]。前文也谈到屈家岭文化早期在淮河上游的扩张对来自中原地区的秦王寨文化在豫东南地区的分布造成挤压,秦王寨文化开始往北退缩;在屈家岭文化晚期,豫东南地区基本以屈家岭文化遗存为主,秦王寨文化退出了这一地区。但屈家岭文化真正对中原地区的扩张路线主要是从南阳盆地越过伏牛山一线向北的深入,具体包括:往西北进入伊洛盆地,往东北进入郑州平原。

驻马店党楼一期后段遗存[③]应该是屈家岭文化越过伏牛山一线的第一个遗存点,前文已做有分析,不再赘述。其次还有未发表材料的驻马店国楼遗址,发现大量屈家岭文化遗存。

临汝北刘庄是目前发现的屈家岭文化因素越过伏牛山往西北进入伊洛盆地前的一个遗存点。其位于河南省临汝县城北的北刘庄西北,于1986年配合基建工程发掘了1000平方米[④]。报告将发掘的遗存分为三期,其中第一、二期遗存的主体属秦王寨文

---

① 内蒙古文物考古研究所:《准格尔旗官地遗址》,《内蒙古文物考古文集(第二辑)》,中国大百科全书出版社,1997年。

② 罗彬柯:《略论河南发现的屈家岭文化——兼述中原与周围地区原始文化的交流问题》,《中原文物》1983年第3期;孙广清:《河南境内的大汶口文化和屈家岭文化》,《中原文物》2000年第2期;孟原召:《屈家岭文化的北渐》,《华夏考古》2011年第3期。

③ 北京大学考古系、驻马店市文物保护管理所:《河南驻马店市党楼遗址的发掘》,《考古》1996年第5期。

④ 河南省文物研究所:《河南临汝北刘庄遗址发掘报告》,《华夏考古》1990年第2期。

化。屈家岭文化因素主要见于第二期遗存，主要器形有平底盆形鼎（H6∶1）、尊形杯（T22④∶4）、斜腹杯（H30∶7）、高圈足杯（H18∶4）、双腹碗（T6④∶4、H18∶9、H34∶1）、内折沿碗（H46∶7）等（图一四九）。与之邻近的还有中山寨第四期遗存的弧腹盆形鼎（H55∶2）等①，大张出土的花边钵形鼎（T4∶35）、斜腹杯（T3∶38）等②。

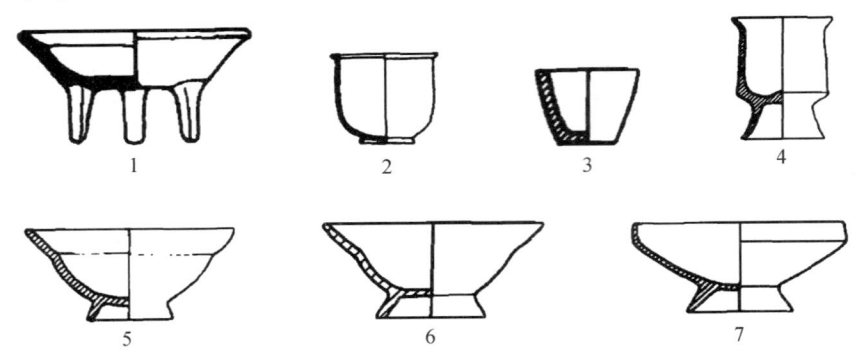

图一四九　北刘庄遗址出土屈家岭文化因素举例
1. 盆形鼎（H6∶1）　2. 尊形杯（T22④∶4）　3. 斜腹杯（H30∶7）　4. 高圈足杯（H18∶4）
5、6. 双腹碗（H18∶9、H34∶1）　7. 内折沿碗（H46∶7）

以此为基础进一步往西北深入，位于伊洛盆地的洛阳王湾③、渑池仰韶④、笃忠⑤、偃师二里头⑥、巩义滩小关⑦、孟津妯娌⑧、平陆盘南村⑨等遗址均发现了一些屈家岭文化因素。具体举例如王湾第二期遗存的盆形鼎（H149∶18）、双腹豆（H474∶1），仰韶

---

①　方孝廉：《河南临汝中山寨新石器时代遗址》，《考古》1978年第2期；中国社会科学院考古研究所河南一队：《河南临汝中山寨遗址试掘》，《考古》1986年第7期；中国社会科学院考古所河南一队：《河南汝州中山寨遗址》，《考古学报》1991年第1期。

②　河南省文物局文物工作队：《河南临汝大张新石器时代遗址发掘简报》，《考古》1960年第6期。

③　北京大学考古文博学院：《洛阳王湾——考古发掘报告》，北京大学出版社，2002年。

④　河南省文物研究所、渑池县文化馆：《渑池仰韶遗址1980—1981年发掘报告》，《史前研究》1985年第3期。

⑤　河南省文物考古研究所：《河南渑池笃忠遗址2006年发掘简报》，《华夏考古》2010年第3期。

⑥　中国社会科学院考古研究所二里头工作队：《偃师二里头遗址发现仰韶文化遗存》，《考古》1985年第3期。

⑦　河南省文物考古研究所：《河南巩义市滩小关遗址发掘报告》，《华夏考古》2002年第4期。

⑧　洛阳市文物工作队、郑州大学考古系：《妯娌与寨根》，《黄河小浪底水库考古报告（二）》，中州古籍出版社，2006年。

⑨　黄河水库考古工作队河南分队：《山西平陆新石器时代遗址复查试掘简报》，《考古》1960年第8期。

第三期遗存中的花边口钵形鼎（H33∶8）、双腹豆（H45∶63）、双腹碗（H44∶1）、圈足杯（T2③∶29），笃忠仰韶晚期遗存中的双腹豆（H98∶13、H22∶37），二里头仰韶文化遗存中的斜腹杯（采∶2），滩小关遗存中的圈足杯（T5③∶2）、斜腹杯（H14∶1、H14∶12、T5⑤∶8）、内折沿碗（H2∶4），妯娌二期、三期遗存中的双腹豆（H102∶23、H20∶13）、斜腹杯（H64∶12、H2∶17、H113∶9、F10∶15、F15∶40）、圈足杯（F10∶18）等，盘南村出土的双腹豆（无编号）等，还有一些呈双腹造型的盆可能也是受屈家岭文化影响的器物。

禹县谷水河大概是屈家岭文化因素进入郑州平原前的一个遗存点，其位于河南省禹县顺店公社东南2千米处，为一处高出周围的台地，于1976年做了小面积的发掘[①]。简报将发掘遗存分为三期，主体均属秦王寨文化。屈家岭文化因素主要见于第三期遗存的Y1、H2两个单位：Y1出的平底盆形鼎（Y1∶16、Y1∶22）、斜腹杯（Y1∶52）、高圈足杯（Y1∶8、Y1∶13）、矮圈足杯（Y1∶53、Y1∶58），H2出的口沿饰一周花边的钵形鼎（H2∶10）等（图一五〇）。

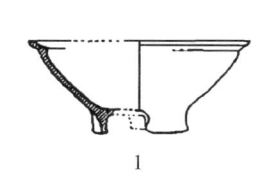

图一五〇　谷水河遗址出土屈家岭文化因素举例
1. 盆形鼎（Y1∶22）　2. 钵形鼎（H2∶10）　3. 斜腹杯（Y1∶52）　4. 高圈足杯（Y1∶8）

以此为基础进一步往东北深入，位于郑州平原地区的郑州大河村[②]、西山[③]、后庄王[④]等遗址均发现了一些屈家岭文化因素。具体如大河村第四期遗存中的盆形鼎（H65∶4）、斜腹杯（H66∶5、T42④∶1、T27⑤∶16、H192∶4、H154∶10）、（高）圈足杯（T27⑤∶2、T27⑤∶10、H150∶22）、尊形杯（H154∶4、H119∶1）、内折沿碗（T52⑤∶7、T43④∶12、T43④∶2）（图一五一），西山第六组遗存中的尊形杯（H1452∶3、H1452∶6）、后庄王上层文化层的双腹豆或碗（T16①∶6）等。

上述介绍的屈家岭文化因素绝大部分属屈家岭文化晚期，与之共存的遗存主要属秦王寨文化晚期遗存（图一五二）。伊洛盆地西部一带的遗存虽以秦王寨文化因素

[①] 刘式今：《河南省禹县谷水河遗址发掘简报》，《河南文博通讯》1977年第2期；河南省博物馆：《河南禹县谷水河遗址发掘简报》，《考古》1979年第4期。
[②] 郑州市文物考古研究所：《郑州大河村》，科学出版社，2001年。
[③] 国家文物局考古领队培训班：《郑州西山仰韶时代城址的发掘》，《文物》1999年第7期。
[④] 河南省文物研究所：《郑州后庄王遗址的发掘》，《华夏考古》1988年第1期。

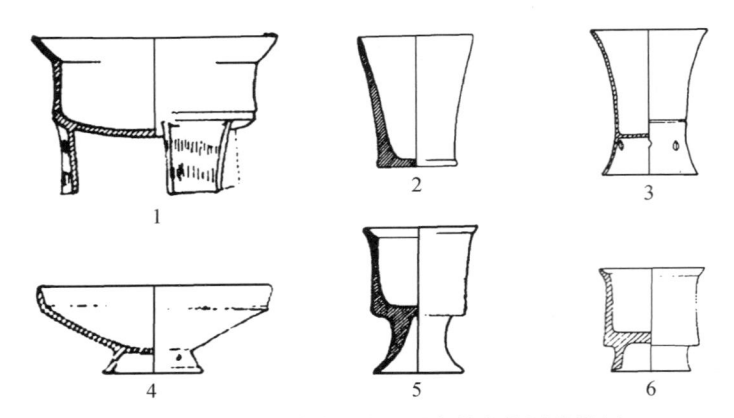

图一五一　大河村遗址出土屈家岭文化因素举例

1. 盆形鼎（H65∶4）　2、3. 斜腹杯（T27⑤∶16、H66∶5）　4. 内折沿碗（T43④∶12）
5、6. 圈足杯（H150∶22、T27⑤∶2）

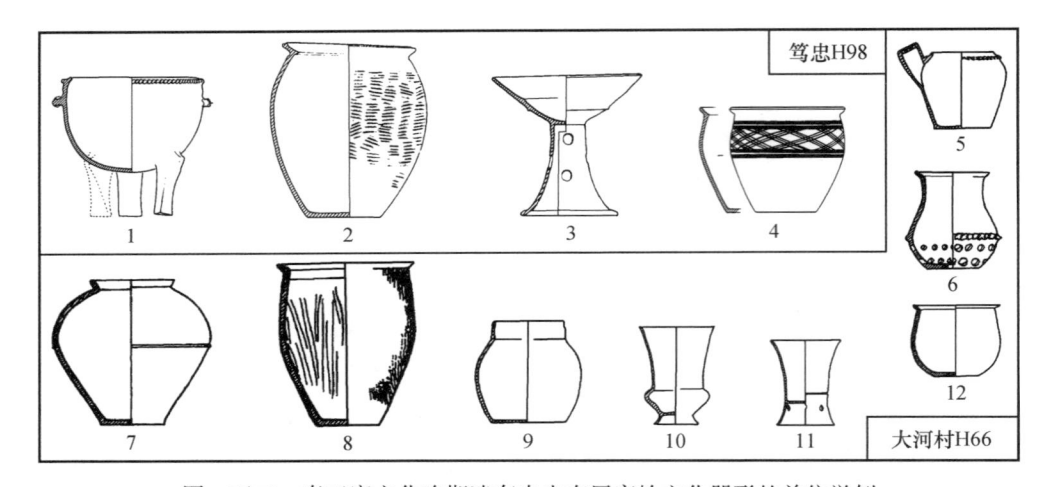

图一五二　秦王寨文化晚期遗存中出有屈家岭文化器形的单位举例

1. 鼎（笃忠H98∶19）　2、8. 深腹罐（笃忠H98∶14、大河村H66∶3）　3. 双腹豆（笃忠H98∶13）
4. 彩陶罐（笃忠H98∶5）　5. 盉（大河村H66∶17）　6. 甑（大河村H66∶8）　7. 瓮（大河村H66∶12）
9. 小罐（大河村H66∶6）　10. 小壶（大河村H66∶10）　11. 斜腹杯（大河村H66∶5）
12. 尊（大河村H66∶2）

（屈家岭文化器形有双腹豆、斜腹杯等）

为主，但同时含有明显的泉护文化因素，应该是由于处于两个文化的交界处所造成。本书在第六章第三节中介绍了秦王寨文化的界定与分期，采用了许永杰先生所分五段的方案，屈家岭文化因素主要出现在秦王寨文化第四、五段中，即基本上相当于秦王寨文化晚期时期，屈家岭文化因素从颍河上游全面渗透到中原地区。而对中原地区输入的屈家岭文化因素主要包含较为强烈的屈家岭文化青龙泉类型特色，特别是饰花边口的钵形鼎等器形，这与青龙泉类型主要分布在鄂西北豫东南地区，与豫中北地区相连，来往便利有关，同时也有少量其他地区类型的因素。从谷水河Y1出土的屈家岭文化器物来看，屈家岭文化对中原地区的渗透似乎是单纯器物造型观念的输入，而器物的制造则由中原地区当地的陶窑烧制完成。

秦王寨文化早期陶器主要装饰纹饰有弦纹、附加堆纹、线纹等，大量的彩陶是其主要特色。到了秦王寨文化晚期，除了延续以上特征外，还新增了一些篮纹、绳纹等纹饰。其中篮纹的出现时间与泉护文化晚期、大汶口文化晚期大致相当，都应该与屈家岭文化的向北扩张有关；绳纹则可能与泉护文化有关。

位于晋南，南临中原的垣曲盆地在同时期分布有一类以东关"仰韶文化"第四期为代表的遗存[①]，又称"东关类型"[②]。该类型遗存包含秦王寨文化、大司空文化和泉护文化等多种文化因素，属一种混合型遗存。东关类型的部分遗存中也能见到一些屈家岭文化因素，如垣曲上亳仰韶晚期遗存中的双腹豆（H20∶1、H78∶3、H238∶2、H238∶3）、圈足杯（H27∶8）、斜腹杯（H14∶5、H15∶7、H78∶1）[③]等（图一五三）。

在此之前，秦王寨文化主要是对外扩张的态势；此时则逐渐收缩，遗存数量也开始减少。可以认为，屈家岭文化在豫东南地区的扩张以及从颍河上游向中原地区的推进遏制了秦王寨文化的发展势头。在这期间，大汶口文化晚期的进一步向西扩张也起到了对秦王寨文化的夹围作用（具体在下一节介绍）。至此，秦王寨文化开始逐渐衰弱，也有少量向西退缩的迹象[④]，直至瓦解。

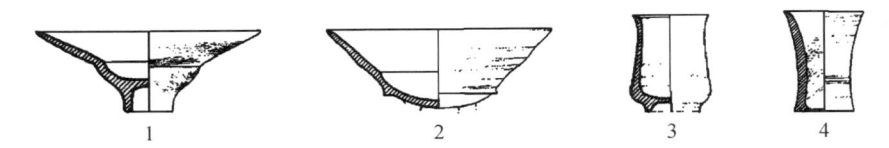

图一五三 "东关类型"遗存中的屈家岭文化因素举例
1、2. 双腹豆（上亳H78∶3、H20∶1） 3. 圈足杯（上亳H27∶8） 4. 斜腹杯（上亳H14∶5）

---

① 中国历史博物馆考古部、山西省考古研究所、垣曲县博物馆：《垣曲古城东关》，科学出版社，2001年。
② 许永杰：《黄土高原仰韶晚期遗存的谱系》，科学出版社，2007年，第202~204页。
③ 山西省考古研究所：《垣曲上亳》，科学出版社，2010年。补充说明：上亳遗址的庙底沟二期文化遗存中也有一些双腹豆、圈足杯等属屈家岭文化风格的器形，只是与之共存的属庙底沟二期文化晚期遗存，年代与石家河文化相当，超出了屈家岭文化的年代范围。
④ 许永杰：《距今五千年前后文化迁徙现象初探》，《考古学报》2010年第2期。

四、黄河中、下游地区文化格局的变动

先简要介绍早于屈家岭文化时期黄河中、下游的主要文化格局。丹江上游至渭河盆地及晋西南地区主要分布有泉护文化早期遗存；中原至豫中、豫东南地区主要分布有秦王寨文化早期偏早阶段的遗存；山东、皖北、苏北及豫东东部地区主要分布有大汶口文化中期偏早阶段的遗存。首先，大汶口文化中期在苏北地区的发展受到良渚文化的拦阻，转而向西推进，与秦王寨文化早期在豫东地区产生了激烈的争夺。大汶口文化大致占据了豫东东部地区，豫东西部地区成为两者的模糊边界。但大汶口文化对秦王寨文化的渗透较为深入，基本上大部分秦王寨文化早期遗存都或多或少含有一些大汶口文化因素。虽然大汶口文化的分布区也有一些秦王寨文化因素；但从整个文化态势来看，大汶口文化占有优势地位。其次，秦王寨文化在与大汶口文化在豫东地区的争夺失利，转而向南发展，以豫中地区为基础，占据了豫东南地区，并对南阳盆地形成包围之势，对长江中游进行渗透。这两点在前文都有论述。最后，泉护文化主要承袭于西阴文化，一般认为泉护文化的形成与大汶口文化的西进有关。泉护文化向南拓展到丹江上游，见于商县紫荆；向东渗透到垣曲盆地，与秦王寨文化、大司空文化发生了接触、碰撞，形成了东关类型[1]。这一阶段长江中游与之年代大致相当的主要有屈家岭下层文化、朱家台文化、雕龙碑三期文化。

屈家岭文化形成后，即开始了向北扩张的过程。本章前三节以屈家岭文化的扩张为观察中心，介绍了其扩张路线与过程，并分析了其扩张对黄河中、下游文化造成的直接影响。有学者曾分析了外来文化对豫西晋西南地区仰韶晚期文化的冲击，认为屈家岭文化较之大汶口文化起到更大作用[2]，有一定道理。屈家岭文化的扩张深刻地影响了北方地区同时期文化，引发了黄河中、下游地区大范围文化格局的变动。本节将系统性介绍这一过程。

（一）大汶口文化晚期的强盛

屈家岭文化顺淮河至皖北，再北上到达山东及邻近地区，不断与大汶口文化发生接触。大汶口文化在自身演进的基础上吸收若干屈家岭文化因素，完成了从中期向晚期的转变。或许是吸收外来因素促进了文化活力的原因，大汶口晚期与中期相比，其态势更为强盛，对外扩张势头更加猛烈。主要体现在四个方面。

---

[1] 许永杰：《黄土高原仰韶晚期遗存的谱系》，科学出版社，2007年，第202~204页。
[2] 魏兴涛：《豫西晋西南地区仰韶文化晚期遗存研究》，《考古学研究（十）》，科学出版社，2012年。

1）陶器器类更为丰富，类型分化繁复；同时文化内部地区类型划分增多，从中期的五个地区类型增加到晚期的七个地区类型[①]。这些都显示出文化内涵的复杂性和丰富性，也体现出超强的文化活力。

2）遗存数量大增，分布范围进一步扩大。除了传统的较为集中分布的鲁中南、苏北地区，鲁中北、胶东半岛等地的少量分布外，进一步开拓到鲁东南地区。据研究，到大汶口文化晚期，其分布已遍及山东、苏皖北部至豫东地区，达到最鼎盛时期[②]。需要重点说明的是在皖北、豫东地区出现了大量丰富的大汶口文化晚期遗存，豫中地区也有少量分布。皖北地区以蒙城尉迟寺[③]为代表，尉迟寺揭露出的环壕聚落和红烧土多间排房，是目前大汶口文化发现和发掘出的最为完整的聚落遗存。报告将其大汶口文化遗存分为三段，年代相当于整个大汶口文化晚期。豫东至豫中地区则在鹿邑栾台[④]、郸城段寨[⑤]、周口烟草公司仓库[⑥]、商水章华台[⑦]、平顶山寺岗[⑧]、偃师"滑城"[⑨]等地或遗址中均发现有较为典型的大汶口文化晚期遗存。这里面大多为墓葬，部分为居址遗存。曾有学者认为这类遗存脱离了山东文化系统，是中原文化系统内相对独立的一个类型，称为段寨类型[⑩]；也有学者将河南境内发现的大汶口文化遗存命名为大汶口文化颍水类型[⑪]或与皖北、鲁西南地区的同类遗存统称作大汶口文化尉迟寺类型[⑫]。本书赞同将之归为大汶口文化尉迟寺类型的意见。大汶口文化的部分因素则在秦王寨文化大多遗存中都存在。

3）与周边文化的争夺更为激烈。大汶口文化晚期在苏北地区与良渚文化持续对抗，似乎实力相当，尚未取得绝对优势。但西南方向基本占据皖北地区，并以此为根

---

① 栾丰实：《大汶口文化的分期和类型》，《海岱地区考古研究》，山东大学出版社，1997年。
② 栾丰实：《大汶口文化的分期和类型》，《海岱地区考古研究》，山东大学出版社，1997年。
③ 中国社会科学院考古研究所：《蒙城尉迟寺——皖北新石器时代聚落遗存的发掘与研究》，科学出版社，2001年；中国社会科学院考古研究所、安徽省蒙城县文化局：《蒙城尉迟寺（第二部）》，科学出版社，2007年。
④ 河南省文物研究所：《河南鹿邑栾台遗址发掘简报》，《华夏考古》1989年第1期。
⑤ 郸城县文化馆：《河南郸城段寨出土大汶口文化遗物》，《考古》1981年第2期；曹桂岑：《郸城段寨遗址试掘》，《中原文物》1981年第3期。
⑥ 周口地区文物局文物科：《周口市大汶口文化墓葬清理简报》，《中原文物》1986年第1期。
⑦ 商水县文化馆：《河南商水发现一处大汶口文化墓地》，《考古》1981年第1期。
⑧ 张脱：《河南平顶山市发现一座大汶口类型墓葬》，《考古》1977年第5期。
⑨ 中国科学院考古研究所洛阳发掘队：《河南偃师"滑城"考古调查简报》，《考古》1964年第1期。
⑩ 段宏振、张翠莲：《豫东地区考古学文化初论》，《中原文物》1991年第2期。
⑪ 杜金鹏：《试论大汶口文化颍水类型》，《考古》1992年第2期。
⑫ 栾丰实：《大汶口文化的分期和类型》，《海岱地区考古研究》，山东大学出版社，1997年。

基大规模西进，与中原地区的秦王寨文化产生强烈争夺。本书在第六章第二节分析了大汶口文化中期与秦王寨文化早期在豫东地区的胶着争夺；到了大汶口文化晚期，大汶口文化在对西的争夺中取得了绝对优势，除了基本占据了豫东地区外，势力延伸到豫中至豫中南地区，对秦王寨文化形成包围之势。秦王寨文化晚期节节败退，基本退出豫东地区。这一过程中，屈家岭文化也扮演了重要角色，将在下文介绍。

4）广泛的文化传播。在大汶口文化中期，大汶口文化就持续对周边地区渗透。大汶口文化因素向南进入环太湖、宁镇地区中，向西达到河南全境、晋西南乃至关中地区，向西南进入安徽、长江中游等地区，深刻影响了周边文化结构。到了大汶口文化晚期，大汶口文化因素的传播和影响在前一阶段的基础上范围更为广泛。以其晚期典型器类空足鬶的传播为例，向西的传播引发了中原、关中地区空足三足器的兴起和文化格局的剧变[1]；而向南甚至间接影响到更南的江西、广东等地区[2]。

（二）秦王寨文化的衰落

在大汶口文化晚期强势西进的前后，也是屈家岭文化向北扩张的主要时期。在此之前，秦王寨文化被屈家岭文化早期挤压，退出豫东南地区；在此时期，屈家岭文化与大汶口文化同时向中原地区大规模推进，对秦王寨文化形成夹围之势。这一现象有学者解读为东夷和三苗联合对华夏作战[3]，有一定的合理性。

在屈家岭文化和大汶口文化同时推进的态势下，秦王寨文化的遗存数量开始减少，分布范围逐步萎缩，且在秦王寨文化的遗存中大量出现前两种文化的因素。秦王寨文化由此开始衰落，也有少量转而向西退缩的迹象，最终瓦解。在秦王寨文化之后，中原东部的郑州平原则出现以大河村第五期为代表的一类遗存，其年代已超出屈家岭文化的年代，大致与大汶口文化晚期偏晚阶段相当；中原西部的伊洛盆地则大多被庙底沟二期文化占据；豫中地区则以大汶口文化晚期遗存（尉迟寺类型）为主。

（三）泉护文化向庙底沟二期文化的转化

在泉护文化晚期阶段，屈家岭文化经丹江上游进入渭河盆地及邻近地区，从最初渗透到后期大量介入。泉护文化晚期可以看到斜腹杯、圈足杯、双腹豆等典型的屈家岭文化器形和受屈家岭文化影响加以改造的盆形鼎，还有吸收了来自屈家岭文化的篮

---

[1] 张忠培：《黄河流域空三足器的兴起》，《华夏考古》1997年第1期；陈冰白：《新石器时代空足三足器源流新探》，《中国考古学会第八次年会论文集》，文物出版社，1996年。
[2] 高广仁、邵望平：《史前陶鬶初论》，《考古学报》1981年第4期。
[3] 魏兴涛：《豫西晋西南地区仰韶文化晚期遗存研究》，《考古学研究（十）》，科学出版社，2012年。

纹装饰风格。同时，泉护文化中也能看到一些大汶口文化因素。大汶口文化对泉护文化的影响因地域原因则为间接的，应该主要是经过中间的秦王寨文化来完成。

庙底沟二期文化的主要器形组合有盆形鼎、罐形鼎、斝、小口平底瓶、釜灶、饰多道附加堆纹的筒形罐、深腹罐、盆等。一般认为庙底沟二期文化的罐形鼎和少量的内折沿豆来自秦王寨文化，应无较大问题；其他如小口瓶、筒形罐、釜灶、盆等器类均能在其前一阶段的泉护文化中找到原型。但从泉护文化到庙底沟二期文化的标志性差异在于盆形鼎、釜形斝两种核心器类。盆形鼎是庙底沟二期文化的核心器类，在泉护文化中有零星存在，但绝非泉护文化的自身器类。泉护文化晚期中的盆形鼎应该是屈家岭文化向北扩张的结果。除了部分器形的输入，还包括陶器装饰风格的影响，如泉护文化晚期开始流行的篮纹也来自屈家岭文化。这在前文均有论述。屈家岭文化对泉护文化的介入似乎在逐渐改变泉护文化的结构。至于釜形斝的产生，张忠培先生有经典的分析，认为秦王寨文化居民受到谷水河遗址空足联裆鬹（Y1∶23）的启示，将自身的釜形鼎改制成釜形斝①。谷水河所出空足联裆鬹（Y1∶23）明显来自大汶口文化，相当于大汶口文化晚期偏早阶段。但秦王寨文化分布的中原地区没有发现较早形态的斝，偏西的庙底沟二期文化反而存在大量的斝。当前只能确认斝的产生应该是受到大汶口文化空足鬹的启发，至于其真正的形成机制还需进一步探索。庙底沟二期文化中也发现一些来自大汶口文化的豆、壶等器形以及少量彩绘纹样。

故从主要器形组合来看，庙底沟二期文化是在泉护文化的基础上，吸收了屈家岭文化因素、秦王寨文化因素发展而来。从文化态势来看，泉护文化在受到屈家岭文化的大量介入以及屈家岭文化和大汶口文化向中原地区同时推进、秦王寨文化被迫向西退缩的影响下，不断吸收外来文化因素，改变自身文化结构，转化为庙底沟二期文化。至于大汶口文化因素主要在庙底沟二期文化分布范围东部有部分发现，庙底沟二期文化分布范围西部则有较多常山下层文化因素发现，这些主要构成了庙底沟二期文化地区类型的特色。庙底沟二期文化大致可以分为以庙底沟二期B群遗存②、"陶寺文化"早期遗存、白燕遗存、案板三期遗存（GBH26除外）为代表的四个地区类型③。学界曾认为这实际为四种不同的考古学文化。实际上，这四类遗存高度共享盆形鼎、斝、小口平底瓶、釜灶、多道附加堆纹的筒形罐等，具有相同的核心特征结构，应属同一种考古学文化；四类遗存又各有部分特色，各自出有一些区别于其他遗存的器类，这更多指向的是同一种考古学文化内部的地区类型差异。其产生差异的特征器类

---

① 张忠培：《黄河流域空三足器的兴起》，《华夏考古》1997年第1期。
② 卜工：《庙底沟二期文化的几个问题》，《文物》1990年第2期。
③ 卜工：《庙底沟二期文化的几个问题》，《文物》1990年第2期；罗新、田建文：《庙底沟二期文化研究》，《文物季刊》1994年第2期。

大多能在其类型分布范围内的前一阶段或周边相关文化遗存中找到渊源。

庙底沟二期文化形成后，其分布范围较之泉护文化有大面积的扩展，主要体现在向东基本占据了原秦王寨文化分布的伊洛盆地，东关类型分布的垣曲盆地，向北分布到太原盆地及陕北地区。其文化因素的扩散范围则更为广泛，向南可至长江中游。

第三节　屈家岭文化对长江下游的渗透

屈家岭文化在向北扩张的同时，对长江下游也有所渗透，与之相关的是分布在皖西南及鄂东南赣北地区的薛家岗文化和分布在环太湖地区的良渚文化。

一、与薛家岗文化的关系

"薛家岗文化"是在1982年的中国考古学会第三次年会上由杨德标先生首次提出[1]。自此陆续有学者对其研究，并有不同的意见[2]。目前发表材料含较典型的薛家岗文化遗存的有安徽潜山薛家岗[3]、天宁寨[4]、望江汪洋庙[5]、安庆夫子城[6]、湖北黄梅陆墩[7]、塞墩[8]、武穴鼓山[9]、江西靖安郑家坳[10]等遗址。其中薛家岗、鼓山、塞墩三处遗

---

[1] 杨德标：《谈薛家岗文化》，《中国考古学会第三次年会论文集》，文物出版社，1984年。

[2] 杨立新：《薛家岗文化浅析》，《文物研究》1990年第6期；严文明：《安徽新石器文化发展谱系的初步观察》，《文物研究》1989年第5期；向绪成：《中国新石器时代考古》，武汉大学出版社，1993年；刘和惠：《论薛家岗文化》，《文物研究（四）》，黄山书社，1988年；罗运兵：《薛家岗文化研究》，武汉大学硕士学位论文，2004年。

[3] 安徽省文物考古研究所：《潜山薛家岗》，文物出版社，2004年。

[4] 安徽省文物考古研究所：《安徽潜山县天宁寨新石器时代遗址》，《考古》1987年第11期。

[5] 安徽省文物考古研究所：《望江汪洋庙新石器时代遗址》，《考古学报》1986年第1期。

[6] 安徽省文物考古研究所：《安徽安庆市夫子城新石器时代遗址的发掘》，《考古》2002年第2期。

[7] 中国社会科学院考古研究所湖北工作队：《湖北黄梅陆墩新石器时代墓葬》，《考古》1991年第6期。

[8] 中国社会科学院考古研究所：《黄梅塞墩》，文物出版社，2010年。

[9] 湖北省京九铁路考古队、湖北省文物考古研究所：《武穴鼓山——新石器时代墓地发掘报告》，科学出版社，2001年。

[10] 江西省文物工作队、靖安县博物馆：《江西靖安郑家坳新石器时代墓葬清理简报》，《东南文化》1989年第4、5期；江西省文物考古研究所、宜春地区文物博物事业管理所、靖安县博物馆：《靖安郑家坳墓地第二次发掘》，《考古与文物》1994年第2期。

址发表材料最为丰富，均出有专刊报告。

薛家岗报告将薛家岗遗址新石器遗存分为六期，第六期遗存主要出自前五次发掘的上层文化层中，与前五期遗存面貌差异巨大。薛家岗文化主要包括第一~五期遗存，以墓葬为代表，依据器形演变可分为六段（图一五四）。

第一段：M5、M84；

第二段：M108；

第三段：M7、M65、M81、M82、M83、M85、M88、M89、M90、M96、M106、M108、M113、M114、M115、M116、M117、M118、M122、M124、M125、M134、M138；

第四段：M18、M22、M24、M26、M35、M45、M51、M53、M54、M64、M74、M78、M79、M80、M86、M87、M91、M93、M95、M97、M98、M99、M101、M103、M128、M129、M133；

第五段：M3、M4、M6、M8、M11、M12、M14、M15、M16、M20、M21、M23、M25、M27、M28、M29、M30、M32、M33、M34、M43、M44、M48、M49、M52、M55、M56、M57、M58、M59、M61、M66、M68、M70、M77、M100、M104、M105、M119、M127、M120、M123、M130、M131、M136、M137、M140、M151；

第六段：M9、M13、M17、M31、M36、M38、M40、M41、M46、M47、M63、M67、M69、M71、M72、M75、M76、M110、M126、M139、M141、M146。

上述所分六段，第一~三段鼎多为罐形鼎，豆多为折盘豆、内折沿豆；第四~六段鼎除了罐形鼎，新增釜形鼎、壶形鼎、盆形鼎等，豆主要为碟形豆、钵形豆。前三段的折腹壶、长颈壶等在第四~六段中也不见，鬶也逐渐消失；第四~六段流行圈足罐、圈足壶等器形。由此可将薛家岗文化分为早、晚两期，早期包括第一~三段；晚期包括第四~六段。此所分早、晚两期基本涵盖了所有薛家岗文化遗存的分期。薛家岗文化大致可以分为薛家岗、鼓山、郑家坳三个类型，分别分布在皖西南、鄂东南和赣北地区[①]。

薛家岗文化早期的罐形鼎、折盘豆、内折沿豆、折腹壶、鬶等器形几乎照搬了崧泽文化东山村类型的主要器形，暗示了其主要文化来源。薛家岗文化早期的罐形鼎主要由卷沿变为折沿，深腹逐渐变浅；折盘豆、内折沿豆主要演变规律在豆柄上，豆柄由细高柄逐渐下端收缩、上端鼓起变为算珠式多节式豆柄。这些演变趋势也基本与崧泽文化保持一致，说明薛家岗文化早期与崧泽文化大体相当。薛家岗文化之前该地区主要分布有黄鳝嘴文化，其少量器形在薛家岗文化中也有所继承。

---

① 罗运兵：《薛家岗文化研究》，武汉大学硕士学位论文，2004年。

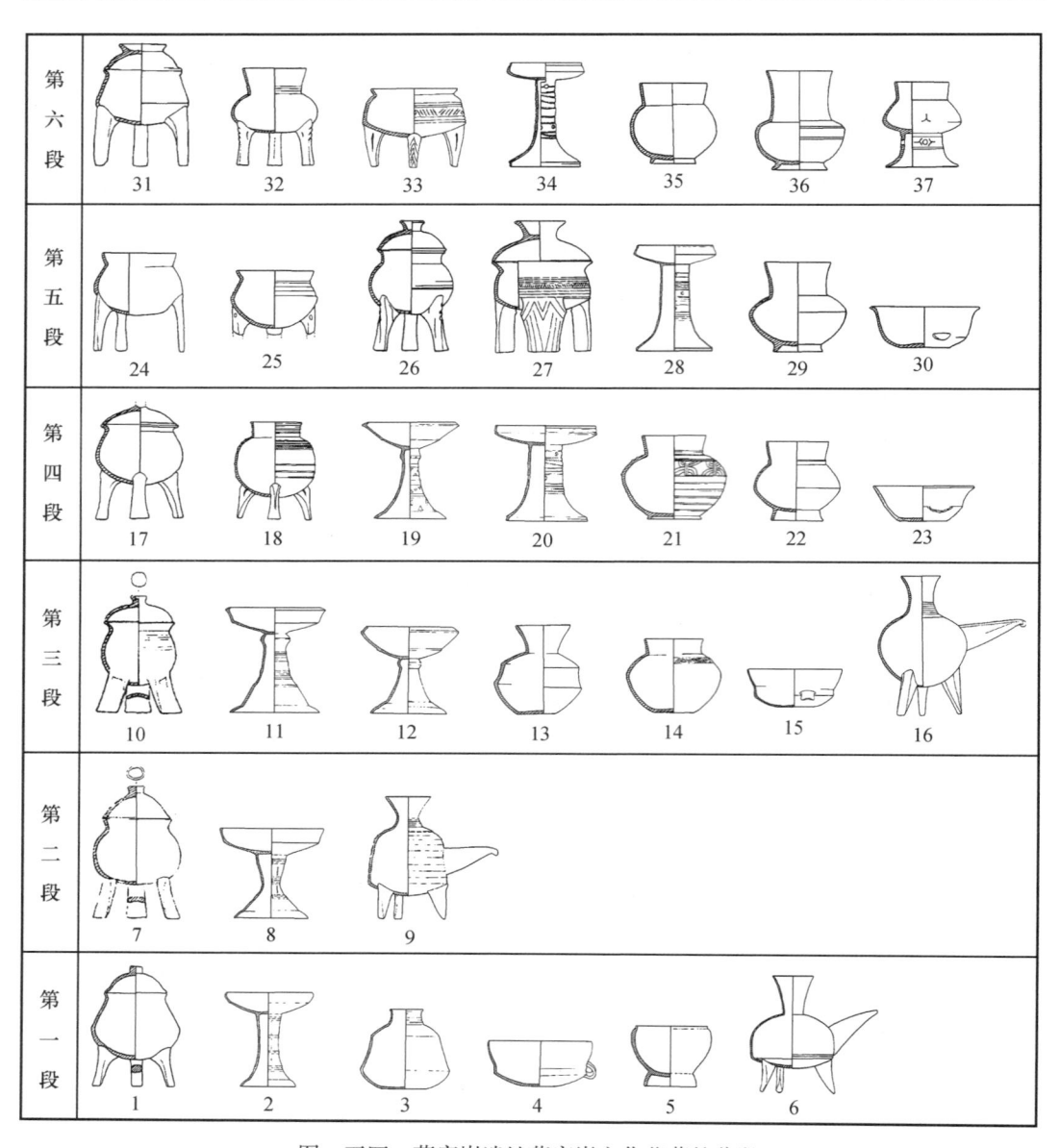

图一五四　薛家岗遗址薛家岗文化墓葬的分段

1、7、10、17、24. 罐形鼎（M5：2、M108：2、M125：4、M91：3、M55：2）　2、8、11. 折盘豆（M5：3、M108：3、M118：3）　3、13. 折腹壶（M5：5、M118：1）　4、15、23、30. 带鋬碗（M5：6、M90：7、M91：11、M66：1）　5. 敛口碗（M5：4）　6、9、16. 鬶（M5：1、M108：4、M118：2）　12、19. 内折沿盘豆（M125：5、M91：1）　14、21、35.（圈足）罐（M125：1、M91：2、M31：5）　18、26、32. 壶形鼎（M128：1、M61：2、M31：4）　20、28、34. 碟形豆（M64：1、M15：5、M71：2）　22、29、36. 圈足壶（M26：2、M55：1、M46：1）　25、31. 釜形鼎（M16：2、M31：3）　27、33. 盆形鼎（M66：2、M63：2）　37. 高圈足壶（M71：5）

在薛家岗文化早期至晚期偏早阶段，其与长江中游的油子岭文化、屈家岭下层文化在鄂东南地区一直保持着较密切的联系。薛家岗文化的鼓山类型，以鼓山墓地为代表，这是一处以薛家岗文化因素为主，同时包含多种外来文化因素的墓葬遗存。鼓山墓地报告将所发掘墓葬共分为三期五段[1]，整体年代处于薛家岗文化早期偏晚至晚期阶段。其所分第一段墓葬中存在少量矮凿形足圆腹鼎、圈足罐、圈足盘等器类，这些不属薛家岗文化的自身器形，均与油子岭文化的典型器类相似。观察圈足盘形态，大致相当于油子岭文化偏晚阶段。主要分布于第二、三段的曲腹杯、外折沿簋等器类也非薛家岗文化的自身器形，而与屈家岭下层文化的典型器类相似。薛家岗文化中的敛口碗则与长江中游峡西地区的大溪文化有关。同时，屈家岭下层文化也受到了薛家岗文化的影响，主要体现在屈家岭下层文化在鄂东南的地区类型中，最为显著的是大量的型式多样化的鼓腹圈足壶。这类壶在屈家岭下层文化其他地区类型中较为少见，而多见于薛家岗文化，应该是来源于后者。

薛家岗文化还曾向东至黄石以南的阳新地区留下一批遗存，以阳新大路铺为代表。大路铺报告将发掘的新石器遗存年代统一定为与肖家屋脊"石家河文化"相当[2]。本书在第三章第七节第一小节中已论述大路铺的新石器遗存至少包含三类不同性质的文化遗存，其中第一类主要包括1984年北区发掘的6座墓葬，主要器形组合有圆腹罐形鼎、垂腹釜形鼎、折腹平底壶、折腹圈足壶、鼓腹圈足壶、圈足罐、折腹罐、带銴碗、敛口碗、簋、深腹小杯、豆等，鼎足均为鸭嘴形，鼎身多为素面，部分饰多道弦纹，壶或罐一般于腹部饰有一周凸棱，局部饰多道弦纹、波折纹，簋、杯等流行满腹饰多道弦纹。属典型的薛家岗文化。观察其组合与器形特征，大致相当于薛家岗文化早期至晚期偏早阶段。在此之后，阳新地区即被屈家岭文化取代（图一五五）。

到屈家岭文化时期，其与薛家岗文化的联系似乎变弱了。薛家岗文化核心区薛家岗类型中除了个别高圈足壶（如薛家岗M71:5）的形态与屈家岭文化的盂形器有一定的相似，前者为短直颈，后者为折沿，均为垂折腹，高圈足，整体造型相近，此外基本不见典型的屈家岭文化因素。与屈家岭文化相邻的鄂东南地区鼓山类型中如陆墩等遗址出有少量类似屈家岭文化风格的高领罐、甑等。屈家岭文化主要是在鄂东南地区的放鹰台类型延续了前一阶段鼓腹圈足壶等器形，部分遗址如庙山岗[3]等有少量薛家岗文化因素。两者应该在鄂东南地区划地而居：薛家岗文化主要分布在鄂东南的黄梅、

---

[1] 湖北省京九铁路考古队、湖北省文物考古研究所：《武穴鼓山——新石器时代墓地发掘报告》，科学出版社，2001年。

[2] 湖北省文物考古研究所、湖北省黄石市博物馆、湖北省阳新县博物馆：《阳新大路铺》，文物出版社，2013年。

[3] 湖北省文物考古研究所、黄冈地区博物馆、罗田县文物管理所：《湖北罗田庙山岗遗址发掘报告》，《考古》1994年第9期。

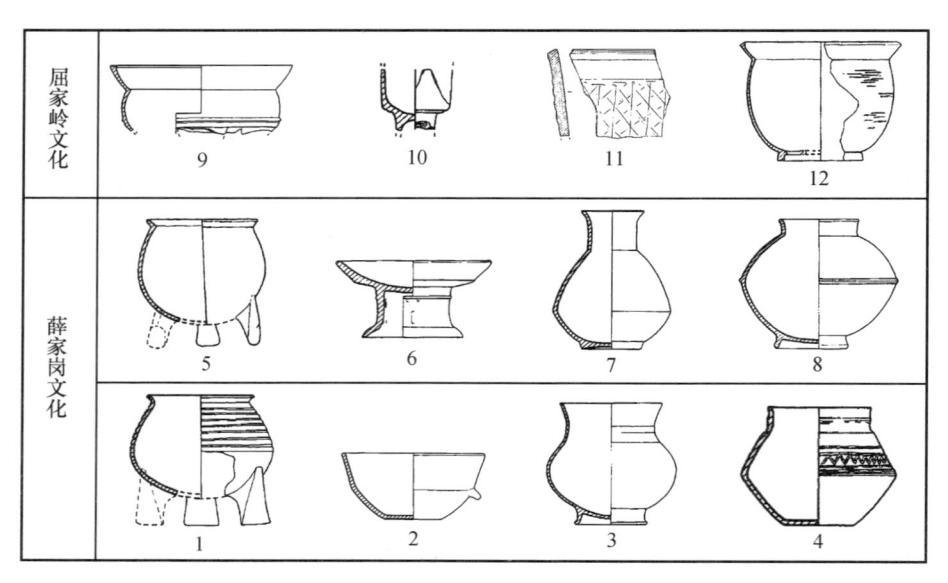

图一五五　大路铺遗址新石器遗存的更替

1、5. 罐形鼎（84NM5：3、84NM6：1）　2. 带鋬碗（84NM5：2）　3. 圈足壶（84NM3：7）
4、8. 罐（84NM1：1、84NM6：7）　6. 豆（84NM6：2）　7. 折腹壶（84NM6：6）
9. 盆形鼎（03ET2307⑦：10）　10. 圈足杯（03ET2406⑦：40）　11. 缸（03ET2407⑧：45）
12. 甑（03ET2506⑦：4）

武穴至蕲春一带；屈家岭文化主要分布在鄂东南的武汉、麻城、黄州至大冶、阳新一带。东北部大体以巴水为界，东南部大体以长江为界，在交界的相邻地带相互有所渗透。

总体来说，薛家岗文化与长江中游诸文化的相互影响主要发生在两者接触的鄂东南地区，联系最为紧密的是在薛家岗文化早期、晚期偏早阶段和油子岭文化至屈家岭下层文化时期。主要影响范围似乎也未超出两者文化接触地带。到屈家岭文化时期，处于薛家岗文化核心地区皖西南的薛家岗类型基本不见典型的长江中游的文化因素，处于长江中游文化相关文化的核心地区江汉平原中北部也较少见到明显的薛家岗文化因素。

二、对良渚文化的渗透

良渚文化遗存最早由施昕更先生于1936年和1937年在良渚的调查和三次发掘中而发现，并出有专刊报告[①]。1959年，夏鼐先生正式提出良渚文化的命名[②]。良渚文化的

---

① 施昕更：《良渚——杭县第二区黑陶遗址发掘报告》，浙江省教育厅出版，1938年。
② 夏鼐：《长江流域考古问题——1959年12月26日在长办文物考古队队长会议上的发言》，《考古》1960年第2期。

主要器形组合有鼓腹罐形鼎、盆形鼎、豆、圈足盘、盆、阔把带流杯、贯耳杯、圈足罐、簋、双鼻壶、贯耳壶、尊、甗（隔裆鼎）、鬶等，鼎足中大量的鱼鳍形足、"T"字形足极具特色；陶质多为泥质陶，少量夹砂陶；陶色多为灰陶、黑皮陶，少量红褐陶。从20世纪良渚的调查至今已有大量良渚文化遗存的发现，典型遗址有良渚文化遗址群[①]、吴县草鞋山[②]、张陵山[③]、武进寺墩[④]、吴江龙南[⑤]、上海福泉山[⑥]、马桥[⑦]等。

良渚文化的相关研究学界也积累了相当的成果，其中较为重要的文化分期尚未达成统一意见，众说纷纭，先后代表性的有陈国庆先生的早、中、晚三期[⑧]、杨晶先生的四期[⑨]、黄宣佩先生的五期[⑩]、栾丰实先生的四期五段[⑪]、芮国耀先生的六期十段[⑫]、宋建先生的六段[⑬]、李新伟先生的三期五段[⑭]、朔知先生的三期七段[⑮]等。张忠培先生在

---

① 费国平：《浙江余杭良渚文化遗址群考察报告》，《东南文化》1995年第2期。良渚遗址群先后出有多部专刊报告，如《反山》《瑶山》《卞家山》《文家山》《庙前》等，在此不详举。

② 南京博物院：《江苏吴县草鞋山遗址》，《文物资料丛刊（3）》，文物出版社，1980年；南京博物院：《苏州草鞋山良渚文化墓葬》，《东方文明之光：良渚文化发现60周年纪念文集（1936—1996）》，海南国际新闻出版中心，1996年。

③ 南京博物院：《江苏吴县张陵山遗址发掘简报》，《文物资料丛刊（6）》，文物出版社，1982年。

④ 南京博物院：《江苏武进寺墩遗址的试掘》，《考古》1981年第3期；南京博物院：《1982年江苏常州武进寺墩遗址的发掘》，《考古》1984年第2期；江苏省寺墩考古队：《江苏武进寺墩遗址第四、五次发掘》，《东方文明之光：良渚文化发现60周年纪念文集（1936—1996）》，海南国际新闻出版中心，1996年。

⑤ 苏州博物馆、吴江县文物管理委员会：《江苏吴江龙南新石器时代村落遗址第一、二次发掘简报》，《文物》1990年第7期；苏州博物馆、吴江市文物管理委员会：《吴江梅堰龙南新石器时代村落遗址第三、四次发掘简报》，《东南文化》1999年第3期。

⑥ 上海市文物管理委员会：《福泉山——新石器时代遗址发掘报告》，文物出版社，2000年。

⑦ 上海市文物管理委员会：《马桥：1993—1997年发掘报告》，上海书画出版社，2002年。

⑧ 陈国庆：《良渚文化分期及相关问题》，《东南文化》1989年第6期。

⑨ 杨晶：《论良渚文化分期》，《东南文化》1991年第6期。

⑩ 黄宣佩：《论良渚文化的分期》，《上海博物馆集刊（第六集）》，上海古籍出版社，1992年。

⑪ 栾丰实：《良渚文化的分期与年代》，《中原文物》1992年第3期；栾丰实：《良渚文化的分期与分区》，《东方文明之光：良渚文化发现60周年纪念文集（1936—1996）》，海南国际新闻出版中心，1996年。

⑫ 芮国耀：《良渚文化时空论》，《文明的曙光——良渚文化（余杭市政协文史资料第十辑）》，浙江人民出版社，1996年。

⑬ 宋建：《论良渚文化的兴衰过程》，《良渚文化研究——纪念良渚文化发现六十周年国际学术讨论会文集》，科学出版社，1999年。

⑭ 李新伟：《良渚文化的分期研究》，《考古学集刊（第12集）》，中国大百科全书出版社，1999年。

⑮ 朔知：《良渚文化的初步分析》，《考古学报》2000年第4期。

讨论《良渚文化的年代和其所处社会阶段——五千年前中国进入文明的一个例证》一文中，依据良渚文化遗存中出土的鬶的形态将之分为两个阶段：出实足鬶的遗存代表的一个阶段，出空足鬶的遗存代表的一个阶段（空足鬶出现时，实足鬶仍在延续）；这两个阶段的年代分别与大汶口文化的中期（花厅期）、晚期（西夏侯期）相当[①]。张先生实际上抓住了良渚文化中大汶口文化因素不同时期传播的要害，十分准确地对良渚文化的分期和年代做出了判断：良渚文化分为早、晚两期，分别与大汶口文化的中、晚期年代相当。良渚文化的早、晚期除了鬶的形态显著差异外，主要典型器及器形也有相应的变化：鼎类器腹由圆鼓变为扁鼓，早期流行弧尖底或方底的鱼鳍形鼎足，晚期流行"T"形鼎足；豆类特别是豆柄变得细高；双鼻壶圈足加高，腹部变扁；宽把带流杯变得瘦高；早期残留的少量崧泽文化因素如圈足杯、澄滤器等器形晚期基本消失，晚期新出现尊（或由早期的圈足罐演变而来）、矮圈足簋等器形。这些变化并不完全同步，但大体说明了早晚差异。

屈家岭文化与良渚文化分别分布在长江中、下游，之间尚间隔有安徽地区（主要是分布在皖西南及邻近地区的薛家岗文化）。良渚文化的部分遗存中可以看到少量屈家岭文化因素以及一些典型的屈家岭文化器形，而前文已谈到典型的屈家岭文化因素基本未见于薛家岗文化的核心分布区。屈家岭文化因素进入良渚文化而跳开了中间的薛家岗文化，说明屈家岭文化因素进入环太湖地区的路线并非顺长江而下。由此需要着重考虑屈家岭文化因素对长江下游渗透的路线问题。

实际上屈家岭文化与良渚文化发生联系在本书第七章第二节讨论的屈家岭文化对北方扩张经淮河至山东及邻近地区路线中的苏北地区就有显现。新沂花厅墓地[②]北区的M18、M21、M34出有一类盆形鼎，折沿，敞口，浅弧腹，圜底或圜底近平，鼎足为瓦足或高扁足，另外，M20还出有折腹呈双腹形态的豆。这种盆形鼎虽鼎足已发生变化，但整体造型与屈家岭文化有关，而双腹形态的豆更是来源于屈家岭文化。与之共存的有凿形足罐形鼎、背壶、筒形杯、三足钵、折沿罐、圆形镂孔弧盘豆、平底尊、袋足鬶、盉等大汶口文化器形和双鼻壶、贯耳壶、折盘竹节式高柄豆、宽把带流杯、圈足盘等良渚文化器形及良渚文化的玉琮等（图一五六）。这四座墓葬从袋足鬶、背壶等器形看大致相当于大汶口文化晚期偏早阶段；从双鼻壶、竹节式高柄豆、宽扁带流杯等器形看大致也相当于良渚文化晚期偏早阶段。屈家岭文化因素最早应该是在苏北地区与良渚文化发生了接触。接触的途径应该是良渚文化北上，与大汶口文化在苏北地区碰撞，接触到大汶口文化中的屈家岭文化因素。

---

① 张忠培：《良渚文化的年代和其所处的社会阶段——五千年前中国进入文明的一个例证》，《文物》1995年第5期。

② 南京博物院：《花厅——新石器时代墓地发掘报告》，文物出版社，2003年。

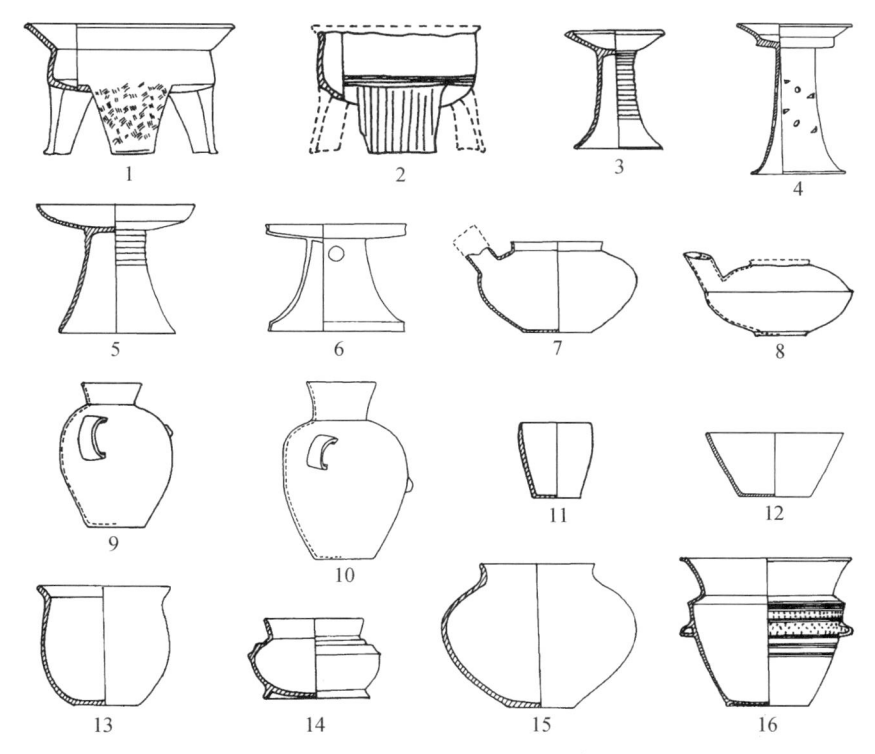

第七章　屈家岭文化的发展及与周边文化的关系

图一五六　花厅墓地M20出土陶器
1、2. 鼎（M20：40、57）　3、5. 弧盘豆（M20：35、M20：59）　4. 双腹豆（M20：32）
6. 折盘豆（M20：63）　7、8. 盉（M20：36、M20：50）　9、10. 背壶（M20：46、M20：49）
11. 筒形杯（M20：29）　12. 钵（M20：58）　13. 折沿罐（M20：43）　14. 小罐（M20：30）
15. 鼓腹罐（M20：52）　16. 双耳尊（M20：77）

屈家岭文化因素在良渚文化的主要分布区即环太湖地区的部分遗存中有所发现（图一五七）。上海广富林出土的盆形鼎（M344：5）[①]、桐乡新地里出土的1件盆形盘（M76：4，报告称为三足盘）[②]、卞家山的盆形鼎（G1②：301）[③]等，均为折沿、敞口、弧浅腹、圜底近平，与花厅所见盆形鼎形态接近，应是受屈家岭文化影响的鼎类造型。需要说明的是，良渚文化自身有一类数量较多的盆形鼎，多为折沿，敛口或内斜直口，扁鼓腹，部分还有短颈，与受屈家岭文化影响的盆形鼎整体形态具有较大差异。上海亭林遗址出有1件矮圈足豆（M6：1）[④]，豆盘呈双腹形态。这种豆的

---

① 上海博物馆考古研究部、南京大学历史系、河南大学历史文化学院考古文博系：《上海广富林遗址2012年南京大学发掘区良渚文化时期墓葬发掘简报》，《江汉考古》2016年第4期。
② 浙江省文物考古研究所、桐乡市文物管理委员会：《新地里》，文物出版社，2006年。
③ 浙江省文物考古研究所：《卞家山》，文物出版社，2014年。
④ 上海博物馆考古研究部：《上海金山区亭林遗址1988、1990年良渚文化墓葬的发掘》，《考古》2002年第10期。

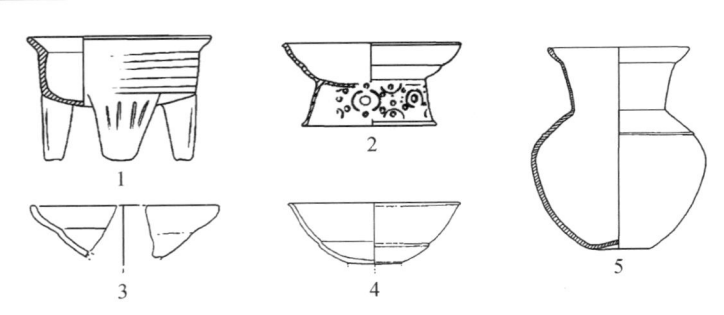

图一五七　良渚文化遗存中的屈家岭文化因素举例

1. 盆形鼎（广富林M344：5）　2～4. 双腹豆（亭林M6：1，庙前第五、六次发掘H3①：542、G1：22）
5. 高领罐（庙前第一、二次发掘J1：2）

质地、豆柄及纹饰均为良渚文化风格，豆盘则借鉴了屈家岭文化双腹的形态。而良渚遗址群庙前遗址[①]所出沿面下凹的高领罐（第一、二次发掘J1：2）、双腹豆（第五、六次发掘H3①：542、G1：22）等则是典型的屈家岭文化器形。上述所见屈家岭文化因素或器形形态大体属屈家岭文化晚期，与之共存的良渚文化遗存单位主要属良渚文化的晚期偏早阶段，少量可能延续到更晚。据笔者在浙江省文物考古研究所库房的参观，发现良渚古城外围的美人地遗址也出有类似变体的双腹形态的矮圈足豆。实际上良渚文化遗存中存在不少的屈家岭文化因素，有待未来公开发表的材料来揭露。

由此可见，屈家岭文化因素是沿淮河顺流而下至皖北、山东、苏北地区与大汶口文化发生接触，再从苏北南下进入环太湖地区，渗透到良渚文化。总体来说，良渚文化中可见的屈家岭文化因素大体可分为两种情况：①典型的屈家岭文化器形；②借鉴屈家岭文化造型风格进行二次改造的器形。屈家岭文化因素进入环太湖地区是从良渚文化晚期偏早阶段开始出现，但对良渚文化的发展进程影响不大。

第四节　屈家岭文化与赣鄱、粤北地区的联系

赣鄱至粤北地区与屈家岭文化年代上有交集的主要是石峡文化、山背类型两类文化遗存，这些遗存中或多或少都能看到长江中游的文化因素。

一、石峡文化

石峡文化得名于广东曲江石峡遗址，文化命名最先出现在1977年6月14日新华社

---

① 浙江省文物考古研究所：《庙前》，文物出版社，2005年。

的报道，苏秉琦先生对此进行了确认①。一般认为石峡文化的分布仅限于粤北地区，以石峡遗址第二期遗存为代表②。赣鄱地区所谓"樊城堆文化"③或"筑卫城文化"④的遗存所出主要器形有带凸棱盆形鼎、盘形鼎、台阶式座豆、喇叭柄豆、圈足盘、鼓腹圈足壶（部分为子口）、长颈壶等，这些器形基本也是石峡第二期遗存的主要器形，核心特征结构相同，应同属石峡文化，不宜做过多的文化命名。当然赣鄱地区相关遗存与石峡第二期遗存也存在一些差异，应该是同一文化范畴内地域类型和时间演变所致。由此可以认为石峡文化的主要遗址有江西新余拾年山⑤、清江筑卫城⑥、樊城堆⑦、营盘里⑧、永丰尹家坪⑨、九江神墩⑩、广丰社山头⑪，湖南湘乡岱子坪⑫，广东曲

---

① 苏秉琦：《石峡文化初论》，《文物》1978年第7期。

② 广东省文物考古研究所、广东省博物馆、广东省韶关市曲江区博物馆：《石峡遗址——1973~1978年考古发掘报告》，文物出版社，2014年。

③ 李家和、刘林、刘诗中：《樊城堆文化初论——谈江西新石器时代晚期文化》，《江西历史文物》1986年第1期。

④ 江西省博物馆、江西省文物考古研究所：《十年来江西的文物考古发现与研究》，《文物考古工作十年（1979~1989）》，文物出版社，1991年；唐舒龙：《试论筑卫城文化》，《南方文物》1996年第2期。

⑤ 江西省文物考古研究所、厦门大学人类学系、新余市博物馆：《江西新余市拾年山遗址》，《考古学报》1991年第3期；江西省文物考古研究所、厦门大学人类学系、新余市博物馆：《新余市拾年山遗址第三次发掘》，《东南文化》1991年第5期。

⑥ 江西省博物馆、北京大学历史系考古专业、清江县博物馆：《清江筑卫城遗址发掘简报》，《考古》1976年第6期；江西省博物馆、清江县博物馆、厦门大学历史系考古专业：《江西清江筑卫城遗址第二次发掘》，《考古》1982年第2期。

⑦ 清江县博物馆：《江西清江樊城堆遗址试掘》，《考古学集刊（第1集）》，中国社会科学出版社，1981年；江西省文物工作队、清江县博物馆、中山大学人类学系考古专业：《清江樊城堆遗址发掘简报》，《江西历史文物》1985年第2期。

⑧ 江西省文物管理委员会：《江西清江营盘里遗址发掘报告》，《考古》1962年第4期。

⑨ 希宏：《永丰尹家坪遗址》，《江西历史文物》1980年第3期；江西省文物工作队：《永丰县尹家坪遗址试掘简报》，《江西历史文物》1986年第2期。

⑩ 江西省文物工作队、九江县博物馆：《九江县神墩遗址试掘》，《江西历史文物》1985年第1期；江西省文物工作队、九江县文物管理所：《江西九江神墩遗址发掘简报》，《江西历史文物》1987年第2期。

⑪ 江西省文物考古研究所、厦门大学人类学系、广丰县文物管理所：《江西广丰社山头遗址发掘》，《东南文化》1993年第4期；江西省文物考古研究所、厦门大学历史系考古专业、广丰县文物管理所：《江西广丰社山头遗址第三次发掘》，《南方文物》1997年第1期。

⑫ 湖南省博物馆：《湘乡岱子坪新石器时代遗址》，《湖南考古辑刊（第2集）》，岳麓书社，1984年。

江石峡[①]等。调查的还有江西新余棋盘山、变电所[②]，湖口文昌洑[③]等遗址。主要遗存分析如下。

拾年山三次发掘的新石器遗存一共分为三期，第二、三期属石峡文化，可以作为拾年山遗址石峡文化遗存的两段。主要器形特征演变为：带凸棱盆形鼎、盘形鼎鼎腹均变浅，圜底变近平底，盘形鼎凸棱有下移的趋势；台阶式座豆凸棱明显，喇叭柄豆由上端饰多道弦纹变为少量弦纹加圆形镂孔；长颈壶、鼓腹圈足壶变瘦高；绳纹圜底钵腹加深。

樊城堆第一次发掘（试掘）的下文化层所出带凸棱盘形鼎、喇叭柄豆与拾年山三期相近，年代相当；过渡层遗物较少，但与下文化层同出有双腹豆，年代应相近，可归为同一段；中文化层出有"T"字形鼎足、台阶式座豆、喇叭柄豆，晚出一个阶段，可作为后一段。樊城堆第二、三次发掘的下文化层年代有混乱，可以明确的是其中出双腹豆（78T11⑦：13）、细长袋足鬶（78T7④：91）等遗物的单位应该偏早，带凸棱盘形鼎（80T5⑤：19）的"T"形鼎足尚未成熟，盆腹较深，凸棱在口沿下侧，年代也应偏早，其他盘形鼎鼎腹宽浅，凸棱移至近腹底，年代偏晚。偏早和偏晚的遗物分别与第一次试掘的第一、二段年代相当。综合樊城堆三次发掘一共可分为两段，第一段与拾年山第二段年代相当；第二段晚于拾年山第二段。

筑卫城第一次发掘的下层遗存，第二次发掘的下文化层、中文化层遗存整体大致与樊城堆的两段年代相当。

尹家坪出土遗存与樊城堆第二段整体相近，年代相当。

神墩下文化层年代较混乱，其中带凸棱盘形鼎（84采集：10）等器形的特征年代较早，与拾年山第一段相近；其余年代偏晚。

文昌洑调查采集的标本年代跨度大，涵盖了拾年山第一、二段及樊城堆第一、二段。

社山头三次发掘的遗存比较混乱，大体与樊城堆的两段年代相当。

岱子坪第一期遗存中的T1、T13第6层，带凸棱盘形鼎、台阶式座豆形态与拾年山第二段相近。

石峡第二期遗存主要为墓葬，报告将墓葬分为三期。三期墓葬的核心器形特征演变并不明显，说明其时间延续可能不是很长。第一、二期墓葬所出平底或圜底近平的带凸棱盘形鼎、台阶式座豆、矮喇叭形弧盘豆、鼓腹圈足壶等器形的形态与樊城堆第

---

① 广东省文物考古研究所、广东省博物馆、广东省韶关市曲江区博物馆：《石峡遗址——1973～1978年考古发掘报告》，文物出版社，2014年。

② 江西省新余市博物馆：《江西省新余市渝水区古文化遗址调查》，《考古与文物》1989年第4期。

③ 石钟山文物管理所：《江西湖口县文昌洑遗址调查》，《东南文化》1990年第4期。

二段、筑卫城第二段、尹家坪遗存均较为接近，年代应相当；第三期墓葬不见此类盘形鼎，主要延续前阶段的折腹浅弧盘鼎，豆多为高台阶式高柄豆，与第一、二期差别较大，还出现了前两期墓葬未见的袋足鬶（M54：25），该袋足鬶冲天流，颈靠近肩部一侧，比筑卫城二段所出肥袋足鬶形态更晚。

综上所述，可将石峡文化遗存一共分为四段，诸遗存对应表如下（表二三）。

表二三　石峡文化诸遗存年代对应表

遗址 \ 分段	第一段	第二段	第三段	第四段
拾年山	第一段	第二段		
樊城堆		第一段	第二段	
筑卫城		√	√	
尹家坪			√	
神墩	√	√	√	
文昌洑	√	√	√	
社山头		√	√	
岱子坪		√		
石峡			第一、二期墓葬	第三期墓葬

石峡文化的分段和诸遗存年代对应表反映了石峡文化的时空变迁，第一段时仅在赣鄱地区有少量发现，是石峡文化的形成期；第二、三段时遗存数量大增，在赣鄱至岭南地区都有分布，并向西在湘中有少量分布，是石峡文化的繁荣期；第四段时仅在岭南地区有所分布，以石峡遗存为代表，是石峡文化的衰落期或迁徙期。由此可以将石峡文化分为早、中、晚三期，早期包括第一段；中期可以分为早、晚两段，分别包括第二、三段；晚期包括第四段。石峡文化大致可以分为三个地区类型，分别为分布在鄱阳湖—赣江流域的樊城堆类型、赣东北的社山头类型和粤北的石峡类型，三个类型的时间延续并不对等。石峡文化的时空变迁是一个由北向南迁移的过程。

石峡文化中的带凸棱盘形鼎最早见于薛家岗文化的郑家坳类型[1]中，有学者将此类鼎进行排序，整体演变趋势为盘腹逐渐变浅，沿外凸棱逐渐下移，基本可以认定该型鼎来自薛家岗文化的郑家坳类型[2]。鼓腹圈足壶、喇叭形柄上部饰多道弦纹的豆等器形也是薛家岗文化的典型器形。台阶式座豆最早出现于黄鳝嘴文化中，尤其在黄梅塞墩

---

[1] 江西省文物工作队、靖安县博物馆：《江西靖安郑家坳新石器时代墓葬清理简报》，《东南文化》1989年第4、5期；江西省文物考古研究所、宜春地区文物博物事业管理所、靖安县博物馆：《靖安郑家坳墓地第二次发掘》，《考古与文物》1994年第2期。

[2] 罗运兵：《薛家岗文化研究》，武汉大学硕士学位论文，2004年。

遗址[①]中最为常见。晚于黄鳝嘴文化的薛家岗文化仅在其郑家坳类型中有少量发现，构不成其主要器类。而分布在洞庭湖东南部至湘水中上游地区承袭了大量黄鳝嘴文化因素的堆子岭文化保留有较多台阶式座豆。堆子岭文化大致与薛家岗文化早期、油子岭文化年代相当，晚于黄鳝嘴文化，早于石峡文化。石峡文化的台阶式座豆很可能来自其邻近地区的堆子岭文化。石峡文化早期遗存中还有少量小口罐形鼎、外折沿簋、曲腹杯等器形（主要出于拾年山一段遗存）（图一五八，A），这些是长江中游屈家岭下层文化的典型器形，其形态相当于屈家岭下层文化偏晚阶段。从核心器形及组合来看，石峡文化的主要来源是薛家岗文化和堆子岭文化，屈家岭下层文化的渗透可能对其造成了一定的影响。

在石峡文化遗存中可以看到少量屈家岭文化因素，具体如拾年山二段出的凹底的高领罐（第三次发掘M86∶4）、饰圆形镂孔高圈足式捉手器盖（第一、二次发掘M47∶2、M47∶1）、樊城堆一段出的双腹豆（77T2⑤∶7、77T2③B∶30、78T7④∶96、78T11⑦∶13）等（图一五八，B）。这些因素主要出现在石峡文化中期偏早段，说明其年代与屈家岭文化相当。石峡文化中期晚段和晚期的年代依据筑卫城、石峡两处遗址所出袋足鬶的形态，相当于大汶口文化晚期偏晚阶段[②]，而中期晚段

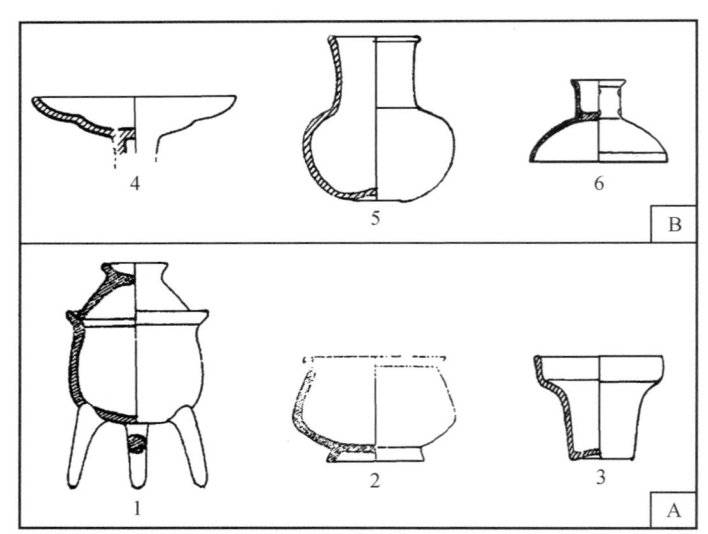

图一五八　石峡文化中的屈家岭下层文化、屈家岭文化因素举例
A. 屈家岭下层文化因素：1. 鼎（拾年山第一、二次M55∶1）　2. 簋（拾年山第一、二次M67∶9）
3. 曲腹杯（拾年山第三次M117∶2）
B. 屈家岭文化因素：4. 双腹豆（樊城堆78T11⑦∶13）　5. 高领罐（拾年山第三次M86∶4）
6. 器盖（拾年山第一、二次M47∶2）

---

① 中国社会科学院考古研究所：《黄梅塞墩》，文物出版社，2010年。
② 高广仁、邵望平：《史前陶鬶初论》，《考古学报》1981年第4期。

大量流行的"T"字形鼎足横截面近乎"Y"形，与良渚文化晚期偏晚阶段特征接近，均超出了屈家岭文化的年代，与石家河文化年代大致相当。

从石峡文化中期晚段开始直到晚期的诸多遗存中可以看到大量的良渚文化因素，如"T"字形鼎足、贯耳壶等陶器和玉钺、玉琮等玉器，深刻影响了石峡文化的内涵。

总体来说，石峡文化受屈家岭文化的影响较小，在其中、晚期更多的是受到良渚文化的影响。

二、山背类型遗存

山背类型遗存主要见于江西省修水县山背跑马岭F1[①]。此类遗存陶系以红陶为主，少量灰陶，多为夹砂陶，也有少量泥质陶。主要器形有圆腹罐形鼎、圆腹圈底罐、高柄子口豆、矮柄豆、杯形豆、外侈口盆形甑、鼓腹圈足壶、扁腹壶、敛口圈底钵、器盖等。鼎足有侧装三角形扁足、正装宽扁足等。器表多为素面，少量饰弦纹、附加锯齿纹、编织纹等（图一五九）。此外，跑马岭F1还出有鬲足，应为混入，可剔除。有学者曾将其与筑卫城、樊城堆等遗存一起命名为"山背文化"[②]，与本书将筑卫城、樊城堆等遗存纳入石峡文化相矛盾。

从出土陶器器形来看，山背遗存与筑卫城、樊城堆等遗存有一定程度的相似性，如都见鼓腹圈足壶、喇叭形矮柄豆等。但后者的核心陶器组合如带凸棱盆形鼎、台阶式座豆不见于山背遗存；山背遗存的圆腹罐形鼎、杯形豆、圆腹圈底罐等器形也不见于前者。两者的器形组合差异巨大，应属不同的文化遗存。鉴于与山背同类的遗存目前发现和发表的材料极少，认识难以深入，不宜称为一个文化，暂以山背类型命名。

山背类型的年代暂无测年数据，可以部分器形类比得出其相对年代。山背类型出有1件外侈口盆形甑（修·山·跑F1T1③，简报图一四，9）、1件细长袋足鬶（修·山·跑F1T3③，简报图版柒，3），外侈口盆形甑多见于拾年山第三期遗存，细长袋足鬶也见于樊城堆下层遗存中的偏早段、筑卫城遗存的偏早段，这些遗存属石峡文化中期早段。说明山背类型遗存的年代与石峡文化中期早段大致相当。

山背类型遗存目前仅在江西修水一带有少量发现，其西邻近洞庭湖地区，其东连通鄱阳湖，与分布在其周边的屈家岭文化、薛家岗文化、石峡文化都有一定的关系。其圆腹罐形鼎、杯形豆、扁腹壶等器形应该来自屈家岭文化，部分器形与屈家岭文化城头山类型较为接近，圆腹圈底罐也见于屈家岭文化。鼓腹圈足壶、高柄子口豆等器

---

① 江西省文物管理委员会：《江西修水山背地区考古调查与试掘》，《考古》1962年第7期。
② 彭适凡：《试论山背文化》，《考古》1982年第1期。

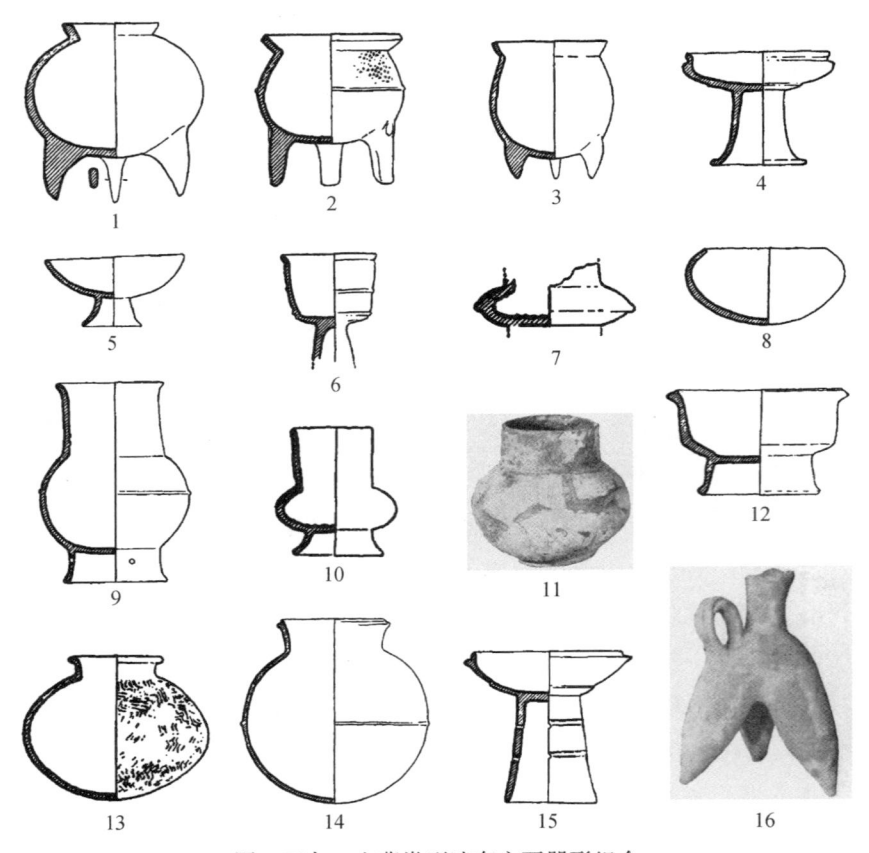

图一五九　山背类型遗存主要器形组合

（除第9件为杨家坪F1出土外，其余均出自山背跑马岭F1，简报未编器物号，仅给出探方和单位编号）

形可能来自薛家岗文化；细长袋足鬶在同时期的长江下游、赣鄱地区都有分布；外侈口盆形甗在石峡文化和山背类型遗存中都有发现，类似的器形见于黄梅塞墩遗址黄鳝嘴文化遗存[①]，该报告将之分为B型陶盆，但两者之间有较大时间缺环，大致介于期间的堆子岭文化虽然承袭了较多黄鳝嘴文化因素，但不见此类器形，薛家岗文化中也基本不见；敛口圜底钵、饰编织纹扁腹罐可能是本地因素。从主要器形及组合来看，山背类型遗存应该主要是屈家岭文化与薛家岗文化在江西西北部交流或碰撞的产物，同时还有一些地方特色。

根据本章的分析与梳理，可作屈家岭文化对外扩张、渗透路线示意图，如下（图一六〇）。

---

① 中国社会科学院考古研究所：《黄梅塞墩》，文物出版社，2010年。

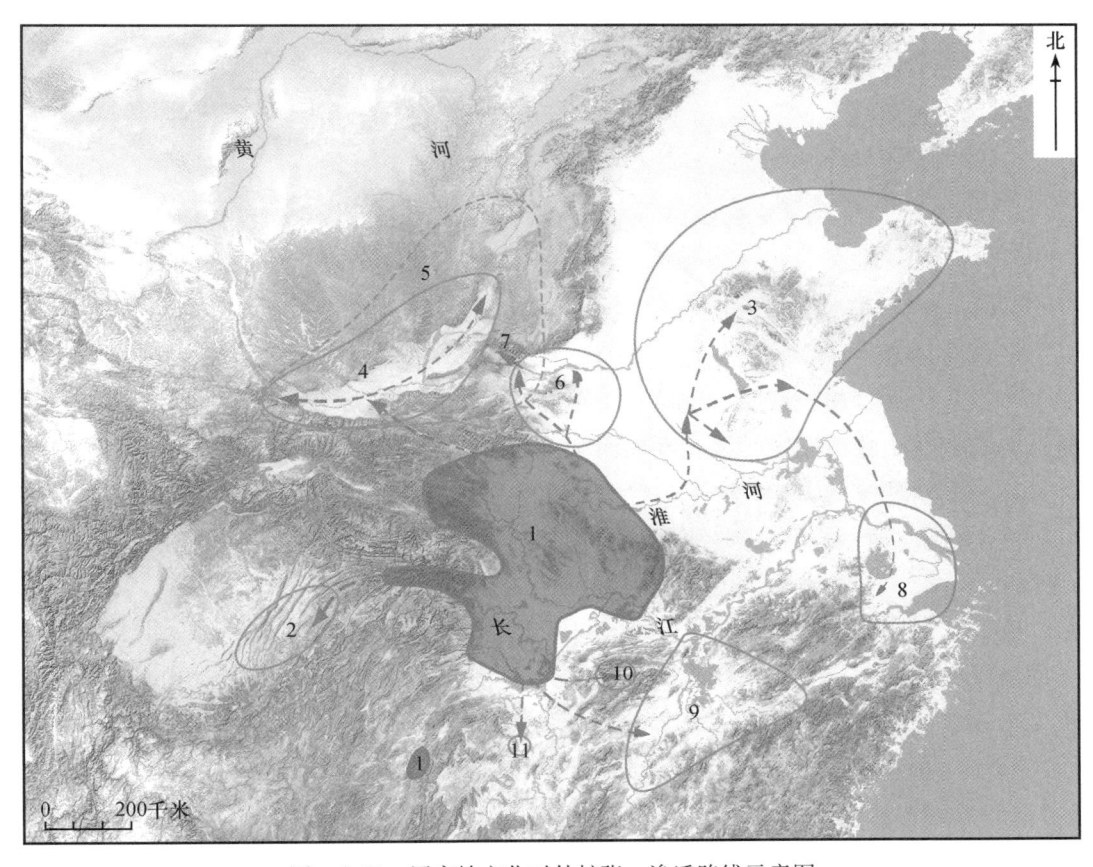

图一六〇　屈家岭文化对外扩张、渗透路线示意图

1. 屈家岭文化　2. 哨棚嘴文化　3. 大汶口文化　4. 泉护文化　5. 庙底沟二期文化　6. 秦王寨文化　7. 东关类型　8. 良渚文化　9. 石峡文化　10. 山背类型　11. 岱子坪一期

（说明：周边诸文化范围只标示屈家岭文化扩张时期大致分布范围，如石峡文化晚期主要分布在粤北地区，超出屈家岭文化年代，故未标出。岱子坪一期包含石峡文化和屈家岭文化两类遗存，具体分析见后文）

第八章　屈家岭文化的流向

长江中游地区屈家岭文化之后为石家河文化，前文在屈家岭文化相对年代一节中也列举了若干层位依据表明石家河文化遗存均叠压于屈家岭文化遗存之上。学界一般也认为石家河文化由屈家岭文化发展而来。屈家岭文化的流向是石家河文化已是不刊之论。本书对屈家岭文化流向的讨论分为两个层次：①屈家岭文化向石家河文化转化的外在动因；②石家河文化与屈家岭文化之间的谱系关系和石家河文化核心特征的文化来源分析。

在屈家岭文化末期，长江下游地区的良渚文化加大了对外扩张规模[1]，重要的一个方向就是向西推进；分布在皖北豫东地区的大汶口文化尉迟寺类型也做出相应回应。下文将两个文化的主要扩张过程做出系统梳理。

第一节　良渚文化的西进

良渚文化反映的是一个具备多层社会结构的神王国家或政教合一的国家，此时已迈入文明社会阶段[2]。良渚文化的繁荣和强大不仅体现在大规模的古城（良渚古城）、高规格的墓葬、大量丰富的玉器上，其对外文化扩张和影响也极其广泛。良渚文化的对外扩张除了向北、东、南外，还有一个最重要的方向——向西。其向西的扩张主要有两个路线，一是从太湖西北部到达宁镇地区，再沿长江溯流而上至皖江两岸、皖北，最终进入长江中游局部地区；二是从太湖南部沿富春江—衢江溯流至赣鄱、湘中，再跃南岭至粤北地区[3]。第一条路线主要针对的是沿途的北阴阳营文化、凌家滩文化、薛家岗文化、屈家岭文化；第二条路线主要针对的是原分布在赣鄱地区的石峡文化。良渚文化的西进对这些文化的发展都造成了深刻影响。下面将分别进行论述。

---

[1] 良渚文化在其早期就开始对外扩张，至晚期扩张范围、规模与影响达到最大。
[2] 张忠培：《良渚文化的年代和其所处的社会阶段——五千年前中国进入文明的一个例证》，《文物》1995年第5期；张忠培：《良渚文化墓地与其表述的文明社会》，《考古学报》2012年第4期。
[3] 许永杰：《距今五千年前后文化迁徙现象初探》，《考古学报》2010年第2期。

一、宁镇地区——北阴阳营文化

北阴阳营文化是宁镇地区最具代表性的史前文化，得名于北阴阳营遗址。北阴阳营遗址位于江苏省南京市，在宁镇地区秦淮河流域的一处约4米高的台地上。南京博物院于1955~1958年分别对该遗址进行了四次发掘，总发掘面积3000余平方米[①]。四次发掘清理的271座新石器墓葬大致代表了北阴阳营文化的主要内涵。墓葬主要分布在墓葬区，少量分布在居址区。依据随葬陶器的组合和器形的演变将之分为五段（图一六一）。五段墓葬分别如下。

第一段：M11、M34、M37、M38、M39、M57、M60、M61、M65、M66、M69、M71、M73、M74、M75、M76、M79、M81、M82、M148、M149、M157、M158、M179、M182、M183、M184、M191、M217（全为第4层墓葬）；

第二段：M9、M12、M13、M14、M15、M19、M20、M22、M25、M40、M45、M46、M47、M51、M52、M53、M56、M62、M67、M68、M70、M72、M78、M80、M125、M126、M127、M131、M132、M134、M173、M174、M175、M180、M189、M202、M204、M205、M209、M215、M216、M253（大部分为第3层墓葬，少量第4层、个别居住区墓葬）；

第三段：M2、M3、M4、M5、M6、M7、M10、M64、M89、M90、M95、M97、M100、M109、M111、M113、M117、M119、M122、M123、M124、M156、M160、M161、M162、M163、M171、M181、M207、M214、M221、M259（大部分为第2层墓葬，少量第3层墓葬）；

第四段：M137、M140、M153、M154、M155、M159、M227、M265、M270、M276、M277（全为第1层墓葬）；

第五段：M237、M250、M284、M286、M247、M285（全为居住区墓葬）。

北阴阳营文化的主要器形及组合有鼎、豆、壶、罐、碗、匜、盆、盉、鬶等，鼎有釜形、罐形、盆形等；高柄豆有弧壁敛口、弧壁口沿内折等；矮柄豆有折壁口沿外侈、弧壁口沿内折等；罐有折腹带耳或錾、圆腹等；圈足碗带黑彩；匜多杯形；盆多曲腹宽折沿；盉有三足和平底两种。

北阴阳营文化的其他遗存发现较少，目前来看分布范围十分狭小。与之邻近的江

---

① 南京博物院：《北阴阳营——新石器时代及商周时期遗址发掘报告》，文物出版社，1993年。

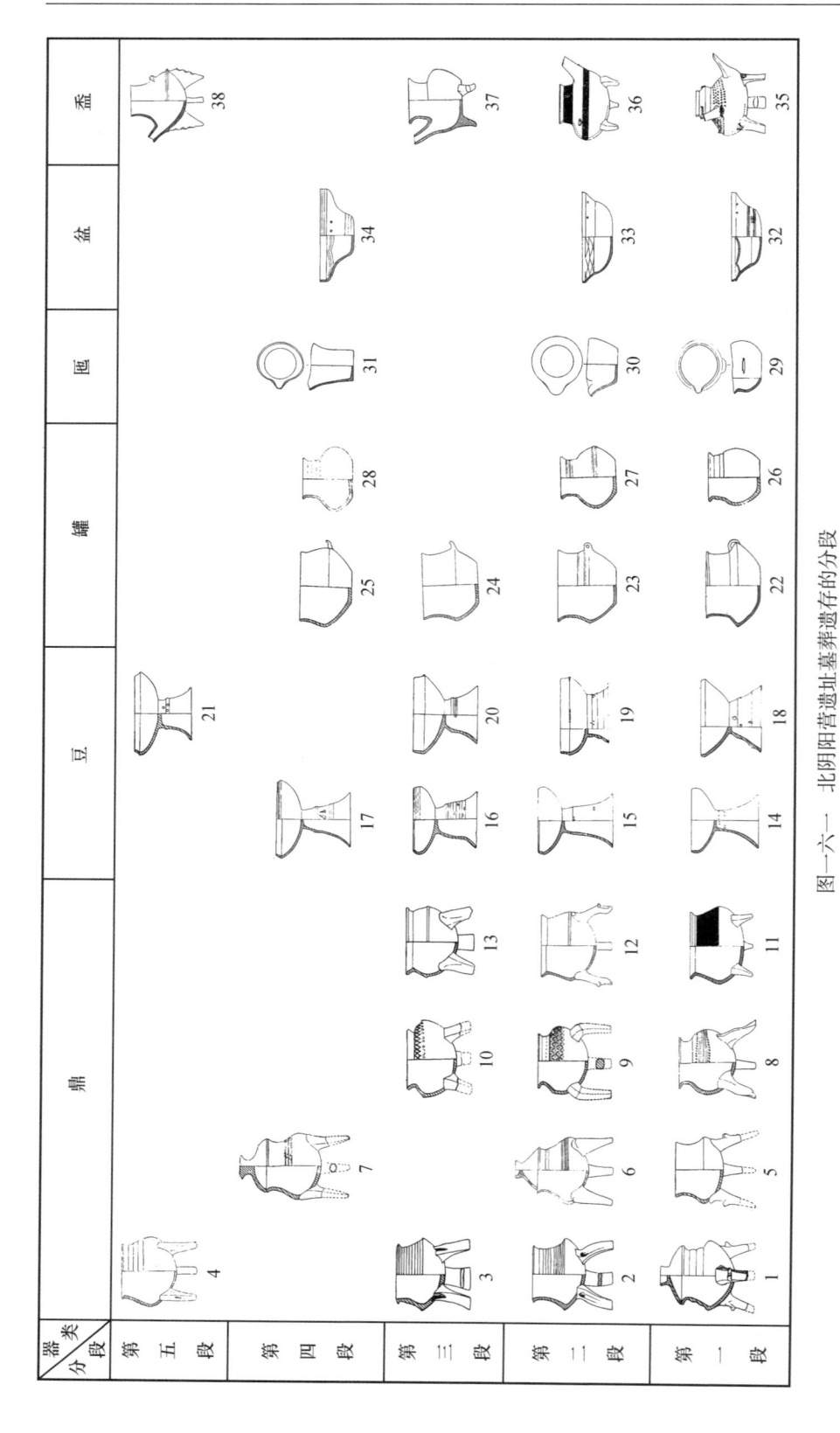

图一六一 北阴阳营遗址墓葬遗存的分段

1~7.釜形鼎（M148:5，M12:4，M109:6，M250:6，M61:9，M134:2，M140:2） 8~13.罐形鼎（M79:4，M40:8，M100:4，M39:10，M68:6，M207:1） 14~21.豆（M34:1，M131:11，M122:2，M155:5，M57:3，M78:1，M117:6，M250:1） 22~25.折腹罐（M182:2，M22:4，M162:1，M155:6） 26~28.圆腹罐（M73:4，M205:2，M155:2） 29~31.匜（M66:13，M67:12，M277:3） 32~34.盆（M183:1，M253:7，M154:1） 35~38.盃（M149:1，M204:4，M124:8，M286:1）

宁昝庙遗址下层遗存[①]，据描述其豆把上端多有一道凸棱，其他存在部分器物带有角状把手、环耳等。豆把上端有凸棱，明显属于较晚的特征，可能与北阴阳营墓葬五段相当。带把手、环耳的特征可能来自江淮东部的"龙虬庄文化"，但崧泽文化的新岗[②]、昆山[③]等遗址也有大量此类风格器物，另外所出的折腹壶、矮圈足豆、圈足罐等器形与崧泽文化的面貌更为接近。与此同时分布在宁镇东部地区的句容城头山第3层遗存[④]、丹阳王家山的少量遗存[⑤]均属崧泽文化范畴。由此，有学者认为宁镇地区西部和东部属两个不同的文化系统[⑥]。

在良渚文化早期，宁镇东部地区依旧是环太湖地区文化系统范畴内，如丹阳的西沟居[⑦]、王家山[⑧]、三城巷[⑨]等遗址均发现良渚文化早期遗存，并延续到良渚文化晚期。宁镇西部地区的北阴阳营文化已经消失，该地区的昝庙、太岗寺[⑩]等遗址也有较典型的良渚文化遗存的发现。

宁镇地区在北阴阳营文化时期在吸收北面的大汶口文化、"龙虬庄文化"，西面的薛家岗文化，东面的崧泽文化等因素的基础上形成较具特色的自身文化体系，主要分布在宁镇西部；但同时不断受到崧泽文化的渗透。良渚文化形成后，在占据宁镇东部地区的基础上，基本覆盖了宁镇西部地区，整个宁镇地区大体纳入环太湖地区文化系统。

[①] 魏正瑾：《昝庙遗址》，《1981年江苏省考古学会第二次年会暨吴文化学术讨论会论文集（第一册）》，1981年；魏正瑾：《宁镇地区新石器时代文化的特点与分期》，《考古》1983年第9期。

[②] 常州博物馆：《常州新岗——新石器时代文化遗址发掘报告》，文物出版社，2012年。

[③] 浙江省文物考古研究所、湖州市博物馆：《昆山》，文物出版社，2006年。

[④] 刘建国：《江苏句容城头山遗址试掘简报》，《考古》1985年第4期。

[⑤] 镇江博物馆：《江苏丹阳王家山遗址发掘简报》，《考古》1985年第5期。

[⑥] 刘建国：《浅论宁镇地区古代文化的几个问题》，《考古》1986年第8期。

[⑦] 南京博物院、镇江博物馆：《江苏丹阳西沟居新石器时代遗址试掘》，《考古》1994年第5期。

[⑧] 镇江博物馆：《江苏丹阳王家山遗址发掘简报》，《考古》1985年第5期。

[⑨] 三城巷考古队：《丹阳市三城巷遗址发掘报告》，《东南文化》1994年增刊；镇江博物馆、丹阳市文化局：《丹阳市三城巷遗址第二次发掘报告》，《东南文化》2008年第5期。

[⑩] 江苏省文物工作队太岗寺工作组：《南京西善桥太岗寺遗址的发掘》，《考古》1962年第3期。

二、皖江地区——凌家滩文化、薛家岗文化

皖江地区可以分为东部的巢湖南部地区（皖江东部地区）和西部的以安庆为中心的皖西南地区。

在良渚文化之前，皖江东部地区主要分布有凌家滩文化。凌家滩文化主要以凌家滩遗址①为代表，以其墓葬出土丰富多彩、制作精巧的玉石器为主要特点；陶器出土较少，主要有鼎、豆、壶、鬶、盘、罐等，年代大致相当于崧泽文化中、晚期。凌家滩2015年的发掘提供了较多的陶器资料②，主要有鼎足、豆柄两类，部分鼎足、豆柄带有良渚文化早期的特征。芜湖月堰遗址③也有年代相近的遗存发现，据简报提供的线图，M25、M31出有圆腹贯耳壶等典型的良渚文化器物，这些器形应该早到良渚文化早期偏早阶段；同时还保留崧泽文化因素。马鞍山采石河流域调查发现的笔架山、小山村、小村等遗址采集有良渚文化时期的标本④，因报告未发表线图，具体年代未知。当涂汤家楼窑墩遗址⑤采集到良渚文化的"T"形鼎足（简报图十七，11），该鼎足截面"T"形横、纵弧接，大致属良渚文化晚期偏早阶段。繁昌中滩、五里亭等遗址出土的鱼鳍形足罐形鼎相当于良渚文化早期阶段，高墩遗址所出"T"形鼎足到了良渚文化晚期，其他出有良渚文化器物的遗址还有官塘神墩等⑥。

上述现象表明良渚文化在其早期就已扩张到皖江东部地区，并延续到良渚文化的晚期。

良渚文化到达皖西南地区主要发生在良渚文化的晚期，也有零星良渚文化早期器形的发现。薛家岗遗址⑦的部分墓葬中出有较多典型的良渚文化器物，具体如内斜直口盆形鼎（M17:1）、多道凸棱的折盘豆（M8:9、M11:4）、圈足盘（M34:1）、双鼻壶（M75:3）、玉琮（M47:3）等，还有一些长颈扁腹壶，与良渚文化的双鼻壶形态接近（图一六二）。这些器形特征相当于良渚文化晚期偏早阶段，所出土的墓葬

---

① 安徽省文物考古研究所：《凌家滩——田野考古发掘报告之一》，文物出版社，2006年。
② 丁俊琼：《安徽长江流域崧泽时代文化年代与分区研究》，安徽大学硕士学位论文，2017年。
③ 安徽省文物考古研究所：《安徽芜湖月堰遗址新石器时代墓葬发掘简报》，《文物》2009年第8期。
④ 中国科学技术大学科技史与科技考古系、中国科学技术大学博物馆、马鞍山市文物管理局：《马鞍山采石河流域区域系统调查初步报告》，《东南文化》2010年第1期。
⑤ 中国国家博物馆、安徽省文物考古研究所：《安徽省当涂县姑溪河流域区域系统调查简报》，《东南文化》2014年第5期。
⑥ 汪发志：《繁昌地区先秦文化遗存综述》，《文物研究（第20辑）》，科学出版社，2013年。
⑦ 安徽省文物考古研究所：《潜山薛家岗》，文物出版社，2004年。

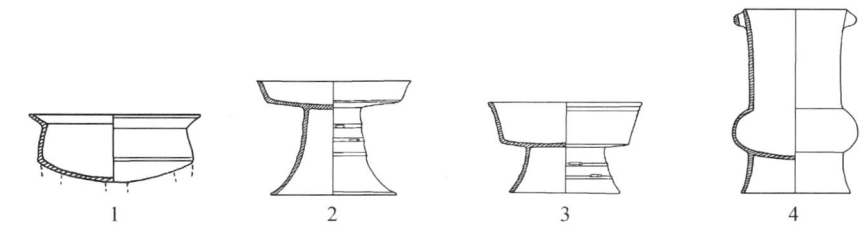

图一六二　薛家岗文化遗存中的良渚文化因素举例

1. 鼎（薛家岗M17∶1）　2. 豆（薛家岗M8∶9）　3. 圈足盘（薛家岗M34∶1）　4. 双鼻壶（薛家岗M75∶3）

属薛家岗文化晚期。还有夫子城遗址出的双鼻壶（T4⑥∶12）[①]等。

良渚文化对薛家岗文化的影响并不限于皖西南地区，在薛家岗文化分布的其他地区也有少量发现，如鄂东南黄梅陆墩遗址[②]出土的双鼻壶（M16∶1、M8∶1），钓鱼嘴遗址[③]采集的矮圈足盘（HD∶12），蕲春毛家咀遗址出土的玉琮[④]及赣北靖安郑家坳遗址[⑤]出土的贯耳壶（M8∶4）等。诸多调查表明鄂东南的黄梅、武穴至蕲春一带原薛家岗文化鼓山类型的分布范围内都受到良渚文化的较大影响[⑥]。

除了皖江地区，杭埠河中游区域系统调查发现了较多的鱼鳍形鼎足、"T"形鼎足的分布，如舒城杨家岗头、锣喧等遗址[⑦]。在皖北地区也发现了若干良渚文化的因素，如蚌埠龙王庙遗址[⑧]的"T"形鼎足，定远德胜村遗址[⑨]采集的"T"形鼎足、袋足鬶及琮、璧、钺等玉石器，肥东张集乡出土的大玉琮[⑩]等。这些均属良渚文化晚期。皖东南

---

① 安徽省文物考古研究所：《安徽安庆市夫子城新石器时代遗址的发掘》，《考古》2002年第2期。

② 中国社会科学院考古研究所湖北工作队：《湖北黄梅陆墩新石器时代墓葬》，《考古》1991年第6期。

③ 中国社会科学院考古研究所湖北工作队、黄梅县博物馆：《湖北黄梅县考古调查简报》，《考古》1994年第6期。

④ 黄冈地区博物馆：《黄冈地区几处古文化遗址》，《江汉考古》1989年第1期。

⑤ 江西省文物考古研究所、宜春地区文物博物事业管理所、靖安县博物馆：《靖安郑家坳墓地第二次发掘》，《考古与文物》1994年第2期。

⑥ 中国社会科学院考古研究所湖北工作队、黄梅县博物馆：《湖北黄梅县考古调查简报》，《考古》1994年第6期；黄冈地区博物馆：《湖北黄冈浠水流域古文化遗址调查》，《江汉考古》1995年第1期。

⑦ 安徽省文物局、安徽省文物考古研究所：《杭埠河中游区域系统调查报告》，文物出版社，2012年。

⑧ 中国社会科学院考古研究所、安徽省蚌埠市博物馆：《蚌埠禹会村》，科学出版社，2013年。

⑨ 吴荣清：《安徽省定远县德胜村出土良渚文化遗物》，《东方文明之光——良渚文化发现60周年纪念文集》，海南国际新闻出版中心，1996年。

⑩ 彭余江、桂金元：《肥东出土安徽首件大玉琮》，《中国文物报》1997年6月8日第1版。

山地也有一些良渚文化遗存或因素的发现，在此不详述。

薛家岗文化瓦解后，皖西南地区的文化遗存以张四墩文化为代表。张四墩文化中也有较多良渚文化晚期因素的发现，如张四墩[①]、何家凸、野人湾[②]等遗址出土的"T"形鼎足。

三、长江中游——屈家岭文化

良渚文化从太湖西北部进入宁镇地区，再沿长江溯流而上至皖江两岸、皖北，最终到达长江中游地区。前文已列举了在鄂东南黄梅、蕲春一带发现的良渚文化因素，说明了良渚文化对薛家岗文化全范围的渗透，并已到达长江中游的东端。

良渚文化的持续西进对薛家岗文化相邻的屈家岭文化也造成了影响。黄冈螺蛳山遗址在1990年清理了4座墓葬[③]，其中M1、M3主体属屈家岭文化，相当于本书所分屈家岭文化晚期。M1出有罐形鼎、盆形鼎、双腹碗、双腹豆、鼓腹圈足壶、双鼻壶等器形（图一六三）。M1中的双鼻壶属典型的良渚文化遗物，扁鼓腹的形态相当于良渚文化晚期偏早阶段。

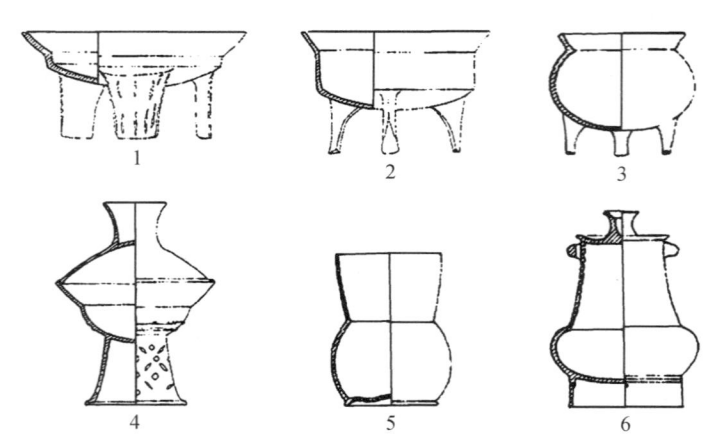

图一六三　螺蛳山遗址1990年发掘M1出土陶器
1、2. 盆形鼎（M1:3、M1:8）　3. 罐形鼎（M1:2）　4. 双腹豆（M1:1）　5. 鼓腹圈足壶（M1:4）
6. 双鼻壶（M1:5）

---

① 北京大学考古学系、安徽省文物考古研究所：《安徽安庆市张四墩遗址试掘简报》，《考古》2004年第1期。

② 安徽省文物工作队：《太湖、宿松古文化遗址调查》，《安徽文博》1983年总第3期。

③ 湖北省黄冈地区博物馆：《1990年湖北黄冈螺蛳山遗址墓葬清理发掘》，《鄂东考古发现与研究》，湖北科学技术出版社，1999年。

屈家岭文化在鄂东南地区的放鹰台类型中还有少量长颈壶如放鹰台65WFM1∶3[①]等，整体造型接近良渚文化晚期的双鼻壶，只是没有双鼻，应该也是受良渚文化影响的器形。

良渚文化对屈家岭文化的渗透除了从太湖西北部沿长江溯流的第一条西进路线外，在其西进的第二条路线——从太湖南部沿富春江—衢江溯流至赣鄱、湘中及粤北等地区上也有所反映。赣鄱、粤北等石峡文化分布地区的良渚文化因素将在下一节介绍。位于湖南中部的湘乡岱子坪遗址[②]呈现出三类文化"共存"的复杂迹象。岱子坪遗址第一期遗存中的T1、T13第6层出土陶器主要有带凸棱盘形鼎、台阶式座豆等，属石峡文化中期早段。而同属第一期遗存的M43、M62随葬陶器不见石峡文化因素，而以屈家岭文化因素为主，如罐形鼎、高领罐、圈足壶、甑等器形，相当于屈家岭文化早期；同时共出有贯耳壶、四系簋等良渚文化因素，形态接近良渚文化早期偏晚阶段（图一六四）。M43位于T10，M62位于T9，简报描述为位于"第5层之中"。尚不能确定与T1、T13第6层的相对早晚关系。上文类比知石峡文化中期早段与屈家岭文化年代大致相当，那么岱子坪第一期遗存即反映了居址以石峡文化因素为主，墓葬以屈家

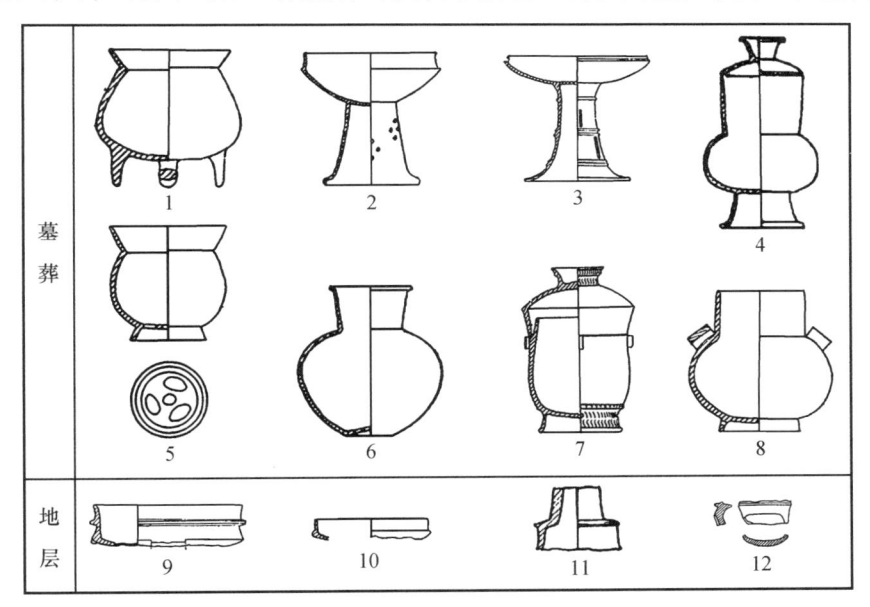

图一六四　岱子坪一期遗存

1.罐形鼎（M62∶4）　2、3、10.豆（M43∶15、M62∶12、T1⑥∶27）　4.圈足壶（M62∶8）
5.甑（M62∶5）　6.高领罐（M62∶13）　7.四系簋（M43∶1）　8.贯耳壶（M62∶1）
9.盘形鼎（T1⑥∶14）　11.台阶式豆座（T1⑥∶21）　12.鼎足（T1⑥∶17）

---

① 湖北省文物考古研究所：《武昌放鹰台》，文物出版社，2003年。
② 湖南省博物馆：《湘乡岱子坪新石器时代遗址》，《湖南考古辑刊（第2集）》，岳麓书社，1984年。

岭文化因素为主，共存同一遗址的情况；同时说明了良渚文化向西的渗透在其早期就已开始。

良渚文化沿长江溯流逐步向西推进，对沿途的北阴阳营文化、凌家滩文化、薛家岗文化产生了重大影响，并最终与长江中游的屈家岭文化在鄂东南地区发生了接触。良渚文化虽未渗透到屈家岭文化的核心区，但这种强势的西进态势应该也对屈家岭文化造成了较大的影响。这从后面的石家河文化中可以得到充分验证。

四、赣鄱、粤北地区——石峡文化

良渚文化西进的第二条路线是从太湖南部沿富春江—衢江溯流至赣鄱、湘中，再越南岭至粤北地区。这些地区所见良渚文化因素已有学者做过分析[1]，本小节重复梳理的目的在于探讨良渚文化的进入对该地区的文化内涵、时空格局造成的影响。

江西广丰社山头遗址[2]是良渚文化进入赣鄱地区的第一站。社山头遗址所出带凸棱盆形鼎、盘形鼎、台阶式座豆相当于石峡文化中期早段、晚段，与之共存的有"T"形鼎足、多节式豆柄豆、粗把豆、贯耳壶、矮圈足盘等属良渚文化的因素或典型器形。良渚文化因素在社头山偏晚遗存中比例甚至超过石峡文化因素。

自此，赣鄱地区广泛出现良渚文化因素。具体有樊城堆[3]、筑卫城[4]、尹家坪[5]、文昌洑[6]等遗址相关遗存中出现大量的"T"形鼎足，拾年山遗址[7]的玉琮（第三次发掘T32②：3）等。除此外，江西境内还发现一些零散的良渚文化玉器，如丰城荣塘乡

---

[1] 许永杰：《距今五千年前后文化迁徙现象初探》，《考古学报》2010年第2期。

[2] 江西省文物考古研究所、厦门大学人类学系、广丰县文物管理所：《江西广丰社山头遗址发掘》，《东南文化》1993年第4期；江西省文物考古研究所等：《江西广丰社山头遗址第三次发掘》，《南方文物》1997年第1期。

[3] 清江县博物馆：《江西清江樊城堆遗址试掘》，《考古学集刊（第1集）》，中国社会科学出版社，1981年；江西省文物工作队、清江县博物馆、中山大学人类学系考古专业：《清江樊城堆遗址发掘简报》，《江西考古历史文物》1985年第2期。

[4] 江西省博物馆、北京大学历史系考古专业、清江县博物馆：《清江筑卫城遗址发掘简报》，《考古》1976年第6期；江西省博物馆、清江县博物馆、厦门大学历史系考古专业：《江西清江筑卫城遗址第二次发掘》，《考古》1982年第2期。

[5] 希宏：《永丰尹家坪遗址》，《江西历史文物》1980年第3期；江西省文物工作队：《永丰县尹家坪遗址试掘简报》，《江西历史文物》1986年第2期。

[6] 石钟山文物管理所：《江西湖口县文昌洑遗址调查》，《东南文化》1990年第4期。

[7] 江西省文物考古研究所、厦门大学人类学系、新余市博物馆：《新余市拾年山遗址第三次发掘》，《东南文化》1991年第5期。

出土的八节式神人纹玉琮[①]、德安湖湾乡出土的神人纹玉琮[②]等。这些玉器在颇多学者的研究中有涉及[③]。

良渚文化的输入并非简单在石峡文化遗存中发现良渚文化的因素，而是深刻影响了石峡文化的内涵。在石峡文化早期，石峡文化的鼎多为正装扁足、扁管状足、侧装扁足、鸭嘴形足等；到了石峡文化中期早段，除上述鼎足外，新增了少量"T"形鼎足，此时的"T"形鼎足截面横、纵弧接，相当于良渚文化晚期偏早阶段；而在石峡文化中期晚段，赣鄱地区的石峡文化遗存鼎足大多数为典型的"T"形鼎足。良渚文化特有的"T"形鼎足被赣鄱地区的石峡文化完全接受采纳，逐渐取代了原本的多样化鼎足，但其鼎身带凸棱盆形或盘形造型一直延续。此外，赣鄱至粤北地区如樊城堆、筑卫城、石峡[④]等遗存中所见袋足鬶，也应是假借良渚文化而来。在此期间，长江中游的文化因素虽也在石峡文化中有少量发现，却未被石峡文化吸收到自身文化体系中。

良渚文化对石峡文化的影响还体现在其精神信仰方面——以玉琮为代表的良渚文化玉器。在石峡文化中期晚段，石峡文化进入粤北地区；而石峡文化晚期遗存仅分布在粤北，赣鄱地区基本不见。粤北地区的石峡文化所见良渚文化因素以石峡第二期的墓葬所出贯耳壶、玉钺、玉琮等为代表；还有一些零散的良渚文化玉器在粤北其他遗址有发现[⑤]。

良渚文化渗透到石峡文化主要发生在石峡文化的中、晚期，与石峡文化发生向南迁徙至粤北事件的时间相吻合。石峡文化从赣鄱地区迁徙至粤北地区的动因很可能与良渚文化从太湖南部沿富春江—衢江溯流向西扩张的文化态势有关。

第二节 大汶口文化晚期的扩张

在良渚文化沿长江溯流西进的过程中，还曾进入皖北，前文已列举过在皖北地区

[①] 万德强：《丰城出土的良渚文化玉器》，《江西文物》1989年第2期。

[②] 周迪人：《德安县几件馆藏文物》，《江西文物》1990年第3期。

[③] 纪仲庆：《良渚文化的影响与古史传说》，《东南文化》1990年第5期；林华东：《论良渚文化玉琮》，《东南文化》1991年第6期；万良田、万德强：《江西出土的良渚文化型玉琮》，《东方文明之光——良渚文化发现60周年纪念文集》，海南国际新闻出版中心，1996年。

[④] 广东省文物考古研究所、广东省博物馆、广东省韶关市曲江区博物馆：《石峡遗址——1973～1978年考古发掘报告》，文物出版社，2014年。

[⑤] 杨式挺、邓增魁：《广东封开县杏花河两岸古遗址调查与试掘》，《考古学集刊（第6集）》，中国社会科学出版社，1986年；李子文、龙家有：《曲江县床板岭石峡文化墓地》，《中国考古学年鉴（1989年）》，文物出版社，1990年；杨少祥、郑政魁：《广东海丰县发现玉琮和青铜兵器》，《考古》1990年第8期。

发现的良渚文化晚期遗存。分布在皖北豫东地区的大汶口文化晚期的尉迟寺类型也做了相应的回应，其东南进入宁镇地区；向南影响到安徽中部、西南部；西南经淮河上游越过大别山，进入鄂东北、鄂东南一带。

一、宁镇地区——北阴阳营第四期遗存

北阴阳营第四期遗存以北阴阳营遗址H2为代表[①]。H2开口于遗址第3层下，打破第4层，是北阴阳营遗址最晚的一期。H2主要出有3件鬶、1件缸、1件盆等陶器，鬶有细长颈袋足鬶和粗颈联裆鬶两种，还有少量石器（图一六五）。从整体面貌来看，应属大汶口文化晚期的尉迟寺类型。年代相当于大汶口文化晚期偏晚阶段，即晚于屈家岭文化，与石家河文化年代大致相当。

宁镇地区是良渚文化沿长江西进的第一站，在良渚文化早期基本占据了该地区。大汶口文化晚期偏晚阶段（相当于良渚文化晚期偏晚阶段）对该地区有所突破。

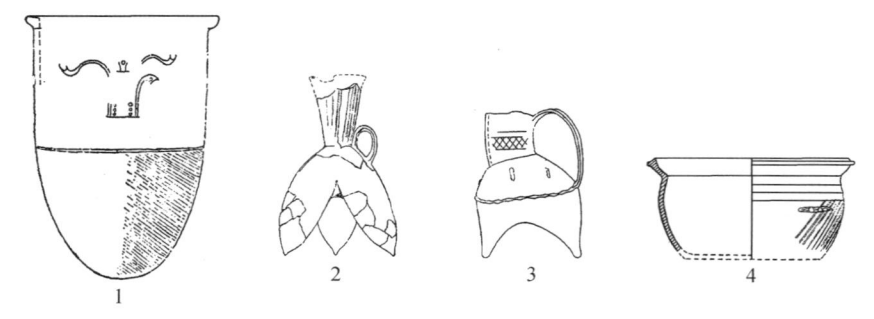

图一六五　北阴阳营遗址H2出土陶器
1. 缸（H2:1）　2、3. 鬶（H2:2、H2:4）　4. 盆（H2:3）

二、皖西南地区——张四墩文化

皖西南地区薛家岗文化之后为张四墩文化。张四墩文化正式发掘的以张四墩遗址为代表[②]，主要器形组合有篮纹鼎、直柄豆、深鼓腹罐、高领罐、细长颈鬶、矮圈足盆、高柄杯、觚形杯、器盖等，鼎足有柱状扁足、凿形足、侧扁足、宽扁足、"T"

[①] 南京博物院：《北阴阳营——新石器时代及商周时期遗址发掘报告》，文物出版社，1993年。
[②] 北京大学考古学系、安徽省文物考古研究所：《安徽安庆市张四墩遗址试掘简报》，《考古》2004年第1期。

形足等（图一六六）。张四墩文化遗存还见于潜山薛家岗[①]、宿松何家凸、太湖野人湾[②]、枞阳浮山[③]等，据调查皖西南地区含张四墩文化遗存的遗址不下百处[④]。

张四墩文化与薛家岗文化相比较，两者承袭的因素极少，如内折沿豆、少量鸭嘴形鼎足等；而篮纹罐形鼎、高柄杯、觚形杯等基本照搬了大汶口文化尉迟寺类型的器形；"T"形鼎足是良渚文化西进的结果；细长颈袋足鬶在同时期的长江中下游地区都有发现[⑤]；高领罐、甗等应该是吸收了屈家岭文化器形特征加以改造的结果。

位于肥西的古埂遗址[⑥]，其晚期遗存主要出有篮纹鼎、豆、深鼓腹罐、细长颈鬶、高柄杯、矮圈足盘等，大体可以归入张四墩文化的范畴。只是不见深腹甗、高领罐等器形，应该与其偏离长江中游，接近江淮地区有关，属于同一个文化内部地区类型的差异。

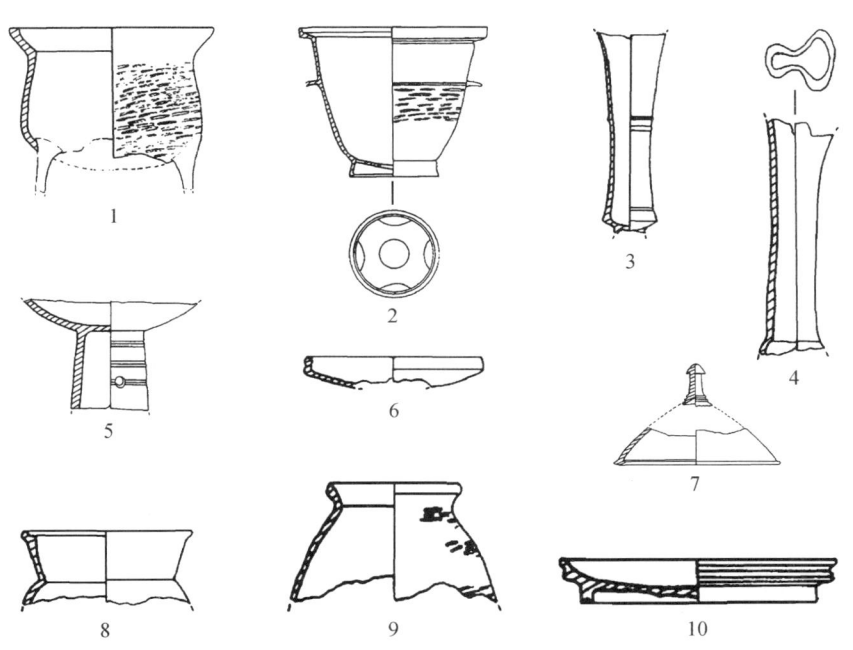

图一六六　张四墩文化主要器形组合

1.鼎（H4：6）　2.甗（M1：1）　3.觚形杯（H4：3）　4.鬶（H8：1）　5、6.豆（H4：10、H14：33）　7.器盖（T1⑧：12）　8.高领罐（T1⑧：11）　9.深鼓腹罐（H14：2）　10.矮圈足盘（H3：13）

（均出自张四墩遗址）

---

① 安徽省文物考古研究所：《潜山薛家岗》，文物出版社，2004年。
② 安徽省文物工作队：《太湖、宿松古文化遗址调查》，《安徽文博》1983年总第3期。
③ 安徽省文物考古研究所：《安徽枞阳、庐江古遗址调查》，《江汉考古》1987年第4期。
④ 朔知：《皖西南新石器时代文化的变迁》，《南方文物》2006年第2期。
⑤ 高广仁、邵望平：《史前陶鬶初论》，《考古学报》1981年第4期。
⑥ 安徽省文物考古研究所：《安徽肥西县古埂新石器时代遗址》，《考古》1985年第7期。

在薛家岗文化晚期，主要是可以看到较多的良渚文化因素，大汶口文化因素较少。薛家岗文化主要是受到良渚文化的渗透。但从替代薛家岗文化的张四墩文化来看，来自大汶口文化的因素更多，良渚文化因素也占有一定地位，同时还吸收了一些来自长江中游屈家岭文化的因素。

张四墩文化的形成反映了在面对良渚文化持续西进和渗透的背景下，分布在皖北地区的大汶口文化尉迟寺类型也开始向南扩张，并与良渚文化因素发生了碰撞、融合，再吸收其他文化因素后形成了新的文化类型以取代薛家岗文化的过程。

三、长江中游——屈家岭文化

在屈家岭文化晚期前后，大汶口文化与屈家岭文化曾同时向中原地区推进，秦王寨文化受到强烈冲击，由此开始衰落与瓦解。两种文化的因素在河南地区诸多秦王寨文化遗址中共存。大汶口晚期基本占据了豫东地区，以及嵩山以南的豫中地区，并延续至大汶口文化晚期偏晚阶段——以禹州前后屯遗存[1]为代表，均可归入大汶口文化尉迟寺类型。同时，大汶口文化在占据皖北、豫东、豫中的同时还向南扩张，越过大别山，对屈家岭文化主要分布区——长江中游进行了渗透。需要说明的是，大汶口文化中期曾参与了屈家岭文化的形成，部分器形被吸收融入屈家岭文化自身体系中，成为屈家岭文化的典型器；这里要讨论的是大汶口文化晚期对屈家岭文化的渗透，这一部分并未融入屈家岭文化自身体系中，反映的是同时期不同文化之间的交流，与前者属两个层次的内容。

大汶口文化晚期对屈家岭文化的渗透主要见于淮河上游、鄂东北、鄂东南等邻近大别山北侧和南侧地区。具体有信阳方湾第三组的高柄杯（LZF：9）[2]、大悟土城的高柄杯（T3⑥：16）[3]、孝感叶家庙（家山）的高柄杯（H24：1）[4]、麻城金罗家的觚形杯（J2M1：4）[5]等（图一六七）。这些因素主要来自大汶口文化尉迟寺类型，集中分布在屈家岭文化晚期四段，略晚于屈家岭文化大规模对外扩张的时间。反映了大汶

---

[1] 山东大学考古与博物馆学系、河南省文物局南水北调文物保护办公室：《河南禹州市前后屯遗址龙山文化遗存发掘简报》，《考古》2015年第4期。

[2] 河南省文物研究所、信阳地区文物管理委员会、罗山县文物管理委员会：《1991年河南罗山主要考古收获》，《华夏考古》1992年第3期。

[3] 孝感地区博物馆、大悟县博物馆：《大悟县土城古遗址探掘简报》，《江汉考古》1986年第2期。

[4] 湖北省文物考古研究所、孝感市博物馆、孝感市孝南区博物馆等：《孝感叶家庙》，科学出版社，2016年。

[5] 麻城市博物馆：《麻城金罗家遗址调查简报》，《江汉考古》1992年第3期。

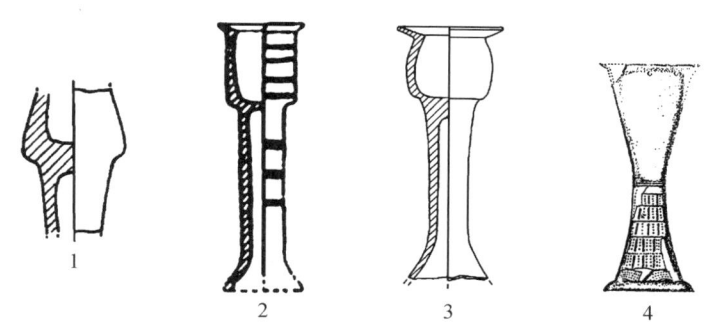

图一六七　屈家岭文化晚期遗存中的大汶口文化因素举例
1~3. 高柄杯（方湾LZF：9、土城T3⑥：16、家山H24：1）　4. 觚形杯（金罗家J2M1：4）

口文化吸收屈家岭文化因素完成中期向晚期的转变后，开始逐渐反向对屈家岭文化进行渗透的过程。

此外，大汶口文化因素还在鄂东南的薛家岗文化遗存中有少量发现。大汶口文化因素在后继的石家河文化中发现更多，广泛分布在石家河文化大部分遗存中，部分器形更被吸收融入成为石家河文化自身的典型器，这将在后文详细介绍。

第三节　庙底沟二期文化向南拓展

主要承袭于泉护文化的庙底沟二期文化形成后，与屈家岭文化仍保持密切的联系。本书在第七章第二节中详细论述过，屈家岭文化的向北扩张参与了泉护文化向庙底沟二期文化的转化进程，庙底沟二期文化早期遗存中广泛存在屈家岭文化晚期因素。与此同时，庙底沟二期文化在基本占据渭河盆地后也沿丹江顺流而下，对南方进行了一定程度的渗透。

较为典型的是郧县梅子园遗址2006年发掘揭露的一个单位H210[①]。H210主要出有折沿罐、高领罐、双腹豆、斜腹杯、红顶钵、缸、斝等器形。其中折沿罐、高领罐、双腹豆、斜腹杯、红顶钵、缸都为典型的屈家岭文化器物，属屈家岭文化青龙泉类型，整体形态相当于屈家岭文化晚期四段；斝腹部呈釜形，折沿，扁弧折腹，三空足内聚，属典型的庙底沟二期文化器物，形态相当于庙底沟二期文化早期。梅子园H210再次验证了屈家岭文化晚期四段与庙底沟二期文化早期年代相当。

此外，淅川全岗有1件斝（T6018③：1）[②]，大口釜形，口径略小于腹径，三空足内聚略有分离，年代晚于梅子园H210：1，但属于庙底沟二期文化早期范畴。

---

① 易珊珊：《郧县梅子园2006年发掘龙山时代遗存研究》，武汉大学硕士学位论文，2010年。
② 佘涛：《淅川全岗2012年度发掘新石器时代遗存研究》，武汉大学硕士学位论文，2013年。

鉴于目前所发表的材料，包括豫西南鄂西北在内的长江中游地区还未能找到更多的相当于庙底沟二期文化早期的斝等器形的案例。也就无法论述庙底沟二期文化在其早期对南方的影响有多大。庙底沟二期文化向南拓展似乎主要发生在其晚期，如丹江上游地区的沟滩、焦村遗址采集的三空足分离的斝等[1]。长江中游地区晚于屈家岭文化的石家河文化在其石家河类型、青龙泉类型中也发现较多三空足分离的斝，说明石家河文化大致与庙底沟二期文化晚期相当（图一六八）。

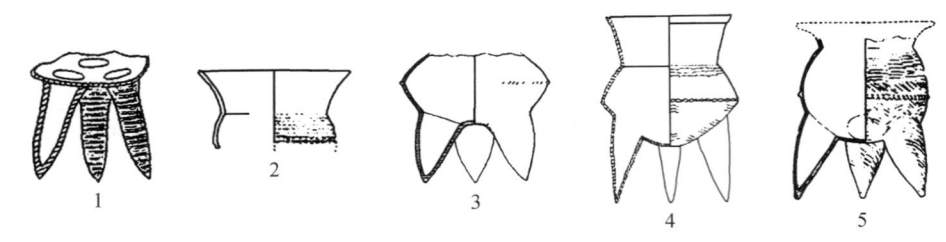

图一六八　丹江至鄂西北豫西南出土庙底沟二期文化晚期斝举例
1. 焦村采集　2. 梅子园H73∶26　3. 黄楝树T5①∶456　4. 全岗T6218③∶1　5. 青龙泉T7⑤A∶51

鉴于石家河文化在鄂西北豫西南地区的分布中均有庙底沟二期文化晚期因素的发现，庙底沟二期文化在其晚期向南渗透过程中，可能参与了石家河文化部分地区类型的形成。

第四节　屈家岭文化向石家河文化的转化

屈家岭文化末期受到良渚文化、大汶口文化扩张的影响，与庙底沟二期文化也有一定程度的联系。屈家岭文化应该是在上述多重影响的压力下吸收了若干外来文化因素，自身文化结构相应发生了质的改变，转化为石家河文化。这可以从石家河文化的主要器形组合分析上得到验证。其实，石家河文化与良渚文化或大汶口文化的关系已有学者先后提过[2]，本书则是在文化谱系的视角下全面系统性地论述了这一动态过程。

石家河文化及相关遗存先后有"湖北龙山文化"[3]、"青龙泉三期文化"或"青

---

[1]　卫迪誉、王宜涛：《陕西南洛河上游古文化遗址调查》，《考古与文物》1981年第3期。
[2]　余西云：《长江中游新石器时代的陶鼎研究》，《华夏考古》1994年第2期；黄昊德：《肖家屋脊遗址石家河文化遗存研究》，吉林大学硕士学位论文，2005年。
[3]　湖北省荆州地区博物馆：《湖北松滋县桂花树新石器时代遗址》，《考古》1976年第3期。

龙泉文化"[1]、"季家湖文化"[2]、"桂花树三期文化"[3]、"长江中游龙山文化"[4]、"石家河文化"[5]等称呼。20世纪80年代后期，学界逐渐统一使用"石家河文化"的命名。早期学界一般将江汉地区龙山时代的遗存统称为"石家河文化"。20世纪90年代之后，部分学者认识到所谓的"石家河文化"早晚存在质的差别，应该进一步解构，代表性的有陈冰白、余西云先生解构的"石家河文化"、"季家湖文化"和"煤山文化石板巷子类型、乱石滩类型"三类文化遗存[6]，杨新改、韩建业先生的"石家河文化"和"中原龙山文化系统"[7]，孟华平先生的"石家河文化"和"后石家河文化"[8]，何驽先生的"石家河文化"和"肖家屋脊文化"[9]等。原归入"石家河文化"晚期遗存的以肖家屋脊报告中的"石家河文化晚期"[10]、石板巷子[11]、乱石滩[12]等遗存为代表，与"石家河文化早期"遗存确然有质的差别，而与中原地区的煤山文化更为接近，应该属煤山文化在南方地区的一种地方类型。真正的石家河文化只包括前述的"石家河文化早期"遗存，重要遗址有天门石家河遗址群（包括肖家屋脊[13]、邓家湾[14]、罗家柏

---

[1] 李文杰：《试论青龙泉文化与屈家岭文化、庙底沟二期文化的关系》，《中国考古学会第二次年会论文集》，文物出版社，1982年。

[2] 杨权喜：《当阳季家湖考古试掘的主要收获》，《江汉考古》1980年第2期。

[3] 严文明：《龙山文化和龙山时代》，《文物》1981年第6期。

[4] 何介钧：《长江中游原始文化初论》，《湖南考古辑刊（第1集）》，岳麓书社，1982年。

[5] 湖北省博物馆、武大考古专业、房县文化馆：《房县七里河遗址发掘的主要收获》，《江汉考古》1984年第3期。

[6] 白云：《关于"石家河文化"的几个问题》，《江汉考古》1993年第4期。

[7] 杨新改、韩建业：《禹伐三苗探索》，《中原文物》1995年第2期；韩建业、杨新改：《王湾三期文化研究》，《考古学报》1997年第1期。

[8] 孟华平：《长江中游史前文化结构》，长江文艺出版社，1997年。

[9] 何驽：《试论肖家屋脊文化及其相关问题》，《三代考古（第2集）》，科学出版社，2006年。

[10] 湖北省荆州博物馆、湖北省文物考古研究所、北京大学考古学系石家河考古队：《肖家屋脊》，文物出版社，1999年。

[11] 宜都考古发掘队：《湖北宜都石板巷子新石器时代遗址》，《考古》1985年第11期。

[12] 中国社会科学院考古研究所长江工作队：《湖北均县乱石滩遗址发掘报告》，《考古》1986年第7期。

[13] 湖北省荆州博物馆、湖北省文物考古研究所、北京大学考古学系石家河考古队：《肖家屋脊》，文物出版社，1999年。

[14] 湖北省文物考古研究所、北京大学考古学系、湖北省荆州博物馆石家河考古队：《邓家湾》，文物出版社，2003年。

岭①等)、宜昌白庙②、秭归庙坪③、房县七里河④、郧县青龙泉⑤、安乡划城岗⑥、湘乡岱子坪⑦、通城尧家林⑧、麻城栗山岗⑨等。石家河文化的地区类型有多种划分方案⑩，无疑石家河文化分布中心区江汉平原中北部的石家河类型是石家河文化的核心类型，基本代表了石家河文化的主要内涵，其他地区类型的一些差异性因素均为分布区本地的文化传统因素承袭或与周边文化交流所产生。在此拟先就石家河文化核心区且遗存相对丰富全面的肖家屋脊遗址的分析作为代表。

肖家屋脊的石家河文化主要包括报告所分的"石家河文化"早期遗存，报告将早期又进一步分为前、后两段，基本代表了石家河文化的早、晚两期。肖家屋脊的石家河文化陶器以泥质为主，夹砂次之，少量夹炭陶，多为灰陶、红陶或黑陶，纹饰有弦纹、篮纹、镂孔、方格纹、附加堆纹等。器形组合上，居址遗存和墓葬遗存表现出明显的差异。居址遗存主要器形有罐形鼎、盆形鼎、小鼎、豆、高领罐、中口罐、大口罐、橄榄形罐、长颈罐、扁腹壶、长颈瓶、高圈足杯、斜腹杯、高柄杯、圈足盘、盆、碗、钵、甑、擂钵、折腹缸、大口缸、臼、小底尊、瓮、鬶、盉、斝、器座、器盖等，还有较多陶塑动物模型；罐形鼎器腹多饰篮纹或一道凸弦纹，鼎足有侧装三角

---

① 湖北省文物考古研究所、中国社会科学院考古研究所：《湖北石家河罗家柏岭新石器时代遗址》，《考古学报》1994年第2期。
② 湖北宜昌地区博物馆、四川大学历史系考古专业：《湖北宜昌白庙遗址试掘简报》，《考古》1983年第5期；湖北省文物考古研究所：《1985～1986年宜昌白庙遗址发掘简报》，《江汉考古》1996年第3期。
③ 湖北省文物事业管理局、湖北省三峡工程移民局：《秭归庙坪》，科学出版社，2003年。
④ 湖北省文物考古研究所：《房县七里河》，文物出版社，2008年。
⑤ 中国社会科学院考古研究所：《青龙泉与大寺》，科学出版社，1991年。
⑥ 湖南省博物馆：《安乡划城岗新石器时代遗址》，《考古学报》1983年第4期；湖南省文物考古研究所：《湖南安乡县划城岗遗址第二次发掘简报》，《考古》2001年第4期；湖南省文物考古研究所、常德市文物处、安乡县文物管理所：《湖南安乡划城岗遗址第二次发掘报告》，《考古学报》2005年第1期。
⑦ 湖南省博物馆：《湘乡岱子坪新石器时代遗址》，《湖南考古辑刊（第2集）》，岳麓书社，1984年。
⑧ 武汉大学历史系考古专业、咸宁地区博物馆、通城县文化馆：《湖北通城尧家林遗址的试掘》，《江汉考古》1983年第3期。
⑨ 武汉大学历史系考古教研室、黄冈地区博物馆、麻城市革命博物馆：《湖北麻城栗山岗新石器时代遗址》，《考古学报》1990年第4期。
⑩ 湖北省博物馆、武大考古专业、房县文化馆：《房县七里河遗址发掘的主要收获》，《江汉考古》1984年第3期；何介钧：《长江中游原始文化初论》，《湖南考古辑刊（第1集）》，岳麓书社，1982年；李龙章：《浅议石家河文化》，《江汉考古》1985年第3期；张绪球：《石家河文化的分期分布和类型》，《考古学报》1991年第4期；孟华平：《长江中游史前文化结构》，长江文艺出版社，1997年。

形扁足、锄形足、宽扁足等，盆形鼎为内斜直口扁腹，器腹素面或饰一道凸棱，多为双凸棱宽扁足，小鼎多为素面，豆多为粗把喇叭状，少量呈台阶式，或饰少量圆形镂孔，豆盘敞口或外翻沿，钵有深腹盆形和斜直壁浅盘形两种，圈足盘多为外翻沿，擂钵有漏斗形和盆形两种，鬶主要为细长颈袋足，也有少量粗颈袋足，其他器类素面或饰篮纹、方格纹、弦纹、附加堆纹等。墓葬遗存中土坑墓随葬陶器主要器形有罐形鼎、小鼎、豆、高领罐、中口罐、斜腹杯、扁腹壶、碗、器盖等，少量瓮棺以折腹缸、大口罐、圈足罐等作为葬具；墓葬遗存的陶器与居址遗存中的同类器造型、纹饰一致。墓葬遗存的陶器与居址遗存相比较，可以看到前者的器形相对少而简单。

墓葬遗存中土坑墓所出主要陶器器形如罐形鼎、小鼎、高领罐、中口罐、斜腹杯、扁腹壶、器盖及居址遗存中的高柄豆、高圈足杯、大口罐、碗、深盆形钵等大多能在屈家岭文化中找到同类器，组合也接近一致，特别是屈家岭文化晚期与石家河文化早期的同类器器形也较为接近（图一六九）。但两者在陶器特征结构（器形组合、器形演变）上存在巨大差异，主要有以下三点。

1）从器形上看，石家河文化基本不见屈家岭文化极具辨识性的呈双腹特征的鼎、豆、碗等器类。石家河文化中的敞口或外翻沿的豆也并非屈家岭文化豆类的主要造型，且豆柄差异较大；石家河文化瓮棺中的折腹缸基本不见于屈家岭文化。

2）与这类墓葬遗存相对应的居址遗存整体面貌与屈家岭文化差异巨大（见下文分析）。

3）两个文化的同类器中核心器形演变规律发生了变化。屈家岭文化的器形演变规

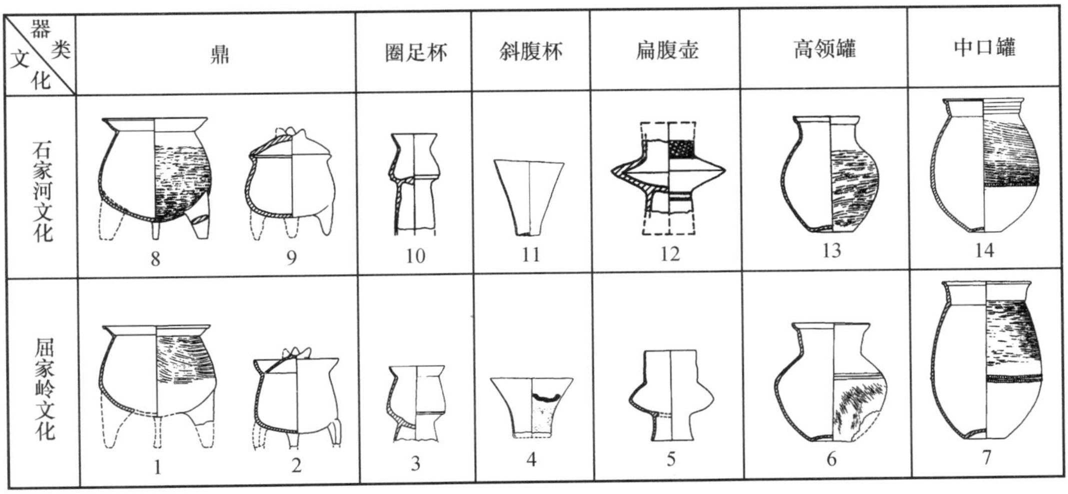

器类 文化	鼎		圈足杯	斜腹杯	扁腹壶	高领罐	中口罐
石家河文化	8	9	10	11	12	13	14
屈家岭文化	1	2	3	4	5	6	7

图一六九　屈家岭文化与石家河文化主要同类器形的对比

1、2、8、9. 鼎（H85∶26、M53∶7、AT1016③∶1、M7∶74）　3、10. 高圈足杯（H479∶2、H207∶5）
4、11. 斜腹杯（M52∶11、M7∶85）　5、12. 扁腹壶（M52∶20、AT1822⑥∶3）　6、13. 高领罐（M52∶4、M7∶36）　7、14. 中口罐（M21∶4、H392∶16）

（均选自肖家屋脊，本书并未将"小鼎"单独列出一型，而是根据鼎腹实际形态划分型式）

律前文有详细说明，在此不赘述。石家河文化的罐形鼎演变主要体现在鼎腹上，从深垂腹变为扁鼓腹；高领罐从相当高、瘦、大变为矮、粗、小，口沿变为近无；高圈足杯口沿逐渐变宽大呈大喇叭状，腹腔逐渐消失；斜腹杯主要是胎壁特别是杯底不断加厚、腹腔变小等。这些与屈家岭文化的同类器演变规律截然不同。

上述三个方面表明这类遗存从整体组合到器形演变规律均与屈家岭文化呈现出不同的特征结构，文化之间有质的差异。但同时两个文化之间诸多相似器形也说明了石家河文化与屈家岭文化之间的渊源关系，特别是墓葬主要形式——土坑墓的随葬陶器组合近乎完全单纯地延续了屈家岭文化的多数器形，且较少有其他非来源于屈家岭文化的器形。从墓葬随葬陶器反映的葬俗来看，从屈家岭文化到石家河文化延续了原有的传统，基本人群没有大变化。

器形丰富复杂的居址遗存除了上述与屈家岭文化相似的同类器形外，还有大量新的器形不见于屈家岭文化，如内斜直口盆形鼎、圈足盘、橄榄形罐、长颈罐、长颈瓶、漏斗形或盆形擂钵、折腹缸、臼、小底尊、细长颈或粗颈袋足鬶、斝等，而所出的豆造型也与屈家岭文化主流风格有较大差异。这里面橄榄形罐、漏斗形或盆形擂钵主要见于石家河文化晚期，在此不做分析。

除开大量明确的屈家岭文化因素和少量晚期流行的器形外，其余器形来源主要可以分为五组。

A组：内斜直口盆形鼎、粗把豆、圈足盘等；

B组：高柄杯、长颈罐、长颈瓶、臼等；

C组：细长颈袋足鬶、粗颈袋足鬶等；

D组：折腹缸、小底尊等；

E组：斝等。

A组的内斜直口盆形鼎，与之完全相同的器形不见于前一阶段或同时期的周边其他文化。据研究这种盆形鼎的出现应该与长江下游的良渚文化有关[1]。本书在前文曾介绍良渚文化晚期有一类盆形鼎，多为折沿，内斜直口，扁鼓腹，部分还有短颈，大体造型较为相近，只是各自演变规律不同且鼎足有差异。这种内斜直口盆形鼎随着良渚文化的西进，在皖西南地区的薛家岗文化晚期也有发现，如薛家岗M17：1[2]。石家河文化的内斜直口盆形鼎大概是借鉴了良渚文化同类鼎的造型而加以改造的产物，其鼎足沿用了本地的风格并有所演变（图一七〇）。粗把豆，一般有外翻沿，豆把或饰少量圆形镂孔；圈足盘多为外翻沿，浅弧腹，同类的豆和圈足盘在良渚文化中较为常见，应该也来自良渚文化（图一七一）。A组因素主要与良渚文化有关。

---

[1] 余西云：《长江中游新石器时代的陶鼎研究》，《华夏考古》1994年第2期。

[2] 安徽省文物考古研究所：《潜山薛家岗》，文物出版社，2004年。

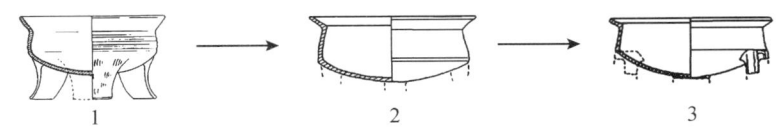

图一七〇　内斜直口盆形鼎的传播
1. 新地里M131：4　2. 薛家岗M17：1　3. 肖家屋脊H497：98

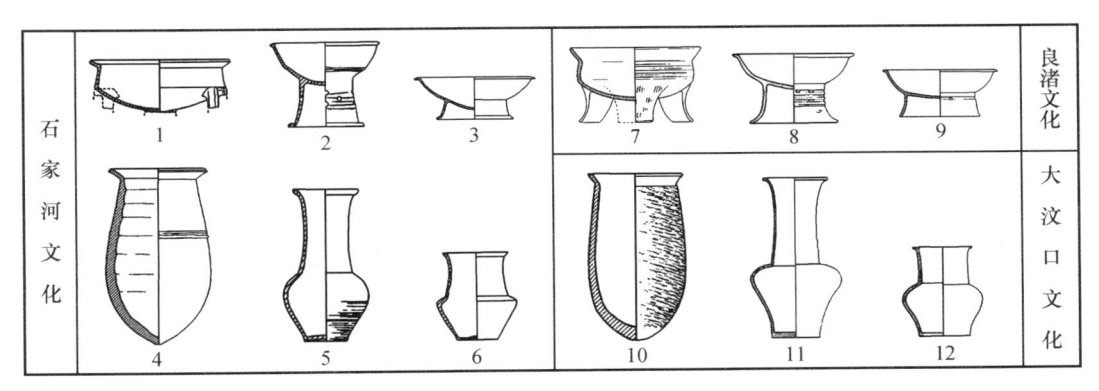

图一七一　石家河文化其他主要器形与周边文化的对比

石家河文化：1. 盆形鼎（H497：98）　2. 粗把豆（H532：4）　3. 圈足盘（H42①：150）
　　　　　　4. 臼（H497：128）　5. 长颈瓶（H434②：37）　6. 长颈罐（AT1907⑥：1）（均出自肖家屋脊）
良渚文化：7. 盆形鼎（新地里M131：4）　8. 粗把豆（文家山M5：3）　9. 圈足盘（卞家山M57：4）
大汶口文化：10. 臼（大口瓮）（尉迟寺T2512⑥：3）　11. 长颈瓶（尉迟寺F75：20）　12. 长颈罐（尉迟寺
　　　　　　　F81：17）

B组的高柄杯、长颈罐、长颈瓶、臼等器形无疑是大汶口文化晚期的典型器类，在大汶口文化尉迟寺类型中均能找到同类器形，只是石家河文化所称的臼在尉迟寺类型中一般称为大口瓮，臼上的刻划符号也与大汶口文化风格一致（图一七一）。B组因素主要来源于大汶口文化尉迟寺类型。

C组细长颈袋足鬶、粗颈袋足鬶，大多为捏口流，少量演变为管状流。细长颈袋足鬶在长江中下游都有发现，据高广仁等先生研究是受大汶口文化晚期偏早阶段的分裆袋足鬶或"地瓜鬶"（以大汶口M47：34为代表）影响的地方变体，还不能确定先产生于长江下游还是中游①。粗颈袋足鬶来源应该也与大汶口文化有关。只是长江中、下游的袋足鬶多为捏口流，与大汶口文化的冲天流不同，应属本土的特色。

D组的折腹缸、小底尊等均不见于周边其他文化，不能确定其来源，可能是石家河文化新创造的器形。

E组以斝为主要特征器，斝是庙底沟二期文化的核心器形，石家河文化中的斝应该是来自庙底沟二期文化。

---

① 高广仁、邵望平：《史前陶鬶初论》，《考古学报》1981年第4期。

上述五组因素，包括屈家岭文化因素在内共六组主要因素，以屈家岭文化因素比例最大，其次为A组（良渚文化）、B组（大汶口文化尉迟寺类型）、D组（新出器形），广泛存在于石家河文化分布区，共同构成石家河文化的主要器形组合，而E组（庙底沟二期文化）多见于鄂西北豫西南地区，江汉平原仅有少量发现。邓家湾的石家河文化遗存包括居址和墓葬两种，也反映了大致相似的情况。

再看石家河文化的其他地区类型，在此暂采取孟华平先生所划分的分布在江汉平原中北部的石家河类型、江汉平原西南部的季家湖类型、澧水中下游的划城岗类型、湘江下游的岱子坪类型、峡江地区的庙坪类型、鄂西北的青龙泉类型、鄂东南的尧家林类型方案[1]。石家河文化季家湖类型少见盆形鼎，多为罐形鼎；划城岗类型、岱子坪类型均有发达的各式壶类器，后者还有特色的绳纹釜；庙坪类型少见鼎、鬶，炊器主要延续了库区传统的釜；青龙泉类型多见斝、带流盆、钵等；尧家林类型特色的垂腹罐等。

这些地区类型的核心器类文化因素与石家河类型一致，主要来源于屈家岭文化，其次是良渚文化和大汶口文化，特别是来自大汶口文化的器形种类较多，并不限于上述肖家屋脊所举几例。庙底沟二期文化的因素主要见于青龙泉类型，石家河类型中有少量发现，并未构成石家河文化的核心共享器形。其他一些地区类型的部分差异性因素大多为本地的文化传统因素承袭所致，大部分与屈家岭文化的地区类型相重合。

综上所述，可以看到石家河文化主要承袭于屈家岭文化，非屈家岭文化来源的其他器形与前文所分析的周边地区大的文化态势基本相吻合。这里面，庙底沟二期文化南扩、斝的向南传播主要增加了石家河文化内部某些地区类型器形的多样性，对整体文化结构和格局影响不大。而来自长江下游的良渚文化的逐步西进、皖北豫东地区大汶口文化尉迟寺类型的扩张才是导致屈家岭文化向石家河文化转化的主要原因。在这些外来文化扩张的影响下，屈家岭文化吸收上述外来文化的若干因素，改变自身文化结构，转化为石家河文化。

实际上，上述文化态势引发了黄河中下游、长江中下游等中国主要地区新一轮大范围的文化格局变动，屈家岭文化向石家河文化的转化只是其中非常重要的一环。

---

[1] 孟华平：《长江中游史前文化结构》，长江文艺出版社，1997年。

第九章 结　　语

　　本书将核心分布区在汉东平原的所谓"大溪文化油子岭类型""油子岭文化""屈家岭下层文化""屈家岭早期文化""屈家岭晚期文化""屈家岭上层文化""屈家岭文化"等多种混乱命名、相互重叠又不完全重合的文化遗存进行分类，重新界定出三类不同性质的文化，分别为油子岭文化、屈家岭下层文化、屈家岭文化。

　　屈家岭文化主要分布在长江中游地区，依据典型器形的演变可分为四段。其在第一、二段时主要是以经营长江中游地区为主，小范围地突破到淮河上游的信阳地区。这一时期是屈家岭文化的形成和稳定期，大量吸收、融合外来文化因素，巩固自身，也存在小规模的对外扩张、渗透；在第三、四段时，在占据长江中游地区的基础上进行全面大规模对外扩张，广泛渗透到黄河中下游、长江下游、赣鄱等广大地区，更是深刻影响了黄河中、下游的文化格局，是屈家岭文化的繁盛时期。由此，可以将屈家岭文化分为早、晚两期，早期包括第一、二段，晚期包括第三、四段。通过对屈家岭文化以及与其前后相关诸文化的测年数据的分析，我们认为屈家岭文化的年代范围大致在3300～2500BC。

　　在屈家岭文化形成之前，长江中游主要存在屈家岭下层文化、朱家台文化、雕龙碑三期文化。屈家岭下层文化分布范围最广，以汉东平原为中心对外扩张，最西至峡江地区的瞿塘峡段，最东至鄂东南的黄冈地区，西南除了完全占据了澧水中下游外，还远徙至沅江中上游地带，北界除在襄宜地区有部分因素存在外似乎未完全越过大洪山一线。朱家台文化主要分布在鄂西北豫西南地区。雕龙碑三期文化主要分布在随枣走廊至鄂东北的孝感地区，与屈家岭下层文化以涢水为界。与此同时，来自山东及邻近地区的大汶口文化中期持续向西推进，与中原的秦王寨文化发生了激烈的争夺；秦王寨文化转而向南发展。两者都对长江中游进行了不同程度的渗透。受此文化态势影响，长江中游的文化内部相互融合，主要是在屈家岭下层文化的基础上融合朱家台文化的因素，同时吸收了大量大汶口文化因素和少量秦王寨文化因素，并加以改造、重组成屈家岭文化。雕龙碑三期文化因素主要被融入屈家岭文化的金鸡岭类型中。

　　屈家岭文化分为七个地区类型，分别为分布在汉东平原及汉西平原北部的屈家岭类型、洞庭湖平原及汉西平原南部的城头山类型、沅江中上游的高坎垅类型、峡江地区的杨家湾类型、鄂西北豫西南地区的青龙泉类型、鄂北及鄂东北地区的金鸡岭类型、鄂东南地区及淮河上游信阳地区的放鹰台类型。这里面，屈家岭类型分布在中心区，器形组合最为典型，是屈家岭文化的核心地区类型，其成因等同于屈家岭文化的形成。其他六个地区类型环绕分布在其周围，各自呈现不同程度的地方特色，是屈家岭文化的外围地区类型。其成因概括而言，城头山类型、高坎垅类型和杨家湾类型所在分布区是传统的汉西文化系统分布区，在屈家岭文化形成后仍然保留了较多的汉西文化系统传统因素，汉西文化系统内部原本的地区差异在屈家岭文化形成后也得以保留和呈现；青龙泉类型主要承袭了大量朱家台文化因素；金鸡岭类型主要承袭了大量的雕龙碑三期文化因素；放鹰台类型主要吸收了较多薛家岗文化因素。

屈家岭文化的形成表明汉东文化系统完全取代汉西文化系统、北方文化系统并完成对整个长江中游地区的文化整合，是汉东文化系统发展的高峰。在汉东文化系统出现之前，长江中游地区主要在汉水以西的洞庭湖地区、峡江及邻近地区先后分布有以釜为核心器的属汉西文化系统的若干文化。来自北方文化系统的老官台文化曾分布到鄂西北豫西南地区[①]。此时，汉东地区除了在天门石家河土城下层发现疑似早期陶片，被认为属来自汉西文化系统的城背溪文化向汉东地区扩张的结果[②]，未发现其他遗存。之后，汉东文化系统开始出现并逐步统一长江中游，整个过程可分为五个阶段来简要说明。

第一阶段：边畈文化时期。属汉东平原的钟祥地区开始出现边畈文化，是汉东文化系统开始出现的时期。与此同时，汉西至峡江地区分布有柳林溪文化；洞庭湖平原分布有汤家岗文化，均属汉西文化系统。鄂西北豫西南和鄂北及鄂东北的局部地区分布有来自北方文化系统的后冈一期文化。这一时期的边畈文化与北方文化系统的后冈一期文化有较大相似性，也有少量来自前一阶段汉西文化系统的城背溪文化因素，自身特征不强。

第二阶段：油子岭文化时期。汉东平原主要分布有油子岭文化，代表了汉东文化系统的正式确立，其分布范围有较大拓展，向西分布到汉西平原局部地区，向东北分布到鄂东北的孝感地区，向东分布到鄂东南的黄冈地区。汉西平原、峡江地区和洞庭湖平原主要分布有大溪文化，也是汉西文化系统相对整合的时期。鄂西北豫西南地区、鄂北的随枣走廊北部则分布有来自北方文化系统的西阴文化。这一时期，汉东文化系统特征明显，与汉西文化系统、北方文化系统三足鼎立于长江中游地区，彼此接触、交流频繁。

---

① 武汉大学考古学系、湖北省文物局南水北调办公室、郧县博物馆：《湖北郧县庹家洲遗址老官台文化遗存》，《考古》2016年第1期。

② 张绪球：《长江中游新石器时代文化概论》，湖北科学技术出版社，1992年，第48页；郭伟民：《新石器时代澧阳平原与汉东地区的文化和社会》，文物出版社，2010年，第66、67页。

第三阶段：屈家岭下层文化早期。属汉东文化系统的屈家岭下层文化分布范围进一步拓展，扩张到原属大溪文化的洞庭湖平原，在汉西平原的分布也有进一步的扩大。属汉西文化系统的大溪文化退缩到汉西平原西部至峡江地区，进入晚期。鄂西北豫西南地区属北方文化系统的西阴文化瓦解，生成了朱家台文化。鄂北及鄂东北地区的大部分范围内则形成了南、北文化混杂的雕龙碑三期文化。屈家岭下层文化退出了鄂东北的孝感地区，但在鄂东南有进一步的拓展，继续向东分布到黄冈地区。这一时期的长江中游地区仍是汉东文化系统、汉西文化系统、北方文化系统三足鼎立的局面，只是汉西文化系统有较大的萎缩，汉东文化系统有较大的发展。

第四阶段：屈家岭下层文化晚期。汉东文化系统的屈家岭下层文化进一步拓展，在前一阶段的基础上晚期完全占据了汉西平原，并分布到峡江地区。汉西文化系统的大溪文化基本瓦解。峡江地区并没有完全被屈家岭下层文化占据，同时交错分布有来自峡西地区的哨棚嘴文化。一般认为哨棚嘴文化与北方文化系统有关，其器形组合、器形特征与北方文化系统有较大的相似性。鄂西北豫西南地区依旧属北方文化系统的朱家台文化分布范围。鄂北及鄂东北地区的大部分范围内仍延续着雕龙碑三期文化。这一时期的长江中游地区主要变成了汉东文化系统与北方文化系统南北对峙的局面。

第五阶段：屈家岭文化时期。在屈家岭下层文化的基础上完全占据了峡江地区，并覆盖到鄂西北豫西南地区、鄂北及鄂东北地区，取代了北方文化系统。在鄂东南地区的分布也有较大拓展，其偏北的麻城等地区都有分布。这一时期的长江中游地区被汉东文化系统完全整合和统一。

再结合主要承袭于屈家岭文化的石家河文化最后被来自北方的煤山文化瓦解、取代，长江中游地区的新石器时代文化格局、进程可以总体归纳为最初的汉西文化系统与北方文化系统南北对立，到汉西文化系统、汉东文化系统与北方文化系统三足鼎立，再到汉东文化系统与北方文化系统短暂的南北对立，然后被汉东文化系统完成统一，最后被北方文化系统纳入控制范围的动态过程。

屈家岭文化在形成后并不局限于长江中游地区，还开启了大规模对外扩张、渗透的历程。主要过程简要梳理如下。

屈家岭文化早期第一段时，越过大别山，对淮河上游信阳地区的秦王寨文化有所渗透；同时占据了峡江地区，哨棚嘴文化因此退缩到峡西。屈家岭文化早期第二段时，占据了淮河上游的信阳地区，秦王寨文化退出该地。屈家岭文化由此沿淮河顺流而下，渗透到皖北地区，与大汶口文化发生了接触。同时，屈家岭文化向西北扩张到丹江上游，并经丹江溯流而上渗透到渭河盆地，对泉护文化有一定程度的影响。

屈家岭文化晚期第三、四段时，完全占据了淮河上游，东北方向大量渗透到皖北及山东、苏北地区，深刻地影响了大汶口文化，促使大汶口文化中期向晚期转变。屈家岭文化到达苏北地区后，还转向南下，进入环太湖地区，对良渚文化有所渗透。北面，屈家岭文化与大汶口文化同时向中原地区推进；秦王寨文化开始逐渐衰落、向西退缩以至最终瓦解。西北方向，屈家岭文化晚期第三段时，大量介入泉护文化，渭河盆地及邻近地区的屈家岭文化因素数量大增；泉护文化受到屈家岭文化的大量介入、大汶口文化晚期持续西进和秦王寨文化向西退缩的影响，转化为庙底沟二期文化。在屈家岭文化晚期第四段时，渭河盆地及邻近地区仍然受到屈家岭文化的渗透，庙底沟二期文化的早期遗存中含有大量屈家岭文化因素。另外，西面，峡西地区的哨棚嘴文化遗存中也发现了少量屈家岭文化晚期因素。

屈家岭文化末期受到良渚文化、大汶口文化尉迟寺类型扩张的影响，吸收了这些文化的若干因素，改变自身文化结构，转化为石家河文化。

通过对屈家岭文化谱系和发展过程的梳理，我们可以看到在仰韶时代晚期前后，中国境内主要地区发生了两次大规模的文化格局变动。第一次是由屈家岭文化和大汶口文化共同引发的，先是屈家岭文化的北上，促使大汶口文化中期向晚期的转变；再是屈家岭文化与大汶口文化同时向中原推进，导致秦王寨文化向西退缩、衰落至瓦解；而屈家岭文化对关中地区的大量介入及大汶口文化的持续西进，也促成了泉护文化向庙底沟二期文化的转化。第二次主要是由良渚文化和大汶口文化共同引发的，良渚文化的逐步向西推进，对沿途的北阴阳营文化、凌家滩文化、薛家岗文化造成重大影响，导致石峡文化南迁；大汶口文化尉迟寺类型的扩张，在皖西南地区与良渚文化接触组成张四墩文化，扩张到嵩山以南，对后续煤山文化的形成有直接影响；与良渚文化同时进入长江中游，促使屈家岭文化向石家河文化转化。

就屈家岭文化谱系研究而言，特别突出的是其在发展过程中向北强势扩张，是南方本土文化第一次大规模进入北方地区，颇有"逐鹿中原"的意味，也与文献所载"三苗在江淮、荆州数为乱"（《史记·五帝本纪》）较为契合。这一事件深刻地影响了黄河中、下游同时期的文化，改变了北方地区的文化格局，推动了中国文明多元一体结构的形成，是中国文明化进程的重要一环。

屈家岭文化的聚落形态及反映的社会结构在本书中没有专门讨论。但总体来看，屈家岭文化之前，长江中游开始出现少量筑城活动，至屈家岭文化时期，城址的数量、规模、分布密度均达到最大，代表了史前以大量城址为特征性聚落形态的高峰。屈家岭文化的聚落形态除以大量不同功能的城址为显著特征外，结合其他一般性聚落综合考察，可以发现其在不同层次都有较严格的多层级聚落规格划分，反映出严密的多层级社会结构。其超大型中心聚落石家河遗址还是屈家岭文化的宗教中心，大规模宗教仪式活动在此举行。这些表明屈家岭文化达到较高的社会复杂化程度，是中国文明化进程的重要组成部分。

后 记

  本书基本上是我的博士论文的核心内容，正式的材料收集与分析截至2018年底，2021年9月完成书稿内容修改，并添加了一些新材料。终于出版，有种丑媳妇总得见公婆的感觉，诚惶诚恐！

  本书立足于长江中游。选择这样一个区域，与我长期在该地区参与考古发掘、熟悉相关考古材料有密切关系。此外，我出生和成长在长江边上，对长江中游有着浓厚的家乡情结。因此，选择长江中游史前时期最具代表性的屈家岭文化，作为我的博士论文的研究对象，似乎也是顺理成章的。

  本书主要是一个文化历史层面的研究，以文化谱系理论为指导，以类型学为基本方法，构建屈家岭文化的时空结构，揭示屈家岭文化的源流及动态变迁过程。

  在对屈家岭文化的分期研究过程中，我们试图将一个考古学文化当作一个相对稳定且集中的人群共同体及其创造或相关的物质、意识遗存，以器物为根基又不唯器物论，在精细的器物形态及组合变化的尺度下考察一个文化的发展态势，对一个文化进行阶段性划分。文化分期突出文化本身的发展过程与阶段性变化，界限的划分往往也与重大"历史性事件"相关联。我们将屈家岭文化分为早、晚两大期的主要依据是，其早期主要特征是对长江中游地区的整合；晚期主要特征是大规模对外扩张，逐鹿中原。相同的分期理念基本贯穿本书涉及的所有文化。

  在对屈家岭文化谱系研究过程中，除了解析单个文化的源流，揭示文化生成、发展、消亡或瓦解过程及其与周边文化互动关系外，我们尝试在更大的时空背景下，将区域文化互动模式融入文化变迁动因的阐释中。同时，摒弃单纯静态的文化因素分组或举例，而是借此讨论不同阶段不同区域文化互动的路线、模式、影响，使一处处遗存、一件件器物活起来，力图呈现不同文化背后人群之间接触、碰撞与交流的情形。屈家岭文化谱系研究的目的就在于记录一部以屈家岭文化人群为中心视角，涵盖周边诸多相关文化人群在史前时期共同生活在这片大地上的历史。

  回归到现实的感性，撰写本书的过程，也是见证我个人成长与生活的历史。

  我出生于湖北东部的一个偏远乡村，从小接触的是泥土、蚯蚓、农田、鸡舍，玩的是摸鱼、抓虾……父母虽是农民，但有一定的文化水平，重视孩子的教育，能在我玩疯了的时候，及时拽住我，转读以严管出名的邻镇中学。对于这一点，我是非常感激的，不然人生可能是另一种情形。

  从大一开始，我就一直跟随余西云先生学习，一起下田野，一起挖土。余老师除了孜孜不倦地传授我们专业知识，还经常言传身教地教导我们人生道理，同时又不遗余力、周到细致地给予我们学习、工作和生活上很多帮助。温文儒雅、学识渊博的余老师指引着我从本科一路读到博士，得遇良师，春风化雨，人生之幸。

  回顾在武汉大学考古专业求学的十年，从最初的徘徊、迷茫，到逐渐坚定目标，潜心求学，终得一果，已是2018年的尾声。江湖夜雨十年灯！一路上，父母、导师、爱人、亲朋好友相伴同行，甚是感激。

  本书的出版，是我求学之路的一个总结，也是我学术之路新的开端。书中内容仍有许多力有不逮之处，留下遗憾。比如，对文化变迁的动因阐释过于单一、对聚落研究的内容因不够完善而暂时割舍等。这些将是我之后努力的方向。考古之路漫漫且修远，吾将上下而求索。

2022年7月20日定稿于襄阳凤凰咀